元太祖成吉思汗像,中国台北故宫博物院藏

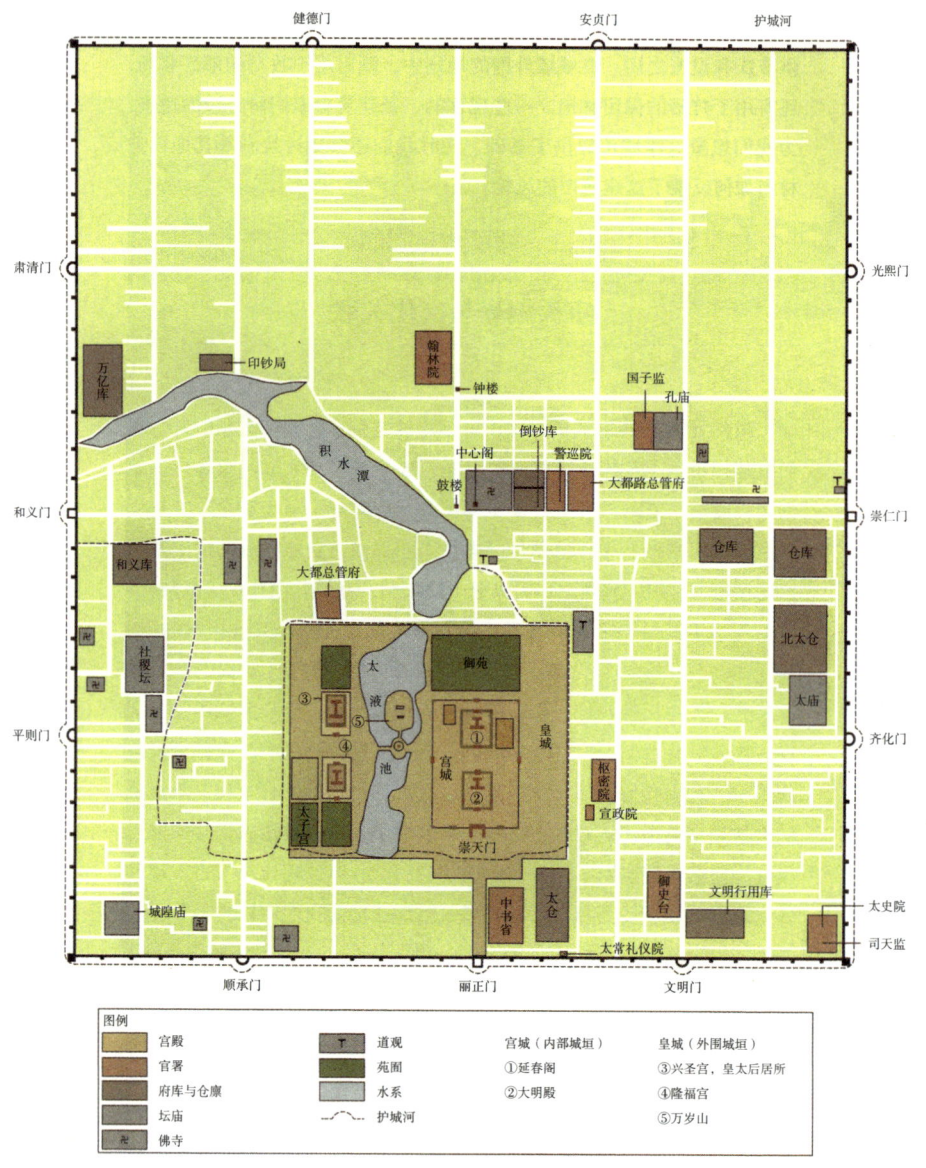

元大都复原图（至正年间）[1]

---

1 廖昱凯绘。[英]马啸鸿：《蒙古世纪：元代中国的视觉文化（1271—1368）》（生活·读书·新知三联书店 2024 年版）

元 刘贯道 《元世祖出猎图》(局部),中国台北故宫博物院藏

南宋 陈容 《龙虎图》,美国波士顿美术博物馆藏

此场景展现了蒙古骑兵采用安息回马箭战术的瞬间,取自拉施特《史集》,法国国家图书馆藏本

元 佚名 《射雁图》,中国台北故宫博物院藏

元代至元通行宝钞，面值"贰贯"（一"贯"即一串铜钱）。宝钞上半部分大印钤有两串铜钱，左右两侧竖书八思巴文和汉文；宝钞下半部分是有关发行、使用等方面的详细信息，其后钤有另一方大印

元　王蒙　《花溪渔隐》，中国台北故宫博物院藏

元　倪瓒　《容膝斋图》，中国台北故宫博物院藏

元　赵孟頫《鹊华秋色》(局部),中国台北故宫博物院藏

倚歌而和之其声呜呜然如怨如慕如泣如诉余音袅袅不绝如缕舞幽壑之潜蛟泣孤舟之嫠妇苏子愀然正襟危坐而问客曰何为其然也客曰月明星稀乌鹊南飞此非曹孟德之诗乎西望夏口东望武昌山川相缪郁乎苍苍此非孟德之困于周郎者乎方其破荆州下江陵顺流而东也舳舻千里旌旗蔽空酾酒临江横槊赋诗固一世之雄也而今安在哉况吾与子渔樵于江渚之

元　赵孟頫　《前后赤壁赋册》（局部），中国台北故宫博物院藏

赤壁賦

壬戌之秋七月既望蘇子與客泛
舟遊于赤壁之下清風徐來水
波不興舉酒屬客誦明月之詩
歌窈窕之章少焉月出于東山
之上徘徊於斗牛之間白露橫江
水光接天縱一葦之所如凌萬
頃之茫然浩浩乎如馮虛御風而
不知其所止飄飄乎如遺世獨立
羽化而登仙於是飲酒樂甚扣
舷而歌之歌曰桂棹兮蘭槳擊
空明兮遡流光杳兮予懷

東晉至今近千年書跡傳流至今者絕不可得快雪時晴帖晉王羲之書應代寶藏者也刻本有之今乃得見真跡臣不勝欣幸至延祐五年四月二十一日翰林學士承旨榮祿大夫知制誥兼脩國史臣趙孟頫奉

勅恭跋

右軍此帖跋語俱佳紙亦清瑩可玩朕題識數番喜至興筆墨相和愛不釋手得意輒書無拘次第也乾隆偶記

元　赵孟頫　跋《快雪时晴帖》，中国台北故宫博物院藏

元　陆仲渊 《五七阎罗大王图》,《十王图》之一,日本奈良国立博物馆藏

元 青花松竹梅纹八棱罐，中国辽宁省博物馆藏

元朝理财记

从成吉思汗的崛起到元朝的衰亡

郭建龙 著

图书在版编目（CIP）数据

元朝理财记：从成吉思汗的崛起到元朝的衰亡 / 郭建龙著 . -- 北京：中信出版社，2024.11. -- ISBN 978-7-5217-6711-7

I. K247.09

中国国家版本馆 CIP 数据核字第 20247JU380 号

元朝理财记——从成吉思汗的崛起到元朝的衰亡
著者： 郭建龙
出版发行：中信出版集团股份有限公司
（北京市朝阳区东三环北路 27 号嘉铭中心　邮编 100020）
承印者： 河北鹏润印刷有限公司

开本：880mm×1230mm 1/32　印张：13.5
字数：298 千字　　　　　　　　插页：8
版次：2024 年 11 月第 1 版　　　印次：2024 年 11 月第 1 次印刷
书号：ISBN 978-7-5217-6711-7
定价：88.00 元

版权所有·侵权必究
如有印刷、装订问题，本公司负责调换。
服务热线：400-600-8099
投稿邮箱：author@citicpub.com

横行万里外,胡运百年穷。
——杨素《出塞》

虏运从来无百年。
——文天祥《指南录》卷一《二王》

目 录

第一部 成吉思汗时代

第一章 以战养战

惩罚肇事者　//003
中路大军的榜样　//009
为什么南方屠杀更严重　//018

第二章 成吉思汗的制度创新

先声夺人　//025
成吉思汗革命　//031
短暂的东进　//040

第三章 西风压倒东风

骤然向西　//046
贸易力量的制度化　//051
用西方统治东方　//057

第四章 窝阔台系：艰难维持的政权

不一样的合罕 //064
成吉思汗死后的军事和政治 //066
艰难的制度建设 //071
古代中国北方的新型统治 //076
窝阔台后期的政策 //084
美酒战争现裂痕 //087
贵由汗时期的分裂 //089

第五章 蒙哥汗：蒙古的解体

第一次内争 //094
瓜分中央直辖区 //099
缺失的财政制度 //105

第二部 大元制度的创立

第六章 忽必烈：汉化的奠基人

汉化王子 //112
称帝后的中央制度建设 //116
地方制度的探索 //122

目 录

第七章　制度建设：从迅速铺开到钝化

　　三权分立与行省权力　//130
　　灭宋时期的制度跟进　//134
　　精密的机器　//140
　　征服的遗产　//145

第八章　元世祖后期的大倒退

　　不断进攻，却没有收获　//155
　　阿合马的冒险史　//160
　　敛财的尚书省　//166
　　聚敛之臣的狂欢　//169

第九章　忽必烈留下的财政体系

　　制度移植之困　//177
　　户籍和土地　//184
　　纸币：马可·波罗没有看到的一面　//188
　　拼花式的税制　//194
　　财政收入和俸禄　//205
　　漕运和海运：南北失衡下的朝廷命脉　//210

第三部 在蒙汉之间颠簸

第十章 铁穆耳的拨乱反正

尊儒与减税 //220

止战与开战 //226

妥协导致的财政失控 //229

元成宗的整顿与早逝 //233

第十一章 慷慨的大汗,失败的皇帝

影响中期政治的第一人 //240

敢花钱的大汗 //247

元武宗的敛财经 //252

第十二章 元仁宗与元英宗的汉化改革

又一次拨乱反正 //259

迟到半个世纪的科举考试 //263

判例式法典 //268

无奈的土地改革 //273

元英宗的变法 //279

第十三章 倒向强人政治

戛然而止的治世 //286

南北失衡的加剧　//290
回归元武宗世系　//295
回顾：中间期结束时的元朝财政制度　//301

第四部　进取与衰亡

第十四章　伯颜和脱脱时代：从动荡到失衡

星火从川滇爆发　//312
权臣与非汉化　//317
脱脱的汉化政策　//323
最后一次放权实践　//328

第十五章　休克与瓦解

艰难的治水　//338
元朝的软肋　//344
最关键因素：江浙反叛　//351
北方的瓦解　//356

第十六章　群雄的争霸策略

群雄的财政策略　//361
灭元者张士诚　//366
长江争霸战　//370

北方的分裂　//374

第十七章　元朝的灭亡和遗产

最后的科举　//380
明朝的考试制度　//384
司法制度的转向　//387
重税江南　//389
分叉的历史　//393

尾　声　蒙古人的丘墟　//397

后　记　//403

参考资料　//413

第一部 成吉思汗时代

◎成吉思汗是极少数能够依靠战争不停地壮大军事力量、以战养战的管理天才。本章通过分析蒙古第一次西征,领略蒙古人在战争中的财政运作。

◎成吉思汗统一蒙古本部时期,进行了一次制度革命,为蒙古奠定了一系列制度基础,使原本松散的草原民族成为一台迅速膨胀的战争机器,为未来的扩张做好了准备。

◎蒙古人本来有可能像鲜卑、契丹、女真一样,建立一个汉化王朝,但成吉思汗的骤然西征,让他们首先接触了中亚地区的财税体系,并以此为基础构建了一个世界帝国。之后元朝的财税体系一直是西方压倒东方的体系,无法完全汉化,这是其短命的原因之一。

◎成吉思汗死后并没有将征服的广大农耕地区分给儿子们,而是将其保留为大汗的中央直辖区。但是,他的大部分军队由幼子拖雷支系继承,这使得窝阔台系控制着广大的土地却没有足够的军队。窝阔台利用亲情、赏赐和对外战争小心地维持着这个失衡的王朝,但到其子的统治时期,这样的局面再也无法保持,从而导致蒙古历史上第一次内部血拼。

◎蒙哥上台后,在拖雷系内部瓜分了中央直辖区。在这个庞大的直辖区内出现了作为正统的元王朝和分裂出来的伊利汗国,而直辖区的中亚部分则被察合台汗国乘机攫取。从此蒙古成为由元朝皇帝作为名义上的大汗的王朝,以及其他四大汗国并立的架构,统一的蒙古帝国消亡了。

第一章 以战养战

战争是残酷的，在大多数战争中，即便是战胜者也会因为战争消耗而精疲力竭。但蒙古军队在战争过程中不仅不会减员，反而会随着战争的进行，如滚雪球一般获得越来越充足的人员和物资，形成碾压性的优势。

与人们的印象相反，成吉思汗不是只会杀戮的莽夫，而是一个管理天才。正是他超凡的组织能力，让蒙古军队获得了源源不断的补充。

杀戮并非蒙古人战略的全部，相反，他们更加注重以战养战，从战俘中获得人员、技术和资金支持。

蒙古人是在对定居民族的战争中从一开始就想要获得疆域而不仅仅是掠夺的少有的游牧民族。

惩罚肇事者

1219 年（元太祖十四年，南宋嘉定十二年，金兴定三年），一起终将震惊世界的事件正在酝酿之中：一支来自东方寒冷之地的游牧大军在准备他们的第一次西征。

此前，这个游牧民族的首领成吉思汗（铁木真）向西方派遣了一支商队，但这支商队在一个叫作讹答剌的城市[1]，被城市长官哈只儿汗（也称"亦纳勒术"、"哈只儿·只兰秃"，本名"牙罕·脱黑迪"）全部杀害。[2] 由于讹答剌属于当时中亚地区的一个新兴帝国花剌子模，于是，这次远征既有惩罚讹答剌，也有进攻更加庞大的花剌子模帝国的用意。这次战争也就决定这两个分别崛起于东西方的新兴帝国，谁能成为时代霸主。[3]

为了准备这次远征，成吉思汗在这一年的夏天率领他的四个儿子和大将速不台等人从蒙古内陆的克鲁伦河畔[4]出发，越过位于现在中国和蒙古国分界线的阿尔泰山，前往今额尔齐斯河[5]地区休整。到了秋天，大军从赛里木湖以南的地区顺着亦列河（今伊犁河）谷进入花剌子模境内。其中大将哲别担任前哨，速不台为后援，另一员大将脱忽察儿担任速不台的后援。[6]

---

1. 位于现在哈萨克斯坦境内，城市废墟大都是后来时期的遗存，但人们依旧来此缅怀蒙古帝国的勃兴。
2. 见志费尼《世界征服者史》第一部第十一章。这次事件被许多史料记载，其中《世界征服者史》是较早记载的。
3. 在蒙古人统一蒙古本境的同时，花剌子模帝国几乎也在同一时间统一了中亚，二者几乎同时崛起，都有着强烈的扩张意愿。可以说，即便没有这次屠杀，二者由于自身的扩张性也必然产生碰撞，而这次事件恰好给蒙古人提供了先发制人的借口。关于花剌子模帝国，见《世界征服者史》。
4. 发源于肯特山区，这里是成吉思汗早期活动的中心。成吉思汗后期和他的后代则将活动中心西移，来到了更加广阔的鄂尔浑河谷地区以及杭爱山东麓和南麓，这里后来成为蒙古帝国都城哈剌和林的所在地。
5. 古称"也儿的石河"。
6. 见《蒙古帝国史》第三章第十五节。

他们首先到了花剌子模帝国东部的讹答剌城，也就是屠杀蒙古商队的城市，这座城市位于锡尔河谷地。在这里，成吉思汗将其军队分成四路。他的嫡长子术赤率领数万人，沿着锡尔河向北进攻锡尔河下游的毡的和巴尔赤邗。他的嫡次子察合台和嫡三子窝阔台则主持进攻讹答剌城，并由高昌回鹘的亦都护巴而术阿而忒的斤协助。还有一部分人马顺着锡尔河向南上行，进攻位于费尔干纳盆地[7]入口处的苦盏和费纳客忒。成吉思汗本人则带着嫡幼子拖雷[8]越过锡尔河，亲征花剌子模国的两个最重要的城市（也是整个中亚最重要的城市）：不花剌（今布哈拉）和撒麻耳干（今撒马尔罕）。在这些目标都实现之后，最后四路大军将会合起来，进攻花剌子模国的都城——位于咸海以南的玉龙杰赤。[9]

虽然地理不是本书的主要关注点，但为了让读者更加了解这个战略，我们不妨对花剌子模国的地理状况做一个简单的总结。[10]在世界上，有许多文明是借助河流发展起来的，而如果一个文明区域内有两条重要河流，那么这两条河中间的地区，往往会成为该文明的核心区域。其中

7　论重要性，费尔干纳盆地是中亚地区仅次于河中地区的地理单元，也是从喀什地区进入中亚的必经之路。这里另一座著名的城市是奥什，在汉朝被称为"贰师"，以出产宝马闻名。

8　根据蒙古人的传统，蒙古家庭中长妻所生的幼子为"守灶之主"，其他子女在成年后独立出来，但幼子要守家业，因此幼子拖雷将在后文中展现其独特的地位。

9　见《世界征服者史》第一部第十二章，格鲁塞《蒙古帝国史》第三章第十五节。关于这次分兵，读者可以注意，蒙古战略中，从来不会只出一路大军进攻一个方向，而是必然采取迂回和间接战略，兵分数路，以极强的机动性同时对数个战略目标进行打击，以求形成奇袭和包围的态势。在这方面，蒙古人可以被称为机动战和闪电战的大师。

10　本书作者会尽量清晰地叙述地理特征，并写出现在的地名，以便于读者从现代地图上查找这些古代地区。

最著名的是位于现在伊拉克的两河（底格里斯河和幼发拉底河）流域，其次，就是位于中亚的河中地区，也就是古代的粟特地区。[11]

河中（粟特），顾名思义，就是两条河流中间，其西面和南面是阿姆河（也称"乌浒水""奥克苏斯河""质浑河""缚刍水"），而东面和北面则是锡尔河（也叫"药杀水"）。两条河起源于古代中国和中亚交界处的乱山之中，最后汇合于北方的咸海。在两条河中间，就是河中（粟特）地区之所在。

河中是中亚文明的核心区域，这里最著名的城市有两个，分别是撒麻耳干（靠东）和不花剌（靠西）。在这两座城市的西北方向，阿姆河下游的两岸，还有一个区域被称为花剌子模地区，也就是花剌子模都城玉龙杰赤所在地。玉龙杰赤可以被视为河中地区的自然延伸，其重要性仅次于撒麻耳干和不花剌，但比起前两城更偏远一些，在历史上一直处于从属地位，直到发迹于此的花剌子模帝国崛起，才由于其都城的身份，第一次在政治地位上超越了撒麻耳干。[12]

不过，虽然花剌子模帝国以玉龙杰赤为都城，但帝国的经济中心实际上依然在河中地区的撒麻耳干和不花剌。

成吉思汗从东向西进攻花剌子模帝国，他的第一接触目标是杀害了其商队的讹答剌。但这座城市只是位于锡尔河流域的一个边境城市，要

---

[11] 粟特人属于印欧人，语言接近东伊朗语，与波斯人的亲缘关系更加密切。到了隋唐时期，粟特地区（河中地区）逐渐被突厥人占据，并最终替代了波斯。因此，到了成吉思汗进攻时期，河中地区的主要居民已经变成了突厥人与波斯人两种，其中又以突厥人为多。

[12] 玉龙杰赤更加靠北，因此气候条件不如撒麻耳干和不花剌，它周围有更多的荒漠，与俄罗斯的欧亚草原相隔。

想战胜花剌子模帝国，除了进攻讹答剌，还要进攻其核心区域，也就是撒麻耳干和不花剌所在的河中地区。可是，要想进攻河中地区又不被对手包抄，那么位于河中地区东界的锡尔河防线就是关键。

这样，我们就可以理解成吉思汗四路大军的安排：一路进攻讹答剌报仇；两路分别沿着锡尔河上下游（属于战略区域）攻城略地，解决锡尔河防线；而他本人则率军渡河，直接进攻核心区域。在核心区域和战略区域都得手之后再会师，解决更加偏远、缺乏经济影响力的都城玉龙杰赤。

在这样的战略下，我们暂且不看成吉思汗率领的主力对撒麻耳干等地的进攻，先看其他三路大军的进攻情况。

其中，窝阔台和察合台进攻的讹答剌由于是肇事地点，自然无法获得蒙古人的仁慈对待。在被围困长达五个月之后，讹答剌的一个将军哈剌察认为真正杀害蒙古人的是他的上司哈只儿汗，他没有必要为上司殉葬，于是决定率军逃走。但在出城时，哈剌察及其随从被蒙古人俘虏。他们并没有得到蒙古人的宽恕，而是全体被杀死。

哈剌察的出逃让蒙古人占领了外城，哈只儿汗率领2万人马退居内城继续战斗。[13] 这一次他们又抵抗了一个月，内城被攻克后，蒙古人屠杀了所有的守军，并将内城夷为平地。之后，蒙古人残酷处置讹答剌，所有的人要么被杀死，要么被掳走，这座引起了一场大战的城市在短期

13　中亚往往采取与西亚和希腊地区同样的做法，也就是在外城中间选择一片高地建立内城（卫城），在战争中如果外城失守，则退入内城。这种做法在中国古代的城市中并不常见。蒙古人进攻中亚的过程中，几乎在每一个城市都遇到了敌人退守内城的情况。

内就变成了荒城。[14]

这场屠杀也确立了蒙古人战争中一个令人谈之色变的模式。日后，从中亚到南亚，从东欧草原到地中海沿岸的广大区域都流传着蒙古人屠城的记载，表明了蒙古人的残忍和不宽恕。而外部世界流传的这个传说就是从讹答剌开始的。

事实上，除了讹答剌，在术赤等人领导的沿着锡尔河而上和而下的两支军队中，也发生过残忍的屠杀事件。比如，在术赤的进攻中，速格纳黑城和额失纳思城也发生了屠杀行为。[15]

而另一路沿着锡尔河而上的军队，蒙古人对费纳客忒城也毫不手软。这座城市抵抗了三天，第四天就投降了，但依然遭到了报复。士卒和市民被分成两队，前者全部被杀死，后者被分配给蒙古军队的首领。其中工匠、手艺人被带回蒙古本土，其余的年轻人被编入军籍。

苦盏守将帖木儿灭里进行了顽强的抵抗，最后逃走。很多年后被蒙古人发现并杀害。[16]

但是，人们在强调蒙古人的屠杀时，往往也会谈到另一点，即蒙古人并非随意杀人。很多时候，蒙古人只针对那些抵抗的城市展开屠杀，而对另一些城市采取怀柔政策。比如，前面提到的讹答剌、速格纳黑、额失纳思等遭遇灭顶之灾，大都是因为它们顽强抵抗或者杀害蒙古使者。

---

14 见《世界征服者史》第一部第十二章。有趣的是，讹答剌后来又得以重建，到突厥人帖木儿帝国时期，这里成了帖木儿去世之地（当时他正准备征服大明朝）。讹答剌一直持续到清朝，才被准噶尔汗国所毁灭。现在是一片废墟，位于哈萨克斯坦境内。

15 见《世界征服者史》第一部第十三章。

16 帖木儿灭里的抵抗和出逃是蒙古人第一次西征中少有的英雄传奇，《世界征服者史》第一部第十四章中对此进行了详细的描述。

与此同时，还有一些城市，如讹迹邗和巴尔赤邗，由于没有太多抵抗，就没有出现大规模的屠杀行为。另一座城市毡的，因为这里的人民曾经密谋杀死蒙古使者，虽然最后没有动手，而且在术赤下令攻打城市时也没有抵抗，但就因为动过这样的心思，在被攻克后，居民们依然被赶出城市，遭受了九天九夜的劫掠。[17]

从上面的叙述中，我们也可以看到，蒙古人在进攻时对于不同的城市采取了不同的策略，有的城市被屠戮消失，而有的城市却得以保全，这一切都是根据蒙古人的战略决定的，为的是表彰不抵抗者，惩罚抵抗者。

可是，仅仅说蒙古人鼓励投降与合作，用这单一目标来决定是否屠城，依然是不全面的。事实上，他们在进攻中有着很强的经济动机，除了惩罚，他们很善于利用被征服土地上的经济资源来为自己服务。很多时候，决定城市命运的是经济。而这一点，在成吉思汗亲征的中路大军，也就是进攻不花剌和撒麻耳干的大军中，表现得尤其明显。

中路大军的榜样

其余几路配合军队进攻的同时，成吉思汗和拖雷率领的中路大军越过了锡尔河，直插中亚地区的核心——不花剌和撒麻耳干。

撒麻耳干在不花剌的东面，距离锡尔河更近，本来应该首先受到打

---

17 蒙古人的震慑战略在游牧民族中广泛使用，蒙古人之后最常使用该战略的是帖木儿。然而，我们依然需要看到游牧民族这样做的经济动机。

击。但成吉思汗却选择绕过撒麻耳干，进攻更加靠西的不花刺。之所以这样做，一是因为蒙古人在进攻时更乐于采用迂回战术，二是因为不花刺位于撒麻耳干和玉龙杰赤中间，进攻这里，可以将两座城市隔开，各个击破。

在去往不花刺的途中，他们首先经过匝儿纳黑城。在进攻之前，成吉思汗派遣一个穆斯林[18]前去劝说该城投降。但当这里的人们真的决定投降时，他又采取了恩威并施的做法，首先对对方这么晚才来归顺表示愤怒，之后又和颜悦色地表示赦免他们。

赦免，体现了蒙古人对归顺者的优待，表明蒙古人并非一味滥杀。可是，在赦免的同时，成吉思汗的一个命令又让我们看到他是一个精明的战争领袖。他虽然表示不杀人，但命令城里的所有人，不论男女老幼，都要出城等待。等人们出城之后，蒙古人推翻城墙，让此城丧失了再次抵抗的能力。然后蒙古人清点人数，将其中所有的青壮年都带走，释放剩下的人，准许他们回家。这些青壮年就成了蒙古人继续征战的预备队和生力军。[19]

成吉思汗对第一个投降的城市采取了掳掠人口的做法，而对第二个城市的做法又有了区别。他们经过的第二个城市叫作讷儿，这里的居民也没有反抗。当蒙古大将速不台带着先头部队到来时，他们与城市居民达成协议，讷儿人将生活必需品（包括牛羊）都带到城外，之后蒙古人

---

18 根据《世界征服者史》的记载，此人为答石蛮哈只不。
19 蒙古人带走生力军的做法，是游牧民族对抗定居民族的法宝，也是其军队通过军事劫掠制不断扩大自己的力量，用最小的成本来养活庞大的军队，获得不断补充的关键。参见本书作者在《军事密码》中的讨论。

将城内剩下的东西劫掠一空。因此,第二座城市给蒙古人提供的主要是物资和军费。[20]

但这一次劫掠得来的钱财依然不能满足蒙古人的胃口。速不台掠夺完毕,成吉思汗本人率领主力军队到来后,决定开始进一步压榨。他问这里的人,每年需要向花剌子模帝国缴纳多少常赋,得到的答案是1 500第纳尔。于是,他要求居民用现金缴纳这笔赋税,也就是在不增加税赋的同时,将税收从花剌子模转移到蒙古一方来。由于城市刚刚遭受掠夺,没有足够的钱财,妇女们用首饰凑够一半费用,而剩下的一半,只能由当地贵族进行担保,表示以后缴纳。等到实在压榨不出别的东西了,蒙古人才继续上路,将完好的城市留给当地居民。[21]

从这里也可以看出,蒙古人对投降的城市也并不仁慈,而是根据自己的战争目的行事。他们的主要目的,一是补充军事人员,二是掠夺财富和物资。只要满足了这两个条件,城市和人的性命就能够得以保全。人们常认为战争就是一次性的角逐,直接分出胜负。但对真正的统帅而言,打仗就像开一家公司,要保持公司的现金流并让战争人员逐渐发展壮大,而不是越拼越少,而这就离不开战争财政。在中国古代的历史上,只有对战争财政(包括人员)保持关注的人才能取得最终的胜利。

1220年(元太祖十五年,南宋嘉定十三年)三月初,成吉思汗到达不花剌。拂晓时,城内有两万后备军从不花剌逃出来,被蒙古人在阿姆

20　游牧军队没有固定的军饷,而是靠掠夺获得军费,以降低养兵的成本。
21　见《世界征服者史》第一部第十六章。

河岸上杀光。[22] 这次屠杀震惊了不花剌，反而让接下来的事情变得更加容易了。第二天，不花剌人就选择了投降，蒙古人进城。

不花剌与中亚的其他城市一样，也分成内外城。这里需要注意的是，投降的是不花剌的居民城区，而作为内城的小城堡依然掌握在守军手中，没有投降。[23]

在外城投降后，蒙古人首先选择去粮仓把粮食搜走，以供人、马食用。在蒙古人掌控了粮食之后，这座城市就丧失了反抗的可能性。

最初，蒙古人对不花剌的干扰很少。他们来到城外的木撒剌[24]，庆祝活动没有被打断，而且成吉思汗亲自出城到达节日庆祝现场，他询问人们：在不花剌的富人有哪些？众人七嘴八舌地回答过后，他得到了一个280人的名单，其中190人是本城的，其余是外地的。成吉思汗下令将这个名单上的人统统带走，他采取威逼利诱的手段，从他们身上榨取了大笔财富。

如果仅仅是做到这一步，对于不花剌也不失为一个良好的结局。但不幸的是，在内城还有数万不肯投降的守军。蒙古人觉得消耗自己的兵力不划算，就把任务交给不花剌的人民。成吉思汗先派人焚烧了内城附

---

22 这次事件可能是由一个叫作阔克汗的人领导的，他是一个叛逃的蒙古人，因此无法得到宽恕。
23 本书作者于2016年对布哈拉和撒马尔罕进行了实地考察。不花剌内城的城墙至今依然可见，由于蒙古对不花剌采取了怀柔政策，这座城市受破坏较小，这一点和撒麻耳干的异地重建形成了对比。
24 木撒剌（musalla），《史集》中指举行节日公共祈祷的城外广场，在阿拉伯语中指非清真寺的礼拜场所。《世界征服者史》中此段原文为："成吉思汗离开城镇，他来到节日的木撒剌，登上祭坛。"

近的房屋，由于整个城市是木头造的，由此导致了全城大火，整个城市遭受了毁灭性破坏。接着，他让蒙古兵逼迫当地人去进攻内城，这样的进攻持续了几天，内城最终陷落，3万多守军全部被杀，他们的家属全部沦为奴隶。

不花剌到这时才被完全征服。由于城市已经被毁，成吉思汗将所有人赶到平原上，将青壮劳力抓走入伍，释放其余的人。这些青壮劳力就成了他们进一步进攻的苦力和生力军。

从这里也可以看到，蒙古人不管是屠戮，还是赦免，都有着明确的目的，那就是寻找更多的物资、财富和人员，以供养他们本民族的军事力量，只有这样，才能形成更加持久的战斗力。蒙古战争的准确意图是：破坏是为了震慑被征服者，但保留是为了统治被征服地区和发动新的战争。蒙古人劫掠一次之后，就没有再骚扰这座城市，成吉思汗派塔兀沙八思哈管理这里，让它恢复了繁荣。最后，这里成了牙老瓦赤[25]的管理地区，城市更加繁荣。

我们可以看出，成吉思汗像是一个精明的生意人，精心算计着在路上可以获得的一切，以保证其军事力量不仅不会枯竭，反而更加壮大。当他们离开不花剌前往撒麻耳干时，这支队伍就是这样：在得到了金钱、人力和物资的补充之后，变得更加强壮，更加好战，渴望着更多的战利品。

---

25 关于牙老瓦赤以及他和中国的关系，后文将详细说明。蒙古人对牙老瓦赤的倚重远超耶律楚材，这也显示出蒙古人对中亚财政政策的学习。

当蒙古人进攻时，花剌子模的苏丹穆罕默德已经离开了撒麻耳干。[26]这座城市本来是苏丹防范蒙古人的重镇，在成吉思汗大军刚到边境讹答剌时，撒麻耳干的城墙就已经加固。镇守撒麻耳干的军队一共11万人，其中有6万是突厥人，5万是波斯人。[27]除了军队，城市居民也很多。撒麻耳干集结的兵力强，人口众多，不容易被攻克，这也是成吉思汗首先攻打不花剌的原因之一。但没想到不花剌失守后，苏丹穆罕默德竟然主动离开撒麻耳干这个最有利的战略点。

　　不管苏丹穆罕默德是否离开，蒙古人的进攻都有条不紊。由于撒麻耳干过于重要，从不花剌前来的蒙古军队采取了与之前不同的做法。在路上，他们碰到了一些抵抗的城镇，这一次成吉思汗不再纠缠，而是交给他的部下去处理，自己则一路快速行军。成吉思汗到达撒麻耳干后，他的两个儿子察合台和窝阔台也到达了这里。

　　由于有了更多的军队，成吉思汗派出哲别和速不台率领3万军队向南方去追赶苏丹，又派两名将领去进攻南面的镬沙（即瓦赫什，位于今塔吉克斯坦）和塔里寒（位于今阿富汗东北部，兴都库什山以北），自己率领剩余人马留下来攻城。

　　攻城在他到达后的第三天开始。蒙古人围困了城池，城内的士兵冲到城外，与蒙古人血战，双方都有死伤。攻城的第二天，成吉思汗亲自

26　苏丹穆罕默德的离开可能决定了两国战争的结果。成吉思汗的身先士卒与苏丹的远离战场，使得双方的士气不对等。加之定居人口无法应付游牧民族军事劫掠制财政的突击，导致了花剌子模的灭亡。

27　这样的军队构成反映了中亚地区人口的更迭，唐宋元时期突厥人逐渐控制波斯人，并取代波斯人成为中亚主流人口，此时的军队构成反映了突厥人口已经略占上风。随后，波斯人逐渐撤向山区，最终演变为现在帕米尔的塔吉克人。

出动，双方都动用了大量武器，从射石机到弓弩。最后，蒙古人占据了城门前的阵地，让城内的士兵无法出城集结。城内为了冲散城门附近的蒙古兵，甚至放出了他们的新式武器——大象。但没有起作用。[28]

这一天的战斗让城内损失惨重。到了夜间，抵抗者意识到无法取胜，决定投降。他们在第二天派人与成吉思汗谈判，获得许诺，于是打开城门。但是，这一次的投降依然与不花剌一样，外城的人们投降，内城的士兵却选择继续抵抗。

于是，按照双方协议，外城的居民暂时不动，蒙古人则集中精力用一天一夜的时间拆毁了外城。随后，蒙古大军入城，男女居民以百人为组，被赶到了城外，只有5万多人得到蒙古人的批准，留在城内。[29]居民出城之后，蒙古人开始大肆搜捕，除了获准留下的5万多人，那些不肯出城的人全部被杀。

在这里，我们从蒙古人对一种"战争武器"的处理很能看出成吉思汗的特点。由于这里有一批用于战争的大象，象夫们前来询问如何处理这些大家伙。普通的征服者会对这些来自遥远南方的动物感到好奇，就像罗马的征服者喜欢将世界各地的珍禽异兽都带回罗马举行凯旋仪式一样。但成吉思汗仅仅从实用性来考虑问题，他认为这些大象不仅毫无用处，还会抢占资源（粮草），于是下令将大象全部放生。当然，他不知道，这些大象由于离开了热带环境，一旦被放生，最后的命运就是死亡。

解决完外城之后，就只剩下内城了。此时的内城依然有数万人之众，

28　大象受伤之后向回跑，反而造成了守军的损失。
29　这些大都是未反抗的教会人士和他们的担保人。

其中一个叫作阿勒卜汗（又译阿勒巴尔汗，意为"勇敢者"）的将领甚至率领千人冲出重围，去与苏丹穆罕默德会合了。但剩下没有突围的这数万人是有分歧的，他们当中的大部分人并不想抵抗，但有一小部分是最坚决的抵抗者（大约只有千人）。于是蒙古人消灭了坚定的抵抗者，剩下的3万多人一看抵抗无效，就选择了投降。对于最后投降的这些人，成吉思汗也采取了安抚的做法：首先将他们赶到城外，按照突厥人和波斯人分成两队，每队再按照十人、百人分组，把他们的头发剃成蒙古样式的，看上去是要让他们加入蒙古军队。

但就在人们放松警惕时，当天晚上，3万多人尽数被杀，这表明了蒙古人对抵抗者的不宽恕，也是警告那些后来的抵抗者，不要抱有侥幸心理。

到此时，整个撒麻耳干在战斗中已经被毁灭殆尽。事实上，撒麻耳干自从被蒙古人毁掉之后，就没有像不花剌那样在原址重建。至今在撒马尔罕的郊区，依然有大片高台和废墟，那才是蒙古人之前的"万城之王"撒麻耳干。[30]

在杀掉内城守军、占领整座城市之后，成吉思汗开始区别对待外城的居民。他将3万手艺人挑出来分给自己的儿子和手下的将领，又将一批年轻人吸纳入军队。剩下的人因对蒙古军事没有直接用途，被允许缴纳赎金回城。撒麻耳干为此又付出20万第纳尔的赎金，是讷儿城的100多倍。

---

30 本书作者亲自考察过成吉思汗毁灭的旧城遗址。撒麻耳干后来在帖木儿时代重获辉煌，但帖木儿选择在旧城的边上修建新的城市。

之后，成吉思汗并没有破坏撒麻耳干的政治体系，只是派驻了达鲁花赤（该职位相当于总督），让他接管撒麻耳干原来的政治系统。之后，成吉思汗派他的儿子去进攻北方的玉龙杰赤，而自己则前往南方的呼罗珊（现在的伊朗东北部、阿富汗大部和土库曼斯坦部分地区）。接下来在各地的作战过程中，蒙古人又数次在撒麻耳干征兵，补充军队。

在征服不花剌时，成吉思汗需要的是物资、财富和士兵，而对撒麻耳干，除此之外，还展现了蒙古人对另一类人群——手艺人（工匠）——的渴望。

事实上，由于北方草原物资的贫乏，所有的草原民族都缺乏工业体系，导致他们自己没有足够的工匠。于是在战争过程中，工匠群体成了珍稀资源。不管是蒙古人，还是之前的契丹人、女真人，在攻克了一座城市之后，哪怕要屠城，也会首先将工匠群体找出来并带到北方，让他们为自己建设城市。在女真建立的金国攻克北宋都城汴京的过程中，除了皇族成员，其余被带走的主要就是工匠。[31]

在蒙古人日后的战争中，我们还会无数次看到这个特征，他们对于工匠是如此喜爱，正是在这些工匠的努力之下，伟大的蒙古都城哈剌和林才得以建立。[32]

---

31 金国对汴京的劫掠，除了手艺人，还包括读书人、僧人等各种可以促进他们发展的群体，见本书作者的《汴京之围》。
32 哈剌和林的建筑见于西方传教士出使时的报告，如《东方行记》，其中记载了西方人帮助蒙古人建造的奇妙的机械装置。由于后来的人们用哈剌和林的建筑材料建造了额尔德尼召，这座伟大的都城并没有被保留下来，甚至连地表遗存都很少。

为什么南方屠杀更严重

成吉思汗亲征撒麻耳干和不花剌的过程中虽然有过屠杀和抢劫，但是在征服之后，除了派遣达鲁花赤对地方形成有限的管辖，就任由该地区恢复了和平。到了1259年（元宪宗九年，蒙哥汗在位的最后一年），根据当时人的记载，这些城市都已经恢复繁荣。[33]

其中有一个很重要的原因，就是蒙古人的征服意识。成吉思汗与其他的游牧民族首领相比还有一个不同的特点：他更加在意对地区的征服和管理，而不仅仅是掠夺。在进攻过程中，他已经意识到撒麻耳干和不花剌是要并入自己的领土的，[34]而不是像其他游牧民族一样，如风一样来，如风一样走，掠夺过之后就任其自生自灭。

正因有了占领意识，成吉思汗才更加在意经营而不是破坏河中地区。但是，那些距离蒙古本土更加遥远的地区，由于成吉思汗认为无法统治，就不再享受这样的待遇了。

比如，不花剌和撒麻耳干由于保住了大部分居民而得以重生，但作为花剌子模帝国都城的玉龙杰赤[35]就没有这样的好运了。

在攻克不花剌、撒麻耳干之后，成吉思汗的三位王子——术赤、窝

---

33 见《世界征服者史》第一部第十五章。根据作者的描述，撒麻耳干并没有在原址重建，而是建在旁边的区域，后来经过帖木儿的建设，形成现代的撒马尔罕。
34 蒙古人最初在河中地区建立了中央直辖区，归大汗所有，大汗又将它授予总督管理。
35 这座都城现在被称为"老乌尔根齐"，或者"库尼亚-乌尔根奇"（Kunya-Urgench），位于土库曼斯坦境内，现在已经是废墟状态。而蒙古人毁灭玉龙杰赤之后，人们在异地重建了一座新的玉龙杰赤，即现在位于乌兹别克斯坦境内的乌尔根奇城。

阔台和察合台联合进攻该城,[36] 这里的人们进行了顽强抵抗。蒙古人利用诱敌深入战术斩杀了对方士兵 10 万人，但城市依然不肯屈服，直到蒙古人以巨大的伤亡为代价将城市完全变成废墟，城里的守军再也无法抵抗，这座城市才被占领。

之后，蒙古人把活着的居民集中在城外，挑选了 10 万名工匠带走，孩子和妇女都成为奴隶，剩下的人分给士兵屠杀。玉龙杰赤变为一片废墟。

在这场战争中，还出现了新的情况：蒙古人发生了内部冲突，各个支系之间为了战利品而争吵。首先，成吉思汗的三个儿子之间存在着矛盾，术赤和察合台之间的竞争非常激烈，最终成吉思汗令二人听从老三窝阔台的指挥，因此窝阔台获得了一定的权威，这也解释了为什么后来是窝阔台得到大汗之位。其次，在三位王子攻克玉龙杰赤之后，他们瓜分战利品时没有给父亲留一份，导致成吉思汗震怒。[37] 这又牵扯到了蒙古人瓜分战利品的原则，我们从中可以看出，即便是在父子之间，也有着明确的分配规矩。

玉龙杰赤由于是敌对帝国的都城，很难幸免，即便这样，蒙古人依然留下了工匠和奴隶，并没有将人全部杀死。但到了南方（撒麻耳干以南），这样的规矩再次变化。

蒙古人第一次东征后期的杀戮行为频发，与他们在战争中的财政系统和统治方式有着很大的关系。在最早进攻河中时，蒙古人由于觊觎河中的财富和人力资源，并且考虑到未来会在这些地区实行统治，因此采取了相

---

36 其他将领还有博尔术、脱栾扯儿必、兀孙那颜、合答安，见《蒙古帝国史》第三章第十五节。
37 见《元朝秘史》第二百六十节。亦可见《蒙古帝国史》第三章第十五节的讨论。

对温和的手段，以榨取有用的人才和财富为主。然而随着战争的深化，蒙古人进攻到南方时，已经不可能再拿走更多的财富，也不可能再带走更多的人了。如果能够在南方地区形成有效统治和长期财政系统，那么还可以保留这些人力资源，但由于距离过于遥远，超出了成吉思汗时期蒙古人的认知，他们还没有考虑要统治这么遥远的地方，因此最好的方法就是把一切都毁掉，把人都杀死。财政和统治系统的落后，加上军事力量过于强大，就导致了屠杀的发生。蒙古人征服过程中杀戮最残酷的地区，就出现在中亚地区的南方，也就是以吐火罗[38]、呼罗珊和伊朗为核心的地区，这个地区在蒙古人的打击下，再也没有恢复昔日的繁华。[39]

在攻克撒麻耳干之后，当他的三个儿子进攻北方时，成吉思汗带着拖雷开始向南追击花剌子模苏丹穆罕默德。进军路线上首当其冲的是丝路名城泰尔梅兹（Termiz，又译铁门关）[40]，这里是中亚前往阿富汗和印度的必经之地。在城市北方的山间，藏着一个叫作铁门[41]的山谷，这座山谷是铁青色的，由于地势险要，人们甚至在山谷里装上大门，形成了要塞。这座要塞已经存在了上千年。泰尔梅兹位于铁门以南的阿姆河北岸，渡过阿姆河继续向南，就是著名的城市巴尔赫，也就是吐火罗的中心城市。

---

38 吐火罗又称"巴克特里亚""大夏"，位于阿富汗北部、兴都库什山以北的阿姆河两岸，以巴尔赫为中心。这里如今是阿富汗和乌兹别克斯坦的边境地区。

39 见《世界征服者史》第一部第十五章。

40 现代的阿姆河构成了乌兹别克斯坦和阿富汗的边界，泰尔梅兹位于阿姆河以北的乌兹别克斯坦境内，而巴尔赫位于阿姆河以南的阿富汗境内，已经缩为一座小镇，成为阿富汗北方的大城市马扎尔谢里夫的附庸。

41 铁门在玄奘的著作中就有记载。

由于泰尔梅兹反抗了蒙古人,成吉思汗花了 11 天时间将它攻克,之后将男女老幼尽数杀死。蒙古人南北政策的分野由此拉开:从北方有限的惩罚过渡到大量的杀戮。

就在第一次西征之后不久,成吉思汗在进攻西夏的过程中死去。

关于成吉思汗的功绩,波斯人志费尼的总结非常到位。他说,成吉思汗出现之前,蒙古人缺乏统一的领袖,并受到女真人的欺压。当时的蒙古人穿着狗皮和鼠皮,吃着死去的动物的肉,喝着马奶酒,吃着坚果。这里是一个物资极端匮乏的地方,大首领和一般百姓的区别只是:首领的马镫是铁做的。

然而,短短 50 年后,到了 13 世纪中叶志费尼生活的时期,蒙古人已经成为世界帝国的主人。他们的生活也发生了翻天覆地的变化:穿着绫罗绸缎,吃着山珍海味,喝着麝香封的酒,眼前的世界正是蒙古人的乐园。因为,西方运来的货物通通交给他们,在遥远的东方打包的物品一律在他们家中拆卸;行囊和钱袋从他们的库藏中装得满满的,而且他们的日常服饰都镶以宝石,刺以金缕;在他们居住地的市场上,宝石和织品如此廉价,以至把它们送回产矿地或原产地,反倒能以两倍以上的价格售出……此外,他们人人都拥有土地,处处都指派耕夫;他们的粮食,同样丰足富余,他们的饮料,有如乌浒水般奔流……凡是(从前)购置不起一张棉絮床的人,今天都可以一次跟他们做三五万金巴里失或银巴里失的生意。[42]

---

42 现在,巴里失值 50 个金的或银的密思合勒(misqal),约等于 75 个鲁克尼(rukni,意为由名为鲁克那丁的国王所铸)第纳尔(dinar),其金位为 2/3。见《世界征服者史》第一部第一章。巴里失为一种金锭或银锭。

人们常常仅把成吉思汗当成一个军事家，但事实上，他还是一个擅长管理的人。军事家善于打仗，而管理者擅长将所有的资源整合在一起产生出更加强大的动力和冲击力，只有这样，才能解释蒙古人在短时期内的巨大变化。

总结而言，成吉思汗不仅要求每一场战役取得胜利，而且要求每一次战役之后，蒙古军队的实力都更加强大。在世界军事史上，有一种胜利叫作"皮洛士式的胜利"。此词得名于古希腊军事家皮洛士，此人虽然屡屡得胜，但每一次胜利之后，他的军队都损失惨重，得不到有效补充和补给，最后他惊呼自己已经打不起胜仗了。[43] 这其实是历代军事家的困惑：每一次胜仗造成的人员损失如何填补？如果填补不上，就意味着实力的削弱。比如，汉朝也曾经对匈奴屡屡得胜，但最后，由于损耗太大，到了汉武帝末期，甚至连获胜的战争都承受不起了。[44]

但是，蒙古人在成吉思汗的率领下，却越打越强大。其中的原因很多，比如游牧民族的劫掠式财政[45]比定居民族的固定式军事财政更具有扩张性，但很重要的一点，就是成吉思汗所建设的军事制度是一种柔性的制度，能够将其所征服的地区快速地纳入他的战争机器，至于更远的

---

[43] 公元前280年，伊庇鲁斯国王皮洛士入侵意大利和罗马，接下来两年分别在赫拉克里亚战役和奥斯库伦战役中获胜，但由于损失很大，他惊呼如果再胜利一次，他的军队就没有了。皮洛士的作战模式是放弃后勤和可持续性的消耗战争，与蒙古人的作战形成了对比。

[44] 汉武帝晚年采取了放弃战争、休养生息的做法，很大程度上源于战争造成的财政不可持续性，以及战争的损耗（如战马）无法补充。详见本书作者的《财政密码》一书。

[45] 关于游牧民族的劫掠式财政，下文将详细介绍。事实上，任何一次游牧民族的崛起，都从军事劫掠中受益。

无法纳入的地区，就完全毁掉，避免被敌人利用。他死后不久，蒙古军队就发生了一些变化，但他所制定的灵活财政制度得以部分保留。

我们也会看到，到了需要进行制度正规化的时期，这种灵活财政制度又为元朝和四大汗国带来了极大的困扰，使他们长期无法建立更加稳固的统治。本书所探讨的，就是早期的蒙古帝国和后期的元朝在财政和政治制度变革上的得与失。

在讨论接下来的财政和政治制度变革之前，我们不妨先看看成吉思汗在他活着的时候建立了什么样的制度，这些制度创新又怎样深刻地影响了他的继承人。

第二章　成吉思汗的制度创新

定居民族与游牧民族的军事财政来源是不同的。定居民族往往对士兵采取俸禄制，但游牧民族采取的是军事劫掠制，士兵没有收入，只有打了胜仗才有参与劫掠、获得财富的机会，这种制度在扩张初期会带来惊人的能量。

到1206年（南宋开禧二年，元太祖元年），成吉思汗建立了以93个千户为基础的军事动员系统，并在社会层面实现了以十夫长、百夫长、千户为层级的保甲系统，建立了以怯薛（禁卫军）为主的亲兵系统，完成了蒙古内部的军事化。脱离生产的军功集团的出现，使得蒙古出现了一个依靠战利品而活着的头部集团。

成吉思汗对蒙古社会的军事改造相当于一次革命，对蒙古帝国的影响是巨大的，他将分散的蒙古部落打造成一架集权的机器，每一个人都被纳入巨大的战争体系中。

蒙古人的骤然西征改变了历史的轨道。这之前，他们本来可以成为类似于北魏的汉化王朝，但西征之后，蒙古人变成了一个更青睐西方制度的政权。

先声夺人

要想了解蒙古人,必须先去他们的老家看一看。

在如今的蒙古国,依然保留着将近一千年前成吉思汗时期的地理特征。由于人口稀少,蒙古国除了首都乌兰巴托之外的大部分地区都只有零星的人口,草原、湖泊、山脉和沙漠与当年相比几乎没有发生变化。[1]

蒙古国最大的地理特征是三条巨大的山脉,分别是:西部边界附近与中国接壤的阿尔泰山,呈西北—东南走向;西半部的中部地区的杭爱山脉,呈西北—东南走向;以及东半部偏西北位置上的肯特山,这是一个山簇,东北—西南走向。

在阿尔泰山与杭爱山之间,是蒙古国的外围地区,曾经被乃蛮人占据。[2] 在杭爱山与肯特山之间,特别是杭爱山东麓的鄂尔浑河谷地,是蒙古国最肥沃宜居的土地,也是历代游牧民族,即从匈奴到突厥、回鹘人的大本营。再往东,就是肯特山区以及周围的草原,这里在地理位置上更偏北,是蒙古人的发家地,但军事地理上的重要性不如鄂尔浑谷地。肯特山以东直到中国东北地区,则是更加广阔的草原地带。

蒙古国地貌最大的特征,是整个草原地区由于山脉的分隔,形成了

---

1 本书作者曾经骑自行车横穿蒙古国考察,这里的地理特征就来自本书作者的观察。参考本书作者的《骑车去元朝》一书。
2 乃蛮人相对于蒙古人来说更加文明,其上层信奉景教(由基督教的聂斯脱利派东传演化而成,本质亦属于基督教),与另一个分支克烈部构成了西部的主要力量。关于成吉思汗征服乃蛮部与克烈部,最好的叙述来自《元朝秘史》《圣武亲征录》等。

一个个盆地。这些盆地往往被一圈山峰包围，盆地中央是一片水草丰美的小草原。游牧民族的各个部落就发源于这一个个盆地。

在最初，一个盆地很可能就对应一个小部落，这个小部落只要守住周围一圈的小山，就可以单独在这片盆地之中放牧。然而，这些盆地有大有小，由此造成生活在其中的各个部落之间的实力不均。在随后的合纵连横中，生活在大盆地中的部落就有可能并吞那些小盆地的部落，形成更大的部落联合体，最终产生了民族认同。

在所有的盆地中，最大的就是后来蒙古都城哈剌和林所在的鄂尔浑谷地，这里也曾经是匈奴人和突厥人的都城，可以说它因地理优势而具有天然的都城潜力。[3]

成吉思汗的蒙古部落最初并不在这个盆地之中，而是位于更加靠东的肯特山麓的克鲁伦河畔，鄂尔浑谷地则是另一个首领王罕（克烈部）的所在地。因此成吉思汗的部落最初的实力是无法与克烈部相媲美的。要想在劣势中取胜，就必须遵循一套具有战略思想的逻辑。成吉思汗的逻辑是：为了对抗比自己更加强大的西部集团，首先要统一整个蒙古的东部地区，而在这个过程中，必须与西部集团（以克烈部为代表）结盟，至少不要发生冲突；只有统一了东部地区，才有与条件更加优厚的克烈部对决的可能性，这时再等待机会，让对方先犯错误；当机会出现时，一旦东西两大集团之间发生冲突，不要在西部决战，而应该将西部集团的军队引诱到东部作战。

---

3 蒙古人之前，鄂尔浑谷地的占领权换位尤为激烈：唐朝早期被突厥占领，中期属于回鹘，之后被黠戛斯人短暂占领，最后归于契丹。宋朝中期契丹被女真灭亡后，这里形成了政治真空，后被克烈部等部族填补。

关于成吉思汗与克烈部作战的细节不是本书重点,这里只说,击败王罕,是成吉思汗命运的真正转折点,这意味着蒙古战略地位最重要的鄂尔浑谷地被他收入囊中。[4]

总结起来,蒙古人的崛起得益于以下几个方面的原因。

首先,草原地区出现了权力真空。在蒙古人之前,这片地区曾经被匈奴人、突厥人、回鹘人、黠戛斯人和契丹人占领过,这些民族各为一代霸主,为蒙古地区注入了强悍的基因。但是,如果这些霸主没有离开核心区域,也就轮不到蒙古人崛起。幸运的是,蒙古人之前的最后一代霸主契丹人被兴起于古代中国东北地区的女真人打败,这使蒙古地区出现了暂时的权力真空,给小部族的崛起留下了空间。[5]

女真兴起于古代中国东北地区,而前面所述的各个民族大都起源于更加靠西的蒙古地区,当女真兴起之后,契丹人在耶律大石(葛儿汗)的率领下西迁到中亚地区,将蒙古留给女真。女真虽然获得了蒙古土地的宗主权,但由于其权力中心更偏东、偏南,一直无法对蒙古地区进行直接统治,只能满足于当地部落的臣服,并利用各小部落之间的矛盾进行间接统治。这种统治方式留给蒙古地区一定的权力真空,成吉思汗势力正是在这样的真空中成长起来的。

其次,蒙古人并非只是在成吉思汗时期才成长起来。事实上,在他

---

4 成吉思汗与王罕的对决,构成了蒙古人内部流传的成吉思汗史诗的重要组成部分,在《圣武亲征录》《元朝秘史》以及拉施特主编的《史集》等著作中都有描述。蒙古人自己的描述往往表现出成吉思汗的正直和王罕的昏聩,以及另一个叫作札木合的部落首领的奸诈,但从双方作战的经过来看,这是蒙古各部走向整合的必然战争。至于现代人的描写和分析,参考《蒙古帝国史》。

5 见《蒙古帝国史》第一章。

之前已经有过另一个蒙古政权。蒙古孛儿只斤氏（成吉思汗的姓氏）的始祖可以追溯到成吉思汗的十世祖孛端叉儿，在他的玄孙海都时期，蒙古人建立了自己的政权。这个政权在合不勒汗（葛不律寒）时期（也就是金朝灭辽时期）走向强盛，但经过俺巴孩汗和忽图剌汗，被金人击败后便消亡了。成吉思汗的父亲也速该是忽图剌汗的侄子。[6]

我们不敢保证这个前蒙古政权有多强大，也许其规模并未超过东部部落联盟，但这段建国经历虽然以失败告终，却积累下来许多文明成果。比如，在成吉思汗之前，蒙古社会就是有贵族存在的，这些贵族拥有"把阿秃儿"的称号，或称"那颜"，这些贵族集体统称为"那雅特"（贵人）或"薛禅"（贤者）。此外，蒙古人中还形成了一个自由人群体，称为"那可儿"或"诺古特"。而成吉思汗时代，就是以这两种人为基础建立了政治军事组织，构成了战士和亲近人这两个等级。

蒙古的平民被称为"哈喇抽"或者"阿拉特"，奴隶称"孛斡勒"。每个集体原则上都有一个王（汗）或首领"别乞"（长老）领导，后一个名称主要在森林部落中比较普遍。[7]

此外，蒙古人还有许多游牧民族共同拥有的技术和经验。最重要的经验来自北方民族都经常练习的狩猎技术。

在北宋与女真对抗时，北宋的使者发现，女真人的狩猎行动实际上帮助他们练习了许多战争技术。[8] 但女真人的狩猎技术并非其独有，事实上，蒙古人的狩猎技术更加复杂。

---

6 见《元史·太祖本纪》，以及《蒙古帝国史》第一章第九节到第十四节。
7 见《蒙古帝国史》第一章第八节。
8 见本书作者所写《汴京之围》，亦可参考宋代使者马扩的观察记录。

蒙古人的大猎一般持续两三个月,相当于一次战役的时长。这样的狩猎一般在冬季初举行,大汗发布狩猎的命令后,军队会分成左、中、右三路,排好队形,由各自的首领率领。由于时间长,首领们甚至会带上其家人(妃嫔),再加上为军队准备的粮草辎重,就是一次作战级别的演练了。在狩猎过程中,蒙古人排成长队,将一片野生动物丰富的地区围起来,以防里面的动物逃出去。他们花两三个月的时间逐渐缩小狩猎圈,直到圈子足够小的时候,才用绳子把猎圈封锁。在这个过程要求军队具有严格的纪律性,因为一旦有地方出了纰漏,猎物就会从圈内逃到圈外。直到将动物全部封锁在圈内,才开始按照等级进行狩猎。

这样的狩猎活动让蒙古人成为最善于打迂回战和机动战的民族。在日后与各个国家的作战中,蒙古人从来不会只出动一路大军做正面冲锋,而是用两路以上、最多可达五六路的大军,有的从正面进攻,有的从侧面包抄,将对手如同猎物一样困在包围圈中,再进行最后的猎杀。

蒙古人最大的猎圈形成于围攻南宋时,为了进攻临安(今杭州),最远的一路大军迂回到云南地区和越南,形成一个长达数千里的大猎圈。[9]

最后,蒙古人还从其兄弟民族那里学习到一些更加先进的政治管理

---

[9] 蒙古人在对云南大理进行攻击之前,只能从北方分成江淮、襄阳和四川三路进攻南宋,由于南宋将这三条线路都用兵封死,双方形成了残酷的拉锯战。蒙古人进攻大理得手之后,在南方开辟了三条线路,分别进攻重庆、湖南,并绕道越南威胁两广,形成包围态势。这个猎圈最终因为蒙哥的意外死亡而没有成功合拢,但仍可作为蒙古人非凡战争想象力的例证。

经验。比如后来为人们所熟知的达鲁花赤制度和税收政策，都不是蒙古人最先采用的，而是来自其兄弟民族契丹。

根据记载，[10] 辽国被金国灭亡后，贵族耶律大石率领人马向西逃亡，他们逃出了数千里，来到了现中国新疆西部和中亚地区，杀死了当地黑汗王朝[11]的君主，征服了中亚地区的突厥斯坦。但是，耶律大石并没有破坏当地的行政机构，他只满足于税权，每家征收一个第纳尔。同时为了保证地方的服从，一方面命令各个地方的首领在腰带上系一块银牌表示臣服；另一方面开始尝试向一些地方派遣总督，总督只负责节制当地官僚，尽量避免参与具体的行政管理，这就是达鲁花赤的前身。这种方式以最少的干预获得最大的征服成果，可以说开蒙古统治制度先声。

前代霸主留下的真空、蒙古人的前蒙古政权、狩猎和战争技术的磨炼，以及兄弟民族流传的统治经验，给蒙古人的崛起带来了合理的解释。但这些先决条件依然不足以说明蒙古人为什么会取得比他们的前辈大得多的征服成就——即便成就最大的金国，也只是占据了中国北方，而蒙古人却开创了一个世界性政权。要想理解他们的成就，就不得不提到一次特殊的成吉思汗革命。

为此，我们先简单回顾成吉思汗的生平，再详述所谓革命的内容。

10　见《蒙古帝国史》第一章第四节转引摩苏尔人伊本-额梯儿的记载。
11　黑汗王朝是古代中国西部一个最具模糊性的政权，出现于10世纪，可能由西迁的回鹘人与葛逻禄人组成，1041年（北宋康定二年）分裂为东西两部，但在哈剌契丹兴起后成为哈剌契丹的附庸，最后于1212年（南宋嘉定五年）被花剌子模帝国灭亡。

成吉思汗革命

1162年（金大定二年，南宋绍兴三十二年），一个叫铁木真的男孩出生于蒙古高原。他的父亲也速该是一个部落首领，但其部落只是千千万万个蒙古小部落中的一个。到了他9岁时，父亲去世，让小铁木真经历了人间的悲凉。[12]

但也恰好是这一段时间，让这位少年习惯了部落的厮杀，并逐渐成长为一个部落首领。本书不准备详细讲解蒙古人内部的统一战争，[13]只简单地总结1170—1194年（金大定十年至明昌五年，南宋乾道六年至绍熙五年）铁木真的经历。

在他年轻时，首先面对的是蒙古东部与其家族血缘关系较近的泰亦赤兀惕诸部，在与泰亦赤兀惕斗争的过程中他数次被俘，又都安全脱险，逐渐成长为蒙古东部的重要领袖之一。之后，他又数次击败位于蒙古本部与金国之间的塔塔儿人（这是一个依附于金国，同时帮助金国控制蒙古人的外围民族），获得了金国的册封。

这段时间是铁木真的"学徒"时期，以他统一蒙古东部告终。只有统一了东部，才能集合起全部的武力资源，与西部位于鄂尔浑谷地更强大的敌人——克烈部的王罕，以及更加靠西的乃蛮人竞争。

---

12 关于成吉思汗早年的叙述，参见《史集》第一卷《成吉思汗纪》。此外，《元朝秘史》第61节有更为确切的记载。《史集》对也速该的死因未做清晰说明，但在蒙汉史料中非常明确地写出了也速该之死：也速该为铁木真向弘吉剌部提亲，归途中被塔塔儿人害死。

13 关于蒙古人的统一战争，在古代文献中可参考《元史》《新元史》《元朝秘史》《圣武亲征录》《世界征服者史》《史集》等。在今人著作中，格鲁塞的《草原帝国》和《蒙古帝国史》中有详细叙述。

表 2-1　成吉思汗的扩张战略[14]

统一蒙古东部	基于肯特山麓，与塔塔儿人和泰亦赤兀惕诸部作战，统一蒙古东部
进攻蒙古西部	以蒙古西部的克烈部和乃蛮人为目标，获得肯特山与杭爱山之间以及杭爱山与阿勒泰山之间的盆地，完成对全蒙古的统一，获得最具战略和经济价值的鄂尔浑谷地
向蒙古之外扩张	到底首先西进（中亚），还是首先南进（北方的金和南方的宋），决定了蒙古政权未来的演化趋势

也正是在与泰亦赤兀惕诸部的战斗中，成吉思汗第一次发展出与他的游牧先驱们不同的战术：震慑战术。之前，游牧民族之间（包括蒙古人）的征战以兼并对方的战士、抢夺对方的人口和物资、占领对方的牧场和居住地为目的。在北方，最重要的资源是人力，由于人的繁殖漫长且不可控，每一个人的生命都是有价值的，因此游牧民族内部并没有形成滥杀的习惯。一个战败部落的人往往会被整合入战胜的部落继续生活，并与之通婚。即便要杀戮，也只限于杀掉个别领袖人物，连领袖的家族都不会被清洗。

在与泰亦赤兀惕诸部战斗时，由于遭到激烈反抗，铁木真下令将俘虏活活煮死，这种震慑战术导致其他敌人不敢与他交战，纷纷投降。[15]

这种战术到对付塔塔儿人的时期又有了进一步的发展。由于塔塔儿人杀害了成吉思汗的父亲，蒙古人与之有着深仇大恨。在击败塔塔儿人之后，成吉思汗第一次采取了大规模屠杀的做法。他下令将比车轮高的

14　根据《新元史》《元朝秘史》等整理。
15　见《史集》第一卷《成吉思汗纪（二）》。

男人全部杀掉，剩下的人口被分配到各个部落之中。但在执行命令之前，由于成吉思汗的弟弟别勒古台泄露了消息，引起了塔塔儿人的反抗，给蒙古人造成了巨大损失。但最终，成吉思汗的命令还是被执行了。[16]

这两次屠杀让我们第一次体会到了蒙古战术的变革，也是从部落战争走向全面战争的前奏。但残酷性只是磨炼蒙古战术的一个方面，另一个方面则是纪律性。到此时为止，蒙古人的战术后勤依然是劫掠式的，首领并不考虑战士的给养问题，由战士们在战争中通过掠夺获得补给。

上文讲过，游牧民族与定居民族战争的最大区别就在于战争财政的来源不同：前者采取军事掠夺制，不给士兵发放俸禄，但允许他们通过掠夺被征服者获得财富；而后者则采取俸禄制。

表面上看，俸禄制更先进，但劫掠式的后勤在一个民族扩张初期可以爆发出惊人的能量。在战争开始之前，战士们并不富裕，甚至连作战装备都需要自己筹备，可一旦打了胜仗，他们的财富就会快速增加，并且只有不断地打仗，战士们才能够获得更多的财富。对财富的渴望可以让他们一战再战，迅速扩张到数千里之外。游牧民族对定居民族取得军事优势的法宝，就是军事劫掠制爆发的能量。

但劫掠式的后勤并非毫无问题，它最大的弊端就是纪律性较差。在打仗时，人们以劫掠更多的财富为第一目标。很多时候，即便可以追击敌人获得更大的胜利，战士们却只知道搜刮战利品而忽视全局。游牧民

---

16 塔塔儿人在袖中藏了刀，刺伤了蒙古人。见《蒙古帝国史》第二章第十九节，以及《元朝秘史》卷六。

族虽然经常打胜仗，但无法取得更大的持久性成果，往往也是由于无法控制战士们的劫掠欲望。

成吉思汗与其他游牧领袖不同，他的目标高得多，从战争一开始就以并吞为目标，而不是劫掠一番之后离开。

表 2-2 定居民族的俸禄制和游牧民族的军事掠夺制在战争中的特点 [17]

时期	俸禄制	军事掠夺制
扩张	不利于扩张。由于俸禄的固定性，军人没有动力进行冒险性军事行动	有利于扩张。军人的收入依赖于掠夺的财物，只有不断扩张，才能不断地掠夺，因此会呈现快速扩张的态势
平衡	俸禄制的可维持性更高	迅速腐化。由于已经无法掠夺大量的战利品，又没有固定俸禄，战士们往往选择以敲诈勒索的方式获得收入，导致政权的不稳定性
收缩	往往选择坚决抵抗。俸禄依靠的税基一旦遭到侵犯，就会影响士兵的收入，因此士兵有动力去保护税基	收缩时的快速垮塌。这个时期不仅无法掠夺，还会被反掠夺，因而战士阶层迅速逃亡、消失或者投靠新主，政权迅速衰落
相互转换的条件	俸禄制崩溃时，往往形成军阀集团，依靠掠夺来进行内战，如东汉末期	军事掠夺制发展到平衡阶段，统治阶层可能会选择进行俸禄制改革，完成从掠夺制到俸禄制的惊人一跃，如北魏文明太后改革

在与塔塔儿人的战争中，一项新的纪律被颁布，那就是：不得在战斗分出胜负之前进行劫掠，搜刮财物的行为只有等战争结束了才能进行。

---

[17] 从军事掠夺制向俸禄制的演化，是关系游牧政权能否演化成定居政权的重大问题，这一问题解决得最好的是北魏，见本书作者的《财政密码》，本表的总结亦参考此书。游牧民族的快速扩张和衰落，往往与本表所总结的周期有关。

这就使得蒙古骑兵更加接近于定居民族的军队,而不是游牧民族的散兵式军队了。

这些新纪律的推行,以及杀戮震慑战术的出现,导致了另一个影响深远的现象,那就是一个专业化的军功集团的出现。此前,游牧民族大都没有专业化的军队,所谓军人,只是军事化的人民,他们在大部分时间里以放牧和打猎为生,只有在战争时才响应首领的号召奔向战场。等战争结束,他们就会立刻离开军队回归游牧生活。

但成吉思汗开始打造专业化的军功集团,这个集团不再从事生产活动,而是以打仗为专业。即便战争结束,他们也不会回归平民生活。当打仗成为他们的专业时,他们就更加依赖军事掠夺制所带来的战利品,更加倾向于发动更多的战争了。

成吉思汗打造军功集团的尝试在他第一次称汗时就已经出现。当他在蒙古的东部地区打拼时,就已经成长为一个地区领袖,受到本集团内部的推戴而称汗。在称汗后,他立刻对军队进行整编,设立一系列职位,安排亲信围绕在自己身边。这些职位包括豁儿赤(箭筒士)、云都赤(带刀者),这两个职位后来成了他的贴身卫队。还有宝儿赤(管理饮膳的人)、火你赤(管理牧羊的草场的人)、抹赤(管理车辆的人)、总管仆役、掌管马匹的人、兀剌赤(掌管放牧马群的人)、送信人、维持纪律者等职位。此外,还有一批亲信担任了各小部落的首领(众人之长)。[18]

18　见《蒙古帝国史》第二章第七节,以及《元朝秘史》。

表 2-3　成吉思汗第一次封赏的军功集团[19]

职位	人员
豁儿赤（箭筒士）	博尔术的弟弟斡格来、合赤温、哲台、朵豁勒忽等四人
云都赤（带刀者）	忽必来、赤勒古台、合剌孩脱忽剌温、成吉思汗的弟弟拙赤、合撒儿
宝儿赤（管理饮膳）	翁古儿、速亦客秃、合答安
火你赤（管理牧羊的草场）	迭该
抹赤（管理车辆）	古出沽儿
总管仆役	朵歹
掌管马匹	成吉思汗弟弟别勒古台、合阑勒歹脱忽剌温
兀剌赤（掌管放牧马群）	忽图、抹里赤、木勒合勒忽
送信人	阿儿孩合撒儿、塔孩、速客该、察兀儿罕
维持纪律者	两人（不详）
首领（众人之长）	速别额台、博尔术、者勒蔑

军功集团的建立让成吉思汗有了更大的动能去发动战争。于是，1195—1203 年（金明昌六年至泰和三年，南宋庆元元年至嘉泰三年），成吉思汗率军进入蒙古西部，最初联合后来又击败了克烈部的王罕，之后他击败了更加靠西的乃蛮人、篾儿乞人等势力，并镇压了东部的叛乱。

1204 年（金泰和四年，南宋嘉泰四年），成吉思汗已经击败了他在西部最大的敌人王罕，于是在客勒帖该合答对军队进行了第二次整编，

---

[19] 本表根据《元朝秘史》制定，并参考了《蒙古帝国史》中的分析，也参考了国内学者对人名的译法。

这次整编使得军事力量更加正规化。[20] 在第一次整编中，成吉思汗设立了一系列职位，其中箭筒士和带刀者已经有了贴身保镖的性质。而在这一次整编中，成吉思汗更是组织了禁卫军体系，也就是著名的怯薛制度。

在怯薛制度下，作为护卫士的人被称为"怯薛歹"，他们被分成日班和夜班，其中日班有70人，而夜班有80人。这些怯薛都是从千户、百夫长或者那颜的家庭中选择的，带有很强的亲兵性质。[21]

与此同时，成吉思汗对其余军队也进行了整编，他学习中原的保甲体系，采取了编户制度，也就是以10人（可以参军的丁壮）为一组，组织成军事单位，10个小单位再构成一个大单位。这些单位分别由十夫长、百夫长和千户掌管。同时，他还设立了6个被称为"扯儿必"（即阇里亦，官名）的官职作为总的统领，担任这个官职的大都是成吉思汗的亲信。[22]

另外，成吉思汗让一个叫作阿儿孩合撒儿的人选择1 000个把阿秃儿（勇士）担任先锋队，他们也是成吉思汗护卫队的一部分。

这次整编明确了军队职务的专业化。根据成吉思汗的命令，豁儿赤（箭筒士）、日班护卫士、司厨人、把门人和管马人都是白天供职的。到了日落时分，则交给夜班护卫。夜班护卫守卫他的营帐，每三天轮换一次。这些人逐渐脱离了生产，构成了军功集团的重要组成部分。

1204—1210年，成吉思汗的势力扩张到蒙古本部之外，他杀死乃蛮部的太阳汗，平定了其他势力，并开始对中国西北部的西夏用兵，两次

---

20 见《蒙古帝国史》第二章第二十七节。
21 斡格来扯儿必担任日班护卫七十人长，忽都思合勒潡担任夜班护卫八十人长。
22 最初任扯儿必的是朵歹、朵豁勒忽、斡格来、脱栾、不察阑、速亦客秃。人们在提到这些人的名字时，往往还要加上扯儿必的称谓。

进攻西夏。位于吐鲁番及周边地区的畏兀儿人也选择归顺，蒙古从而获得了西部边疆。

1206年（元太祖元年，金泰和六年，南宋开禧二年），成吉思汗在斡难河畔举行忽里勒台大会，人们日后就以这个时间点作为蒙古帝国出现的标志。在这次大会上，成吉思汗论功行赏之余，再次将整个蒙古疆域内的势力进行了整编，设立了93个千户。

在这次大会上，名将失吉忽秃忽被授予大断事官的职务。这个职务的出现，标志着蒙古制度化进入另一个阶段。大断事官是一个司法职务，是与蒙古人的习惯法联系在一起的。蒙古人的法律制度在最高层次上，以成吉思汗的命令（称"札撒"）作为基础；但由于札撒的条文简单，涵盖的范围有限，大部分判决都找不到现成的法律依据，只能由断事官根据以前的判例，加上他的自由裁量权来决定。最后，他们再将这些判例汇编成册，成为法律文件的重要组成部分。[23] 也就是说，断事官有着巨大的权力，他们可以通过创造判例来影响蒙古的司法走向。

大断事官最大的权力体现在一个叫作青册的系统上，青册上记载了大断事官的所有司法判决的情况，这就成了下一级司法官员判案的依据。此外，青册上还可能记载着贵族的户籍，用来帮助成吉思汗和他的司法官员更好地掌控贵族阶层的情况。[24]

除了大断事官，更重要的两个职务是博尔术担任的右翼统帅和木华黎担任的左翼统帅。其中木华黎又被封了国王的头衔（我们可以理解为

23　元朝时期留到现在的法令集和判例集主要包括《元典章》和《通制条格》，其中亦可以看出明显的判例法的形态。

24　见《蒙古帝国史》第三章第二节。

亲王)。[25]"国王"主要是一种荣誉称号，使他们获得更大权力的是左翼和右翼的统帅权。这里也可以看出蒙古人军权的逐渐扩充，最初十夫长、百夫长和千户的编制已经足够，但随着兵力的增加，千户的数量已经达到93个，如果都直接听从中央的命令，一定会出现混乱。于是，就必须在他们之上再架设一层管理者，这就是万户。到了蒙古人进攻中原时，随着军士的进一步增加，万户也成了一个常设级别。但在木华黎和博尔术时期，万户还是一个新鲜事物。因此，我们可以认为，所谓左右翼统帅，其实就是万户的雏形，或者可以称为左右万户。其中博尔术掌管整个西部的指挥权，而木华黎掌管东部，这也是成吉思汗后来留木华黎负责进攻金国的原因。

这次大会另一个显著的特点是对护卫军系统进行了大规模扩充。原本怯薛只是一个150人的小机构，此时被扩大为1万人。根据要求，加入怯薛的人都是精英子弟，其中千户之子每人可以带10人进入怯薛，百夫长之子可以带5人，十夫长之子可以带3人。

在怯薛中，夜班护卫增加为800人（原来为80人），后来增加到1 000人。而豁儿赤从400人增加到1 000人，日班护卫也增加到1 000人。加上其他合并进来的单位，怯薛共容纳了1万人，包括8 000日班和2 000夜班。他们共分为4班轮流守卫着大汗，每班负责守卫三天三夜。

这就是成吉思汗革命的全部内容。这次革命，或者说他对蒙古社会的军事改造，对蒙古帝国的影响是巨大的。在他之前的蒙古人是分散的，

---

25 成吉思汗封木华黎为国王，参考的是金国的分封系统，即对实际上独立但又表示臣服的外邦部落首领进行分封。封木华黎为国王，是为了彰显他的权力和功绩，但蒙古人的分封系统并没有广泛推行，在木华黎之后，没有分封非黄金家族的国王。

以部落为单位；而成吉思汗将整个蒙古集团打造成一架集权的机器，每一个人都被纳入巨大的战争体系。

成吉思汗一方面进行残酷的内部兼并战，消灭或整合不听话的部族。一旦将各部落整合进蒙古这架机器，就在部族之下设立千户、百夫长和十夫长，以及后来的万户，通过这种设置，大汗的命令可以直接下达给每一个蒙古人。

不要以为在这样的体制下，游牧民族就天生拥有自由，事实上，每一个蒙古人的位置都是固定的，他从属于哪一个十夫长，这个十夫长就要对他负责。他本人没有权利选择脱离这个十夫长而投靠另一个，一旦他有了这样的念头，就会受到惩罚。[26]

每一个蒙古人打仗的时候是兵，不打仗的时候则要承担各种税收、驿站费用、生产粮食和牲口，他们的女儿还要被送去给各级首领选妃。成吉思汗的札撒通过这样的体系可以直达每一个人，并保证了最大限度的服从。加上断事官在司法上的控制权，蒙古部落形成了一个坚不可摧的战争体系。正是这个体系使得蒙古人成了常胜的军队，对那些集权程度低的定居民族有着摧枯拉朽般的冲击力。

短暂的东进

内部整合完成后，蒙古人就可以效仿许多少数民族帝国，去建立一

---

26 可以作为对比的是，在北宋时期，王安石也试图推动一项改革，即建立一套完整的保甲制度，对王朝的农村系统进行集权式管理。但王安石的变法以失败告终，农村社会也从来没有建立起高效的集权体系。之后的各个朝代都试图推行保甲制，控制农村。

个依托于中原的王朝了。在蒙古之前,中国北方的少数民族大都走了一条类似的道路,他们首先建立自己的军事制度,之后开始顺着地理上最便捷的方向向南进攻,并在中原建立起新的势力范围。

如果按照这个逻辑,蒙古人要面对的是中国北方的两个政权:东面的金国和西北的西夏。其中,西夏与克烈部(已经被蒙古征服)交好,蒙古要想征服金国,与金国有联盟关系却更加弱小的西夏就是首先要攻克的目标。[27]

1205 年(南宋开禧元年)、1207 年(南宋开禧三年)以及 1209 年(南宋嘉定二年),在成吉思汗的指挥下,蒙古三次攻打西夏,夏主投降,将女儿献给成吉思汗。到此时,整个北方地区只剩下东面的金国了。

1211—1218 年(南宋嘉定四年至十一年),成吉思汗除了镇压蒙古内部的叛乱,主要做了两件事:第一,进攻金国,占领了金中都(今北京);[28] 第二,之前位于蒙古西部的乃蛮王子屈出律(古出鲁克)逃到哈剌契丹(亦称"黑契丹",契丹人在辽国灭亡之后西迁建立的国家西辽),成吉思汗在追击他的同时,夺得了哈剌契丹的领土。关于哈剌契丹我们在后面还会谈到,在此先看成吉思汗对金国的战争。

进攻金国始于 1211 年(南宋嘉定四年),第一次战争结束于 1214 年(南宋嘉定七年)。金国和西夏一样,以献(岐国)公主于成吉思汗

---

27 由于西夏没有自己的正史,当前描写西夏的史书包括清代周春的《西夏书》、清代吴广成的《西夏书事》,以及清代张鉴的《西夏纪事本末》。
28 关于蒙金战争,除了《元史》《金史》等著作,格鲁塞的《草原帝国》中也有记载。此外,今人著作中较好的是周思成的《隳三都》,详细描述了从蒙古第一次进攻金国,到金国在蔡州彻底灭亡的整个过程。

的方式与蒙古议和。[29] 最初蒙古人并没有占领中都，但当蒙古人离开后，由于中都的战略位置不佳，金国选择了主动放弃，将都城迁往南方的开封，这让蒙古人随后占领了中都。

我在第一章中曾提到，蒙古人在进攻中亚时已经学会了占领式而不是像其他游牧民族那样劫掠式作战。但在进攻西夏和金国时，成吉思汗的进攻依然是劫掠式的，虽然战争都很激烈，但最终蒙古人都是在劫掠一番之后同意了议和。从中可看出他们此时依然缺乏有效的占领经验。

金人主动放弃中都，蒙古人进驻后，除了将金银运回蒙古本部，成吉思汗还派了两位官员（哈答与国和）担任留守。[30] 之后，他又将木华黎封为东部的国王，木华黎统管着2.2万人的蒙古军，加上吾也而元帅和耶律秃花元帅率领的哈剌契丹人和女真人，构成了对东部的统治。

占领中都之后，和当年的契丹人、女真人一样，蒙古人迎来了一个学习中原制度的机遇。[31]

自从秦汉以来，中国古代行政制度的核心就是以土地为主的税收体系。这个体系有巨大的优势，也有明显的劣势。它的优势是：由于土地每年都会有产出，因此是一种稳定的税源，一旦获得了土地税，就可以构建稳定的政治制度，从而形成稳定的国家。可是，由于土地税是一种固定税，每年出产的粮食数量是有限的，在战争时期需要动用更多的钱财时，土地税无法透支，也就拿不出更多的钱。所以，中

29　1220年，长春真人丘处机受成吉思汗邀请拜访蒙古时，还见到了西夏和金国的公主。见《长春真人西游记》。

30　见《新元史·忽都虎传》，忽都虎即失吉忽秃忽。

31　见《史集》第一卷《成吉思汗纪（五）》。

原王朝抵抗北方游牧民族战争的能力一直受到土地税总额的限制，一旦超支，财政制度就会崩溃，从而引起军事和社会的大崩溃。而北方游牧民族在扩张时，由于军事劫掠制的存在，养兵成本很低，形成了对中原的财政优势。

以前的各个游牧民族在利用军事冲击力占领中原之后，当无法获取更多的土地时，军事劫掠制就无法再维持下去，接下来就是将财税从掠夺式转换成土地税，从而建立更加稳定的制度。这一点在北魏王朝表现得尤其明显，北魏是由鲜卑人建立的国家，作为游牧民族，鲜卑人也采取了军事掠夺制来获得财政收入。但是之后，北魏在冯太后和孝文帝的领导下开始汉化改革，完成了从军事劫掠制度向土地税制度的转变。北魏打下的基础，不仅让这一个王朝受益，也让随后的隋唐两朝都受到了影响。可以说，北魏的汉化奠定了中国古代数百年的稳定。[32] 如果成吉思汗能够适时汉化，那么他可能无法向西建立更加庞大的疆域，但作为一个汉化王朝，却可能维持更加长久的统治。

事实上，成吉思汗在进攻中都的时候，遇到了出生在中原的契丹贵族耶律楚材。据《新元史·耶律楚材传》记载，耶律楚材本人是个佛教徒，他是辽国东丹王耶律突欲的八世孙，父亲是金国的尚书右丞，母亲是一个姓杨的汉族人。在成吉思汗围城时，耶律楚材是金国尚书左右司郎中，蒙古人攻克中都后，耶律楚材顺势投靠了蒙古人。由于蒙古人与契丹人关系紧密，成吉思汗对耶律楚材颇为看重，甚至对他的儿子窝阔台说，这

---

32 北魏的改革和土地制度，以及它对之后数百年的影响，参见本书作者的《财政密码》一书。

是天赐的礼物，以后有军国重事，都要交给耶律楚材。

耶律楚材对中原的制度颇为熟悉，显然是帮助蒙古人进行汉化的最佳人选。按照一般的理解，在耶律楚材的帮助下，蒙古的汉化进程也许会更加顺利，最终成为另一个北魏。事实却是相反的：耶律楚材对成吉思汗的用处并不大。在成吉思汗时代，耶律楚材主要是一个术士，帮助成吉思汗占卜，适时地利用预言来鼓舞蒙古士气，但他对于具体政策的帮助极为有限。[33]

为什么耶律楚材起不到作用呢？因为就在此时，蒙古人的历史骤然转向了：眼看蒙古人与中原将有更深的交集时，他们没有继续进攻南方，而是突然掉头向西，选择了西征。成吉思汗也很快离开了中原，将耶律楚材带在身边。脱离了中原的耶律楚材也就成了无根之木，提不出太多有效的建议。[34] 在整个成吉思汗统治时期，蒙古人对中原的措施就停留在极其有限的管理上。

只有在成吉思汗死后的元太宗窝阔台时代，耶律楚材才提出更多有用的建议，帮助窝阔台建立更稳固的财政基础。但这已经是在蒙古人更多地采纳了中亚地区的管理系统之后的事了。

成吉思汗的骤然西征，让蒙古人脱离了之前各大游牧部族的轨道，他们不仅没有按照中原的标准去建设帝国，反而将中原带入了一场新的冒险：他们要用西方的制度和财政系统来改造中原。

---

33 见苏天爵《元朝名臣事略·耶律楚材传》。亦见《蒙古帝国史》第三章第二十一节。
34 在木华黎进攻河北的时候，权知河北西路兵马事史天倪劝说他放弃劫掠政策，而是采取经营政策，表明还有其他汉人对蒙古人产生了影响，蒙古人曾经是有可能走向汉化之路的。见《元朝名臣事略·木华黎传》。

第三章 西风压倒东风

贸易与军事一样,是成吉思汗蒙古帝国的两大基础。当中原不断禁止和排斥与蒙古人的贸易时,中亚商人却率先开辟了通往蒙古高原的商道,将成吉思汗的目光吸引到了西方。

与花剌子模帝国的贸易纠纷演化为一场战争,却也让蒙古人接触到了中亚地区的财政系统,从而让元朝失去了彻底汉化的机会。

在成吉思汗时期,花剌子模人牙老瓦赤受到重用,他的地位远在耶律楚材之上。成吉思汗将整个中亚地区的行政和征税权交给牙老瓦赤,也表明蒙古人对中亚地区财税体系的采纳。

中国古代的税收以农业税为主,适用于农业社会,税额固定,缺乏弹性;西方税收以商税和人头税为主,适用于城市和商业发达的地区,也可以促进商业和金融体系的发展。

中亚地区在征税中往往采取包税制的做法,这种方法适合短期内压榨税基,并具有足够的弹性,对于希望快速获得收入的蒙古人有着巨大的吸引力。他们高超的商业才能,又可以使蒙古人劫掠的财富增值,更增加了蒙古人对其的依赖性。

成吉思汗将东亚、中亚等地的农业区作为中央直辖区保留在大汗手中，并没有分给儿子们，这片广阔的区域预示着未来蒙古政权的分崩离析。

骤然向西

蒙古本来有可能像契丹和女真一样，成为一个中原式的封建政权。这就产生了一个千古疑问：早在西征之前，蒙古人就进攻并得到了北京周边的地区，而当初女真人也是在获得燕京（中都）的控制权之后，继续向南进攻北宋的东京，从而打造了一个基于中国北方的政权。可为什么蒙古人没有像女真人那样继续进攻南方，成为一个以中原模式为主的国家，而是突然向西发展，更多地接受了中亚地区的影响，建立了一个不同于古代中国此前的传统政权的世界性政权呢？

构成答案的因素有很多，这里只强调两个方面：文明和贸易，尤其是贸易。

首先看文明因素。从唐朝开始，西域地区已经发展出了发达的物质和精神文明，并非蛮荒之地。从精神文明角度来看，中亚地区主要容纳了景教（基督教的分支）和伊斯兰教两种世界性的宗教，从思辨性上并不比儒家落后。

在蒙古西部的克烈部和乃蛮人中就有不少景教徒。景教是基督教的一个派别，在很早的时候传入中亚，又在唐朝时传入中国，并在中国的西北部成为一种流行宗教。[1] 景教虽然与伊斯兰教不同，但在中国古代，二者都不排斥商业文化。征服克烈部和乃蛮人，让成吉思汗进一步接触了西方的宗教。而在东方，与蒙古人交好的汪古部上层人[2]同样信奉景教。更有趣的是，正是一个景教徒的敌人为成吉思汗打开了西方的视野，甚至可以说，正是他"帮助"成吉思汗在西方完成了初步扩张。

在成吉思汗击败乃蛮王太阳汗之后，乃蛮人的王子、景教徒屈出律逃往西方。当时的畏兀儿人（回鹘人）感受到了他的威胁，作为对抗，畏兀儿人选择投靠蒙古人。

屈出律继续向西逃亡，来到哈剌契丹。哈剌契丹是契丹人在中亚建立的国家，当女真人灭亡辽国时，契丹贵族耶律大石率领残部来到中亚地区，建立了哈剌契丹国。在花剌子模崛起之前，信奉佛教的哈剌契丹国就是中亚地区的霸主，花剌子模也曾经向哈剌契丹称臣。在游牧民族中，契丹人与蒙古人的关系一直是友好的。屈出律到来后，篡夺了哈剌契丹的王位，因此在成吉思汗的军队到来后，哈剌契丹的人民将他们当作解救者。

成吉思汗是一个实用主义者，他对任何宗教都不排斥。但他本人除了蒙古自己的萨满教，并不信奉任何其他宗教。屈出律作为景教徒不仅引起了哈剌契丹内部佛教徒的不满，也遭到这个区域内的穆斯林的仇恨。

---

1 景教起源于叙利亚，5世纪上半叶由君士坦丁堡牧首聂斯脱利创建，因此也被称为"聂斯脱利派"。该派主张基督同时拥有神性和人性，后被宣判为异端。之后景教徒逃往波斯，景教传入中亚，并到达中国。781年，景教徒在长安树立《大秦景教流行中国碑》，这块碑后来在明末时偶然出土。
2 金元时期阴山以北的民族，可能属于突厥系，与蒙古人有着明显的体貌差异，但与蒙古人关系密切，在元朝时被归为色目人。

而成吉思汗由于采取了信仰自由的政策,获得了穆斯林的帮助。这件事,也为他日后征服中亚区域打下了基础。[3]

在现在新疆的西部,当时还有几个小国,如海押立、阿里麻里和普剌[4]等,也逐渐被蒙古人收入囊中。屈出律将蒙古大军引入西部,加上几个小国的归顺,为蒙古人的西征打开了窗口。[5]

不过,就算获得了西征的前进基地,依然不意味着蒙古人必然会西征,因为对游牧民族来说,独立于世界的中原地区是最适合生存的土地,其吸引力远大于中亚绿洲式的生存环境。在进攻金国时,蒙古人表现得更像是要首先拿下金国,成为长江以北的主人。就在这时,蒙古人对于贸易的日益依赖成了最关键的因素,决定了事情的走向。这又和东西方对游牧民族采取的态度有关。

针对游牧民族的扩张,历朝皇帝们往往采取封锁贸易的做法。比如,在唐朝,边境的节度使就常采取关闭边境市场的做法来迫使游牧民族屈服。而在宋朝,为了对付游牧民族,皇帝也常常限制贸易,不准铜钱、书籍、铁器、茶叶等物资流往北方。

在成吉思汗时代,由于北方未征服地区的汉人顾忌金国的禁令,不敢与蒙古人贸易,蒙古人并没有对汉人产生多少好感。蒙古占领的燕京

---

[3] 见《世界征服者史》第一部第十一章、《蒙古帝国史》第三章第十二节。虽然蒙古人在中亚的屠杀引起了穆斯林的抵抗,然而伊斯兰教一直没有放弃争取蒙古人,直到在伊利汗国、察合台汗国和金帐汗国取得了耀眼的成绩。关于基督教与伊斯兰教争夺蒙古人的事,见《东方行记》等西方人的记载。

[4] 普剌距离赛里木湖不远,鲁布鲁克称其为 Bolat。

[5] 这些小国只要承认蒙古人的权威,大都能受到蒙古人的优待。比如海押立的统治者阿尔斯兰汗,他后来参与了蒙古第一次西征。见《世界征服者史》第一部第十二章。

周边已经残破，同时由于中原的封锁，这些地区的贸易动力是非常弱的。[6] 而鉴于西域商人的其贸易天性，不管是什么样的统治者都不能阻止他们进行自由贸易。

蒙古人肃清西部之后，也建立了一条巨大的贸易通道，让西域的大小国家都可以畅通无阻地抵达蒙古人所在的地区。针对蒙古人，位于中亚的民众率先采取了加强贸易的做法，在蒙古人开通道路后，中亚的商人就纷纷组织起贸易团队，到蒙古人的土地上兜售丝绸和纺织品，这使得物资匮乏的蒙古人选择了西方而不是东方去满足自己的物质需求。

事实上，蒙古人与西方的接触早在讹答剌事件之前就开始了。1203年（南宋嘉泰三年）夏天，成吉思汗在还没有战胜克烈部时，在巴泐渚纳湖边[7]，接见了一个叫作阿三（哈桑）的商人。[8] 这个商人经过北部汪古人的地方来到这里，带来了1匹白骆驼和1000只羊。可见，此时的成吉思汗已经在和穆斯林交往了。除了哈桑，我们知道名字的还有札法儿火者和达里蛮哈吉伯。[9]

根据记载，蒙古人非常尊重穆斯林商人。蒙古人有着游牧的习性，不大讲卫生，而穆斯林却是最讲卫生的人群，为此，蒙古人甚至专门设立了干净的白帐供穆斯林商人居住和做礼拜。他们还在大道上设立了驿

---

6 为了防止北方获得物资，南宋采取了禁止战略物资和享受型物资流入北方的政策，这使得蒙古占领燕京后几乎不可能从南宋获得贸易机会。
7 斡难河北面高原上的一个小湖，但现在地点已经不知。见《蒙古帝国史》第二章第二十三节的讨论。
8 见《元朝秘史》第一百八十二节。
9 见《蒙古帝国史》第二章第二十三节。

站，这些驿站除了用于军事和行政用途，也可以供商人们使用，保证他们的安全。所有进入蒙古辖区的商人都会获得护照，如果他们的商品足够好，还可以直接到成吉思汗处进行交易。这种对贸易的尊重，贯穿了蒙古统治的始终。[10]

蒙古人对商品的价格一清二楚。当时流传着一个故事。一个远在苦盏的商人阿合马，以及另一个叫作阿合马·巴勒乞黑的人，还有他们的一个同伴，三个人一同前往蒙古做生意，他们一路被护送到成吉思汗面前。巴勒乞黑给他的商品要了超高的价格，以为可以赚大钱，不想成吉思汗震怒，拿出了更多的宝贝让他看，表示自己不是没有见过世面的白丁，最后还将他的货物没收了。阿合马和另一个同伴非常聪明，他们表示这些货物是献给成吉思汗的，不是商品，这让成吉思汗大悦，按照高价付了账。[11]

这些外贸商人不仅从事商业，而且是蒙古人的耳目。蒙古人正是通过他们提供的信息，提升了对整个中亚地区的了解。虽然蒙古人还没有去过那里，却已经心向往之。事实上，蒙古人是很善于学习地理知识的民族，在他们进攻南宋之前，就对其地理进行了深入的了解，从而做出进攻大理、绕道包抄南宋的大战略部署。而对西南地区的熟悉，得益于

---

10 中国史料很少提及的一个事实是，北方的游牧民族大都具有贸易天性，他们善于利用地理优势，占领关键贸易路线上的关键节点，从而成长为商业民族。中国历史上的贵霜人（大月氏人）、突厥人，都曾经因为控制了贸易路线而成长为大型王朝。此外，除了伊斯兰教，佛教的出现也与贸易相关，佛教不仅因贸易而生，而且鼓励商人群体传教，并伴随着商业来到了东方。

11 见《世界征服者史》第一部第十一章。

另一个重要的民族——吐蕃。[12]

对中亚而言，阿合马所在的苦盏是费尔干纳谷地最重要的城市之一，之后成了蒙古人重点控制的对象。

西域的重商文化使得蒙古人羡慕不已。于是，到了成吉思汗晚期，蒙古人已经开始效仿西域组织自己的贸易团队了。对中原人来说，商业是不入流的；但对蒙古人来说，商业的地位与军事等同。商业地位的不同也预示了两个民族的分道扬镳。成吉思汗的商队是按照和怯薛同样的原则组织的：商人从成吉思汗的儿子、那颜、将官的部属中抽调，蒙古人还特意寻找会做生意的商人，让他们加入商队，最终组织了450人的庞大队伍。

成吉思汗组织的第一支商队来到了讹答剌，在这里被城市长官哈只儿汗杀害，由此彻底扭转了世界历史的进程：蒙古人暂时放弃进攻金国，而是先向中亚区域进军。这次进军骤然扭转了蒙古人可能的汉化趋势，让蒙古西部与西域更加深度绑定，从而奠定了其世界帝国的基础。

贸易力量的制度化

关于成吉思汗在中亚的征伐，在本书的第一章中已经说过。这里只说蒙古人通过征伐中亚给这个区域带来的制度性改变，以及他们如何受

---

[12] 吐蕃宗教首领萨迦班智达与蒙古人的凉州会盟，使得蒙古人获得了熟悉当时中国西南部地理的可能性，而对大理的吞并，使得蒙古人获得了了解东南亚特别是越南地理的可能性。蒙古人对南方河流如金沙江、赣江、湘江等也有着清晰的认识。可参考本书后文的历史简述，以及《新元史》和《圣武亲征录》相关记载。

到这个地区的影响。

首先，蒙古人在中亚按照自己的模式建立了部分制度，这些制度包括几个方面：第一，他们在征服区域建立了达鲁花赤制度，也就是总督制；第二，他们开始编制户籍，以便收取税收和贡品；第三，按照蒙古本部的传统设立驿站。

但这些制度的建立有一个渐进的过程，到成吉思汗去世时尚未完备。事实上，在成吉思汗时代，这些制度主要是一种权宜之计。

比如达鲁花赤制度。这种制度在哈剌契丹时期就已经出现，但是真正得到广泛应用，依然是蒙古人的功劳。在游牧民族征服定居民族之后，由于征服者的社会制度暂时无法担负起行政职责，这时候就只好做出一定的通融：一方面采取沿用的方法，让原来的行政机构继续运作；另一方面，在原有行政制度不发生根本性变化的情况下，安排一个总督参与大事的决策。

我们可以把蒙古人的做法与当初女真人的做法进行比较。女真人在灭亡了北宋之后，由于暂时没有能力控制整个北方，只能扶持一个傀儡，让他代替自己进行统治。[13] 这样的做法导致了他们一撤出，傀儡皇帝便立刻倒台，使中原陷入新的混乱。而蒙古人保留原来的机构，只是在上面设立一个达鲁花赤，保证了政治的连续性。达鲁花赤"只管大事，放任小事"的做法也可以减少当地人民的反抗。

关于中亚蒙古达鲁花赤的设立，最早可以追溯到成吉思汗西征初

---

13 张邦昌被扶持为帝有一定的偶然性，虽然他本人也为金人所接受，但主要是群臣被迫要推举一个皇帝，在他不在场的情况下把票都投给了他。

期。成吉思汗攻克撒麻耳干之后,丘处机西行访问中亚,见到了成吉思汗。《长春真人西游记》中记载,新疆的阿里麻里城已有达鲁花赤。这表明,蒙古人在还没有进入中亚时,就在当时的新疆设立了总督制。

驿站制度也是蒙古权力的延伸。成吉思汗从建国开始,就试图建立一个集权制的政权,其核心内容就是大汗的号令必须准确无误地快速传达,这依靠的就是驿站制度。

蒙古人对中亚的影响是巨大的,中亚对蒙古人的影响也同样显著,甚至直接影响了后来的历史进程。

在人们讨论蒙古初期的行政和财政制度时,有两个人一直被忽视。这两个人在汉文的史籍中很少出现,在中亚地区的资料中却屡屡出现。[14] 他们对整个蒙古帝国的影响远远超出在汉文文献中津津乐道的耶律楚材和萨迦八思巴等人。

这二人就是花剌子模人牙老瓦赤和他的儿子马思忽惕(又称"马思忽惕伯")。[15] 二人在中亚世界之所以如此出名,是因为他们把城市管理的观念灌输给了游牧的蒙古人。在这之前,成吉思汗已经很注重户籍的管理,比如在蒙古人中推行千户制度。但将户籍制度运用在其他民族和城市人群身上,蒙古人的经验并不充足。征服中亚后,他们尝试着在征服地区编户籍以便收税,但由于理念和语言的障碍,能够做到什么程度是不得而知的。牙老瓦赤具有实务经验,他的故乡花剌子模就是帝国崛

---

14 他们在汉文史籍中并非毫无踪影,《元史·太宗本纪》《元史·宪宗本纪》《圣武亲征录》《元朝秘史》均有提及牙老瓦赤,但对于其作用的记载显然不多。
15 见《世界征服者史》《史集》等。蒙古史书《元朝秘史》中也提到了牙老瓦赤,却并未提及耶律楚材等人。

起地，当蒙古人获胜后，作为被征服民族的一员，他选择投靠蒙古人。正是他告诉成吉思汗，管理城市的秘密在于税收，一次性的劫掠可以短时致富，但想要长期的收入，则必须建立完整的管理和税收制度。

成吉思汗本身就有城市管理的需求，加上牙老瓦赤的毛遂自荐，蒙古军队在撤退时，就将整个河中地区的管理责任托付给牙老瓦赤。[16]

在此，我们可以进行一个比较。成吉思汗在征服中都之后，将该区域交给木华黎掌管。从汉地脱颖而出的耶律楚材虽然也受到重用，却一直跟随成吉思汗当他的占卜师，在行政上没有起到多大作用。

而成吉思汗在征服中亚之后，却将最高行政权交给花剌子模（也是他灭亡的帝国）的牙老瓦赤，并且将一切征税权都交给他。当然，蒙古人依然在中亚用兵，兵权依然掌握在蒙古人手中。但仅仅是交付财税权就已经表明了巨大的信任。

牙老瓦赤获得了河中地区的管理权，这表明在成吉思汗心中，中亚的财税制度已经压倒了此前中国古代的财税制度，也决定了成吉思汗要建立的是一个世界性的政权，而不仅仅是一个中国古代式的政权。那么，中亚的财税制度与中国古代的财税制度又有什么不同呢？

最大的不同，是征税来源的不同。

古代中国自秦汉以来，已经建立了一套完善的农业税收体制，在这个税收体制下，皇帝根据土地的多少征税，一个家庭的土地越多，需要缴纳的税收也越多。也曾经实行过类似于人头税的体制，也就是根据人

---

[16] 牙老瓦赤见成吉思汗的记载来自《元朝秘史》，但该书记载牙老瓦赤负责管理中都，则可能是成吉思汗死后才发生的事情。

口多少征税。比如，唐朝的租庸调制，"租"是根据土地征税，而"庸"和"调"都具有人头税和家庭税的特征。[17]可是租庸调制本身就是一种非常低效的税制，为了收税，必须同时清查人口、户籍和土地数据，[18]这对庞大的国家来说是很难做到的。因此，到了唐朝后期，皇帝也只好妥协，主要以土地为征税目标了。

中亚地区的税收体系和中国古代的税收体系相反，他们更加注重商业税和人头税。"商业税"主要是对商人和商品流通收税；而"人头税"是根据人口（辅之以每个人的财产情况）征税。在实际操作中，这样的征收体系是很简单的，商业税主要针对商品流通来征收，只需要在城门口和重要的路口、渡口设立检查站，就可以收取税款。而人头税也适合作为城市税种，因为城市的人口很好调查，征税成本很低。所以，中亚的税收体系天然具有城市和商业的特征。

此外，中亚的税收还实行一种为人诟病的方法：包税制。也就是哈里发或者可汗为一个地区、一个城市的税收设定一个总额，承包给某个包税人，每年这个包税人只要保证将额定的钱交给哈里发或者可汗就可以了。除此之外他所征收的钱，哈里发或者可汗不会过问。

这种包税制是为了更加便捷地征税，将征税权交给最能够征收的人。但这对税基（也就是普通老百姓）来说是不利的，因为包税人但凡有可能，总是倾向于多收一点作为自己的利润。包税制虽然有种种弊端，

---

17 关于租庸调制的讨论，见本书作者的《财政密码》第二部分。
18 租税根据土地征收，庸税根据人口征收，调税根据户数征收。唐朝后期的混乱，主要是前期过于复杂的税制造成的，由于税制过于复杂，政府收不到税，才产生了既负责收税，又负责养兵、带兵的节度使职位。

但相比农业税，具有可扩展性，要是哈里发今年缺钱，就可以提高包税人的额度，至于包税人如何完成，就不是哈里发的事了。[19]

比较起来，古代中国的税收体系以农业和农村为主，具有保护人民的特征，却是不可扩展的，皇帝想要在某一年获得更高的税收是不可能的；中亚税收体系以商业和城市为主，便于压榨，且对统治者而言有弹性，让他们在必要时多得税收。

这两种方法比较起来，中原的税收制度是一种更能长久维持，但在短期内缺乏弹性的方式。而作为新征服者的蒙古人希望能够尽快见到钱。

表 3-1 中原税制与中亚税制的对比

	中原税制	中亚税制
复杂度	高，需要清查全国土地、人口和户籍，不易查清	低，以城市人口和商品为主，更容易清查
税基	农业为主	商业和人头税，包税制
可扩展性	额度固定，扩展性低	额度灵活性大，可以在短时间榨取更多税额
民间保护	百姓不易被过度征收	百姓容易被敲诈
金融性	抑制金融发展	提倡商业，促进金融发展
可维持性	可维持时间长	易变，不稳定

蒙古人的军事后勤体制是一种军事掠夺制，也就是士兵只有打仗才有收入。一旦开张，士兵们往往想一次性多捞一些，而不考虑未来的情

---

19 现实中，包税人可以通过在当年压榨税基来完成临时提高的额度，也可以通过贷款来满足，将一次临时性的额度分成多年摊还，这又促进了信用和借贷的发展，提高了社会财富的利用率。

况。这种渴望与中亚的税收方法更加匹配。

中亚地区的商人还有一种金融（理财）能力，也就是将蒙古人抢来的钱通过放贷和经商，产出更多的钱。这种理财特性与蒙古人的作战结合起来，在日后形成了一种古怪的模式，即蒙古人负责打仗和掠夺，再把抢来的财富交给中亚地区的商人打点，用来投资增值。

在成吉思汗西征之前，蒙古人与中亚之间的联系还不够紧密。如果蒙古人首先灭亡了金国，并在此基础上设立财税制度，就步入了中原税制的轨道。等这些完成后，即便蒙古人再进攻西方，已经建立的财税制度也不可能再改到另一条轨道上。然而，成吉思汗的西征发生在金国灭亡之前，蒙古人还没有受到太多中原的影响。而在西征中，牙老瓦赤等人的出现，将蒙古人推向了城市和商业，这不仅影响了整个蒙古，还影响了日后的元朝。

用西方统治东方

当花剌子模向成吉思汗贡献牙老瓦赤时，中原也向成吉思汗贡献了一个人物，那就是著名的长春真人丘处机。牙老瓦赤和丘处机的对比，恰好说明了古代中国在这个岔路口上的尴尬处境。

丘处机是金末元初著名的道士。他的师父王重阳[20]创立了一个道教教派——全真道（即全真教），与几个弟子一同修长生不老术。到了丘

20　王害风的名称来自耶律楚材的《西游录》。

处机时代，丘处机和全真教的名声已经遍及南北。[21] 成吉思汗误以为他会长生不老之术，派人到山东请他。于是丘处机穿越了整个蒙古，来到中亚战场。

与西域商人主动找成吉思汗寻找商业机会不同，丘处机知道他面对的是一个不可完成的任务，因为西域商人善于经商是真实的，而他会长生不老术是虚假的。这种区别导致丘处机与西域商人所获待遇的不同。一路上，他不断地抵赖、推脱，试图摆脱这个倒霉的差事，却没有成功。

丘处机到达中亚后，成吉思汗已经从撒麻耳干前往更南面的巴尔赫，又把他带到了阿富汗。在那儿，大汗问起长生不老的事。丘处机知道无可推脱，必须说实话，于是只好回答："有卫生之道而无长生之药。"[22]

成吉思汗听完他的回答，对他不再感兴趣，于是他又一路颠簸返回故乡。但是，在他的徒弟李志常记载的行程中，丘处机获得了极其优渥的待遇，甚至在事后传出"长春真人一言止杀"，认为蒙古人放弃屠城战术就是他的功劳。但从李志常的记载中，我们看到的是一个对屠杀毫

---

21 全真教是一个善于利用帝王资源的教派，在见成吉思汗之前，其成员已经利用社会关系在金国宫廷立足，并宣称受到南宋宫廷的邀请。比如，根据全真教《七真年谱》的记载，1187年（金大定二十七年），玉阳真人王处一就受到金世宗的接见；第二年，长春真人丘处机也被接见。1197年（金承安二年），金章宗分别接见了玉阳真人王处一和长生真人刘处玄。1219年（南宋嘉定十二年），就在成吉思汗寻找丘处机时，丘处机宣称南宋皇帝也在邀请自己。

22 类似的对话也在金世宗和王处一之间产生。当皇帝询问长生之道时，王处一的回答是："惜精全神，修身之要，端拱无为，治天下之本。"但王处一显然也无法长生不老，在长春真人奉诏西行的两年之前，王处一已经去世，否则以王处一的名声之大，成行的可能就是玉阳真人王处一了。

不关心，一路上只知游山玩水的老道人。

那么，丘处机到底起到了什么作用呢？

如果换一个人叙述，就会发现事情的另一面。丘处机的形象是被另一个人打破的，他就是一直伴随着成吉思汗的耶律楚材。耶律楚材是佛教徒，对于道教人士丝毫不予回护。根据他的记载，丘处机是一个滑稽色彩很重的人。他记载了丘处机与成吉思汗的谈话。与商人用金钱和利益打动蒙古人不同，丘处机搬出一些神奇古怪的传说来表明道家的厉害之处。比如他用宋徽宗宠信道家，证明道家值得宠信（他忘记了宋徽宗是亡国之君）；他不断地举师傅王害风和大师兄马钰的例子，说他们都会在梦里遨游异域；他还曾经装作记不住自己的岁数，以证明自己的年纪大，等等。[23]

通过耶律楚材的揭短，我们知道，如果说丘处机是中原的代表，他其实把事情搞砸了。经过他的表演，在蒙古人的眼里，中原的代表不仅无法帮助蒙古人，其表现出的古怪和滑稽也让人无法信任。

当然，丘处机也可以借口说自己一直游离于朝堂之外，所以对于财政一窍不通，那么，陪伴在成吉思汗身边的耶律楚材就是另一个代表。耶律楚材了解朝廷的财政制度，在成吉思汗去世后也发挥了一定作用。但在与成吉思汗相伴的过程中，除了充当占卜师，没有迹象表明耶律楚材的财政天赋受到了重用。这恰好说明成吉思汗对贸易和财富的看重，他赞同中亚式的财政管理，而排斥中原的财政制度。

成吉思汗第一次西征虽然震撼了世界，但他并未能毕其功于一役。

23　见耶律楚材的《西游录》。根据《七真年谱》，丘处机生于1148年（金皇统八年）。

中亚地区大部分已经臣服，但是再往西还有很多领土需要占领。比如，哲别和速不台进攻了波斯西部，并绕过里海击败了罗斯人，但他们发现的这片广阔疆土并没有被征服，他们离开后，当地政权依然存在，他们的军事行动只能算是一次侦察行为。[24] 到了成吉思汗死后的 1231 年（元太宗三年），蒙古大将绰儿马罕才征服波斯。1237 年（元太宗九年），在蒙古的第二次西征中，术赤的儿子拔都和老将速不台才降伏了钦察人。[25]

成吉思汗并没有把所有被征服的领土都交给他的儿子们。后来的人们总是认为，成吉思汗死后，蒙古势力就一分为四了，但这是错误的。事实上，在很长的时间里，他新征服的中亚没有划给任何一个儿子，而是作为一个中央直辖区存在。这就和东部的金国是相同的，那里暂时交给了木华黎，而没有分封给任何一个儿子。在他死的时候，东部和西部各出现了一个巨大的中央直辖区，这也为未来的纷争留下了隐患。[26]

从成吉思汗回师到他死前这段时间，特别是没有战争的 1223—1225 年，这位年迈的征服者开始考虑如何管理这片巨大的帝国疆域，他试图着手建立更加牢固的行政制度。

所谓行政制度，最核心的目标就是将大汗的命令传达到这个多语言的帝国的各个角落。除了驿站制度，还有另一个重要的基础，那就是文

24　俄罗斯人的史书《诺夫哥罗德编年史》中记载了蒙古人的到来，谈到了蒙古人对罗斯人造成的恐怖震慑。

25　见《蒙古帝国史》第三章第十九节。

26　关于成吉思汗死后的蒙古帝国，参见下一章。对中央直辖区的争夺和对非黄金家族的直辖总督的处置，贯穿了下一阶段的内部争斗。

书制度。

蒙古人的文字是在1204年（南宋嘉泰四年）征服乃蛮人之后创立的。当时，有一个名叫塔塔统阿的畏兀儿人，据《新元史·塔塔统阿传》记载，他曾经为乃蛮人效力，乃蛮人被成吉思汗征服后，塔塔统阿带着乃蛮人的汗廷金印投靠了他，教给蒙古人文字的用途，并用回鹘文字创造了蒙古文字，使得蒙古人可以用文字的方式传达诏令。[27]

到了后来，克烈部一个名叫镇海的人投靠了蒙古人，据《新元史·镇海传》记载，作为景教徒的他担任了总文书（在中原被认为是丞相）的工作。镇海的工作是将蒙古人的诏令写成文字，并画押传诸各地。当时蒙古已经征服了金国的北部，这些地方流行汉语，仅仅将回鹘文的文书发下去，百姓是看不懂的，于是就需要另一个汉文文书，成吉思汗将这个职位授予陪伴他西征的耶律楚材。

耶律楚材在西征中起到的作用并不大，当他回到蒙古本部和中原，却逐渐掌握了一定的话语权。这一点到了后来窝阔台时期会表现得更加明显。但我们需要注意的是，耶律楚材的地位是在克烈部的镇海之下的，也在掌管中亚广阔土地的牙老瓦赤之下，只有这样，才能看清楚中原此时在整个蒙古中的地位。

1227年（元太祖二十二年，金正大四年，南宋宝庆三年），一代雄主成吉思汗在征讨西夏的途中逝世。在他死前，蒙古已经从北方一个不起眼的小部落成为一个庞大的多民族、多语言的国家，从古代中国的北方直达中亚，甚至包括今伊朗、俄罗斯的部分地区。

27　见《蒙古帝国史》第三章第二十二节。

成吉思汗不仅是一个军事家，而且为这个帝国打下了一定的制度基础。首先是军事基础，他的军事制度（千户制）使蒙古不再只是一个传统的游牧政权，而是一台具有高素质稳定兵源的军事机器，兵力可以得到源源不绝的补充。而他的财政制度（以中亚的财政系统为样板建立的、以商业为主的大财政）也让蒙古不再只依靠军事劫掠制。他的文书制度确保了多语言国家的号令统一，驿站制度又致力保持这个国家的完整和快速响应。有了这些制度，蒙古帝国已经初具规模。

　　然而，就在他死前，成吉思汗给他的儿子们留下了一个巨大的陷阱，这个陷阱到最后必然导致统一的蒙古帝国的崩塌。

第四章　窝阔台系：艰难维持的政权

成吉思汗死后，蒙古统治风格出现了巨大转向。合罕皇帝窝阔台[1]的统治以极度慷慨著称，为了发放赏赐，他几乎将父亲的国库耗空，这甚至影响了其汗国未来的命运，但他不得不这么做。

成吉思汗死后，作为小儿子的拖雷继承了八成的军队，其余三子的军队数量都不足以与之抗衡。窝阔台没有足够的军队，却作为合罕统治着广阔的中央直辖区，这使得他只能依靠赏赐和亲情维持着这个失衡的政权。

由于军队出自部族，控制最大规模军队的拖雷系拥有最多部族的支持，这使得窝阔台之后的选举往往被拖雷系左右。

成吉思汗死后的制度类似于辽国的两面官制：草原地区分封给其四

---

[1] 在史书中，窝阔台被称为"合罕"，这个名称原本就是"可汗"之意（该词本身和"罕"、"汗"同义，窝阔台时期词义固定下来，专指最高统治者，而其他王仅可称"汗"）。但随着成吉思汗的死亡，窝阔台自称的合罕有"汗中之汗"之意，并成为窝阔台的专有称号，他因此也被称为"合罕皇帝"。忽必烈死后，合罕的称号有时被用于蒙哥、忽必烈等人。

个儿子，但辽阔的农耕地区留给了选举出的合罕，由合罕委任的总督进行统治。最终，拥有军队的各个支系必然压迫合罕的力量，重新对农耕区进行瓜分。

合罕应对这种权力不均衡的方法，除了赏赐与亲情，就是发动新的战争，因为在战争中各个支系必须提供军队。合罕的战争目的是：要让各个支系参与战争，也要让他们获得战利品，但不能让他们获得新的地盘和增加军队。

窝阔台死后，他的皇后和儿子无力维持这个摇摇欲坠的帝国，财政也已经枯竭。朝廷被迫任命来自西方的敛财能手，破坏了耶律楚材竭力打造的正规财政制度。

不一样的合罕

1227年（元太祖二十二年，南宋宝庆三年）8月18日，成吉思汗死在了征讨西夏的途中。他死时，蒙古社会已经被西征深深地改变了。在这之前，他们是贫穷、勇敢的蒙古人，但此时其内部已经出现了巨大的分化，通过战争劫掠，有的人获得了更多的财富。他们突然发现各种物资得来得非常容易，不用像以前那样在内部进行调配。穷人和富人之间的界限已经出现。

成吉思汗死后，蒙古人的统治风格突然出现了一次巨大的改变。成吉思汗本人是威严、坚韧和残酷的，是为了目标不择手段的，这样的品质让他成了最佳的开国者，拥有无上的威望。但他的继承人窝阔台没有父亲的威望，父亲可以用严苛的训练和杀戮让所有人屈服，但他做不到。

于是，这位被称为"合罕"的君主突然间将父亲的严厉政策完全换掉，用一种赎买性政策来取代，政策的核心是多花钱、多赏赐，以经济利益换取人们的服从和各个支系的团结。

窝阔台上台之初的许多做法与之前就有着鲜明的对比，他最重要的任务是制造兄弟和睦的假象。在克鲁伦河召开忽里勒台大会时，志费尼讽刺地写道："（他们）首先愉快地一气宴乐三天三夜，他们的内心毫无猜忌和欺诈的念头。"

然后他们快乐、友爱地讨论了40天，窝阔台才在第41天接受了大汗的职位。窝阔台显然知道大家都需要什么，他下诏把多年来成吉思汗从东西各国征集来的国库贮藏打开，其总数连账簿的肚子都容纳不下。简单地说，他把父亲的财富分给了众人，用来换取他们的效忠。[2]

史书中还有大量关于窝阔台慷慨大方的记录。"他把来自帝国远近各地的东西，不经司账或稽查登录就散发一空。"他从不让那些穷人失望，也总是给求官者赏点什么官职。国家和财政大臣一次又一次地反对他的浪费，但都无济于事。他本人也喜欢喝酒玩乐，并邀请大家一同热闹。[3]

窝阔台修建了哈剌和林，并花高价购买大量奢侈品用于赏赐和消费。这在他的批评者看来得不偿失，但又是社会建设不可避免的一部分。

---

2 见《世界征服者史》第一部第二十九章。
3 事实上，窝阔台的宽厚也是他被成吉思汗选中的原因之一。在战争中，他曾经作为协调者解决兄弟之间的矛盾。另一个可能的原因是，成吉思汗意识到广阔的中央直辖区只有被一个可以得到各方认可的人统治才不会解体。但成吉思汗并没有找到处理中央直辖区的好方法。

窝阔台既然表现得像一个挥霍无度的富二代,那也就意味着他必须获得更多的财富:在劫掠式财政之下,合罕必须通过更多的战争去夺取财富,才能满足自己的赏赐和消费需求。

窝阔台的慷慨大方给他的汗国带来了深刻的影响,那就是,当其他几位兄弟都建立了庞大的势力圈(汗国)时,他这一支的汗国(窝阔台汗国)却走向衰微,最后灭亡。虽然这和兄弟之间的争斗有很大关系,但他的汗国财政亏损也是重要原因。[4]

窝阔台是一个极其聪明的人,在兄弟冲突中往往扮演和事佬的角色,或许也正是因为他这样的角色,成吉思汗选择让他继承汗位。可是,既然他是聪明人,必然知道这样慷慨的赏赐会对自己的汗国造成怎样的影响,他为什么还要这样做呢?

原来,他父亲在去世的时候,暗地里留下了一个巨大的陷阱,让这个大汗的职位看上去十分诱人,却又充满了徒劳的艰辛。

成吉思汗死后的军事和政治

成吉思汗遗留的最大问题是:在他活着的时候,为了牵制各个儿子,专门打造了一个不对称的军事系统。这个军事系统的实质是:蒙古的大部分军队都不从属于其子,而都掌握在他本人手里。只有这样,他才能在活着的时候控制儿子们。可一旦他死亡,从属于他本人的那支庞大的

---

[4] 关于窝阔台慷慨大方的无数例子,见《世界征服者史》第一部第三十二章前后,以及《史集》的《窝阔台合罕纪》部分。

军队就成了帝国失衡的关键因素。

根据史书记载，组成蒙古武装力量骨干的蒙古军队总共有12.9万人。[5] 其中有10.1万人由他本人掌管，剩下的诸王（包括他的三个儿子：术赤、察合台和窝阔台）只有2.8万人的军队。

在他死后，另一个更加古老的传统起了作用。蒙古人的传统是小儿子和父亲不分家，于是在他去世后，他本人掌管的10.1万人的军队就都归了他的小儿子拖雷。即便日后蒙古人选择窝阔台为汗，这些军队也并没有交由新任大汗指挥。这就形成了拖雷一系掌握八成蒙古嫡系部队的局面。

如果有一个成熟的制度体系，那么当选大汗的人理应继承帝国的主力军队。然而，虽然大汗是选举的，军队却根据另一个传统被小儿子继承了，这造成了蒙古内部永久性的失衡。

拖雷继承的军队中包括最强悍的御前千户，也就是最精锐的中军1 000人，再加上左右两军共10万人。其中右军3.8万人，指挥官和副指挥官为博尔术和博尔忽；左军6.2万人，指挥官为木华黎国王，副帅为八邻部的纳牙那颜。[6]

正是这些军队构成了属于拖雷系的蒙哥大汗、忽必烈和旭烈兀（这三人都是拖雷的儿子）后来崛起的基础性力量。蒙古的军队是直接对应

---

5 蒙古的军队从属于部族，因此，军队对应着背后的部落势力。由于军队与各个汗王形成了从属关系，从而构成了部族的忠诚系统。
6 我们还可以看到，此时的左军和右军的指挥官就是成吉思汗的左翼统帅和右翼统帅，只是这时候两军已经非常庞大。两位统帅之下依然是千户，这为蒙古军队从千户制上升为万户制创造了条件。到忽必烈后期，万户已经极为常见。

到部族（千户）的，也就是说，每支军队都出自部族，当这支军队归属某个支系时，就意味着这个部族的所有人都属于这个支系。蒙古人的选举带着很大的部族民主色彩，这导致支持拖雷系的部族永远是最多的。除了窝阔台是成吉思汗指定的，窝阔台死后的任何选举，都将是拖雷系力量占优。只是在最初他们还没有意识到自己的力量，才让窝阔台的儿子贵由短暂地担任了大汗。

在剩下 2.8 万人中，有 1.6 万人分给了成吉思汗其余四个儿子，最后的 1.2 万人分给了他的弟弟和母亲。分给儿子的 1.6 万人中，嫡子术赤、察合台和窝阔台各分得 4 000 人，庶子阔列坚获得了剩余的 4 000 人。术赤和察合台正是以这 4 000 人为基础，整合了当地的土著兵，各自建立了汗国。[7]

窝阔台原本只分得 4 000 人，但由于继承了父亲的大汗之位，原则上他有权力调动全蒙古的兵马。但这种权力是虚的，各个部族军队的实际忠诚是从属于支系的，只有在支系各汗默许的情况下，大汗才能够调动。这就产生了一个很大的隐患：拖雷的军队太庞大，只有他愿意听话的时候，大汗的权威才能够保持；如果拖雷不听话，大汗其实是指挥不了他的军队的。窝阔台在世时，必须表现出足够的团结和诚意，只有依靠赏赐和庆典，才能维持兄弟之间的和睦，指挥蒙古的军队。

窝阔台死后，其子贵由即位，随着兄弟之间的斗争加剧，窝阔台系所能指挥的军队越来越少。之后，当术赤系和拖雷系联手时，窝阔台系

---

[7] 成吉思汗死后蒙古军队力量简述，见《史集》第一卷中关于万户、千户与成吉思汗的军队简述。

就无力对抗了。拖雷的儿子蒙哥之所以能够打败窝阔台系取得汗位，很大程度上是因为他身后的10万军队所对应的部族。他上台后对窝阔台系的四千军队进行清洗和瓜分，导致窝阔台系丧失了嫡系部队，这是后者无力建立稳定汗国的最重要原因。

军队的分配产生了不均衡，而领地的划分加剧了这种不均衡。成吉思汗在授予他的儿子们领地时，也是有所保留的。[8]他死时，四个嫡子的封地都在北方地区。其中术赤获得了巨大的西伯利亚—突厥斯坦草原，但那里地处极西，即便对蒙古人来说也是非常偏远的。察合台的封地原则上包括哈剌契丹、伊犁草原、亦思宽（今伊塞克湖）、吹没辇（今楚河）和塔剌思（今塔拉斯），这些地方主要位于现新疆的西北部和现在的哈萨克草原。作为合罕的窝阔台的封地并不大，位于黑也儿的石河流域和也迷里牧地，这个地区位于塔尔巴哈台周围的大阿尔泰山和库克恰腾吉斯（今巴尔喀什湖）之间，也是从前乃蛮人的西南部分。

拖雷则继承了最核心的区域，也就是蒙古老家。他控制的地区主要在克鲁伦河、斡难河和图拉河流域。

人们谈论这些封地时，可能并没有意识到：事实上，成吉思汗的儿子们的主要封地都在北方的草原上，这些地区虽然便于放牧，但对新兴的蒙古政权来说，真正富有生产力的土地其实是他们新征服的地方，即主要位于亚洲东部和西部的农耕区域。在东部是巨大的中原地区，在西部则是刚征服的中亚地区，以及更遥远的伊朗、高加索和叙利亚。[9]但这

8　见《蒙古帝国史》第四章第一节。
9　在成吉思汗时代，没有完全占领伊朗、高加索和叙利亚，这个过程到旭烈兀西征才终结。

些地区都没有分封给成吉思汗的儿子们。

出现这样的失衡,也许是因为成吉思汗死得太早,当时他刚刚获得这些土地,还没有考虑好要如何分配。于是,他暂时将这些地区留给自己做直辖区。这些直辖区在他死后留给了统一的蒙古政权,也就是由选举出的大汗管理。事实上,由于区域过于广大,直辖区也不是直接由大汗管理,而是又设立了一系列的总督,将直辖区划成几部分,交给总督代管。[10]

我们可以把这种混合制度与辽国的两面官制进行类比。契丹人建立的辽国包括了北方的游牧区和南方的农耕区,他们为此设立了两面官制度。北面官负责草原区域的管理,采取传统的游牧制度;南面官负责农耕区域,采取类似中原的行政制度。成吉思汗的混合制度也有类似之处,其四子的封地相当于辽国的北面官体系,而巨大的中央直辖区属于农耕区,不能完全使用游牧民族的制度来管理,因此可以对应南面官体系。只是由于时间不够,南面官体系在成吉思汗死前并没有严格确立起来,而是形成了一种古怪的军事和分封混合的制度。在此制度下,军队大都由拖雷继承,其余三个嫡子手中没有多少嫡系部队。而四个嫡子的封地都位于北方草原,辽阔的中原与河中、伊朗等地属于大汗(也就是窝阔台)的直辖地区,又由大汗交给总督代管。

在这种制度下,大汗的直辖区辽阔无比,几乎包括了蒙古人新征服的所有农耕地区,但中央的军队规模不足,只占了整个国家军队的一小

---

10 直辖区的划分也是模糊的,比如,河中地区、伊朗地区和呼罗珊地区作为直辖区的隶属关系也有过改变,见下文。

部分，很难控制这么辽阔的土地，必须依靠其余三大支系的军队支持。这就迫使大汗必须与三大支系合作才能进行统治。

在这样的局面下，还有另一个制度漏洞。合罕发现自己拥有发动新的战争的权力，而根据蒙古人的传统，在战争中，四大支系都必须贡献自己的军队，供合罕调遣。也就是说，除了赏赐和享乐，合罕只要联合四大支系共同发动战争，就可以通过军事劫掠来制造团结的局面。

新的战争可以满足蒙古军功集团的占有欲。由于俸禄式的财政制度还没有建立起来，蒙古的军功集团还没有办法依靠新征服地区的税收来获得收入，大都要依靠战争中的掠夺来发财。

而在战争中，窝阔台必须小心翼翼地限制兄弟们的野心，避免他们获得新的土地而坐大，也就是：要让他们参与战争，也要让他们获得战利品，但不能让他们获得新的地盘和扩大军队。

在战争之外，窝阔台小心翼翼地巩固着中央的权威，进行着制度建设，希望能够在他活着的时候，在各个支系之上建立一个拥有权威的中央政府，这样等他死后，这个帝国仍然可以维持。可以说，成吉思汗打下了江山，却没有完成制度建设，而窝阔台要做的，就是补上这一课。这时他发现，因为老家被分给拖雷，这个庞大的国家其实连个都城都没有……

艰难的制度建设

为了建立国家的基础，窝阔台首先必须拥有一座都城。蒙古人起家于肯特山，但这里已经成了拖雷的封地，窝阔台不想与拖雷系发生冲突，也不愿受制于拖雷系，因此东部地区已经不再适合作为蒙古的都城。

幸运的是，西部的鄂尔浑河谷地带是草原部落天然的都城，这里才是蒙古最核心的位置，地域开阔、水草丰美、与各地区的联络都方便，历代草原民族都会选择这里作为都城。

　　更重要的是，把都城建在这里，鄂尔浑河谷还可以限制东面拖雷系的领地，同时又不惊扰拖雷系。这里还靠近四大封地的中心，便于集结和控制。[11] 正是由于这么多的优点，窝阔台选择在这里建立都城哈剌和林，就一点也不令人惊讶了。

　　哈剌和林从1235年（元太宗七年，南宋端平二年）开始建设，从最初的帐篷发展成环绕着城墙和宫墙的大型城市。这座城市在后来的蒙哥时期成为世界的中心之一。这里有12座佛寺和道观、两座清真寺、一座景教教堂，城区里还有一处回族区和一处汉族区。在整个城市里，来自不同地方、信仰不同宗教的人混居，充满了国际化色彩。城市的西南角是合罕的宫殿区域。直到忽必烈将权力中心移到大都，哈剌和林才失去了权力中心的地位。

　　在窝阔台时期，为了方便哈剌和林与各地的联系，又修建了驿站系统，让全世界都能够通往哈剌和林。"他建立制度，让每天有五百辆载着食物和饮料的大车从各方到达该处；把它们储于仓中，以便取用。为谷物和酒建造了庞大的大车，每辆车要用八头牛运送。"[12] 他降旨，让穆

11　这里除了是蒙古人的都城，还是匈奴人、突厥人和回鹘人的都城，黠戛斯人与契丹人也在附近建城。哈剌和林西面是杭爱山，南面是沙漠，易守难攻，也构成了军事地理上的最佳保护。对哈剌和林地理位置的描述，来自本书作者的亲自观察。

12　鲁布鲁克曾经描写过蒙哥汗时代哈剌和林建造的能够自动出美酒的机械装置，这是由西方人建造的，从这里也可以看出蒙古人对哈剌和林的经营。见《东方行记》。

斯林工匠在距离哈剌和林一天行程处……建造一座宫殿……那里搭起了一座大帐，其中可容千人，这座大帐从来也不拆卸收起。它的挂钩是黄金做的，帐内复有织物，被称为"昔剌斡耳朵"。[13]

驿站系统在成吉思汗时期已经开始建设，但真正将其树立为正规化制度是窝阔台做到的。根据规定，每一个驿站需要驿卒20人。[14]

在税收制度上，窝阔台也进行了初步的设计。他整理了刚刚起步的综合税收，按游牧与农业规定了不同的税制，其中游牧人口缴纳1%的牲口税，而定居人民则缴纳10%的收入税。为了规范游牧部落之间的行为，他还划分了牧地，形成了集体财产权。[15]

除了修建哈剌和林，窝阔台最关心的莫过于大汗之位给他带来的直辖区。他小心翼翼地避免他的兄弟们染指这些地区。

对于西部的河中和伊朗地区，由于还需要继续征服，窝阔台派遣大将绰儿马罕继续进攻呼罗珊和伊拉克。同时，派遣阔阔台和速不台征讨北方的钦察人和不里阿耳人。在东方，他派遣将领负责攻略吐蕃和高丽，而他本人则去进攻金国。[16]

关于东方的征战和控制，我们到后面再谈，先了解一下西部地区的控制手段。事实上，窝阔台一直致力于在河中和伊朗地区建立完整的统治机构。在其父统治时期，由于退兵迅速，只能将中亚地区留给牙老瓦

13　见《史集》第二卷《窝阔台合罕纪（二）》。
14　见《元朝秘史》。驿站的建设是由察乃和不剌合答儿提议的，并由阿剌浅和脱忽察儿负责办理。而在驿站路线上挖井则由察乃和委兀儿台负责。
15　见《蒙古帝国史》第四章第一节。
16　见《世界征服者史》第一部第二十九章。

赤和他的儿子管理，也就是代为收税。除了收税，不干预内政。窝阔台上任后，派遣绰儿马罕征服波斯，他试图在这里建立正规机构，顺便对中亚地区进行正规化和制度化管理。

他没有把这些区域交给兄弟们，而是继续让将领和总督们巩固中央直辖区的地位。波斯地区（不包括东部的呼罗珊）交给了征服波斯的蒙古将领绰儿马罕统管（1231—1241年统管，即南宋绍定四年至淳祐元年）。[17] 绰儿马罕死后又交给了拜住（1242—1256年统管，南宋淳祐二年至宝祐四年）。[18] 到了贵由时期，在西部增加了一个叫作宴只吉带的亲信负责军政。他的结局我们在后面还会谈到。

呼罗珊被认为是一个独立的政治单元。窝阔台让一个叫作成帖木儿的人担任呼罗珊的统治者，此人大约死于1235年（南宋端平二年。一说1236年，南宋端平三年）。[19] 之后，这个职位被短暂地授予一个叫作诺撒耳的人，最后转入一个叫作阔儿吉思的人手中。[20]

阔儿吉思时期，呼罗珊围绕税收问题的争斗已经越来越激烈了。蒙古人对新征服地区往往采取临时性税收政策，也就是以在短时期内尽量榨取最多的利益为原则。在这样的原则下，就会涌现出一群技术化的税吏（或者是包税人），对该地区进行敲骨吸髓式的攫取。在呼罗珊，最

---

17 这些总督并不来自黄金家族，而是与他们亲近的蒙古人。比如，绰儿马罕是雪泥部人。这也可以看作窝阔台对黄金家族成员的防范，避免他们染指中央直辖区。
18 见《草原帝国》第六章第四节。
19 见《世界征服者史》第二部第二十六章。
20 阔儿吉思也称"阔里吉思"，他不是蒙古人，而是畏兀儿人。最初为术赤部将，后来担任书吏，传授回鹘文字，获得重用。他的一生反映了蒙古人内斗的激烈程度。

著名的税吏叫舍里甫丁。[21] 舍里甫丁与那些希望减轻负担、将税收正规化并转变为常税的官员形成了路线之争。

代表常税路线的，就是呼罗珊长官阔儿吉思以及阔儿吉思的继任者阿儿浑。阔儿吉思认为，在蒙古人来到呼罗珊之前，这里的税法是以财产认定的，但这样做必须首先清查财产。而蒙古人由于来得仓促，并没有办法做到清查。于是蒙古人采取的权宜之计是收取直接人头税，每10人交70鲁克尼第纳尔，不管富裕还是贫穷。如果蒙古人没有征收够他们想要的税额，就会继续摊派，直到满足。

但继续摊派的问题是，穷人已经交不起税了，而富人依然没什么压力。阔儿吉思主持了对呼罗珊的税务清查，改为富人每人交500第纳尔，穷人则只交1个第纳尔，二者的差距是500倍。但就算这样，呼罗珊依然存在着严重的税额不均，并伴随着反叛的现象。再加上舍里甫丁等人的抵制，阔儿吉思的管理一直磕磕绊绊。

阔儿吉思在窝阔台死后的混乱期内斗中被杀。继任者阿儿浑继续着正规化措施建设，直到中亚再次发生了天翻地覆的大变局。[22]

呼罗珊再向北，就是河中地区。由于成吉思汗任命牙老瓦赤担任河中地区长官，窝阔台对这个区域内的权力架构没有进行改变。但是，由于河中地区靠近察合台的封地，对这里的处置已经与宗王权力产生了冲突。

显然，窝阔台将辽阔的河中地区保留为中央直辖区而并没有分配给

---

21 见《世界征服者史》第二部第三十二章。
22 见《世界征服者史》第二部第二十七到第三十一章。这里的"大变局"指的是汗国势力侵入中央直辖区。

宗王的做法，引起许多宗王势力的不满。察合台靠近河中，[23] 他采取的办法是蚕食式的，他将一部分属于牙老瓦赤管辖的中央直辖区授予自己的手下，以此作为试探。这样的试探引起牙老瓦赤的不满，于是双方发生了冲突。这次冲突上诉到窝阔台处。此时，察合台也感觉到事情闹过头了。处理的结果是，察合台为自己的僭越而道歉，窝阔台欣然接受了察合台的道歉，并将那部分争议土地从中央直辖区剥离出来并授予察合台。[24] 这样的做法表面上看是为了保证团结，既保留了合罕的面子，也给了支系实惠，但事实上它的危害也是巨大的，为宗王势力对中央直辖区和其他中央权力的侵夺打开了大门。

古代中国北方的新型统治

除了对中亚地区保持中央控制，建设新都城和驿站系统，以及利用丰厚的赏赐彰显团结，窝阔台执政时期，是以两场大型征战为主线的。由于其地位不稳固，必须依靠征战带来的新的军事掠夺来满足各个支系的贪欲，以确保团结。

在中原，窝阔台领导了灭金战争。中亚的战争是以不依赖宗王势力的方式进行的，也就是由窝阔台派出直属于自己的军队，由亲信大将率领，避免成吉思汗的其他后代（宗王）参与。但面对金国，窝阔台并不足以单独攻克它，必须联合其他宗王，组成联军才能战胜它。由于术赤

---

23 察合台的封地位于河中地区的北方和东方，原则上包括哈剌契丹、伊犁草原、亦思宽、吹没辇与塔剌思，由于与河中地区最近，察合台是最觊觎河中地区的汗王。
24 见《史集》第二卷《察合台汗传》第二部分。

和察合台两系的势力范围更加靠西，进攻金国的重任就落在了窝阔台和拖雷的肩上。因此，在进攻金国时，窝阔台的策略就在于如何利用拖雷手中庞大的军队，但同时又不把征服的土地交给拖雷，而是掌握在自己的手中。

1229—1234年（南宋绍定二年至端平元年，元太宗元年至元太宗六年），窝阔台为了实现了中央控制，一方面派绰儿马罕进攻伊朗，阔阔台和速不台进攻钦察、不里阿耳；另一方面和拖雷系联合进攻金国，将其灭亡。[25]

灭金的过程并不是本书的重点，简言之，由于掌握了庞大的军队，拖雷一马当先，从陕西借道南宋的汉中地区，沿汉江而下进入南阳（位于现河南西南部）一带，从南方抄了金国的后路，成为战争史上著名的大战略，并为后来绕道大理进攻南宋提供了先例。[26]

拖雷在金国还没有灭亡的时候就去世了。[27] 不管他的死亡原因是什么，这个事件本身给了窝阔台一个解决问题的机会。事实上，窝阔台很愿意利用这个机会将拖雷系的军队肢解，将其重新划入大汗的旗下。如果他的努力成功了，那么对于成吉思汗所建立的蒙古帝国的存续是有利的，因为这意味着对帝国威胁最大的一股宗王势力不存在了，而中央集权的加强也有利于压制其他势力。

---

25 见《史集》第二卷《窝阔台合罕纪（二）》。
26 关于蒙金战争，最好的叙述来自周思成的《隳三都》。此外，可参考本书作者的《军事密码》。
27 蒙古人更愿意相信拖雷是在某种萨满气氛的仪式中，代替患病的窝阔台死去的，见《元朝秘史》卷十四。亦有人认为拖雷可能死于窝阔台的毒杀。但由于没有证据，更可能的情况还是患病去世。

但不幸的是，窝阔台遇到了一个新的对手——拖雷的遗孀唆鲁和帖尼。[28]这个女人以极大的勇气和定力维护着自己的儿子和拖雷系，而窝阔台并不是一个意志坚决的人，由于开始的尝试没有取得效果，他便不再坚持。这也使得拖雷系在丧失了领袖之后，军队并没有被肢解。

根据记载，窝阔台做了数次尝试。[29]首先，他试图让自己的儿子贵由娶唆鲁和帖尼，一旦这桩婚姻达成，那么拖雷系自然就和窝阔台系合二为一了。但这个提议被唆鲁和帖尼拒绝了，而贵由似乎也对这样的婚姻不感兴趣。

无法从整体上兼并拖雷系，窝阔台就尝试将拖雷系的武装肢解。他先将拖雷系军队中的一个部落（只有2000人，而拖雷系的部队至少有10万人）划归中央，也就是大汗旗下。如果这次划拨没有引起抗议，他就会继续行动。拖雷系军队中的一些首领立刻向唆鲁和帖尼告状，而聪明的唆鲁和帖尼故意告诉这些首领：合罕当然有权力调走军队，因为整个蒙古都要服从合罕的命令。虽然这样说，但其实她是以一种识大体的态度向窝阔台表明下不为例。

经过较量，窝阔台让步了。直到他去世也没有解决好拖雷死后遗留的庞大军队的问题。他要想打仗，就必须使用拖雷系的军队；而为了使用拖雷系的军队，就必须容忍他们的独立。

虽然未能成功解决拖雷系，但由于金国的灭亡，窝阔台至少在华北地区是有收获的。

28　《新元史·后妃传》等史籍的记载相对简单，《史集》等书的记载更丰富。
29　见《史集》第二卷《成吉思汗的儿子拖雷汗传》第二部分。

虽然在战场上拖雷的功劳最大，但由于他已经死去，最后享受成果的是窝阔台。他以一定的分封为代价（见下文），守住了中原地区的控制权，扩大了大汗的实力。

由于一个人的努力，这段时期成了中国北方最有希望进行制度巩固的时期：他在北方的农耕区推行汉化制度，采纳中原赋税系统，使得中原成为蒙古一个不可或缺的赋税区域。这个人就是耶律楚材。

耶律楚材在成吉思汗时期更多扮演的是一个占卜师，但到窝阔台时期他受到了重用。之所以受到重用，很重要的原因就是他在窝阔台登基时的表现。

从成吉思汗死后到窝阔台登基有两年的空档期。在这两年里，拖雷以监国的身份执政。人们都知道窝阔台是成吉思汗生前指定的继承人，但只要拖雷没有发话，人们也不好立刻举行选举。两年之后，窝阔台对拖雷的不满逐渐增加，但窝阔台还没有想好要怎么办。据《新元史·耶律楚材传》记载，这时候，耶律楚材劝说拖雷，事情已经无法再拖，并以"良辰吉日"破除了拖雷的借口，这才有了后来的选举和窝阔台的上台。

窝阔台上台后，投桃报李，赐给耶律楚材很大的权力。[30] 当然，耶律楚材之所以获得权力，也和窝阔台需要管理好中国北方地区有关。

耶律楚材在行使权力时，首先要做的是保护中国北方，将他所熟知的汉化管理方式推行下去，避免已经广泛运用的中亚管理体系入侵中原。

---

30 根据《圣武亲征录·己丑》，窝阔台上台后，将西域赋税交给牙老瓦赤主管，东部赋税交给耶律楚材主管。此外，耶律楚材也为窝阔台制定了礼仪，这是蒙古人采用汉化礼仪的开端，见《元朝名臣事略》。

成吉思汗第一次进攻金国并占领金中都之后，很快就转向西方，这导致整个中原地区的税收体系没有建立起来。既然没有税收，那么中原的价值就不被蒙古人认可。

在成吉思汗还活着的时候，耶律楚材就特别注意搜集北方的书籍。[31] 获得重用后，他首先向窝阔台表明了改革中原税收的想法，表示将以户为单位来征税。在当时，由于蒙古人不看重中原，甚至传出了要把中原的百姓都杀光或者赶走，把地方腾出来牧马这样的传言。[32] 耶律楚材听说后表示，汉人并不是没有用，而是蒙古人不知道怎么用。比如，恰逢窝阔台考虑南征，而南征的后勤物资和粮草、钱财是军事的必要补充，也是必须提前安排好的。中原自古就有地税、商税以及盐酒铁冶山泽之利，[33] 如果认真征收这些税费，每年至少可以获得银50万两、帛8万匹、粟40余万石，这足以供应打仗了。

于是窝阔台令耶律楚材去设计制度。耶律楚材设计了燕京等十路征收课税使，为了防止滥征，他专门选择了一批原金国忠厚的官员（大都是受过儒家教育的人）担任课税正使和副使，这样的做法既满足了蒙古人的税收要求，又避免了民间受到过度残害。

第二年，十路课税使把税赋都上缴，这果然得到了窝阔台的欢心，据《元朝名臣事略·耶律楚材传》记载，这也让耶律楚材获得了中书令

---

31 比如，在蒙古进攻灵武时，他只搜集书籍和药材，而在燕京也负责搜集经籍。见耶律楚材《湛然居士文集》所附年谱。
32 据《元史》记载，这样的建议是由近臣别迭提出的。
33 宋朝制定了古代中国最复杂的专卖体系，对盐酒铁冶山泽之利进行国家垄断和专卖，金国减少了部分专卖制度，但依然沿用了宋朝的制度，这为耶律楚材提供了蓝本。

一职。于是耶律楚材再进一步,要求采取三权分立的原则[34],由各地的长官专门掌管民政,而蒙古人的万户专门掌管军政,由课税使专门掌管钱粮。这样的划分,实际上缩小了蒙古军队的权力,在军权之外再建立一套独立运作的行政系统,避免军队对民间的骚扰和破坏。

耶律楚材还特别注重保护百姓,禁止滥杀,强调对所有百姓一视同仁,不得随意征用民力。根据成吉思汗的规定,为了鼓励投降,震慑反抗的人,一座城池只要发了一箭就算反抗,攻克后就要屠城。但这样的规定在进攻金国时没有被执行,其中就有耶律楚材的功劳。在老将速不台攻克金国都城汴京以及金国最后的据点蔡州时,本来要实行屠城,但在耶律楚材的劝说下,最后赦免了大部分人,只惩罚了完颜一族。

灭金之后,最重要的工作是统计人口。当时蒙古人依然有掠夺的传统,一旦攻克了某地,这个地方的人民往往都沦为蒙古将领的奴隶,被称为"驱口"。而西方的税收传统是按照人头征收的,也就是对每一个成年人征一份税。耶律楚材顶住了压力,坚决按照户来征收,将人口税变成了户税。[35] 同时尽量把那些已经被划为驱口的人重新登记为良民,表面上是为了扩大税基,实际上保护了当地的百姓。[36]

---

34 古代中国政权一直强调三权分立的原则,只是与西方的三权分立有别。中国的三权分立指的是在地方治理上将地方的行政权(包括财税权)、军事权和监察权交给不同的官员负责,让他们互不隶属,以便形成牵制。但由于所有的权力都归于皇帝,中国的三权分立能够限制地方权力,却无法限制君权。
35 每一户可以有多个成年人,这也是金国征税的原则。这样的做法可以降低税率,因为高税率总是不得人心和难以推行的。
36 见《湛然居士文集》所附年表。这些事件亦见于《元史·耶律楚材传》及《新元史·耶律楚材传》。

耶律楚材想做的事情很多，他利用窝阔台的宠信，借助自己在金国的经验，试图让整个北方地区恢复正常。有时候人们不免感慨，像他这样一个戴着脚镣跳舞的角色竟然能够完成这么多不可思议的任务。

比如，1236年（南宋端平三年，元太宗八年），蒙古刚刚灭金，就有了学习金国印钞票的打算。但他们印钞票并不是为了制造流通的润滑剂，而是为了敛财。耶律楚材显然知道，金国在灭亡之前发行了太多钞票，导致了大规模的通货膨胀，这也是金国灭亡的经济原因之一。[37]蒙古人连地盘都没有占稳，就想学习这样一种手段，对于人民显然是极端危险的。耶律楚材并不能直接阻止蒙古人印钞，只能上书，将印钞的关键问题说清楚。《元史·耶律楚材传》中记载：他表示，金国印钞最大的问题是官府只管发钞，发行了之后政府花钞票很爽快，但是收税的时候却不愿意收钞票，反而愿意要金银和铜钱。[38]这样的做法制造了通货膨胀，到了最后，民间甚至要用一万贯的纸币去换一张饼。他建议窝阔台，即便发行钞票，也一定要有个度，不要超过一万锭。

耶律楚材此举降低了蒙古人发行钞票的危害。蒙古人最初发行的钞票也只在局部范围内流通。真正大规模的发行，要到后来的元朝时期。

1237年（南宋嘉熙元年，元太宗九年），耶律楚材走出了更加大胆的一步，他决定帮助蒙古人尝试科考制度。宋和金都有完善的科考制

---

37 金国是发明纸币以来通货膨胀最严重的王朝，甚至超过宋朝，也远高于后来的元朝，只有明朝初年的印钞可以与之相比。参见本书作者的《财政密码》。

38 古代中国历史上，发钞权和缴税权必须对等。也就是说，政府负责发行法币（铜钱和纸币），但也必须以法币来收税。到了每一个王朝后期，政府往往会采取滥发货币、但在收税时拒绝接收法币的做法，这种做法必然导致法币被遗弃。

度,[39] 但科考在金国亡国之后就消失了。这时中原的文士也就丧失了参与政治的途径,耶律楚材显然知道这一点。恰好这时他的汉化政策需要大量的治国人才,而征服者蒙古人中显然没有这么多适宜的人。

于是,在耶律楚材的建议下,刚刚攻占中原的蒙古人举行了一次像模像样的人才考试。这次人才考试由宣德州宣课使刘中负责,考试分为三科,分别是经义、词赋和策论。连蒙古人的奴隶(只要之前是儒士)都可以参加,考取之后就可以被免除奴隶的身份。这次考试一共选取4 030人,可谓数量庞大。所选之人也成为早期蒙古统治中原的储备人才。[40]

然而,这样的考试并没有坚持下去。蒙古早期制度变化得太快也太乱,任何制度化的尝试都很难落实。蒙古早期只举行了这一次考试,因此这次考试更有意义,因为长期来看考取的人都成了蒙古的人才,而没有参加考试的人即便等一辈子,也等不来另一次考试了。[41]

除了耶律楚材,窝阔台手下还有宋人和汪古人。比如后来接替耶律楚材的杨惟中也是窝阔台的一个宠臣,在窝阔台死后,他又在忽必烈的帐下找到机会,继续发挥作用。除了文官,一个武将群体也在形成,这些武将大都有金或者宋的背景,后来投靠了蒙古人。他们手中有武装,因此得到了蒙古人的重用。比如汪古名将汪世显,最早在金国做官;汉

---

39 金国刚接手北方就已经开始推行科举考试制度,最早的科举考试记载在1129年(金天会七年),也就是汴京陷落两年后。记载见李心传《建炎以来系年要录》卷二十八,参见饭山知保《另一种士人》第一章。
40 关于戊戌选士的意义和作用,以及对于戊戌选士是否算是科举考试的讨论,见申万里《元代科举新探》第一章。
41 见《新元史·耶律楚材传》。常规性科举考试的恢复,要等到80年后。

族名将严实,最早也出身金国,后来还归顺过宋朝;另一个名将张柔担任过金国的中都留守兼大兴知府,被俘后成为元朝最有名的中原地方将领。[42] 这些人都帮助窝阔台稳定了北方的局势。

窝阔台后期的政策

耶律楚材是契丹人,他只是蒙古人的工具,并非什么事情都能做到。窝阔台在统治的后期越来越趋利,耶律楚材斡旋的空间也在缩小。

窝阔台之所以越来越趋利,和他大规模的赏赐有关。他赏赐是为了赎买权力,让他的兄弟支系继续遵从自己的指令。他必须允许这些支系发财,如果他自己钱不够,就只好默许他们胡作非为。于是,蒙古帝国的财政状况不仅没有好转,反而变得更混乱了。

财政混乱的一个表现是中原的财税包干。前面已经提到,蒙古人每攻下一个地方,就把这个地方的人都变成他们的驱口,耶律楚材为此进行了精心的斗争,利用清查户籍的机会将这些驱口重新转为良民。但这种做法不可能结束混乱,只是增加了蒙古人之间斗争的借口。

果然,就在1236年(南宋端平三年,元太宗八年,同年发行了交钞),窝阔台又定下一项政策。这项政策的初衷是这样的:窝阔台不打算将刚获得的金国领土分给某一个宗王,而是决定将这片地区留给王朝,但他本人暂时无力统治这么大的疆域,况且他又不可能完全漠视宗王们的要求,于是决定将这个区域切割成碎片,赏赐给各位亲王和功臣。

---

42 他们是《元朝名臣事略》列出的在窝阔台时期少有的汉族大臣。

这样的赏赐与成吉思汗当初的分封不同：成吉思汗的分封更加彻底，而窝阔台分封的土地主权依然属于大汗，只将实际的受益权和一部分管理权分封出去。另外，除了功臣，几大支系也获得了不小的封地。因此，这次分封的效果模糊不清：一方面，虽然窝阔台可以保留一部分权力，但也损失了不少收益；另一方面，由于分封的土地是零碎的，封臣即便获得了土地，也很难与中央对抗。

耶律楚材看到了其中的危险。他根据中原的思想，认为裂土分民最后导致的必然是兵戈抢攘。他建议即便多付一些钱给这些功臣群体，也不要将土地送出去。但窝阔台表示，他已经许诺出去，无法再更改了。耶律楚材只好退而求其次，请求规定这些宗王、功臣可以食封，但是没有统治权。也就是说，由中央政府在这些地方设置官吏，管理地方事务并收税，收上来的税再转交给王侯功臣。他们有受益权，但没有管理权。[43]

这一次，窝阔台同意了他的做法。在这样的思想下，耶律楚材确定了北方的税赋。税收分成几个部分，最重要的是按户缴纳的户税和按照土地缴纳的土地税。户税要求每两户出一斤丝交给国家；另外每五户再出一斤丝交给封臣。土地税根据土地的好坏分为几等，上田每亩缴税 3 升，中田每亩缴税 2.5 升，下田每亩缴税 2 升，水田每亩缴税 5 升。此外还有商税、盐税等。商税按照 1/30 缴纳。盐四十斤交一两银子。

税率推出后，人们都认为这样的税率太轻了。但是耶律楚材认为，

---

43 这种食封却没有管理权的做法，最早见于西汉文景时期的设计，并成为中央政府延伸其统治的良策。之后的历代王朝，附带兵权或者行政权的分封往往会引起分裂。耶律楚材显然借鉴了这一古老智慧。

随着时间的拉长，政府征税总是会过度。初始时税率低一点，并不意味着未来的税会轻。其实，蒙古人除了按照中原的规矩收税，还运用多种形式的聚敛手段。最著名的就是"羊羔利"（又称"羊羔儿息"）。蒙古贵族靠打仗拿了钱，往往交给色目人通过放贷赚钱。色目人把钱贷出去，每年的利息达100%，并且利滚利，很快就会让人倾家荡产。耶律楚材在早期还能通过自己的权力让官府帮助偿还一部分"羊羔利"，但到了后来，随着色目人得势，他已经没有力量去管这些了。

1238年（南宋嘉熙二年，元太宗十年），耶律楚材又一次进行社会正规化的尝试。根据原来清查的户籍，北方地区一共有140万户，但随着战争的进行，约有四五成的人都逃走了，留下的人继续缴税。蒙古人为了获得足够的收入，规定不管逃走多少人，一个地方的税额都必须按照原来的户籍数缴纳。地方官只好把逃走者的税额摊派给留下的人，这导致每个人身上的税都加重了。耶律楚材请求注销大约35万户，才减轻了人们的税收负担。

但这已经是耶律楚材能够干涉的税收事务的极限了。此后，愈发缺钱的窝阔台开始重用色目人，采取包税制，希望从中原压榨更多利益。

包税的手段多种多样。比如最早包税的是刘忽笃马，他花50万两白银包了天下的差发，也就是赋役。涉猎发丁花了25万两白银承包了天下涉及官方的廊房、地基、水利、猪鸡的项目。刘廷玉花了5万两白银承包了燕京的酒税。一个回鹘人花100万两白银承包了天下的盐税。还有人承包了天下的河泊、桥梁、渡口的税收。据《中书令耶律公神道碑》记载，耶律楚材虽然上奏请求不要这样做，但没有获准。

随后，奥都剌合蛮借助译史安天合接近左丞相镇海，再由镇海举荐给窝阔台。耶律楚材制定的税额是一年 1 万锭，虽然后来增加到一年 2.2 万锭，但依然不能满足窝阔台的胃口。[44] 当奥都剌合蛮出价到 4.4 万锭的时候，窝阔台终于动摇了，将税权承包给他。耶律楚材的税制改革至此彻底失败。[45]

到窝阔台执政的最后几年，耶律楚材已经被边缘化了。窝阔台死前两年任命奥都剌合蛮主管中原财富。在他死前一个月，任命原本主管西部的牙老瓦赤主管中原。之前的安排是牙老瓦赤主管西部，耶律楚材主管东部。此后，牙老瓦赤主管东部，其子主管西部。这一任命实际上剥夺了耶律楚材的权力。[46]

美酒战争现裂痕

窝阔台统治后期最重要的军事行动是第二次西征。在第一次西征中，成吉思汗有着明确的目标——进攻花剌子模以报仇。但第二次西征的目标并不十分明确。这次西征是以北方的钦察草原为目标，但这个区域已经划归术赤系。这次西征与其说是主动的，不如说是窝阔台需要这样一个目标，以团结家族，并将整个战争机器运转起来，从而获取新的战利品，避免内耗。

为此，窝阔台在 1234 年（南宋端平元年，元太宗六年）灭亡金国之后，召开了另一次忽里勒台大会，人们在美酒、狂欢和巨额的赏赐中

44　1 锭相当于 50 两，1 万锭相当于 50 万两，奥都剌合蛮的出价相当于 220 万两。
45　见《新元史·耶律楚材传》与《湛然居士文集》所附年表。
46　见《圣武亲征录》（庚子和辛丑年）以及《蒙古帝国史》第三章第十六节。

决定了第二次西征。这次出征几乎将各支系的长子都囊括在内,其中包括窝阔台系的贵由、术赤系的拔都和拖雷系的蒙哥。[47] 蒙古人沉浸于征战的乐趣,一直攻到钦察、俄罗斯以及欧洲的波兰、马扎尔等地。

在各支系长子进行西征的同时,窝阔台动了一些小手脚。比如,在直辖领地内,他派儿子阔出进攻襄阳,途中洗劫了吐蕃。同年,派忽合秃进攻克什米尔和印度斯坦。[48]

但这些小动作都无法掩盖蒙古内部的分裂。实际上,在西征途中,蒙古内部就已经分成泾渭分明的两大派系,一派以窝阔台的儿子贵由为首,另一派则囊括了术赤和拖雷两大派系。后者原本各有地盘,但是在西征途中发现他们必须联合起来对付窝阔台系。

窝阔台的西征虽然打了不少胜仗,取得了不少土地,但在整体战略上是失败的。首先,西征中所获得的领土由于位于极西、极北之地,中央政府无法直接管辖,最后都由术赤系的金帐汗国接收,反而增强了地方势力,削弱了中央的权威。其次,窝阔台为自己的儿子贵由树立了一个永恒的敌人。在西征途中,窝阔台与术赤两系的龃龉演化成深深的裂痕,无法修复。成吉思汗建立的蒙古帝国已注定无法完整存在了。

长子西征期间,窝阔台留在哈剌和林搞建设和享乐。《史集》中详细描写了蒙古人的铺张浪费,最后窝阔台死于饮酒过度。这位合罕性情温和,希望能够团结各个支系,他意识到帝国内部存在的问题,

---

47 具体的安排是:拔都为统帅,速不台为总指挥。参与者包括术赤之子拔都、斡儿答、别儿哥、昔班,窝阔台之子贵由、合丹,拖雷长子蒙哥,以及察合台之子拜答儿,之孙不里等。见《蒙古帝国史》第四章第三节。
48 见《史集》第二卷《窝阔台合罕纪(二)》。

希望通过加强中央、削弱各个支系来保证帝国的完整。但他又是软弱的，沉溺于酒色钱气，在关键时刻总是退缩回敛财的诱惑之中。在他的领导下，蒙古人征服了许多地方。除了征服金国和长子西征，他还派他的儿子阔端和阔出进攻南宋；1231年（南宋绍定四年），蒙古人占领了高丽的都城开城，虽然整个朝鲜半岛要到忽必烈时期才被最终征服；1230—1231年（南宋绍定三年至四年），大将绰儿马罕征服了波斯，他的继任者拜住那颜在1243年击败了塞尔柱苏丹。[49]

即便在统治的最后阶段，已经陷入敛财的诱惑时，窝阔台还是想表现出仁慈的一面。比如，在1234年的忽里勒台大会上，他除了将牲口税定为1%（100头交1头），还拿出了粮食的10%专门救济穷人。[50]但这一切，都无法抵消一个事实：不管他多想保持父亲创立的帝国的完整，都无法弥补内部的嫌隙，到他死时，蒙古的疆域虽然变得更加辽阔，但裂痕已经无法修复。

贵由汗时期的分裂

窝阔台死后，他的皇后脱列哥那哈敦（即乃马真后）换掉了许多权贵。[51]其中有权力斗争的成分，还有另一个原因：皇后很缺钱，要想让自己的儿子成为大汗，必须花大价钱贿选，特别是窝阔台系内部也有分歧的时候。窝阔台有意让他的孙子失烈门继承汗位，而乃马真后却希望

49　见《蒙古帝国史》第四章第二节。
50　见《史集》第二卷《窝阔台合罕纪（二）》。
51　见《史集》第二卷《贵由汗纪》第二部分。

自己的儿子贵由称汗。[52]

乃马真后控制蒙古朝政达五年之久，直到她于1246年（南宋淳祐六年，元定宗元年）病死，贵由才获得亲政的机会。乃马真后执政代表着蒙古的一段低潮期，这段时间蒙古扩张不足，导致军事劫掠制的财政无法维持，而收买人心的钱一点都不能少，一入一出之间存在着巨大的资金缺口。因此，必须重用敛财官员。皇后选人的标准就是能给她带来收入，那些不能敛财的人纷纷被迫害或者免职。

乃马真后倚重的人包括她的女亲信法提玛，以及善于搜刮的奥都剌合蛮。法提玛参与人事任命，将窝阔台时代遗留的一批大臣都替换掉，首先就是在中原起过很大作用的耶律楚材。耶律楚材在窝阔台统治后期已经越来越不得势，但在窝阔台死后，他才彻底被排挤走。虽然乃马真后并没有迫害他，但他离开权力中心之后很快便黯然离世。

比耶律楚材更加著名的大宰相镇海由于遭到法提玛的迫害，逃往窝阔台的次子阔端处。财政大臣牙老瓦赤本来已经被派往中原，但此时也被迫逃到阔端处。取代牙老瓦赤的就是奥都剌合蛮，在此之前，奥都剌合蛮已经获得了中原的财政大权，此时又被授予管理西域的权力。牙老瓦赤的儿子、突厥斯坦与河中长官马思忽惕则投靠金帐汗国的拔都。另外，在属于中央直辖区的呼罗珊，长官阔儿吉思被杀，由阿儿浑取代。

---

52 贵由为窝阔台长子，但窝阔台并不喜欢贵由，反而看重三子阔出。阔出在侵宋时战死，窝阔台又想立阔出的长子失烈门为汗。阔出和贵由虽然都是乃马真后所生，但皇后更喜欢贵由。而阔出死后，乃马真后担心大权旁落到失烈门之母手中，于是选择了贵由。见《元史》和《史集》的相关章节。

从这些免职和任命可以看出，色目人所代表的理财集团在蒙古政治中已经举足轻重了。牙老瓦赤等人是靠帮助大汗理财上台的，但他们有底线，尊重规则，试图形成常税；而更加偏向于短期理财的聚敛之臣则虎视眈眈，一旦有机会就立刻上位。当蒙古人越来越习惯于利用色目人理财时，就距离以土地税为常税的中原式财政越来越远了。

在乃马真后执政时期，蒙古继续向四分五裂滑去，剩下的就是一群聚敛之臣，源源不断地将世界各地的税收送往北方，再由乃马真后将这些钱作为贿赂分给亲王，换取形势的暂时稳定和其子的上台。

这段时间也是蒙古地方势力大发展的时期，由于乃马真后缺乏对各支系的约束能力，各个宗王在自己的地盘里不受节制，而作为中央直辖区的西部和东部的农耕区则被各个弄臣玩弄于股掌之中。

我们可以把这段时期与唐朝的武则天时期进行比较。武则天时代，同样伴随着几个特征：一是外交上的收缩，二是酷吏的横行，三是财政的败坏。这是由于皇帝为了解决内部问题（对付李唐宗室）而必然放弃外交，并倚重一批听话的大臣。同时，当权者由于缺乏军事素养等原因，没有用武力迫使对手臣服的能力，只能默许自己的手下获取不该获得的利益，以换取忠诚，从而造成了政治的整体败坏。[53]

乃马真后死后，当窝阔台的儿子贵由汗亲政时，蒙古已经四分五裂了。贵由在任时采取了一些措施以扭转形势，是为了弥补其母亲带来的恶果，也是为了巩固自己的权力。人们对贵由的措施褒贬不一。在这些措施中，有的加速了中央的失衡，有的则试图对失衡进行挽救，但由于

---

53 关于武则天时期的政治退化，参见本书作者的《盛世的崩塌》一书。

贵由在位时间太短，这些措施大都徒劳无功。这些措施包括以下三类。

第一，贵由即位时，和其父亲一样不得不进行大规模赏赐。如果将此时的蒙古与成吉思汗时期相比，就会发现已经发生了很大的变化。与之前相比，此时参加忽里勒台大会的诸王都已经富得流油，他们的行帐就像是一个个移动的宫廷，好不热闹。除了诸王，蒙古人还邀请了世界各地的使节，贵由甚至不得不准备2 000顶帐篷，巨大的开销已经成为大汗的重负。[54]贵由的赏赐极其可观，他在短短的三年执政中两次打开国库大门，按照人头发放赏赐，几乎将国库清空。这样的措施进一步削减了窝阔台系的实力，中央的匮乏与地方诸侯的富足形成鲜明的对比。

第二，贵由执政时期，地方诸侯各自为政的势头已经非常明显了。贵由虽然试图治理，却徒劳无功，不得不承认各个地方势力。但即便这样，由于拖雷系和术赤系的联合，贵由腾挪的空间也是非常小的。

第三，贵由为了对抗各个支系的势力，又在中央直辖区内进行权力的再分配。而这一点，又和窝阔台和乃马真后在位时的胡乱任命破坏了各地的政治气氛有关。贵由为了清除其父母政策的危害，恢复秩序，不得不将他们所任命的聚敛之臣撤掉。负责财政的奥都剌合蛮被处死，由自成吉思汗和窝阔台时期一直受重用的牙老瓦赤取代。牙老瓦赤获得了北部（契丹）的管理权，突厥斯坦与河中则重新交给他的儿子马思忽惕。另外，贵由的宠臣宴只吉带获得现在的伊拉克以西［包括鲁姆、格鲁吉亚、阿勒颇、毛夕里（摩苏尔）和塔迦窝儿］的管理权。今伊拉克、阿

54　见《世界征服者史》第一部第三十六章。

塞拜疆、伊朗（包括失儿湾、罗耳、起儿漫、法尔斯）和印度地区则交给阿儿浑。还没有征服的南方，由速不台和察罕那颜负责征伐。

整体上，在贵由时期，与乃马真后时代相反，景教压倒伊斯兰教，占了上风，儒教的思想和人才继续处于缺席状态。[55] 这是因为贵由的老师合答黑和宰相镇海都是景教徒，而耶律楚材此时早已经死去。

贵由统治时期的特点是，窝阔台系依然紧紧抓住西部和东部两大块巨型的中央直辖区，即便做出一定的让步，也并没有将它们作为整体分给各个宗王。在窝阔台系看来，这片广袤的土地依然是中央直辖的，也是其权力基础，由大汗直接派出的总督负责。这些总督或者试图采取常税的做法，或者采用包税制，从这两片区域中榨出巨额的税收，交给中央政府后，再由大汗派发给各个宗王，以换取宗王们对帝国的认同。

各个宗王对这样的做法已经有了明显的不满，但他们还没有找到突破口去反对大汗，只能继续等待机会。

他们的等待时间并不漫长，因为贵由在担任大汗两年后，就在行军途中去世了。据说，他这次行军是为了惩罚最不听话的术赤系的领袖拔都。不管这种说法是否属实，贵由死去时，几乎没有人认为原来的体制还能维持下去。在虎视眈眈的拖雷系的运作下，蒙古即将迎来解体的时刻，而东部和西部广袤的直辖区，也必将被拖雷系吞噬。

---

55 基督教的得势，也体现出贵由汗试图重整常税、摆脱运动式收税的企图，但由于他本人的性格、当时的形势、过短的在位时间，这一尝试并没有贯彻下去。

第五章　蒙哥汗：蒙古的解体

蒙哥汗的上台对应着蒙古人的第一次大规模内斗，拖雷系和术赤系联合起来推翻了窝阔台系的统治，开启蒙古解体的阶段。

窝阔台竭力维持的中央直辖区被蒙哥汗在拖雷系内部瓜分，蒙哥利用两个弟弟忽必烈和旭烈兀控制了直辖区的东西两部分，而中间的河中地区则被察合台系篡夺。

蒙哥汗惯用武力，却对财政和后勤不甚在意，虽然他也曾试图整顿财政，但随着他的死亡，帝国才有了更多的机会寻求财政正规化。

第一次内争

（蒙哥合罕）立即派遣急使去把她（贵由的皇后斡兀立海迷失）抓住，将其双手缝在一张软的生牛皮里押送了来。她来了之后，和失烈门（窝阔台的孙子、蒙哥的汗位竞争者）的母亲合答合赤哈敦（一起）被送到唆鲁和帖尼（拖雷的遗孀、蒙哥的母亲）的帐殿里，忙哥撒儿札鲁忽赤（大断事官）把她全身（衣服）剥光，拖到法庭上审讯。她说："为什么要让其他人看到那除了君主以外,任何人也不应当看到的身体?"审问了她的罪行之后,她就被裹入毡中,抛进水里。[1]

贵由汗之后,拖雷系的蒙哥上台,这标志着曾经团结的蒙古开始了第一次血腥的内斗。窝阔台系掌权时一直处心积虑地维持着蒙古的统一,虽然他们不得不面对成吉思汗留下来的残局和实力不均衡的现实,却依然维持了蒙古的完整。哪怕贵由汗与术赤系的矛盾最后已经无法调和,但贵由在公开决裂前就死了。

蒙哥上台是一件不可能达成共识的事情,这源于各派系都曾经宣誓效忠窝阔台系,也源于这一次他们决不会再选择一个窝阔台系的人上台。史书总是将拖雷的遗孀描述得深明大义又忍辱负重,但事实上,从她参与了对几位妇女的迫害来看,她是一个什么都敢做的狠角色。[2]

拖雷系上台主要是得到了术赤系的帮助。在窝阔台的政策中,受益最大的是术赤系,因为他们的汗国地处最西,第二次西征所获得的领土基本上都给了他们。由于地理位置的关系,窝阔台合罕很难插手这些地区。也正因为这样,才助长了术赤系的分裂意图,窝阔台系以维持帝国的完整性为己任,势必与术赤系有冲突。[3]

与此同时,窝阔台系保持帝国完整的企图越来越难以实现。要想

---

[1] 见《史集》第二卷《蒙哥合罕纪》第二部分。
[2] 中国史书依然对皇后和内斗语焉不详。在《史集》等中亚视角的记载中,我们才能够看清楚端倪。西方观察者的著作,如柏朗嘉宾和鲁布鲁克等人虽然理解得不全面,但也会提到蒙古人的内斗。
[3] 在第二次西征中,各系之间的矛盾已经公开化,拖雷系与术赤系已经结盟,这是强调团结的窝阔台在发动西征时没有想到的。

保持帝国完整，在没有建立统一的养官财政制度的情况下只有两种方式。一是通过不断地打仗进行掠夺来喂养军队，但这种方式令帝国的敌人受益良多，即便在帝国的直辖区内，各个总督的自行其是也让中央政府不好管理。另外，由于帝国手中的兵力不足，只要打仗就要依靠亲王（特别是拖雷系）的军队，于是每一次打仗就成为各个支系扩大影响力的机会。二是不断地从直辖区压榨出更多的税收，转移给功臣集团供其享受，但这样做的结果是，直辖区域内的税越来越重，同样不利于中央政府。

窝阔台统治晚期，对于税收的压榨已经非常严重，到了他的妻子乃马真后时期，则变得更加肆无忌惮。贵由虽然有所收敛，但他死后，在他的妻子斡兀立海迷失摄政时期，缺乏政治魄力的她只能依赖于不断汲取各地的钱财，希望通过砸钱的方式让其家系得到延续。

而窝阔台系内部还存在着争斗。贵由死后到底由谁继承汗位呢？系内的争夺者主要有两支，一支推举的是窝阔台之子阔出的儿子失烈门，而另一支推举的则是贵由自己的儿子忽察。但这两支都存在解决不了的问题：失烈门和忽察的年纪都太小，无法掌控如此纷繁复杂的局面。[4]

如果窝阔台系无法掌权，那么，拥有大量军队和成年儿子的拖雷系必然成为汗位最有力的争夺者。术赤系的拔都在自己无力争夺汗位的情况下，选择支持拖雷系将获得最大利益。

拖雷系虽然拥有最大规模的军队，也获得了位于蒙古老家的封地，

---

[4] 《元史·后妃列传》对斡兀立海迷失的描述只有两句话。《元史·宪宗本纪》简单地描述了蒙哥上台时的政治更迭，但更好的描述依然出自《史集》。

但当蒙古越来越壮大的时候，老家的封地只是帝国的一小部分。而窝阔台为了使蒙古不分裂，将大部分新征服的农耕区作为中央直辖区，这使得拖雷系认识到，只有获得大汗的职位，才有可能获得更多的利益。

在两种利益的撕扯下，两大派系的争斗已经不可避免。更不幸的是，窝阔台系有资格争夺汗位的人都过于年轻、没有威望，无法和术赤系与拖雷系的成年儿子竞争。在这种情况下，拔都和蒙哥接连组织了两次忽里勒台大会，在缺乏窝阔台系和察合台系支持的情况下，以有争议的方式将蒙哥送上汗位。

仅仅将蒙哥送上汗位是不够的，这些人还必须镇压窝阔台系的反抗。恰好这时，窝阔台系的长孙失烈门也来到了大会，于是立刻有风声说他带来了大量的武器，并准备趁人们狂欢时杀死大汗。[5]这确实值得怀疑，因为大会是在拖雷系的领地上召开的，失烈门的千里奔袭显然过于冒险。他自称是来祝贺的。但当时的人们以讹传讹，将他的到来阴谋化。[6]

不管这件事的真相如何，蒙哥都有了借口，他对窝阔台系进行了清洗，负责审判的就是本章开篇提到的忙哥撒儿札鲁忽赤。[7]在忙哥撒儿的严刑逼供下，窝阔台系的罪名坐实了。

---

5 见《元史·宪宗本纪》与《史集》。
6 《世界征服者史》最早记载了这个故事，认为是一个人的告密，让蒙哥汗相信了这个说法。《史集》中也有记载。就连西方使者鲁布鲁克也做了记载，详情见《东方行记》。
7 见《元史·忙哥撒儿传》。忙哥撒儿是拖雷的家臣，后来由于废立之功，在蒙哥手下担任最高断事官，死于酗酒。

这一次的杀戮虽然也针对窝阔台系的亲王,但蒙哥并不敢直接大肆杀戮成吉思汗的后代,除了个别有深仇大恨的,大部分人都活了下来。即便是失烈门本人,蒙哥也只是在事后才偷偷地派人将他溺死。[8] 如此,窝阔台系只是衰落了,但并没有灭绝。报复大部分落在了外人身上,比如本章开篇提到的贵由汗的遗孀。

蒙哥的报复主要落在了窝阔台系当初提拔的封疆大吏身上。比如,躲过了乃马真后迫害的宰相镇海,这一次因是窝阔台和贵由的主要谋臣而死于非命。[9] 另一个重臣则是掌管帝国西部的宴只吉带,他及其儿子合儿合孙分别被处死。在这次事件中,一共有77个权臣死亡,相当于将整个窝阔台系的附庸清理了一遍。[10]

但大宰相牙老瓦赤又逃过一劫。[11] 当忙哥撒儿暴力审判时,就连蒙哥汗也有些看不下去。这时候,牙老瓦赤及时站队,告诉蒙哥一个道理,即一个帝国到了一定的时候,必然会有一个居功自傲的功臣群体,这时候,只有把老的功臣群体杀掉换上新的才有可能继续控制政权。[12] 他的说法让蒙哥再也不手软。由于这次谏言,牙老瓦赤得到犒赏,他和其子被赐予中原与河中地区的管理权。没有受到影响的还有呼罗珊和伊朗地区的负责人阿儿浑。但这一切都只是暂时的,因为蒙哥已经开始考虑做出更大幅度的调整,他要让拖雷系永久性地占有蒙古的大部分遗产,而

---

8 见《史集》第二卷《蒙哥合罕纪》。
9 见《世界征服者史》第三部第三章。《元史》记载镇海病死。
10 这个数字见《史集》,《世界征服者史》中也有较为详细的记载。
11 见《史集》第二卷《蒙哥合罕纪》第二部分。
12 见《史集》。牙老瓦赤在这里以亚历山大大帝为例。如果这个例子属实,表明蒙古人已经知道了西方亚历山大大帝的丰功伟绩。

不再像窝阔台系那样，为了帝国的统一而将大部分地区都置于中央政府的直辖之下。

在蒙哥任命的官员中，掌管审判的是忙哥撒儿，掌管税收和官吏的是孛鲁合阿合，还有一些穆斯林官员像亦马都木勒克、法合鲁木勒克等。[13] 蒙哥上台是一个转折点，意味着伊斯兰教至少获得了与基督教（景教）平起平坐的地位，从此景教占主导的时代过去了。[14]

瓜分中央直辖区

1253年（南宋宝祐元年，元宪宗三年）开始，也就是蒙哥获得大汗之位两年之后，他的弟弟旭烈兀在他的授意下发动了一场新的西征。这场战争与前两次西征不同，前两次是对未征服地区发动的，而这一次是针对蒙古已占区域以及边缘地带进行的，主要是想用拖雷系的宗王替换中央直辖区的总督。

在第一次西征和第二次西征的间隙，根据成吉思汗和窝阔台的命令，以绰儿马罕等人为首的蒙古功臣集团就已经将呼罗珊等地收归中央政府，并建立了中央政府直辖区。但到蒙哥当政之后，旭烈兀发动的西征又瞄准了这个区域。

当然，官方版本里，旭烈兀西征依然是有收获的，其收获主要体现在两个方面。一是针对一个叫作阿萨辛派的伊斯兰小教派，这个小教派

13　见《世界征服者史》第三部第五章。
14　见《史集》第二卷《蒙哥合罕纪》第二部分。

是什叶派的一支,它的主要特点是广泛利用暗杀等手段来对付政敌。在西方的十字军东征时期,阿萨辛派就暗杀过不少当时的基督教和伊斯兰教的显要人物,到了蒙古时期,虽然蒙古已经占据了伊朗的大部分地区,但是,阿萨辛派依然躲在山区的堡垒之中。[15]

阿萨辛派的堡垒主要位于里海南岸和伊朗北部的厄尔布尔士山区,即便在伊斯兰统治时期,哈里发国家也没有什么好办法对付它,只能默许它的存在。[16] 旭烈兀西征的第一个目标就是这个居于局部山区的小教派,并兴师动众地将一个个堡垒攻克。[17]

旭烈兀的第二个目标是位于巴格达的哈里发。但事实上,在当时,阿拔斯王朝(黑衣大食)与巅峰时期的阿拉伯帝国已不可同日而语。在十字军东征之前,穆斯林的实际领袖已经不再是哈里发,而是伊朗人、塞尔柱人、库尔德人的各个苏丹。[18] 哈里发只是一个象征性的职务。

蒙古在之前的出征中,已经将突厥人等更加强硬的军事集团征服了,并从北方越过了现在土耳其与伊朗的边界,进入小亚细亚的北部。旭烈兀攻打的是一个已经没有抵抗能力的哈里发。

---

15 关于阿萨辛派的情况,马可·波罗也有记载,并详细描述了阿萨辛派时任首领"山中老人"(拉希德丁·锡南)。
16 阿萨辛派最主要的城堡是阿剌模忒城堡,这座城堡由该派创始人哈桑·萨巴赫所建,这座城堡在当地至今依然被叫作哈桑萨巴。本书作者曾经对该城堡进行考察。
17 阿萨辛派的历史亦见于《世界征服者史》。同时,由于《史集》的作者来自伊利汗国,因此也详细描写了旭烈兀对阿萨辛派的征服。
18 塞尔柱是突厥人的一支,在十字军东征前占领了耶路撒冷和小亚细亚的一部分,但随后分裂。十字军东征时,最著名的穆斯林是库尔德人的苏丹撒拉丁,他在埃及建立了阿尤布王朝。

把旭烈兀西征与前两次西征相比较，更能看出其中的不对等。前两次西征都征服了强大的对手，收获了大片领土，而旭烈兀西征的两个对手一个过于渺小，另一个则已经衰败。更重要的是，对这两个对手的征服并没有带来太多的领土，旭烈兀的作战很大程度上是在蒙古人已经征服过的领土上进行的。到底为什么会有这样一次西征呢？

只有将这次西征放在蒙哥的全盘规划中，人们才能够看明白。

事实上，不论是旭烈兀西征，还是让弟弟忽必烈经略华北，真正的原因并不是为了征服更多的领土，而是要重新瓜分直辖区的领土，并且是在拖雷系的内部瓜分，这样做是吸取了窝阔台系的教训。窝阔台和贵由虽然担任大汗，但中央直辖区是跟随着大汗的职位走的，一旦窝阔台系不再有人担任大汗，中央直辖区也就不再属于他们了。

在窝阔台统治时期，他一直拒绝将这些区域划归给宗王，而是保留在大汗手中，由他直接派遣总督进行管理。这样的体制运行二十多年后，终于要改变了。只是这次改变的结果对其他几个支系非常不利：蒙哥并不准备将它分给其他几个支系，而是要在拖雷系内部进行分配。

蒙哥分配中央直辖区的原则是：将东部交给弟弟忽必烈管理，将西部交给另一个弟弟旭烈兀管理，而蒙哥本人则在节制这两个弟弟的同时，策划进攻中部还没有降伏的地区。在蒙哥时代，西藏（吐蕃）已经通过凉州会盟表现出了臣服，[19]而还没有臣服的区域在剩下的南宋以及更加偏

---

19 凉州会盟发生在1247年（南宋淳祐七年，元定宗二年），西藏萨迦派班智达（意为"智者"）贡噶坚赞前往凉州探讨西藏归属蒙古的问题。这次会盟不仅让蒙古人获得了西藏的宗主权，还将萨迦派这个佛教的小教派推向前台，成为西藏的统治教派，西藏政教合一的体系在这次事件后逐渐形成。

远的大理等,还有朝鲜半岛。

在西方,旭烈兀很快就对直辖区完成了整合,借助西征的机会,他将原本的总督势力并入自己的势力,原本河中、呼罗珊各有总督,但自从旭烈兀掌权之后,这些总督逐渐淡出,消失在历史之中。

从旭烈兀开始,中亚的秩序发生了一次天翻地覆的变化,该地区从原本的中央政府的延伸,变成了单独的汗国。蒙哥以牺牲蒙古帝国的完整性为代价,建立了一个由拖雷系控制的新汗国,也就是说,他更在意的是自己宗族所控制的土地,而不是祖父所打下的统一大国。在这次拆分之后,由于四大分支的利益已经凌驾于帝国整体利益之上,旭烈兀的第三次西征后,再也不可能出现黄金家族的联合远征了。

表 5-1　成吉思汗之后的蒙古四大支系和中央直辖区[20]

支系	区域
术赤系	西伯利亚—突厥斯坦草原,向西直达欧洲
察合台系	原哈剌契丹、伊犁草原、亦思宽、吹没辇与塔剌思。主要位于现代新疆西北部和哈萨克草原上
窝阔台系	黑也儿的石河和也迷里牧地,在塔尔巴哈台周围的大阿尔泰山和巴尔喀什湖之间,前乃蛮人领土的西南部分
拖雷系	蒙古本部。主要地区在克鲁伦河、斡难河以及图拉河流域
中央直辖区	哈剌和林所在的鄂尔浑河谷。中原、中亚、伊朗、高加索和叙利亚

20　根据《史集》等。请注意庞大的中央直辖区的存在。

表 5-2　蒙哥之后的蒙古四大汗国[21]

汗国	所属支系	构成	来源
大汗国	拖雷系	中原和蒙古本部	中央直辖区的东部、拖雷系传统本部、哈剌和林周边与窝阔台系领地东部
伊利汗国（波斯汗国）	拖雷系	伊朗和伊朗以西	中央直辖区的西部
金帐汗国（钦察汗国）	术赤系	西伯利亚—突厥斯坦草原，向西直达欧洲	术赤系领地
察合台汗国	察合台系	中亚、新疆	中央直辖区中部（河中）、察合台系领地以及窝阔台系领地西部

但在利用亲兄弟瓜分中央直辖区时，蒙哥并不一定认为自己是在肢解帝国。事实上，只要他还活着，他就有能力控制拖雷系内部的纷争，就像当初窝阔台还能控制整个蒙古一样。真正的分裂要到他死后才会发生，只是分裂的种子的确是在他治下种下的。

旭烈兀西征还带来一个意外的后果，那就是察合台系的扩张。原本察合台系的区域是在亦列河谷一带，锡尔河的东岸。只要河中的直辖区还存在，察合台系就会被往东压缩。但自从蒙哥瓦解了中央政府之后，河中反而成了位于旭烈兀、术赤系和察合台系三者之间的真空地带。拖雷系与术赤系原本是同盟关系，但由于旭烈兀扩张，术赤系感觉在瓜分直辖区的行动中吃了大亏，这导致旭烈兀与术赤系拔都之间的冲突。这种冲突又让察

---

21 见《草原帝国》《史集》。中央直辖区大部分已经被拖雷系占领，察合台系也占据了属于中央直辖区的中亚河中。察合台系与拖雷系瓜分了窝阔台系的领地。

合台系得以逐渐渗透到河中，将河中收入囊中。后来建立的察合台汗国成为跨越东西、囊括中亚和天山南北的巨型国家，也得益于这样的调整。[22]

到了蒙哥汗后期，与他的兄弟一起瓜分直辖区的做法已经带来了许多问题。在理论上，两个弟弟应该完全听从哥哥的安排，但事实上，弟弟与哥哥的管理模式难免有差异，即便是亲兄弟也会出现争执。旭烈兀的领地过于遥远，蒙哥鞭长莫及；但是，对于掌管中原的另一个兄弟忽必烈，他就忍不住要插手了。

忽必烈在获得中原的管辖权之后，采取了与蒙哥完全不同的做法。蒙哥是一个蒙古传统的捍卫者，对征伐更感兴趣，而不注重制度建设。但是忽必烈统治中原后采取了汉化的方法，在他的手下提拔了一系列汉族官员，如刘秉忠、许衡、姚枢、郝经等人，他对儒学也更加推崇；在财政上，则逐渐向着中原的税收模式靠拢。这对希望尽快获得财政收入以满足其征伐需要的蒙哥来说，都是不可接受的。[23]

1257年（元宪宗七年，南宋宝祐五年），蒙哥决定派遣心腹夺回一部分控制权，他命令一个叫作阿蓝答儿的人负责监察工作，设立了一个叫作关中钩考局的机构，对关中和河南地区的财政进行考察，对忽必烈的官员进行迫害。

22　察合台汗国跨越了吐鲁番盆地与河中，地理上的破碎性导致这个条带状的汗国天然不稳定，汗国之后分裂为东西两部分就不令人奇怪了。但即便分裂，察合台汗国依然是留存时间最久的蒙古汗国之一，当大汗国和伊利汗国都已经不存在了，而金帐汗国也已经分裂成碎片之后，虽然察合台汗国的西部已经被突厥人占据，但东部的汗国依然存在了很长的时间。到了16世纪，察合台汗国王室的外孙（也是帖木儿帝国王室的直系后代）巴布尔，又跑去印度建立了莫卧儿帝国。

23　忽必烈的财政措施见本书的第二部。

据《元史·世祖本纪》记载，忽必烈不敢营救自己的属下，为了自保，他亲自前去谒见蒙哥，二人相对泣下，忽必烈以表忠心的方式暂时让哥哥放下了戒心。但是，这种稳定毕竟不是依靠制度而是靠亲情维持的，如果不是蒙哥死亡，随着岁月加长，二者的冲突势必再起。

缺失的财政制度

蒙哥是一个传统的蒙古大汗，他一方面沉醉于蒙古人的生活方式，另一方面对各种宗教都很宽容，[24]他对战争和征服很感兴趣，这一点恰似他的祖父成吉思汗。但蒙哥却缺乏他祖父的一个能力，那就是在战争中保持军队的可持续性，利用战争壮大军队，这牵扯到复杂的财政能力。

在进攻南方时，由于缺乏财政制度的支持，蒙古人颇显费力。最能反映他们窘境的是进攻四川时。

四川地区一直是南宋的粮仓之一，蒙古人从灭金之后就有了进攻南宋的打算，而他们最早的突破口就是四川。1235年（元太宗七年，南宋端平二年），在窝阔台合罕统治时期，王子阔端就领军进攻了四川。然而，蒙古人征伐四川后，却又撤出四川盆地，导致后来余玠等人又组织起山寨城堡系统与蒙古人对抗。[25]到了蒙哥时代，四川地区依然是其主攻方

---

24 鲁布鲁克曾经记录，在蒙哥汗时期的宫廷里发生过伊斯兰教、基督教和道教之间的辩论，这场辩论是蒙哥安排的，三方最后以和气生财、共同辅佐大汗而结束。蒙哥也曾经对传教士发表过讲话，大意是，每个地区都有自己的信仰，蒙古人也有自己的信仰，他既不准备干涉别人，也不准备归附别教。
25 至今遍布四川盆地的山寨城堡，依然诉说着当年的抵抗岁月，这类大规模堡垒群在南方其他地区很少见到。其中最著名的就是合川钓鱼城的山顶堡垒。

向之一，但蒙古人依然只是征伐四川，占领之后还是撤出，无法建立稳固的政治和财政系统。因此，蒙古人只是破坏了南宋的财政系统，让后者无法得到四川的财税，但并未建立自己的财政系统，四川的财税也同样无法为蒙古人所用以攻打南宋。

这样的情况反映出，蒙古人对中原的财政适应要慢得多，已经无法跟上他们的军事需求了。蒙哥统治的十年也是蒙古的财政最为混乱的时期。在他的治下，耶律楚材制定的中央直辖税体系在重新瓜分之下接近于解体，但是新的税收体系又没有建立起来，让大汗依然只能采取军事掠夺制的方式攫取战争的费用。

但这并不意味着蒙哥不想建立新式税收制度。1253年（元宪宗三年，南宋宝祐元年），蒙哥即位两年后，就对西部地区进行了一次税务改革。[26] 税改的起因可追溯至贵由执政及其死后引起的混乱时期。特别是在贵由死后的空位期，蒙古诸王利用中央权力的真空，趁机扩大了地方权力。他们之前接受过诸位大汗的札撒，被授予了一定的收税权，收税权的下沉导致了中央收入的减少。到了空位期，地方诸王学习穆斯林经商营利，他们以大汗发布的旧札撒为借口，派自己的代表四处经商。

与此同时，由于对私人的商税太高，私商纷纷进入免税的大家族，充当这些家族的斡脱[27]。这导致了正常商业的萎缩，大贵族掌握了财权。免税人多了，导致人民的负担加重，但政府的税收依然在减少。

蒙哥上台之后，最初暂时维持了原来的做法，在征税方面，河中、

26　见《世界征服者史》第三部第三章。
27　蒙古人的官商、代理人。主持放贷，也负责帮助官方和汗王经营商业。

突厥斯坦、讹答剌、畏兀儿地、忽炭、可失哈耳、毡的、花剌子模、拔汗那交给牙老瓦赤的儿子麻速忽毕（马思忽惕），契丹地区交给牙老瓦赤。

在二人的配合下，蒙哥下达了整顿税收的命令。首先，他将之前所有大汗发给诸王允许他们行使特权的札撒都收回，避免他们利用或真或假的札撒去谋利。

其次，他规定诸王如果不咨询由政府派去的总管，就没有权力去发布任何财务敕令。也就是将税权收归中央。

再次，由于驿站是帝国开支的大头，在利用驿站、征收其他苛捐杂税上，他同样采取措施抑制诸王的权力。诸王之前可以随意地征用驿站资源，用于他们的私人目的，但蒙哥规定只有取得了大汗同意的公用目的才能使用驿站。

最后，由于税收不平衡，为了避免对穷人征收税率太高，他们出不起，中央发出指导意见，规定了从富人到穷人大约10倍的税率差，也就是穷人收1倍的税，富人收10倍的税。其他税收如牲口税等，对穷人也酌情减免。[28]

比如，在中原北方和河中地区，大财主的人头税是11个第纳尔，而穷人只需缴纳1个第纳尔。在呼罗珊，大财主交10个第纳尔，穷人交1个第纳尔。牲口税是百头交一头，不及百头不交。当然这也要求重新登记人口和税收。

从这些规定来看，蒙哥汗时期，税收实际上已经很难为中央所有，

---

28 在窝阔台系时期，河中地区曾经就收入的不平衡做出调整，但从后来蒙哥汗的继续改革来看，之前的调整大都没有奏效。窝阔台系时期的做法见前文。

这是他必须定立新规矩的原因。但由于他的一生大都在征战，这样的政策是否能够贯彻下去，依然是有疑问的。

1258年（元宪宗八年，南宋宝祐六年），蒙哥调集80万大军发动对宋战争，在战争中，一切目标都要让位于军事。于是，所谓正规化的财政如同空中楼阁可望而不可即。直到第二年蒙哥去世时，蒙古人依然无法在中原广大的疆域内建立正规的财税制度。与此同时，随着他的去世，蒙古这个庞然大物终于丧失了所有的凝聚力，分裂成了一地的碎片，其中最大的一片就是忽必烈继承并建立的元王朝。[29]

在蒙哥治下，忽必烈曾经试图建立更加正规的制度，但是忽必烈毕竟只是蒙哥统治下的一方大员，缺乏独立的治权，在蒙哥强调武力的背景下是无法走推行文治之路的。蒙哥死后，忽必烈终于有机会建立全新的社会政治和经济制度，哪怕这是以蒙古帝国的分裂为代价的。[30] 至少在中原，元王朝再一次有希望继承中华文化的衣钵，建立稳定的财政体系。如果拔高期待，由于蒙古人之前与西方有接触，他们还可以将穆斯林式的财政体系中对商业和贸易的鼓励态度融入汉化体系，建立一个既有古代中原式土地财税，又重视西方式商业财税的双重制度，这对社会的进化或许能起到积极的作用。

但是，忽必烈获得机会后，真的能做到这些吗？

---

29 从这里开始，本书的聚焦点从整个蒙古帝国变为元王朝。作为独立政权的伊利汗国、金帐汗国和中亚的察合台汗国，有了不同的发展轨迹，也不再是本书叙述的主题。

30 由于蒙古帝国受到伊斯兰教的影响，其余三大汗国在分离后相继归附了伊斯兰教。其中伊利汗国曾经试图联合基督徒对付埃及的马木留克王朝，但由于各自内部的问题没有取得成果。西方的基督徒最后一次试图争取蒙古人时，发现伊利汗国已经是一个伊斯兰国家了。见《蒙古与教廷》。

第二部 大元制度的创立

◎忽必烈建立元朝之后，最初采取汉化政策，建立了以中书省和六部为主的中央官制体系，但在建立地方行政体系时，却屡屡出现摇摆，最终才建立了以宣慰司为主的地方行政体系。他击败竞争对手之后，却回调汉化政策，退缩回以蒙古人为主、回汉兼顾的混合制度中。

◎忽必烈的灭宋战争之所以进展迅速、不留隐患，在于战争背后的制度因素。他每攻克一个地区，就会有一系列的制度跟进，迅速控制当地，并使其成为下一步进攻的支援基地。要想了解元朝的战争，必须去拆解战争背后灵活多变的制度设置。但随着灭宋战争的结束，汉人在元朝政府中的地位继续降低，也为未来的政局变化指明了方向。

◎忽必烈后期发动了针对日本、安南、占城、蒲甘（缅甸）和爪哇的一系列战争，都没有收获，却破坏了中原的财政，也使得南方的制度一直没有建立好。忽必烈为了尽快取得更多的军费，引入了色目官员聚敛财富，进一步破坏了元朝的财政基础。出于敛财目的而建立的尚书省，也和聚敛之臣一样起起落落。

◎盘点忽必烈末期的财政体系。元朝本应该基于中原的农业状况建立以土地为主的财税制度，辅之以专门的商业税制，但它并没有完成中原土地税的整理工作，导致收到的土地税最高时也只有宋代的一半。元朝的税制中夹杂着大量的蒙古特权，也损害了征税的效率。元朝是古代中国唯一一个运送漕粮时以海运为主的王朝，但由于南北经济的不平衡，它严重依赖于南方的粮食和海运，导致了政权的脆弱性，最终被南方的反叛者利用。

第六章　忽必烈：汉化的奠基人

蒙哥汗策划了人类历史上最具想象力的一次攻击：以云南为中介目标进攻南宋，却因为突然死亡而功败垂成。

忽必烈是蒙古第一个认真考虑汉化问题的君主，在他还是宗王时，就利用汉人谋士在北方地区进行了一系列的汉化试验，形成了每占领一个地区就建立正规机构的传统。

忽必烈在中央层面上建立了以中书省和六部为代表的行政机构；在地方上最早设立了宣抚司这个最高级地方机构，负责行政和税权，但一年多后，忽必烈废除了这个机构，再次设立了只负责行政的宣慰司，以宣慰司为主的地方机构得以建立。

忽必烈早期的行中书省（简称"行省"）并非地方机构，而是中央向地方的临时派出机构，往往是为了军事目的而建立，统管民政、财政和军事资源，集中一切力量用来打仗。一旦军事目的达到或者消除，这个机构就会被撤销。

忽必烈早期曾经重用汉人，利用汉人的帮助建立中原的制度，并利用中原的资源优势击败竞争对手阿里不哥。可一旦他统一了元朝和蒙古本部，就开始限制汉人，退缩回了以蒙古人为主、回汉兼顾的混合制度中。

汉化王子

1259年（元宪宗九年，南宋开庆元年），蒙哥汗病死于位于四川盆地的钓鱼城下。他在死前，正在对南宋组织一次极具想象力的进攻。

这场进攻的背景是这样的：蒙古人灭金之后，曾经对南宋发起一系列进攻，[1]但这些进攻最多只能算小有收获，并未取得持续性成果。其原因在于古代中国特殊的战略地理结构。在漫长的南北分界上，北方的军队向南进攻只有三条路线可以选择，分别是：第一，东部淮河中下游以寿春、合肥和巢湖为轴心的通道；第二，中部从南阳到襄阳趋长江的南襄隘道；第三，西部从陕西翻越秦岭到四川的蜀道。[2]历史上任何一次南北对峙，双方的战争都往往发生在上述三条道路的附近。

蒙古人从北方进攻南宋，也只能在上述三条路线中做选择。而在经过最初的慌乱之后，到蒙哥汗时期，南宋已经重整旗鼓，守住了这三条

---

1 这场战争的起因南北双方各执一词，金哀宗"失之于北，补之于南"，企图通过占领南宋疆域来弥补北方被蒙古占领的土地，而南宋也试图利用金国灭亡的机会收复黄河以南的"三京"，即东京汴梁、西京洛阳、南京应天（商丘），不料非但没有收复，反而导致了蒙古人的南侵。南宋的北攻史称"端平入洛"。亦可参考《宋史纪事本末》卷九二"三京之复"。

2 三条通道从三国时期被完全打通后，直到近代，一直是南北沟通的主要通道。关于三条道路的细节，见本书作者的《军事密码》。

道路，特别是后两条道路，分别由大将孟珙和余玠守卫，导致蒙古人无法在攻坚战中取得胜利，只能在劫掠之后离开。

蒙哥获取大汗之位后，意识到仅仅依靠这三条路线很难短时间内结束战争，于是决定开辟南方战场，采取迂回战术对南宋进行包抄。这次包抄非常具有想象力，在世界军事史上留下了重重的一笔。为了进攻南宋，1253年（元宪宗三年，南宋宝祐元年），蒙哥首先派遣忽必烈和大将兀良合台（速不台的长子）从甘肃出发，翻越川西和滇西北的崇山峻岭，攻打当时独立的大理。攻克大理之后，忽必烈回到北方，兀良合台则留在云南，并发动战争迫使安南（现越南北部）臣服。[3]

获得云南和安南的基地之后，蒙古人就获得了另外三条新的南方进军路线：可以从云南进攻四川盆地和重庆，也可以从云南进入湘江上游进攻两湖地区（湖南、湖北），还可以从安南进入两广地区（广东、广西）。在中国历史上从来没有人有过如此的想象力，打开过如此大规模的地图，让北方的游牧民族竟然能够从南方对中原包抄进攻。

果然，到了1258年（元宪宗八年，南宋宝祐六年），蒙哥发动了这次人类历史上最具想象力的进攻。也是古代中国历史上在最广阔疆域内同时发动的最大规模的联合作战，进军路线和战场涉及现在的宁夏、甘肃、陕西、四川、重庆、河南、湖南、湖北、江苏、安徽、云南、广西、贵州等地，战场几乎席卷了整个南方地区。

作战包括三大战场，即西面的四川战场、中间的两湖战场以及东面的江淮战场。为了进入这三大战场，除了北方的三大方向，蒙古人还借

---

[3] 安南的陈朝在忽必烈时期再次反叛，两次击败蒙古人，为元朝划定了南方的边界。

助从云南顺长江进入重庆的路线，以及从云南进入广西，再进入湖南的路线。[4]

在三大战场中，以两湖战场最为重要。为了进攻两湖地区，蒙古人派了两路兵马。其中忽必烈和大将张柔（北方汉人）率军从北方进攻鄂州（现湖北武昌）。而在南方，兀良合台率领人马从云南进入广西，再从广西进入湖南，在南方与忽必烈形成合围。在战争中，忽必烈和兀良合台已经合兵在即，忽必烈到达鄂州，而兀良合台已经到达潭州（现湖南长沙），就在此时，传来了蒙哥的死讯。

如果不是蒙哥的死亡，蒙古人的战略极有可能成功。即便蒙哥死了，蒙古大军也可以选择继续进攻，最终也很可能灭亡南宋。但蒙古政治的脆弱之处恰好就在于大汗是选举产生的：随着蒙哥的死亡，到底谁是最高统帅、谁是协调人、谁将继任大汗，一切都变得不确定了。考虑到蒙古四大支系之间的明争暗斗，窝阔台系依然不甘心退出，拖雷系内部也有着谁该继任的争执，大汗之位显然比对宋战争重要得多。

统率中路大军的忽必烈并没有恋战，而是虚晃一枪之后，与南宋签订和约，[5] 接走了兀良合台，率军北归。就这样，南宋逃过了一次灭顶之灾。

然而，忽必烈的北归又是值得的。虽然灭亡南宋又推后了近20年，但这一次缓兵让忽必烈得到了一个庞大的汗国，也达到了古代中国疆域上的极限，还对云南、西藏等地实现了直接管辖。不过，也是在他的手

---

4 从安南进入两广的路线没有使用。

5 与忽必烈议和的是贾似道。南宋付出的岁币可能是银二十万两、绢二十万匹，双方划江为界。见《宋史·贾似道传》以及《元史·赵璧传》。

中，蒙古帝国的解体最终完成，变成了相互独立的四大汗国。

关于忽必烈争夺汗位的细节，我们不再详述，这里只提及，这位最终埋葬了统一的蒙古帝国的君主，也是第一个认真考虑中原地位、中原文化地位的君主。

忽必烈做王子时，就招揽了名儒窦默、姚枢、许衡等人，他也是蒙古兴起60年来第一个认真对待文学之士的君主。[6] 在他的智囊团中，还有一个特殊的人物——杨惟中，此人最早是窝阔台的心腹，窝阔台死后，又在忽必烈处找到了栖身之所。忽必烈在汴梁设立河南道经略司时，就任命杨惟中任经略使。《元朝名臣事略·杨惟中传》记载，杨惟中在河南地区垦田，整顿吏治，对这里的正规化起了很大的作用，他是一个承上启下的人物。除了杨惟中，忽必烈的幕府中还有张柔之子张弘范、当过和尚的刘秉忠、与张柔齐名的将领史天泽以及廉希宪等人。[7]

蒙哥时期，由于蒙哥把中原的军国之事交给了忽必烈，他在东北地区的金莲川建立了自己的政府机构，这就是后来的开平府（蒙哥汗六年由刘秉忠建设），也就是元上都。[8] 另外，在窝阔台时期的分封中，作为宗王的忽必烈在邢州获得了一块封地。经过了连年的战乱，那里已经民

---

6 本节关于元世祖忽必烈的资料，主要参考了《新元史·世祖本纪》。未做标注的均出于此。
7 见《元朝名臣事略》各自本传。其中刘秉忠是促使忽必烈早期采纳汉人习俗的重要人物，而史天泽不仅是将领，还倡议均赋税、立屯田保甲，到了1260年（元世祖中统元年），史天泽又成为推动元世祖建立正规官僚机构的重要人物。
8 元上都遗址在现内蒙古锡林郭勒盟正蓝旗境内。至今在汉式的大殿遗址的西北，依然能够看到圆形蒙古大帐的痕迹，显示出汉蒙文化融合的特征。本书作者于2013年亲往考察。

不聊生,还要养活忽必烈手下的功臣群体,更加重了邢州人的负担。到了贵由执政的混乱时期,各地各自为政,忽必烈获得了对邢州更大的控制权,他的大臣刘秉忠、张文谦等人为他制定了怀柔政策。刘秉忠等人表示,原来邢州人口有上万户,但到这时只有几百户了,这不是说大部分人死了,而是他们都逃走了。在一个竞争的环境中,只有采取怀柔的做法,减轻税负,才能让其他地区的百姓来到这里,增加邢州的人口。果然,按照他们的做法,邢州的人口增加了数倍,这是忽必烈第一次觉察到正规财政的好处。[9]

1253年(元宪宗三年,南宋宝祐元年),忽必烈获得关中地区(京兆)的管理权,于是在那里设置了一个叫作宣抚司的机构,京兆宣抚使是孛兰、杨惟中。当年十二月攻克大理之后,又在大理设立宣抚使,由刘时中担任。也是从这时候开始,忽必烈养成了攻克一地就在当地建立正规的管理机构的习惯,这与蒙古人的劫掠制已经有了天壤之别。不断摸索建立正规机构的做法,使得忽必烈能够在军事之外,通过行政来管理所征服的地区。

称帝后的中央制度建设

1259年(元宪宗九年,南宋开庆元年)蒙哥死后,身在长江地区与南宋作战的忽必烈立刻与南宋签订和约,之后率军北上开平府,并于

---

9 这次事件使得忽必烈在邢州设立了一个机构——邢州安抚司,以脱兀脱、张耕为邢州安抚使,刘肃为商榷使。之后安抚司这个机构成为宣抚司、宣慰司等机构的模板。

第二年三月即大汗位，年号"中统"，制度建设问题也进入加速轨道。

蒙古政治制度的正规化已经被前几任大汗耽误了几十年时间，长江以北的广大地区也被掠夺多次。随着忽必烈称汗，继之而起的还有拖雷系内部的冲突。强有力的对手是他的弟弟、拖雷的第七子阿里不哥，后者获得了蒙古本土势力的支持，甚至也得到了伊利汗国和金帐汗国的承认。[10]但最终决定双方继承权的还是军事实力。忽必烈占据了更加富裕的南方农耕区，比阿里不哥的北方游牧区（漠北的大片草原）更有优势，但要发挥优势，则必须能够压榨出更多的财富用于战争，打造过硬的后勤支撑。要想有后勤保障，对中原地区进行控制和制度建设就成了不可避免的任务。

关于忽必烈的政治制度建设，我们可以先做一个比较。成吉思汗时期，主要有两种官员，一种是负责军事的千户、万户，另一种是负责司法的断事官。到了窝阔台和蒙哥时期，随着在中原的军事进展，许多汉人投靠了蒙古人，于是蒙古人对这些人采取随口封官的做法，让他们担任原来的职务，或者担任行省、领省、大元帅、副元帅等，他们的属下也可以不经由蒙古人任命而自我聘用。忽必烈上台后，在其手下儒士的帮助下，决定仿效中原政府，建立以中书省管行政、枢密院管军事、御史台主纠弹的格局，这种官制的设置就类似于传统中原特别是宋朝的制

---

10 见《元史·阿里不哥传》。阿里不哥是拖雷的第七个儿子，也是蒙哥和忽必烈的弟弟，忽必烈最大的竞争对手。阿里不哥驻守哈剌和林，由于推行非汉化政策，被蒙古贵族推举为大汗。在蒙古人看来，阿里不哥继承了蒙哥的政策，以蒙古为主；而两翼不能主导蒙古的政策。

度了。[11]

事实上，这样的划分自唐朝以来一直存在，在各个县衙的两侧，也有对应六部事务的衙署，这些衙署也是按照左三部和右三部的划分来分布，往往在正衙的一侧分布着吏、户、礼的相关办事机构，另一侧分布着兵、刑、工的相关办事机构。[12] 忽必烈之所以这样设置，是因为刚开始的行政机构还太简单，也无法一下子建立太复杂的机构。左三部和右三部都只有尚书二人、侍郎二人。最早的右三部尚书是宋子贞，左三部尚书是刘肃，也表明了忽必烈任用汉族官员的决心。

到了1264年（元世祖至元元年，南宋景定五年），随着制度化的进行，据《元史·百官志》记载，左三部拆成吏礼部和户部，右三部拆成兵刑部和工部，成为四个部。但四部制只施行了两年，到1266年（元世祖至元三年，南宋咸淳二年），又变为左三部和右三部。两年后的1268年（元世祖至元五年，南宋咸淳四年），再次变成四部制。再两年后的1270年（元世祖至元七年，南宋咸淳六年），改成六部制，也就是吏、户、礼、兵、刑、工六部。但是，到了一年后的1271年（元至元八年，南宋咸淳七年），又改回四部制。1276年（元至元十三年，南宋德祐二年）又一次变回六部制，这之后才稳定下来。

人们也许会认为忽必烈过于频繁的政策变更不利于政治的稳定，但我们必须考虑到这位皇帝是在一张白纸上，从无到有建立起一套完整的制度，在短短的十几年里，蒙古人就从制度上的空白进化到拥有

11　见《经世大典·治典·官制》。
12　参见山西平遥保存下来的县衙。

了一套适合自己的完整架构。由此，人们才能理解忽必烈到底做了多少工作。

不仅是机构设置在不断变换，就连机构的人员也在不断变化。以吏部为例，1260年（元世祖中统元年，南宋景定元年）左三部（当时吏部事务属于左三部）有尚书两员、侍郎两员，到1264年，吏礼部的尚书就有三员、侍郎两员。1268年，吏礼部减为尚书两员、侍郎一员。1270年吏部独立，尚书和侍郎各只有一员。1271年又改回吏礼部，尚书和侍郎各一员。到1276年，吏部稳定存在，官员的数量却出现了"爆炸"，尚书达到了七员，侍郎有三员。之后虽然衙署稳定了，但官员数量还在不断地变化。最后，六部最常用的配置是尚书三员、侍郎两员、郎中两员和员外郎两员。

六部只是中书省（有时是尚书省）[13]的下属机构，更加重要的则是中书省本身的设置。

在成吉思汗统治时期，任用断事官执政，也就是以司法体系来主导行政。当时围绕在大汗身边的只是几个亲近的人，与中原完全不同。到窝阔台统治时期，为了统管行政事务，设立必阇赤，编纂和下达大汗的命令，发挥重要的行政作用，这些人中就包括耶律楚材。由于耶律楚材权力很大，汉人更愿意用"中书令"来称呼他，于是他就成了汉人口里的"中书令"。

在忽必烈之前，蒙古人把哈剌和林当作整个国家的总部，如果真的有中书省，它的总部自然也是在哈剌和林。可事实上，哈剌和林的蒙古

13　元朝设立尚书省的目的只有一个：用聚敛之臣来敛财。尚书省与中书省的争论见下文。

人并不认为自己需要中书省这个机构,他们有必阇赤就够了。另外,忽必烈是在开平称汗的,甚至在他称汗的时候,哈剌和林还在阿里不哥的控制之下。因此,伴随着忽必烈权力东移,他必须把必阇赤们搬到东部来。

1260年(元世祖中统元年,南宋景定元年)七月,也就是忽必烈即位的那一年,他在燕京(大都)设立了一个新的机构:燕京"行"中书省。从表面上看,燕京行中书省只是哈剌和林"总"中书省的一个分支机构,可事实上这个机构又是全新的,当时哈剌和林并不存在一个总的中书省,燕京的行中书省就是真正的中书省,只是为了表明哈剌和林的正统,名义上带着个"行"字罢了。忽必烈的谋臣们需要一个中央机构,只是借用了耶律楚材的中书令称号,将这个中央机构称为中书省罢了。燕京行中书省就是忽必烈"总"中书省最早的雏形。

忽必烈在内斗中获胜,将中原当作他的主要经营地区之后,燕京行中书省就变为真正的中书省,而"行中书省"这个机构又从燕京移到其他地区,变成了后来的"行省"。

行省这个机构对元朝的影响超乎想象,我们往往只看到了它好的一面,特别是明清时期经过改造的行省在地方治理中起到极大的作用,成为最高级的地方机构。但在元朝,行省是一个好坏参半的新事物。它的好处是便于皇帝对新的地区进行管理,坏处则是行省的权力太大,每一个行省级别都与中书省相同,其实就是一个本地版的中书省,有着极大的行政权和税权,这导致元朝的离心力要比后来的朝代大得多,间接助长了元朝后期的分离主义。明朝对行省进行大刀阔斧的改造,削弱了行省长官的权力,并将兵权、行政权、税权再次分开,这才产生了更加稳固的地方机构。[14]

1260年（元世祖中统元年，南宋景定元年）七月，忽必烈建立燕京行中书省时，还进行了一系列任命。他任命祃祃担任中书丞相，王文统、赵璧担任平章政事，张易担任参知政事，这三者都是宰相执政（简称"宰执"）级官员，也表明了忽必烈对汉人的重用。此外，王鹗担任了翰林学士承旨兼修国史，而史天泽兼任了江淮诸翼军马经略使。

除燕京之外，行中书省的做法在当年八月又推行到陕西等地，建立秦蜀行中书省（廉希宪担任中书右丞行省事）。[15]之所以在这里建省，是针对关陇地区的反叛，这场反叛是由蒙哥的大臣阿蓝答儿和浑都海挑起的，但并没有成气候，在忠于忽必烈的诸王的进攻下，这次反叛到九月就被镇压下去了。

秦蜀行中书省是行省机构在地方上的第一次运用。这时它还只是一个临时机构，只是为了便于调拨资源而设，一旦任务完成，也就撤销了。后来，行中书省才慢慢变为一个常设机构。

在忽必烈时代，他对地方行政机构的构想并不是行省，而是另一

---

14 中国古代的地方行政层级的增长，都有一个从需要到设立、从失控到控制的过程。比如，秦汉的高级地方机构是郡，到东汉，作为监察官的刺史逐渐成长为新的高级地方机构，并由此产生州这个级别。但州刺史（州牧）的权力在设置之初过大，导致东汉末年的军阀混战。到隋唐时期，随着三权（军权、行政、税权）分立原则的确立，州已经不再对中央政府构成威胁。但随后，行省又重复了州的建立和失控过程，直到再次被驯服。

15 需要说明的是，廉希宪作为秦蜀行中书省的中书右丞，其级别和权力是与燕京的中书省同级的，且并不存在隶属关系。元朝初期行中书省权力很大，且拥有全权，并不受中书省的节制。

个更加灵活的机构——宣抚司。在他看来，这才是符合他需要的地方政府形式。

地方制度的探索

在忽必烈最早的构想中，地方机构是围绕一个叫作宣抚司的衙门建立的。

据《新元史·世祖本纪》记载，在即位的第二个月，忽必烈就设立了两个宣抚司，分别是陕西四川等路宣抚司和西京等处宣抚司，前者由他的心腹廉希宪、商挺担任宣抚使，赵良弼担任参议，后者由粘合南合、张启元担任宣抚使。"宣抚使"有"安抚地方尽快接受皇帝统治"的意思，是一个典型的行政机构，人员选择上也更加偏重于汉人。与此同时，军队依然掌握在蒙古人的手中，此时代替忽必烈指挥黄河以西诸军的是蒙古人燕帖木儿和忙古带。

在这个时期，制度建设还是以摸索为主，到底采取什么样的形式还不够清晰，因此忽必烈的机构设置迭代得非常迅速。1260年（元世祖中统元年，南宋景定元年）五月，他决定按照陕西的蓝本，在全国都设立宣抚司制度，于是一口气设立了十个宣抚司，将这个制度铺向全国。宣抚司的主官人选都是他当时的谋臣，大都是汉人，只有赛典赤、孛鲁海牙、粘合南合三人属少数民族，表明了他用汉人安抚中原的决心。这时的宣抚司是中央的下一级机构，也是地方机构的最高一级。虽然皇帝也会在各地设立行中书省，可是行中书省在当时是中央机构，只是暂时被设在地方解决具体事务。而宣抚司才是真正的地方机构，相当于秦朝的郡、汉朝的州，或者现在的省。[16]

表 6-1　忽必烈早期（中统元年）设立的宣抚司 [17]

名称	主官
燕京路宣抚司	赛典赤、李德辉、徐世隆（副）
益都济南等路宣抚司	宋子贞、王磐（副）
河南宣抚司	史天泽
北京等路宣抚司	杨果、赵昞（副）
平阳太原路宣抚司	张德辉、谢瑄（副）
真定路宣抚司	孛鲁海牙、刘肃
东平路宣抚司	姚枢、张肃（副）
大名彰德等路宣抚司	张文谦、游显（副）
西京路宣抚司	粘合南合、崔巨济（副）
京兆等路宣抚司	廉希宪

当然，除了行政管理，忽必烈最重要的任务还是打仗。打仗需要经费，于是在当年七月，忽必烈除了进行行政改革，还发行了元朝第一种全局性纸币：通行交钞。十月又发行了中统元宝宝钞。关于元朝的货币发行，我们在后面还会谈到。[18]

1261 年（元世祖中统二年，南宋景定二年），忽必烈继续推行改革。

16　西汉时期地方机构的最高一级依然是郡，刺史作为皇帝派出的监察机构已经存在，但到了东汉末年，州（它的长官为刺史或州牧）才演化为地方行政机构。
17　本表参考了《元史》和《新元史》。注意，宣抚司与后来的宣慰司并不是同一种机构，前者是忽必烈建立制度过程中的试验机构。
18　二者的本位是不同的，交钞的本位是丝，而宝钞的本位是银，最终宝钞成为元朝最主要的货币形式。见下文的讨论。

他对十路宣抚使非常重视,由于他即将在上都举行祭祀大典,于是让十路宣抚使都前往上都接受训话。在那里,他像上课一样向宣抚使们传授了一系列的宽政措施,比如,要尽量豁免那些民间交不起的税;要劝人们务农种桑,多问民间疾苦;要向皇帝举荐知书达理的人才;要惩罚那些残害民间的坏人;等等。

由于打仗需要粮食,忽必烈对粮食问题也非常重视。到了八月,又设立劝农司,派出劝农使前往各地增加粮食产量。与此同时,十路宣抚使还被授予征收盐酒等税的权力。到此时,我们可以看出,宣抚使已经成为一个集行政和税收于一体的角色,只有军事被剥离了出来。但宣抚使可以参与一定的军事事务,因为军队的粮草也要靠宣抚使征收。

这一年,忽必烈的事业进展得颇为顺利。一方面,据《元史·刘整传》记载,在征伐南宋时,南宋在四川地区的大将刘整由于不堪内斗,选择投降忽必烈。他的投降让忽必烈得以在四川地区设立夔府路行中书省,交给刘整负责,同时让他兼任当地的安抚使。刘整对蒙古最大的贡献是,坚定了忽必烈从襄阳进攻南宋的决心。刘整指出襄阳才是蒙宋战争的胜负手,谁占领了这里,谁就获得了控制局面的中枢。[19] 他的提议为日后元朝灭亡南宋打下了基础。

另一方面,据《元史·阿里不哥传》记载,在当年的十一月,忽必烈和他的竞争对手阿里不哥作战,两次将其击败,阿里不哥放弃都城哈刺和林逃走。虽然他还没有被最后击败,但忽必烈已经获得了全局性的

---

19 关于襄阳的重要性,参考本书作者的《财政密码》。这里是整个中国南北三条路线的中心。

优势。哈剌和林是所有蒙古人心目中真正的都城，在上都开平府即位的忽必烈一日没有拿下哈剌和林，就一日感觉自己名不正言不顺。但即便拿下哈剌和林，忽必烈的统治区域还是以中原为主，哈剌和林只有象征性作用，政治经济上的边缘化已经不可避免。

到这时，忽必烈依靠中原打天下已经取得了初步的成果，一个基于中原的王朝呼之欲出。但也是在这时，忽必烈开始转向了。在击败阿里不哥的同一个月，他突然废除了自己精心创设的宣抚使制度，将他亲自建立的十个宣抚司撤销，此时宣抚司这个机构才存在一年多。

不过，宣抚司这个名字并未完全消失。事实上，之后的元朝依然会在边疆地区设立一些宣抚司，但后期的宣抚司已经和忽必烈时期的十大宣抚司完全不同。后来的宣抚司只被用在新征服地区的安抚上，也就是说，一个边疆地区被征服后，皇帝就会建立宣抚司来完成安定社会的工作，一旦完成了这项工作，就将之废除，或者改为其他常设机构，只有在那些长期不稳定的边疆地区才一直存在宣抚司这个机构。而忽必烈最早建立的十大宣抚司是全国主要的地方行政机构（也是最高一级地方机构），不是处于边疆的边缘机构。

忽必烈为什么要撤销十大宣抚司呢？

他有多重考量。首先，在即位之初，由于他之前只是一个王子，并没有得到全蒙古的认可，在这个时候，忽必烈很难指挥那些位高权重的蒙古王族，只能在他扎根的中原范围内选拔人才。因此，在这个时期，他的幕僚中有大量汉人。可一旦他成为大汗（虽然没有得到蒙古贵族的完全认可），越来越多的蒙古亲王开始跟随他，各地的蒙古士兵也加入了他的队伍，队伍中蒙古人的色彩就越来越重了。

以最高级别的宰执级人员来说，忽必烈刚刚建立燕京行中书省时，除了中书丞相祃祃，剩下的三位执政官员都是汉人。到第二年五月，忽必烈再次任命行燕京省的高官时，汉人和其他人的比例就已经变成各占一半了。[20]

而在十路宣抚司的正使和副使中，汉人的比例更高，除了赛典赤、孛鲁海牙、粘合南合，其他官员都是汉人。除了宣抚使，汉人也在地方上的其他部门任职。整体而言，汉人官员大都有当地的背景，有的还是投靠了元朝的军阀，比如史天泽（虽然他比较听话）、李璮等，要想把他们调离是非常困难的，想安插蒙古人进去也并不容易。

另外，宣抚使除了负责民政，也负责收税，更可以通过后勤影响军事，这更让忽必烈觉得危险，担心汉人失控。[21]

与此同时，忽必烈却发现，另一种制度可能更加便利，那就是对行省制度做一定的延伸——之前它主要用于军事目的，但它其实也可以承担一定的行政职能。关于行省制度，我们在后面还会谈到，它所起的作用就是让皇帝意识到可以用行省取代宣抚司。

不过，行省这一次还是没有成为主角，因为皇帝无法派出大量的中枢人才去接管地方事务。于是在撤掉了宣抚司之后不久，皇帝又不得不再次设立一个地方行政机构来管理地方，这个机构叫作宣慰司。[22] 宣慰

---

20 不花、史天泽为中书右丞相，忽鲁不花、耶律铸为左丞相，塔察儿、廉希宪为平章政事，张文谦为右丞，杨果、商挺为参知政事，粘合南合为平章政事。
21 这也有违中国古代传统的民政、税务、军事三权分立原则。
22 见新、旧《元史》的百官志。到了后期，宣慰司和宣抚司同时存在，宣慰司是普通行政机构，而宣抚司成为一个存在于边疆地区的民政机构。

司和宣抚司只有一字之差，它们都是地方管理机构，二者最大的不同是宣慰司已经对元朝没有威胁了——宣慰司是一个纯粹负责民政的机构，税权和军权都已经被完全剥离出来了。

忽必烈不仅要废掉宣抚司，还要将他任命的宣抚使都征召到中都，这也是他真正的目的之一。[23] 他要向那些大权在握的汉人收权。

忽必烈向汉人收权的做法导致了元朝初年（忽必烈上台后）汉人的第一场反叛。这场反叛由一个叫作李璮的人发动。李璮是原来的益都（位于现在的山东）军阀李全的养子。在金国尚存时，山东的益都地区曾经发生过一次著名的反叛，首领是两位女子——杨安儿和杨妙真。李全就是杨妙真的丈夫。到成吉思汗时期，李全率军投降蒙古人，他本人也被封为益都的达鲁花赤。由于后来达鲁花赤制度在最高地方机构中与行省制度融合了，益都也被称为"益都行省"。在当时，蒙古人无暇直接控制他们征服的地区，因此采取了间接统治，也导致了各种名目的官僚机构的混乱。

李全最后死于与南宋的作战，他的养子李璮继承了益都行省的职位，统治了三十多年。到了忽必烈时期，他依然担任益都长官。由于忽必烈要建立正规的政府制度，因此他必然与李璮产生冲突。最初，由于战争的需要，以及为了巩固统治，必须对北方怀柔，忽必烈还想通过晋升李璮担任江淮大都督来稳住他，一方面让他与南宋对抗，另一方面满足他的野心。

---

23 将十路宣抚使征往中都这件事发生在1261年（元世祖中统二年，南宋景定二年）十一月。

但是，随着忽必烈站稳脚跟，并开始收缩汉人的权力，李璮就感到不舒服了。据《元史·李璮传》记载，1262年（元世祖中统三年，南宋景定三年）二月，李璮举兵反叛，这一次，他和南宋沟通，相约一同进攻北方的政权。这次反叛持续了数月，忽必烈调兵遣将，在当年七月，史天泽将李璮击败斩首。

李璮反叛最大的受害者是平章政事王文统和部分汉人官僚。王文统是李璮的岳父，也是从益都起家，后来受到忽必烈的重用，担任了燕京行中书省设立以来第一任平章政事，成为宰执级官员。

王文统担任平章政事只有一年多，但这是忽必烈政权最关键的一年，也正是忽必烈建立制度的时候。前面提到的一系列制度，大都是王文统参与设计的。从十路宣抚司的设立，到更加正规的行政运作，规定官员不得干扰百姓的生活，再到发行纸币、征收盐税，设立一系列的市场，其中都有王文统的身影。

在征讨阿里不哥时，由于忽必烈的大军需要大量的物资和差派，这些差派和盐铁税也都是交给王文统等人去征发的。可以说，在一年多时间里，王文统兢兢业业地完成了蒙古人交给他的所有任务，却被蒙古人怀疑他权力过大。

李璮谋反恰好为忽必烈整治王文统提供了时机，于是他以几封王文统的书信为由，将他处死。根据史书记载，对王文统的审判得到了其他汉人大臣的赞同，[24]但他的死亡导致历史再次出现转折。从此，忽必烈开

---

24 据《元史·王文统传》记载，由于性格问题，王文统本人与姚枢、窦默、张柔等人关系并不好，忽必烈召这些人商议时，他们均认为王文统当死。

始罢黜世袭地方诸侯，收紧汉人的军权，在地方上实行军民分治。加上他越来越得到蒙古人的拥护，可以改用蒙古人和西域的色目人作为帮手，汉人在元朝的第一个黄金时期过去了。

1264年（元世祖中统五年，南宋景定五年）七月，阿里不哥向忽必烈投降，忽必烈在蒙古内部最大的威胁不存在了。他利用中原的资源以及谋臣们为他组织起来的高效的征税手段打败了竞争对手。他获胜之后却遭到蒙古内部的指责，说他这个大汗已经偏离了蒙古人的传统，变成汉人的附庸。而他最大的对手现在已经变成了南方的宋朝，接下来他就要灭掉这个中原王朝。在这样的背景下，忽必烈抛弃了前期的做法，决定建立一个掌控在蒙古人手中的国家，这个国家根植于汉人的资源之上，却不能让汉人分走太多的权力。但他又希望建立正规的制度，因为只有这样才能保证他的国家长久稳定，也只有这样才有足够的资源去和南宋作战。最后，这个制度又不能是完全汉化的，必须保有蒙古人的特征，也保留之前几位大汗的特征。[25] 由于前几位大汗都重用西域人，因此也要吸纳一部分西域特征。

为了达到这么多的目的，他到底应该怎么做呢？

---

25 正是这一目的，造成了蒙古人与北魏时期的鲜卑人的不同。鲜卑人的政权虽然也是游牧民族建立的，但采取了完全汉化的做法。

第七章　制度建设：从迅速铺开到钝化

宣抚司被撤销之后，忽必烈又建立了宣慰司、统军司、转运司，分别负责行政、军事和财政，最终宣慰司成为地方的主要行政机构。直到灭宋后，行中书省才又逐渐成为宣慰司之上的地方机构。

在灭宋的过程中，忽必烈利用灵活多变的地方机构设置，为军队提供了源源不断的后勤支持。他每攻克一个地方，就在第一时间建立起有效的管理制度，避免了新征服地区出现反复。

蒙古通过灭宋战争，人口增加到战争之前的六倍。在管理南方的过程中，行省逐渐成为永久性机构。

灭宋战争结束后，汉人的地位下降。在忽必烈建立四级宰相执政制度的最初，汉人可以担任最高级别的丞相；但灭宋战争之后，汉人虽然还可以担任宰执级官员，但大都被压缩到第四级。

三权分立与行省权力

忽必烈撤掉宣抚司，不是因为不喜欢制度化，而是因为不想让汉人获得主导权。宣抚司的问题在于,这样的组织运作起来超出了他的控制范围。于是,撤掉宣抚司没多久,一种叫作宣慰司的组织又出现了。

宣慰司最早出现在李璮反叛刚刚发生的1262年(元世祖中统三年,南宋景定三年)二月,由于李璮的反叛,这一年忽必烈在山东设立了一个临时的军事机构——行中书省,用来与李璮作战。

但在山东设立行中书省的同时,忽必烈又在大名设立了一个民事机构,起名为宣慰司,由曾经担任宣抚使的游显担任宣慰使。[1]

我们可以理解为,忽必烈在整体撤销宣抚司后,突然发现缺乏一个民事管理机构。在军事上,地方管理权可以由行省来行使。但元朝初年的行省不像后来一样是一个固定组织,而更多是由皇帝的亲信(不会谋反的蒙古人、色目人或者汉人)被派到某个地方后建立的临时机构。这个地方或者由于刚刚收复还不够稳定,或者作为进攻下一个目标的补给区和准备区,在这里,他们要为接下来的军事行动和征服做好准备工作。

在行省更多地承担军事任务的同时,皇帝还需要一个民事管理机构来安抚民间。行省官员大都是外来的高官,他们像流水一样,只是暂时停留。在这些外来官员之外,还有一个主要由本地官员组成的集团,管理和节制后者需要更长期的规划。原本宣抚司可以承担这个任务,但忽必烈担心其权力过大,已经将其撤销了。

---

[1] 游显的命运与王文统形成鲜明对比。据《新元史·游显传》记载,游显出自山西的世家巨富,家族因战乱逃到了河南地界,后投靠了蒙古人。他曾经短暂被南宋俘虏,一生经历了窝阔台、蒙哥、忽必烈三个大汗的统治时期,因忠诚始终屹立不倒。在李璮之乱中,有人试图牵连游显,却被忽必烈制止了,可见镇压反叛只是整肃官僚的一个契机,到底整肃谁,完全由忽必烈决定。

忽必烈想到的办法就是建立一个类似于宣抚司的机构，但是明确规定它只有民事职责，将军事功能和征税功能都严格剥离出去。这个机构就是宣慰司。

到了三月，忽必烈故伎重施，在平阳（现山西临汾）设立宣慰司的同时，在陕西设立行中书省。之后又在北京设立了宣慰司。

到了十二月，忽必烈终于完成了另一套架构，建立了十路宣慰司，同时建立了十路转运司，[2]另一个叫作统军司的机构也逐步建立起来。所谓宣慰司，负责的就是民事，而统军司负责的是与宣慰司对应的军事，转运司则负责物资的调动和征税，以供应军事。这种三权分立的做法使得地方官员都不具备独裁权力，也就失去了与皇帝对抗的可能性。

宣慰司、统军司和转运司并置，事实上回到了宋朝的格局——北宋时期，宋太祖赵匡胤"杯酒释兵权"之后，也采取了类似的架构，让地方官员各不统属，直接向中央负责，以此形成制约。如果能做到这一点，元朝也可以建立稳定的制度。

但元朝又和宋朝不同。由于忽必烈必须安抚他的蒙古同胞，加上在战争时期，制度建设必须让位于最有效的军事组织，因此，三司的设置实际上又和蒙古人的另一套制度是冲突的，这套制度就是行省和都元帅制。

我们可以理解为，宣慰司中是常设官员，而行省中是皇帝有指令下

---

[2] 转运司也经历了数次立废。1262年（元世祖中统三年，南宋景定三年）正式设立，1271年（元至元八年，南宋咸淳七年）被罢废，1276年（元至元十三年，南宋德祐二年）复立，1278年（元至元十五年，南宋景炎三年）又被罢废。转运司的经历也表明元朝政治上的反复不定。

达时才设立的使职官员,也就是皇帝的特派员。这样的设置在汉朝和唐朝都曾经出现。在汉朝,地方大员最早是各郡的郡守,到后来,皇帝为了能够更有力地掌控地方,将全国分成州,每个州包含多个郡,设立了一个叫作刺史的监察官,监察各郡的官员。最初,刺史不是专职的,只是皇帝的特派员,临时设立,过后取消。但是,随着时间的推移,刺史慢慢变为常设官员,最后变为一级行政官员。唐朝的使职更是多如牛毛,皇帝随时都在任命新的临时官位,也就是他的特派员,这些特派员慢慢地也成了常设职务,最典型的就是节度使。[3]

元朝的情况类似,行省在忽必烈统治早期也只是特派员,因战争或安抚任务而设立,一旦完成任务就被撤销,将更多的工作留给宣慰司、统军司和转运司。与行中书省类似的,还有行枢密院。枢密院是负责军事组织和打仗的机构,派人到一个地方设立行枢密院,便是将这个地区置于战时环境之中。到底设立行中书省还是行枢密院,完全取决于皇帝和战争的需要。[4] 但整体上,行中书省这个临时机构对应宣慰司这个常设机构,而行枢密院对应统军司。

有的行枢密院掌管若干个都元帅府,而有的都元帅府又是独立的,不隶属于行枢密院。那么,为什么会有这么多的军事机构?我们可以理解为其来源不同:其中,统军司是皇帝要打造的一个常设机构;而行枢

---

[3] 一切制度都有其演化的规律,使职常设化的趋势现在也存在。比如,原本地区行署就是一个派遣使职就任的机构,后来演化为地级市。

[4] 不管是省还是枢密院,都是蒙古原有制度(文书和军事)在中原的一种投射,将原本蒙古人的机构与中原原有的名称进行对应。而行省和行枢密院则是蒙古出于便利性而设的一种派出机构,因此与它们原来的汉文名称已经有了一定的区别。蒙古内部的宗王控制,更是增加了机构的复杂性,这导致我们有时很难评估一个机构的实际作用有多大。

密院则是皇帝派遣的临时指挥机构；都元帅府更多则是因历史原因存在的一批士兵，这批士兵现在需要被纳入元朝体制。

这种灵活的体制，是忽必烈统治早期战争所需要的，但在后来，也会出现与汉唐时期同样的情况，也就是临时机构慢慢地成为永久机构，使原来的常设机构降为附庸。到后来，行省逐渐将宣慰司压倒，成为它的上一级机构。

灭宋时期的制度跟进

1273年（元至元十年，南宋咸淳九年）正月，从南方战线传来了好消息，蒙古大将阿里海牙攻克了襄阳对岸的樊城。在宋元对峙的战场上，胜负手就是襄阳，这里位于整个地理版图的中间，也是宋元连接部的正中。蒙古人如果能够获得襄阳，就夺取了战场的主动权。而樊城与襄阳只隔一条汉江，是襄阳防线重要的一部分，一旦樊城丢失，襄阳的战斗力也就失去了一半，这还没有算上对襄阳守军的震慑力。

果然，到了第二个月，南宋襄阳府守将吕文焕选择了投降，元朝正式获得这座战略价值极高的城市。[5] 也正是从这时候开始，忽必烈意识到南宋已经支撑不了多久了，他进攻南宋的速度突然间加快。

关于宋元战争的情况，已经有很多人写过，而且这并不是本书的主

---

5 吕文焕是南宋著名将领吕文德的堂弟。从战略上讲，吕文焕守襄阳多年，是有功之臣。然而其余人（包括他的堂兄吕文德）所犯的错误最后都化为压力，导致襄阳无法独自支撑，加之南宋朝廷对吕文焕的怀疑态度，所以当蒙古人攻克樊城进行屠杀后，吕文焕的结局已经注定，不是投降就是死亡。从这个角度上说，吕文焕并没有更多选择。

要关注点。[6] 本书关注的是宋元战争背后的动作，也就是兵力、物资的调拨以及对刚获得的城池的安抚。只有解决了这些问题，才能称得上占领。否则，就会像当年金国进攻东京，或者成吉思汗第一次进攻燕京一样，即便打了下来，也由于不会治理而退出去了。蒙古人之所以能够在几年时间内打败南宋并实现占领，背后的组织工作显然是不可或缺的。

我们在这里不去谈论具体战争的胜负，只看忽必烈在组织上如何安排，以保证对占领区的控制，并利用新占领区的物资和后勤逐渐推进战争。这里既体现了他能够快速变化的优势，也暴露了不能形成稳定制度的劣势。事实上，元朝制度演化的许多秘密都隐藏在这一段时间。

据《新元史·世祖本纪》，在此之前，蒙古在陕西境内设立了一个行中书省，到攻克襄阳时，又增设了一个断事官，负责勾校该行省的钱谷，为接下来的战争做准备。到三月，元世祖又设立一个叫作河南等路行中书省的机构。在许多刚刚攻打下来的地区，蒙古人首先会设立一个安抚司，用于接收工作，如果该地区是下一次作战的前线和基地，那么就会设立一个行中书省。这时的行省还不等同于一个地方机构，更多是从中央派遣高官大员，让他全盘负责军事准备工作。如果战争即将开启，或者更偏重于军事责任，则有可能设立一个行枢密院。

到四月，忽必烈接见了吕文焕，并授予他侍卫亲军都指挥使、襄汉大都督的职位，也就是让他继续保有一定的军事权力。为了更好地组织军事工作，忽必烈将刚刚设立的河南等路行中书省撤销，改设一个行枢

---

6 蒙古方面的指挥官是伯颜、阿术和阿里海牙，见《元史》《新元史》《元朝名臣事略》的各自本传。

密院,称"荆湖等路行枢密院"。[7] 忽必烈派遣史天泽、阿术、阿里海牙等心腹,以荆湖等路行枢密院事的身份镇守襄阳。其中史天泽是唯一一个当宰相的汉人,而阿术和阿里海牙都是著名的战将,不仅是忽必烈的心腹,还是元朝的精锐。

同时,与襄阳相对的是东面的淮西地区,这里是南北三条通道的东路通道,这里原本也属于河南等路行中书省,行省作废后,这部分地区单独成立了淮西等路行枢密院,由合丹、刘整、塔出、董文炳以淮西等路行枢密院事镇守正阳(位于现安徽寿县)。[8]

襄阳和淮西是进攻宋朝的两个正面战场,此外,蒙古还为进攻南宋配备了第三前线,那就是长江上游的四川。此时在四川地区,成都已经被元朝占领,但在边缘地区还有许多地方是忠于南宋的。而作为长江上游的地区,四川对下游的军事压迫力也是显而易见的。四川地区也有一个重要的南宋降将刘整,在他投降后,四川原本设立了一个行中书省,此时为准备即将发生的军事行动,忽必烈撤销了四川行中书省,建立东川和西川两个行枢密院,由王良臣行西川枢密院事,合剌、王仲仁行东川枢密院事。由于有了行枢密院,原本在四川行省辖下的东西两川统军司也都被取消了(闰六月)。

而云南作为四川的后院,在四川行省废除之后,也单独建立行省,

---

[7] 后来这里负责从中路发动进攻,经过湖北,沿长江向下进攻。
[8] 后来这里负责从东路发动进攻,经过淮西直达长江,对长江淮河间地带发动进攻。正阳关位于安徽寿县(寿春),而寿县则是南北交通的东道的中心位置,这里可以走水路,也可以走陆路,战国时期就已经是南北战略要道。

由赛典赤任职（闰六月）。[9]

河南行省被解散后，除了襄阳和淮西两个行枢密院控制的前线地区，还有大量的后方地区，这部分地区由于统治已经稳固，就只设立一个宣慰司（河南宣慰司），将之正常化（九月）。

到此时，蒙古人在东、西、中三路都完成了前线的军事准备。

1274年（元至元十一年，南宋咸淳十年）正月，忽必烈又设立了四川屯田经略司，继续准备粮草。此时中书省已经征集了10万人准备伐宋。到这时，元朝的战略意图是非常清楚的。但是到了三月，元朝的政策突然发生了转向，又将荆湖（襄阳）、淮西两个行枢密院改成了行中书省。前者以伯颜、史天泽为左丞相，阿术为平章政事，阿里海牙为右丞，吕文焕为参知政事；后者以合答为左丞相，刘整为左丞，塔出、董文炳为参知政事。[10] 这次变动恰好发生在伐宋之前，很可能是行中书省比行枢密院更能整合资源，而且除了打仗，行省还可以通过行政和税权为战争提供更多的支持。但这种频繁的变动也恰好说明了忽必烈的特点：他是一个精力旺盛的领袖，总是利用自己敏锐的嗅觉做出改变，但由于他精力过于旺盛，变动也太多，元朝的制度很难固化为惯例。

经过一年多的准备，六月，元朝终于准备大举伐宋。元朝的中路军

---

9 云南在蒙古初期一直不稳定，直到赛典赤去往云南，云南才逐渐成为元朝稳定的疆域。赛典赤是不花剌的回族人。在他之前，云南的政治重心在大理，赛典赤将中心迁到了昆明，将大理交给原段氏皇族总管，形成了昆明与大理的双头结构，直到明初征服云南，才从双头结构变为单一制结构。

10 见《新元史·世祖本纪》以及各大臣的本传。

首先挺进长江，一部分占领沿长江的堡隘，另一部分则向长江以南的荆南地区前进，牵制南宋西部的兵力。[11]

有两件事也影响了元朝伐宋。一是这一年七月，沉迷女色的宋度宗去世了，将皇位留给未成年的小太子。君主年幼，妇人执政，加上举棋不定的权臣，构成南宋对抗元朝的基本盘。[12] 这有助于元朝下决心赶快行动。第二件事则与海外战场有关。在这一年，忽必烈之所以一直没行动，还和元朝策划的另一场行动有关，那就是第一次远征日本。元朝和高丽联合进攻日本，虽然在日本沿海登陆，但由于对方势众，加上天气原因，海船损失惨重，蒙古远征军最后于十月撤回，这让忽必烈认定不能同时进行两场战争，将远征日本延后到征服了南宋再说，决心全力攻宋。[13]

到了八月，忽必烈再次改淮西行中书省为行枢密院。九月，伯颜、史天泽在襄阳点兵，分三路伐宋。伯颜大军前往鄂州，也就是现在的武汉地区。伯颜一路向南，到了十二月，鄂州的南宋守军选择了投降，伯颜让阿里海牙镇守鄂州，他本人和阿术水陆东下，继续压迫南宋的核心区域。[14]

此刻已经进入南宋分崩离析、各个城市纷纷投降的时期。比如，仅1275年（元至元十二年，南宋德祐元年）正月这一个月，南宋辖下的黄州、蕲州、江州、南康和德安府等地就有大量的守军投降，将城市进献

---

11 前者的指挥官是合答，后者的指挥官是古不来拔都和翟文彬等人。
12 年幼的皇帝为宋恭帝赵㬎，由谢太后临朝听政，宰相是贾似道。
13 见《新元史·日本传》，今人关于远征日本的著作，参见周思成《大汗之怒》。
14 见《元朝名臣事略》的伯颜传和阿术传。

给元朝。[15]

但到此时，我们也需要关注元朝是如何实现控制征服地区的。我们看到，元朝进攻南宋，与当年金国进攻宋高宗是不一样的。金国并不懂得建立组织的重要性，也就是说，他们的做法是典型的游牧民族的军事劫掠制：战争以抢劫为主，抢完之后无力在地方重建秩序，只能撤走。而忽必烈的元朝已经不一样了，他们非常注重在获得土地之后建立秩序，让人民赶快恢复生产，这既可以让人民不再怀念宋朝，还可以利用新资源开展新的战争。

由于元朝统治者人手不够、人才储备不足，忽必烈依然需要汉人的帮助。忽必烈从北方选派14个蒙古人、汉人和畏兀儿人，前往这些新投降的地方担任民政长官。与此同时，他在新征服的中心城市鄂州建立了宣抚司，行中书省事。元朝已经很少使用宣抚司这个机构了，只有在边疆地区还不够稳固的地方，才会设立这个临时性的机构。鄂州建立了宣抚司，其级别却是行省级的，能够起到安定人心的作用。

二月，战果继续扩大：长江上的重镇安庆投降。忽必烈下诏给那些已经投降的城市，即江州、黄州、鄂州、岳州、汉阳、安庆等地的百姓，告诉他们今后可以安居乐业，元朝负责保护他们的安全，如果有事情，可以向当地的行中书省告状。之后，太平州（现安徽马鞍山当涂）投降[16]，建康府投降。建康府就是现在的南京，也是六朝时期南方最重要的

15　见《新元史·世祖本纪》《中国历代战争史》。
16　太平州在著名的巢滁通道的长江对岸。古代进攻往往首先从寿春沿淝河经过合肥前往巢湖，再从巢湖走水路前往长江，过江后就是马鞍山当涂，江中有著名的采石矶。见本书作者的《军事密码》。

城市，在三国和南朝时期，建康就代表着江南（也叫江东），一旦建康投降，战争就宣告结束了。南宋时期已经将都城后撤到比建康更加靠南的临安（现浙江杭州），攻克建康并不意味着战争的结束，但显然，攻克了建康意味着战局再也不会出现反转，南宋已经无力夺回它丢失的领土。[17] 忽必烈专门派国信使廉希宪到建康，强调不要杀掠，要尽快建立制度。

三月，元朝在江东地区取得了巨大进展，镇江府、江阴军投降。在江北地区的滁州、宁国府、西海州、东海州、平江府投降。常州投降后，元军到达临安以北的独松关，距离南宋都城已经不远。独松关是建康到临安路上最重要的关口，这里有一棵标志性的参天独松，也是临安在北方的最后一道"巨防"[18]。但蒙古人并没有单兵突进，而是再次采取了迂回战术，据《元朝名臣事略·阿术传》记载，阿术分兵进攻扬州，从东面包抄。

精密的机器

忽必烈的军队不仅是一台战争机器，而且拥有极其精细的财政系统，在一路攻城略地的同时，他们总是不断地统计着户籍信息。

南宋的城市投降时，往往会将户籍清册一并上交给胜利者，但很少有胜利者能够这么快地意识到户籍的重要性，并迅速地记录下来。在历

---

17 从建康过独松关前往临安的路线是江南最重要的军事通道之一。
18 《读史方舆纪要》用"巨防"这个词形容独松关。

史上更常见的情况是，胜利者在狂欢过后，想要了解他们的征服区域，却发现户籍和土地资料都已经在抢劫中被付之一炬或者散失殆尽了。只有元朝在征服的同时，有条不紊地推进着接收工作，甚至在刚刚完成占领时，就把这个地区的人口清册整理清楚。

到三月，元军拿下了大部分江南东路的土地，已经计算出在江南东路获得了2个府、5个州、2个军、43个县、共计831 852户、1 919 106人。之后，每将一个地区（以南宋的行政机构"路"为单位）完全占领之后，就会整理出当地的人口信息。[19]

四月，元军继续在长江中游地区攻城略地。由于进攻速度太快，对许多城市都采取围而不打且尽快顺江而下的策略，当都城被围困之后，其余地区的守将一看大势不好，也只得选择投降。这一个月内，汉江和两湖地区的荆门、江陵、陕州、归州、澧州、常德府、鄂州都选择了投降。到了五月，更靠南的辰州、沅州、靖州、房州投降。至此，元军将荆湖南路和荆湖北路占为己有。[20] 为此，忽必烈在江陵府（现湖北省荆州）设立行中书省，由廉希宪担任行中书右丞，脱博忽鲁秃花担任参知政事，希望尽快将这个地区带入正轨。

六月，西部的一些地区如嘉定、叙州、江安州先后投降。七月，发生了著名的焦山水战，元军在现在镇江附近、长江中的焦山将南宋水军

---

19 这些数据的整理得益于两件事，一是元朝在北方已经开始整理户籍，因此特别重视；二是南宋城市大规模投降，人口和土地清册并未销毁，为元朝提供了便利。
20 他们在荆湖南、北路得到了3个府、11个州、4个军、57个县，共计803 415户、1 143 860人。

主力击败，南方军队连对北方军队水战上的优势都已经不存在了。[21] 伯颜继续向临安进发，与此同时阿里海牙分兵进攻湖南，吕师夔等人进攻江西。[22]

淮西地区虽然有扬州这样的硬据点，[23] 但是整体上已经不再是前线了，于是忽必烈撤销了淮西行枢密院，建立淮西行中书省，由阿塔海、董文炳主政。九月，由于襄阳也不再是前线，忽必烈废除了襄阳统军司。

十一月，为了加速军事物资的流转，忽必烈在各个地区设立了都转运司的机构。随着隆兴府（南昌）的投降，江南西路地区的战事也告尾声。[24]

这一个月，还发生了一次屠城行为。由于之前常州投降过，后来南宋又夺回常州，并进行了顽强的抵抗，蒙古人在第二次攻克常州之后开始屠城。这次屠城对南宋的震动很大。到了十二月，南宋就投降了。在双方商讨投降事宜时，南宋最后的州县也接连向元朝投降。十二月，许浦、平江、随州、吉安州投降。到1276年（元至元十三年）正月，随着元朝用暴力攻克潭州，整个湖南也被平定。[25]

二月，随着嘉兴府、乍浦、澉浦、建德军、婺州、庐州、台州的

---

21 镇江在扬州以南的长江南岸，也是著名的长江防御点。南宋高宗就是从扬州逃往镇江，避开了金军的前锋。镇江著名的防卫地是北固山，此外，在长江中有焦山和金山。元朝占领临安后，南宋皇帝、官员（包括文天祥）等人北上时也经过镇江。

22 江南地区的地形，除了长江中下游的城市，就是以湘江和赣江为中心的两个盆地，元军的分兵意味着江南地区除了广东一带已经没有地区不在征伐之列。

23 扬州在宋恭帝投降后依然不肯投降，成为江北地区最顽固的据点。

24 元朝在江南西路一共获得6个府州、4个军、56个县，共计1 051 829户、2 076 400人。

25 元朝在湖南地区获得1个府、6个州、2个军、40个县，共计561 112户、1 537 740人。

投降，以及瑞州和临江军的攻克，加上元朝依靠南宋皇帝投降而获得的临安、整个两浙路（两浙东路和两浙西路）的战事告终，他们又收获了8个府、6个州、1个军、81个县，共计2 983 672户、5 692 650人。

同月，忽必烈在临安设立浙东西宣慰司，任命麦归、焦友直为宣慰使，杨居宽同知宣慰司事兼临安知府事。这一个月内，淮西制置使夏贵选择了投降，于是淮南西路也基本归顺。[26] 元军开始在临安大肆掠夺战利品。战争最大的快感往往在于对敌人都城的掠夺，这种掠夺除了财富，还包括将敌人那些象征性的物品和人员带走。除了投降的南宋皇室，占领军首领伯颜还一并发送了三学诸生，将他们送往遥远北方的京师，继续为新政权服务。除了人才，宋太庙景灵宫的礼乐器、册宝、郊天仪仗，秘书省、国子监、国史院、学士院、太常寺的图书、祭器、乐器等，都被一并打包送往京师。

在此，我们可以将元朝灭南宋和金灭北宋做一个对比。女真人攻克东京之后，大肆劫掠，将东京所有的财富和人才都送往北方。但女真人的制度建设却没有跟上，导致他们攻城之后无法进行有效占领，最后只好树立一个傀儡皇帝张邦昌，再撤回北方地区，让东京自生自灭。[27] 元朝由于不断地建立制度和政府机构，一路上每到一处就接手一处，因而最后接收临安时没有遇到任何治理困难。只有这样，才能理解为什么忽必烈如此频繁地变换机构设置，几乎每一次战场的变化都会引起一系列的机构调整。元朝能够在这么短的时间内如此平稳地接收这么庞大的疆

26　元朝在淮南西路得到2个府、6个州、4个军、34个县，共计513 827户、1 021 349人。
27　金国对东京的围困、攻克、占领和掠夺，参考本书作者的《汴京之围》。

域，制度建设功不可没。

在长江地区还有一些"尾巴"一直拖到了这一年的七月。最著名的就是扬州。扬州的守将是李庭芝和姜才，当其他地方分崩离析时，二人却联合起来抵挡了元军的进攻，哪怕是临安投降之后，他们也坚持抵抗。到后来，他们应南方益王（后来的宋端宗赵昰）的要求，准备撤往南方。当他们撤到泰州时，泰州城已降。而在他们离开后，扬州城也投降了。扬州和泰州投降后，附近的通州、滁州、高邮等城才投降，整个淮南东路落入元朝之手。[28] 元朝在此设立了淮东行省。

元朝在长江地区取得的胜利是惊人的。为展示他们的收获到底有多大，我们不妨将元朝控制的人口做一个纵向比较。在忽必烈刚刚建立元朝时，他们控制的只是北方地区，此时南北双方已经有了极大的差距，南方人口稠密、富裕，而北方人口稀少，频繁的战争造成了土地的荒废和贫瘠。

1261 年（元世祖中统二年，南宋景定二年），忽必烈即位两年时，就对他控制的地区进行了清查，以后年年都进行人口统计，这也体现出他手下汉人的作用。元朝的统计是以户来计算人口，这一年他控制地区的人口数是 1 418 499 户。[29]

到 1274 年（元至元十一年，南宋咸淳十年）年底，随着北方人口的自然增长，以及对四川等地的征服，元朝人口已经增加到 1 967 898 户。第二年，随着新的地区被征服，元朝人口暴涨到 4 764 077 户，涨了一

---

28 蒙古人在淮南东路获得 16 个州、33 个县，共计 542 624 户、1 083 217 人。
29 1291 年（元至元二十八年）清查，每户平均人口数为 4.46，可估算北方人口大约是六七百万。见本书作者《财政密码》的附录表格。

倍多。而第二年，据《元史·世祖本纪》记载，伯颜结束了对临安的清查，向忽必烈汇报，这场战争一共给元朝带来 9 370 472 户，总计 19 721 015 人。也就是说，如果按照户数统计，忽必烈在两年之内获得了他原来控制地区近 5 倍的人口，其臣民一下子增加 6 倍。可见这一次征服行动规模之大。[30]

征服的遗产

在长江地区被征服之后，元朝的机构变革还在继续进行。四月，在四川地区，元朝把军事意味更浓的东川行枢密院和成都经略司撤掉。六月，调度军事的两浙路大都督府被改为安抚司，同时设立了诸路宣慰司，也就是正规的行政机构。八月，忽必烈将襄阳统军司废除。至此，元朝完成了对整个江浙和两湖地区的"军转民"行动。[31]

但这并不意味着宋元战争的结束。由于南宋的几个宗室逃往南方，元朝在巩固长江防线的同时，已经开始准备继续向南进攻了。三月，他们首先在最南方与安南接壤的廉州（现广西北海合浦）设立了万户府。在江西地区连接南部两广地区的通道上，赣州、吉州、袁州、南安军也纷纷投降。[32] 十一月，处州（现浙江丽水）投降。十二月，泉州在具有

---

30 1291 年（元至元二十八年）的统计数据是 13 430 322 户，总计 59 848 964 人。这表明，征服南宋的战争为元朝带来了绝大部分人口，其后的增量很有限。
31 根据《元朝名臣事略·伯颜传》，要求撤掉行枢密院设立行省的是宰相伯颜。
32 长江流域通往两广地区的两条主要通道，分别是位于湖南的湘江以及位于江西的赣江，从赣江向南，翻越梅岭，可以进入广东的北江流域。

阿拉伯血统的商人蒲寿庚的运作下投降。到了1277年（元至元十四年），通往两广的通道以及两广地区出现了大面积的投降：正月，循州、汀州、潮州、梅州投降；二月，江西南部的瑞州、位于广东的南恩州（现广东阳江）投降；三月，忽必烈在潭州设立中书省，并在静江（现广西桂林）设立广南西路宣抚司，同月，广南西路的十几个府州都选择了投降；九月，广南东路大批州府投降。到此时，南宋流亡小朝廷控制的地区已经被压缩在很窄的沿海条带内。

在元军压向两广地区的同时，对于江南各地的经济改造也在同步进行着，最重要的措施就是废除南宋的会子。但废除会子之后，这个区域还流行着铜钱，对元朝发行的纸钞的接纳度并不高。为此，到了这一年四月，忽必烈下令禁止江南使用铜钱，只准使用政府发行的纸钞，这就将江南的经济纳入了元朝的轨道。[33]

元朝对地理有着天生的敏感性，据《元朝名臣事略·伯颜传》记载，灭宋的功臣伯颜在进攻的过程中，已经将中原的地理状况了解清楚，于是提出了开掘从临安到北京的大运河，将原金国和原南宋地域连接起来的想法。经过了十几年的努力，到1292年（元至元二十九年），大运河竣工，成为元朝治水史上最大的成就。

1278年（元至元十五年，南宋景炎三年）三月，由于福建地区已经平定，忽必烈设立福州行省，作为进攻南宋最后据点的前线，由忙古带、唆都以及投降的蒲寿庚掌管。第二年正月，元朝和南宋的最后一战在广东崖山打响。南宋末代皇帝赵昺被陆秀夫背着跳海自杀，所有人都认为

33　关于江南的发钞权之争，参见下一章阿合马的生平。

陆秀夫的做法非常英勇，但没有人知道赵昺是否自愿。南宋至此彻底灭亡。

在所有北方对南方的征服过程中，大都会经历南方顽强的抵抗。比如金国在灭亡北宋后，对南宋的入侵最终以失败告终。明清换代之际，南方的南明政权抵抗了18年方才平息，其间出现过数次的大反攻和拉锯战，南明所代表的汉人政权一度占据了南方的大半土地。只有元朝在短短的几年之内就干净利落地拿下了整个南方地区，这得益于忽必烈采取的控制策略。我们应该看到，除了军事，忽必烈在背后还有一系列娴熟的组织运作，他以灵活的手段和充沛的精力，在整个区域内频繁调动着行政、军事和经济资源。征服一个地方之后，设立安抚司或者宣抚司，等安定之后改为正规机构宣慰司。如果有军事需要，则设立行枢密院、统军司或者都督府、大都督府等。而如果一个地方军事价值过于重大，是下一个阶段战争的军事、物资基地，需要统一调配人员物资，则设立权力最大的行中书省。新征服地区的机构就在这些复杂的名称之间来回地切换。

如果按照之前的规划，等全部征服之后，大部分机构是要撤销的，最后留下的只有宣慰司这个正规的机构来管理民政。但事实上，元朝也正是从征服江南开始，打破了这个预设的体系。或者说，征服江南给元朝的行政和财政留下了巨大的遗产，这些遗产有正面的，但也有负面的，最终阻碍了元朝行政的正常化，让它停留在"半生不熟"的阶段。

表 7-1　元朝的行中书省、腹里和宣政院[34]

名称	建立时间	说明
腹里（中书省直辖地区）		领河北、山东西之地，属于中央直辖区
岭北行中书省	1307年（元大德十一年）	治哈剌和林，初名和林等处行中书省
河南江北行中书省	1268年（元世祖至元五年）	最初设于河南路，1291年（元至元二十八年）移至汴梁路
江浙行中书省（初为江淮）	1276年（元至元十三年）	初治扬州，1284年（元至元二十一年）迁于杭州。1285年（元至元二十二年），割江北诸路予河南行省，称江浙行省
江西行中书省	1277年（元至元十四年）	治龙兴府
湖广行中书省（初为荆湖）	1274年（元至元十一年）	初治襄阳，1276年（元至元十三年）迁于潭州，1281年（元至元十八年）迁于鄂州
陕西行中书省	1260年（元世祖中统元年）	治京兆。1266年（元世祖至元三年）迁于利州。1357年（元至正十七年），还京兆
甘肃行中书省	1261年（元世祖中统二年）	治中兴。屡次兴废。1286年（元至元二十三年）治甘州
云南行中书省	1274年（元至元十一年）	治中庆路
四川行中书省	1266年（元世祖至元三年）	治成都。最初曾隶属于陕西，称陕西四川行中书省
辽阳行中书省（初为北京）	1287年（元至元二十四年）	治辽阳路
征东行中书省	1283年（元至元二十年）	为了进攻日本而命高丽置省，师还而罢。1299年（元大德三年）复置，旋罢。1321年（元至治元年）复置，治沈阳府

34　参考《新元史·地理志》《新元史·百官志》《新元史·行省宰相年表》等制作。

（续表）

名称	建立时间	说明
淮南江北行中书省	1352年（元至正十二年）	治扬州
福建行中书省	1356年（元至正十六年）	治福州
山东行中书省	1355年（元至正十五年）	
宣政院	元至元初年	初名总制院，1288年（元至元二十五年）更名为宣政院，管理吐蕃

在这方面的第一个遗产是：那些原本作为临时机构的行中书省再也没有撤去，反而逐渐成为宣慰司的上级机构。

其中一个原因是（后面还会详谈），征服南宋只是忽必烈庞大计划的第一步，除了南宋，忽必烈还计划继续向南和向东，进攻日本、蒲甘、暹罗（现在的泰国）、安南，甚至爪哇等地。在这样的计划中，南方是其巨大的军事基地，因此要设立行中书省，这个机构更容易统筹管理一切资源。随着战争计划的长期化，行省这个机构也就被长期保留下来了。到后来，当行省成了一级机构，元朝也认为这样更便于管理，于是行省也就尾大不掉了。

如果按照之前的规划，只设宣慰司，那么由于宣慰司只是民政机构，就可以被纳入宋朝三权分立的轨道，让中央更容易控制地方。而行省却由于权力过大，容易产生离心力，让中央不容易控制。元朝后期对江南行省的控制力很弱，很大程度上就在于行政机构没有建设好，而这又和行省的存在有关系。到最后，整个江南反叛，而朝廷却无力控制，就和最初民政机构的设立不彻底有关。

除了行省这个遗产，另一个遗产，就是随着南方战争的结束，汉人已经变得不重要了。

按照忽必烈设计的中央制度，中书省是整个行政的最高机构，而最高机构中一般设有四个等级的长官，这就是所谓的宰相集团，也被称为宰执级高官。

据《元史·百官志》记载，元朝的宰相集团包括左右丞相、平章政事、左右丞、参知政事等四个级别，其中左右丞相、左右丞各一名，而平章政事和参知政事各两名。权力和地位也是左右丞相最高，其次为平章政事、左右丞，参知政事是最低级别。

在忽必烈刚刚建立政权的时期，汉人可以晋升到最高等级的左右丞相。据《元朝名臣事略·史天泽传》记载，担任过丞相的汉人其实只有一人，那就是史天泽。史天泽之后再也没有出现过汉人担任第一等级高官的情况，这实际上源自1268年（元世祖至元五年，南宋咸淳四年）时忽必烈的一项新规定。据《新元史·世祖本纪二》记载，这一年三月，忽必烈罢免了女真、契丹、汉人中任达鲁花赤的高官（中央和地方的一把手），只保留色目、畏兀儿、乃蛮和唐兀特籍的达鲁花赤。这项规定在中央的影响，就是汉人不可能再担任最高级别的丞相了。

虽然不能担任左右丞相，但在皇帝需要时，汉人还是可以担任平章政事[35]这一级别的高官，也就是第二等级。受忽必烈器重的王文统、赵璧、廉希宪、宋子贞等人都先后担任过这个职位。可是，到了1276年（元至元十三年，南宋德祐二年）攻克临安之后，汉人也基本上从第二等级

---

35 《史集》甚至认为，平章政事最初是专门给汉人设的职位，后来才有其他民族的人担任平章政事。

中消失了，退居第三和第四等级。

我们还可以从数量上看，在 1262 年（元世祖中统三年，南宋景定三年），这一年担任过宰执级高官的一共有 15 人，其中汉人有 8 人。到了 1283 年（元至元二十年），这一年担任过宰执级高官的 8 人中，汉人只有 2 人，且位于第四等级，即宰相集团的最末端。

一旦战事结束，汉人就失去了重要地位，忽必烈重用蒙古人的倾向就占了上风。也正是在这个时期，所谓的蒙古、色目、契丹、蛮子的四大等级也逐渐形成了。[36]

忽必烈对蒙古人的照顾还可以从宰相安童身上看出来。安童被称为一代贤相，但他最初的上台，明显是忽必烈对汉人防范的结果。

据《元朝名臣事略·丞相东平忠宪王传》记载，安童是成吉思汗所指定的东方国王木华黎的四世孙，他的父亲也是忽必烈的勋臣，这一切让这位年轻的怯薛得到忽必烈的重视。到 1265 年（元世祖至元二年，南宋咸淳元年），由于忽必烈急需防范汉人，提拔蒙古人，于是他最后选择了安童作为右丞相，位居史天泽之上。此时的安童只有 18 岁，却被放在帝国的最高官职上。虽然史书中记载了一些他天资聪颖的例子，但如果他不是蒙古人，显然不可能在这么年轻的时候就得到这么高的待遇。[37]

安童的职业生涯贯穿忽必烈二十多年的统治时期，他是一个调和者，

---

36 色目人不仅包括穆斯林，也包括西域信奉景教等其他信仰的民族。契丹指的是原来金国土地上的一切人，包括契丹、女真，也包括在金国的汉人。蛮子指的是原南宋土地上的居民，主要是汉人。这四个等级也叫蒙古人、色目人、汉人和南人。

37 1265 年还有另一个政策：二月时，皇帝下令，只有蒙古人才能在各路担任达鲁花赤，而汉人则只能担任总管，色目人则称为同知。这也与限制汉人的政策有关。见《新元史·世祖本纪》。

甚至与汉人官僚一起反对色目人的势力。1274年（元至元十一年，南宋咸淳十年），他曾经弹劾聚敛之臣阿合马，但第二年他就被排挤去陪太子戍边了。在边境上待了10年后，1284年（元至元二十一年），他再次回来接替和礼霍孙担任右丞相，并参与弹劾了另一个聚敛之臣卢世荣。但是，1287年（元至元二十四年），又一个聚敛之臣桑哥（桑葛）上台了。1289年（元至元二十六年），桑哥成功迫使安童辞职。两次担任宰相的安童依然无法为元朝建立良好的制度，这和忽必烈为了追求财政效率而重用聚敛之臣有很大的关系。[38]

表 7-2　忽必烈统治时期元朝宰执级高官对比 [39]

年份	丞相 右丞相	丞相 左丞相	平章政事	左右丞 右丞	左右丞 左丞	参知政事
1260年（元世祖中统元年）[40]	祃祃		王文统、赵璧			
1262年（元世祖中统三年）[41]	不花、**史天泽**	忽鲁不花、耶律铸	塔察儿、**王文统**、赛典赤、**廉希宪**、**赵璧**	粘合南合、**张启元**	阔阔、**张文谦**	**商挺**、**杨果**

38　关于几位权臣阿合马、卢世荣和桑哥的作为及其对元朝财政制度的破坏作用，见下文。
39　参考《新元史·宰相年表》。这里只是选取了几个特殊的年份，来对照宰执级高官中的蒙汉比例。表中并没有标注出每个人任职的时间，凡是在这一年担任过该职务的，都列入表中。其中的汉人用黑体显示。
40　忽必烈在争议中登上大汗之位。
41　李璮兵变，导致忽必烈开始防范汉人势力。

（续表）

年份	丞相 右丞相	丞相 左丞相	平章政事	左右丞 右丞	左右丞 左丞	参知政事
1266年（元世祖至元三年）[42]	安童、史天泽	忽都察儿、伯颜、耶律铸	廉希宪、宋子贞、阿合马	阿里别、张易	张文谦	王晋、商挺、张惠
1273年（元至元十年）[43]	安童	忽都察儿	哈伯、阿合马、张易、赵璧	赵璧、张惠	张惠	李尧咨、麦术督丁
1276年（元至元十三年）[44]		忽都察儿	哈伯、阿合马、赵璧	张惠、昔班		郝贞
1283年（元至元二十年）	和礼霍孙	耶律铸	扎册	麦术督丁		张雄飞、温迪罕、耶律老哥、王椅
1288年（元至元二十五年）[45]	安童、桑哥	也速䚟儿	麦术督丁、阿鲁浑萨理	崔彧、叶李	马绍	何荣祖、张住哥、忻都、夹谷
1294年（元至元三十一年）[46]	完泽		赛典赤、帖可、刺真、麦术督丁、不忽木	何荣祖、阿里、张九思	梁暗都刺、帖木儿、杜思敬	杜思敬、何玮

---

42 阿里不哥投降两年后死亡，忽必烈巩固了汗位。
43 元军攻克襄阳，开始准备最后灭宋。
44 元军攻克南宋临安城，南宋的主体部分灭亡。
45 元军攻打安南失败，划定了元朝在东南亚的边界。
46 元世祖忽必烈死亡。

第八章　元世祖后期的大倒退

灭宋不是忽必烈野心的全部，而只是他征服计划的开篇。之后，忽必烈对日本、安南、占城、爪哇、蒲甘发动了一系列的战争，却大都以失败告终。

随着连绵不绝的大规模战争，元朝的财政和制度建设出现了大面积的拖延，导致在南方地区没有建立起全面有效的统治，在这个富裕地区获得的税收也不足。忽必烈为了榨取更多的税收供应军事，不得不使出身色目人的聚敛之臣。

忽必烈统治时期的三大聚敛之臣分别是阿合马、卢世荣和桑哥，三人的共同点就是利用财税、专营、金融制度为忽必烈搜刮钱财。哪怕群臣能联合起来让一个聚敛之臣倒台，不久之后皇帝也会再找到另一个聚敛之臣，因为这样才能满足他的财政饥渴。

忽必烈后期政争的一道主线是中书省和尚书省的斗争。尚书省是皇帝专门为财臣设立的一个敛财机构，为了敛财，必须赋予它极大的权力，导致它侵蚀了正规的中央机构——中书省的权力。尚书省的数次兴废，表明了皇帝对聚敛式财政的恋恋不舍，以及元朝政权对正规税制的破坏。

不断进攻，却没有收获

据《新元史·世祖本纪二》记载，忽必烈统治的早期，是不断尝试将官僚系统正规化的时期。1264 年（元世祖至元元年，南宋景定五年）八月第一次设立山东行中书省时（这一次只是暂时设置），不仅规定了官吏人数，还规定按照等级发放俸禄，授予公田，并进行考核。这是从军事掠夺制转向官僚俸禄制的关键一步，也是每一个游牧王朝在快速扩张期之后都必然经历的一步。1270 年（元世祖至元七年，南宋咸淳六年）七月，除了文官，忽必烈也开始给军官发放俸禄。

如果汉化的势头不中断，那么接下来就应该实行科举制。科举制是古代中国创造性的选官制度，理论上能够让最底层的读书人通过考试进入皇帝的官僚系统，甚至担任高官，避免了社会阶层的固化。事实上，唐宋以后，北方草原上建立的王朝都实行过一定程度的科举制，以解决人才不足的问题。[1]

在蒙古人占领北方之前，金国有较为完善的考试制度，让各地的读书人能够参与政治。但被蒙古占领之后，科举之路就中断了。虽然窝阔台统治时期，在耶律楚材的建议下，曾经举办过一次类似科举的考试，并选出了 4 030 人组成庞大人才库[2]，但这一次考试之后，这种人才选拔形式就因蒙古帝国内部的纷纭扰攘而中断了，没有继续下去。

1　938 年（契丹太宗会同元年），也就是北宋建立之前，辽国已经实行了一定程度的贡举，到 976 年（辽景宗保宁八年），建立南京礼部贡院。辽国的科举制虽然模糊，但显然是存在的。金国也是在靖康之变后不久就开始了科举制尝试。
2　此次考试发生在 1237 年（南宋嘉熙元年），见本书第四章。

在二十多年时间里，北方的读书人完全缺乏依靠知识晋升的空间，汉人的晋升，要么靠一些特殊的晋升机会，要么就是从吏升上来。[3] 长此以往，政权会出现固化和不稳定。忽必烈征服南宋之后，南方的科考也中断了，于是同时在南北方建立正规的科考系统就成了当务之急。

然而，由于汉人逐渐失势，这样的科考系统在整个忽必烈统治时期都没有建立起来。这和他的用人策略有很大的关系，这种策略总是表现出极大的随意性和临时性。之所以随意，又和忽必烈的野心有关。谈到忽必烈的野心，我们必须了解，征服南宋只是他庞大征服计划的一环，一旦完成了对南宋的征服，接下来还有许多地方等着他以南宋为基地去继续攻占。

从汉人的视角来看，一旦元朝征服了中原，就应该赶快进行永久性制度建设来巩固统治；而从忽必烈的视角来看，接下来他还要征服更多的地方，为此需要建立更多的临时性战备机构，源源不断地支持元军向更远方扩张。

征服南宋之后，忽必烈在其余生中又进行了数次大规模军事行动。

首先，是针对西北方的窝阔台汗国的。在忽必烈赢得了与弟弟阿里不哥的战争之后，另一个来自窝阔台家族的亲王海都[4]成了他最大的敌人。

---

3 自从有了科举考试，中国古代的官和吏就区分开了，官有品级和俸禄，但由于人数较少，无法处理所有的事务性工作，因此，每个官员必须聘用他自己的吏。这些吏没有品级，不由中央发工资，而是靠聘用他的官来供养，或者在制度夹缝中寻找灰色收入。由于吏有专业上的要求，因此存在世袭现象。中国古代的官员名额总是有限的，但吏的数量非常庞大，这两部分到了现代都归入了"公务员"这统一的名字之下，现代人在谈论古代官民比时，往往忽略了吏的存在，因此也低估了古代的官民比和社会养官成本。

4 窝阔台的孙子，父亲是窝阔台第五子合失。

海都的封地在现在的新疆伊犁地区，他在这里吸引了窝阔台系的支持者。

但到了海都时期，人们认为正是他创建了一个较为独立的窝阔台汗国。虽然这个窝阔台汗国无法与其他三大汗国相较量，却团结了蒙古各个支系中不满忽必烈的势力，成了他的劲敌，甚至在1277年（元至元十四年，南宋景炎二年）进入了蒙古人的政治中心哈剌和林。虽然海都被忽必烈大将伯颜击败，但他之后依然长期与忽必烈为敌。直到忽必烈死后的1301年（元大德五年），元成宗铁穆耳才击败海都，几年后的1309年（元至大二年），元朝和察合台汗国瓜分了窝阔台汗国。[5]

海都的长期敌对行为，使得元朝在西北地区一直无法放松警惕，而海都等人持续指责忽必烈的汉化政策，也导致忽必烈必须在国内更加重用蒙古人，以此塞住批评者的口，这样也就无法完全效仿汉化的制度了。

除了西北地区时断时续的战争，其他几个区域的战争更展现了忽必烈的野心。明朝时，朱元璋曾经设立了15个不征之国[6]，基本上形成了现代中国的疆界。而在中国历史上，其他王朝也很少能够突破这个疆界，[7]

---

5 见《蒙古帝国史》第四章第八节。海都的长期帮手是察合台汗国的汗王都哇。在忽必烈与阿里不哥的战争中，双方都想拉拢察合台汗国势力，并分别任命了察合台汗国的首领，其中阿里不哥任命的汗王阿鲁忽占据了上风，他不仅控制了察合台汗国，还夺取了蒙古帝国在中亚的中央直辖区。但阿鲁忽最终投靠了忽必烈，他死后，忽必烈乘机任命了另一个察合台系的宗王八剌为汗。八剌称汗后，又背叛了忽必烈，到了八剌的儿子都哇时期，更是长期与窝阔台汗国的首领海都联合对抗忽必烈。海都死后，察合台系终于控制了中亚，形成了庞大的察合台汗国。见刘迎胜《西北民族史与察合台汗国史研究》。

6 这15个国家包括高丽，日本，大小琉球，安南、占城（以上两国在今越南），真腊（今柬埔寨），暹罗（今泰国），苏门答剌、西洋国、爪哇国、白花国、三佛齐（以上五国在今印尼），湓亨国（今马来半岛），渤泥（今文莱）。

7 除了元朝，向西最远的是唐朝，占领了碎叶，但事实上，唐朝占领碎叶的时间很短，很快就撤军了。

其中的原因与东亚的地理结构有关：北方的朝鲜和南方的东南亚国家（越南北部除外），因其地理的原因很难通过武力获得持久的成果，只能通过贸易、经济和文化辐射将之纳入中华经济圈。但忽必烈时期的蒙古人显然不知道这一点，特别是他们已经通过武力占据了这些不征之国的外围地区：高丽和大理。[8]

可以说，忽必烈统治后期对其他国家的征伐，大都是以这两个地区为基地的。首先看高丽，从成吉思汗时期开始，高丽就选择了臣服于蒙古，到了忽必烈的元朝，高丽也遵从了国王亲自朝贡的传统。正是从这里，元朝接触到了日本，这个海外之国对元朝朝贡的要求置之不理。到了1283年（元至元二十年），忽必烈决定以高丽为基地，设立征东行中书省[9]，主要针对的就是日本。

对云南的直接管辖是在蒙哥时期。1252年（南宋淳祐十二年，元宪宗元年），为了进攻南宋，蒙古人设立了绕道南方进攻大理、再从大理绕道湖南和重庆进攻宋朝南部的大战略。这次进攻虽然以蒙哥的突然死亡而告终，但占领了大理，打开了蒙古人的另一个视界。

当初率军进攻大理的就是作为大汗之弟的忽必烈。蒙古人占领大理之后，又顺藤摸瓜，从红河而下获得了安南国的归顺（也就是现在的越南北部以河内为中心的红河三角洲地区）。通过云南和安南，以忽必烈为首的蒙古人又接触到了更广阔的天地。在当时，安南南面有一个大国

---

8 至今云南境内的蒙古族和回族，大都来自蒙古人征服的遗留。

9 "征东等处行中书省，领府二、司一、劝课使五……大德三年，立征东行省，未几罢。至治元年复立，命高丽国王为左丞相。"（《元史·地理志》）。事实上，征东行省与中国境内其他行省不同，除了征日本期间，很少能够真正运作。

叫作占城（现越南中南部，中心在会安到芽庄一线，也称"占婆"），云南南方有一个大国叫作蒲甘（主要在现缅甸）。于是，元朝就以云南为基地，设立了云南行中书省，进攻蒲甘。获得了南宋之后，又以沿海地区为基地，进攻占城。在进攻占城的过程中，又了解到了海外还有一个国家爪哇，于是最后又尝试进攻爪哇。

关于南北方的这几次战争，最早发生的是进攻日本。早在南宋灭亡之前的1268年（元世祖至元五年，南宋咸淳四年），忽必烈就已经开始准备利用高丽进攻日本，由此还引起了高丽的反叛。在镇压了反叛之后，1274年（元至元十一年，南宋咸淳十年），元军继续渡海进攻日本。元军虽然在海岸登陆成功，但因对日本内陆准备不足，不敢深入而撤回。第一次进攻日本，由于与南宋的战争还在进行，各路无法合力而暂时中止。

当南宋灭亡之后，大展拳脚的忽必烈同时准备了四场战争，分别是征蒲甘、（第二次）东征日本、征占城和征安南。

忽必烈晚期不断征战，导致他无法集中精力，将更加正规的行政和财政体系施加在已经征服的中原地区之上。而更重要的是，随着军事开支的加大，他已经不能再慢慢等着汉人去给他建立正规的财政了，他必须更多地利用非汉人官员来替他在短期内完成财政指标，这一点在西方的文献中也有提及。《史集》就提到了忽必烈时期的丞相，包括安童、月赤察儿、完泽、答剌罕、答失蛮等人，都不是汉人。另外，还有一个叫作伯颜的人担任过首席平章（称为肃平章）。伯颜是不花剌人赛典赤（回教徒）的孙子，而赛典赤也担任过忽必烈的宰相，他接替了牙老瓦赤，后来则担任云南长官。当时的云南行省长官地位很高，因为云南是出征东南亚的前线,而元朝把征服的重心放在了东南亚,这里对忽必烈来说,相当于他远大理想的最后一块拼图。赛典赤在云南经营了二十五年,之后其子纳昔剌丁担任云南长官。[10]

在这些名臣之后,费纳客忒人阿合马[11]担任了宰相,他成了元朝历史上最著名的聚敛之臣,晚年的忽必烈终于完全倒向快速捞钱,建立正规财政已经不再是他的目标了。

阿合马的冒险史

回鹘人阿合马年幼时,曾经是弘吉剌部的阿勒赤那颜(按陈)的家奴,阿勒赤那颜的女儿就是忽必烈的察必皇后,他们将阿合马带入宫中。由于蒙古人没有科举制度,缺乏从四方选人的系统,官员往往由他们身边人提升而来。阿合马因为接近忽必烈,也得到提升。[12]

1262年(元世祖中统三年,南宋景定三年),阿合马被忽必烈送入中书省的左右部,[13]兼任诸路都转运使。转运使是负责财政的官员,此时恰逢李璮兵变,忽必烈开始防范汉人,将宣抚司撤销。宣抚司由于兼管行政和财政,被认为权力过大,忽必烈有意提拔一批蒙古人和色目人担任财政官员,正是在这种背景下,作为家奴的阿合马成了蒙古的正式官员。

阿合马很快进入角色。他发现忽必烈最缺两样东西,一是征战用的

---

10 见《史集》第二卷《忽必烈合罕纪》第二部分。
11 《新元史》记载其为回鹘人。
12 阿合马早期经历见《新元史》中的阿合马传,而在《元史》中,则未给出他早年的情况。
13 中书省左三部和右三部的统称,由于六部还没有建立,这时还是左右部制。见前文。

铁，二是钱。他首先找到并确定了河南的钧州、徐州等地的铁矿，再进行括户，也就是将那些逃离户籍的人重新纳入户籍，于是得到3 000户，再利用他们去炼铁[14]，一年可以向朝廷供奉1 030 070斤铁，还可以铸成农具20多万件，卖给农民换来的粟有4万石。这件事让阿合马大出风头，之后他为了继续给忽必烈搜刮钱财，瞄准了北方的盐。宋金时期，北方的盐大都产自位于山西境内、黄河大拐弯以北的解州（这里产的盐被称为"解盐"）。由于实行专卖制度，北方人民都只能购买解盐，这样朝廷就可以通过对解盐征税，获得大量的收入。但这样做的结果是，官盐的价格比市场价格要高很多。[15]人民吃不起官盐，就只好吃小盐。

盐本身并不是稀缺之物，制盐技术也很简单，人们从自家墙根扫土、泡水，就可以释出盐来。当然，这时的盐中由于含有硝而发苦，但只要利用温度差将硝凝结出来（硝在温度高时溶解量很大，但在温度低时迅速凝结），就可以获得较为纯正的盐，这种盐就是"小盐"。[16]小盐的存在，使得朝廷的盐税收入下降，因而历代政府都会对小盐进行严厉打击，在财政缺钱时甚至对制小盐者判死刑。金国崩溃后，元朝的管理跟不上，北方地区民间经济的自由度增大，小盐也就因此泛滥了。

阿合马任上，太原的解盐盐税只有7 500两白银，他认为这太少了，需要改革。但他没有建议禁止小盐，而是采取摊派的做法。他建议忽必

---

14 阿合马没有参与铸铁的具体事务，而是交给礼部尚书马月合乃。见《新元史》。
15 唐朝时就可以达到10倍。唐朝由于经历了从不收税到征收的过程，因此可以很容易地观察前后的价格差。见本书作者的《财政密码》。
16 直到20世纪，这种盐依然广泛存在于中国北方。只要专卖制度存在，就会有人铤而走险。

烈增加盐税5 000两白银，按照人头摊派下去，只要交过税，就不追究民间从哪里买盐了。

当然这只是元朝初期的做法，到了后来，随着组织的严密和法网的收紧，盐税成了农业税之外的第一大税。农业税主要要求缴纳粮食，而盐税以钱来缴纳，如果政府要用钱，就必须指望盐税。

阿合马一系列的功劳让他得以升迁。到1264年（元世祖至元元年，南宋景定五年）十一月，左三部和右三部不存在了，忽必烈又建立了四个部，但阿合马没有在四部停留，而是直接进入中书省担任平章政事。

1266年（元世祖至元三年，南宋咸淳二年）正月，忽必烈为了突出财政的重要性，设立制国用使司，以阿合马为主官（关于设立制国用使司的意图，我们下面还会提到）。到了1270年（元世祖至元七年，南宋咸淳六年）正月，忽必烈认为制国用使司依然无法满足他的财政需求，决定设立一个与中书省并列的尚书省。所有制国用使司的官员都平移到尚书省，据《元史·阿合马传》记载，阿合马担任了平章尚书省事。

关于尚书省，下面有专节讨论，在此我们需要知道的是，元朝的尚书省与之前朝代的尚书省是不同的，它更多是一个财政机构，负责敛财。但同时，由敛财附带而来的行政职能最终倾轧中书省，导致中书省与尚书省在行政上出现重叠和纷争。

阿合马担任尚书省长官之后，元朝的财政进入了西化的时期，也就是忽必烈更倾向于采取西方的财政制度。尚书省为了证明自己的价值，必然千方百计地多收税。阿合马首先瞄准的是户籍，因为只有户籍的基数扩大，才能收更多的税。尚书省成立四个月后，阿合马就迫不及待地请求括户，并得到忽必烈的同意。由于当年发生了蝗灾，御史台建议缓行。[17]缓行没持续多久，因为阿合马等不及，到了九月，河西地区先开始括户，到了第二年三月，尚书省再上奏要求括户，由于没有反对的理由，又推行了下去。

阿合马推行的第二个政策，是太原的盐课。前面说过，太原的盐课之前只有7 500两白银，在阿合马的主持下增加了5 000两，但阿合马认为这样的税率还是太低，于是建议增加到1 000锭，也就是5万两，比起最初已经是将近10倍了。至于征收方法，还是摊派制，摊派给地方的人头。收税员只要每年上缴5万两，至于实际多收了多少，朝廷不管。

随着内部权力斗争，1272年（元至元九年，南宋咸淳八年）正月，刚成立两年的尚书省又并入中书省。但这丝毫没有减少阿合马的权力，他又担任了中书省的中书平章政事，继续负责财政。

这时候，告阿合马状的人已经越来越多了，因为他搜刮过度，造成社会凋敝，人们敢怒不敢言。但是阿合马的地位愈发稳固。为什么会这样呢？原因只有一个：忽必烈要发动灭宋战争，需要大量的钱，至于百姓，则是排在第二位的。事实上，在历史上，任何一个想打仗的皇帝，首先考虑的都不是百姓，所做的事情永远是搜刮和压榨，从民间榨取更多的钱用于打仗。

1275年（元至元十二年，南宋德祐元年），随着宋元战争的深入，忽必烈需要阿合马的地方越来越多——在他的心目中，阿合马已经位居

---

17 《新元史·世祖本纪》中只记载了"丙辰，括天下户口，减诸路课程十分之一，免上都粮税"。但《阿合马传》记载因为蝗灾缓行到了第二年。

其他人之上了。[18]那么，这一段时间内阿合马帮助忽必烈做了哪些事呢？

首先，随着江南州县的归顺，有一件事情需要解决，就是两国的纸币互换问题。南宋发行的纸币是会子，而元朝发行中统钞。伯颜伐宋时，为了安抚南宋的百姓，特意表明暂时不会动南方的货币体系，依然可以用会子做交易。但忽必烈的真实意图是统一用元朝的中统钞。这牵扯到发钞权的问题——纸币是一种有发钞利润的货币，如果继续使用会子，那么发钞权仍在南宋手中，而如果改用中统钞，那么发钞利润则会归元朝。另外，二者的兑换比例也可以做手脚。

但考虑到民生，这样做显然是不合理的。皇帝命令阿合马与另外五人共同商议是否推行换钞。但六人的意见是三比三：三人不赞成换钞，三人赞成换钞。[19]据《元史·世祖本纪》记载，最后忽必烈投下最关键的一票，决定换钞，规定南宋的会子以50贯兑1贯的比例兑换成中统钞。这样的兑换比例是惊人的，等于直接让南方老百姓手里的钱贬值了50倍。百姓并不愿意被这样掠夺，于是纷纷弃用纸币，改用铜钱。这一点也被阿合马预料到了，他下令在江南禁止使用铜钱，规定必须兑换成中统钞，每三贯（或四贯）铜钱兑换一贯中统钞。这种做法导致南方财富的大量流失，却为朝廷带来了不菲的收入。

其次，阿合马为了给忽必烈筹集经费，组建了专卖和垄断体系。忽必烈将南方的药材市场交由官方垄断经营，遭到了大臣们的反对，认为

---

18 《新元史·阿合马传》中记载，忽必烈言："宰相者，明天道，察地理，尽人事，兼此三者，乃为称职。阿里海牙、麦术丁等，亦未可为相，回人中，阿合马才任宰相。"

19 另外五人是姚枢、徒单公履、张文谦、陈汉归、杨诚。赞成者是阿合马、陈汉归、杨诚，其余反对。

市场应该交给民间。[20] 可阿合马依然力排众议，帮助忽必烈完成了药材垄断经营。除了药材生意，他还帮助忽必烈建立了铜器的官方垄断经营。最后，阿合马又建立了茶的专卖，并将北方的盐业专卖铺到了南方。[21]

阿合马的一系列做法显然满足了忽必烈对财政的临时需求，却造成了许多方面的危害。

首先，由于忽略了正规的税制建设，导致南方地区一直无法很好地整合进元朝，这也导致元朝的税收一直比较孱弱，只能依靠各种临时的措施来筹款。这方面的缺陷到了后来会被不断放大。

其次，在阿合马的主持下，在忽必烈的周围形成了一个聚敛集团。这个集团大都是阿合马任人唯亲的产物，包括他的儿子忽辛、抹刺虎等人，还包括他的亲信郝祯、耿仁等人，以及另一个著名的聚敛之臣卢世荣。为专卖制度而建立的宣课提举司就有 500 多名官吏，他们都以聚敛为己任。历史上任何一个朝代一旦出现了大量的聚敛官员，就会开始走下坡路。在其他朝代，聚敛之臣往往出现在朝代中期，比如汉武帝时期和唐玄宗时期，[22] 但对于元朝来说，非常不幸，在开国皇帝之时，准确地说，是在阿合马为相的时期，聚敛之臣就大量出现了。

到了忽必烈后期，阿合马假公济私、巧取豪夺，已经引起公愤，[23] 最

---

20 反对的是姚枢和徒单公履。
21 其实宋朝一直存在这些专卖制度，阿合马只是继承了宋朝的做法。但与南宋的区别在于，阿合马只注重专卖制度的建设，却忽略了正规税制，这是导致元朝短命的关键因素之一。
22 汉唐时期的聚敛之臣，见本书作者的《财政密码》。
23 《新元史·阿合马传》记载："罔上剥下以济其私。庶民有美田宅，辄攘为己有。内通货赂，外以威劫，群臣人人切齿恨之。"

后于 1282 年（元至元十九年）三月被刺杀身亡。他死后，忽必烈寻找借口将他开棺戮尸，子侄全部杀死，财产充公，但是他造成的危害并没有结束。

敛财的尚书省

在阿合马执政的过程中出现了一个新问题：尚书省和中书省的权力纷争。

忽必烈最早只设立了中书省负责行政，下辖财政部门。由于中书省内的官员大都不是财臣出身，财政也没有被放在最高位置，阿合马在中书省架构下受到许多掣肘。忽必烈和阿合马等人希望有一个实现财政抱负的新平台，它的级别要更高，能够更加随心所欲，并摆脱中书省的制衡。于是，他们在设立财政新机构上做了数次尝试。

第一次尝试就是建立制国用使司。所谓"制国用使司"，有点像"特别领导小组"，由一个使职出任，并直接对忽必烈负责，这就可以摆脱中书省的干扰了，实际上这是从中书省分裂出尚书省的一个中间环节。

在这里，我们可以将制国用使司和前代的做法进行比较。汉朝掌管财政的是九卿之一的大司农。到了唐朝，财臣的地位降为六部之一的户部尚书，从属于尚书省。但历代皇帝由于对钱的偏爱，都会试图提高财臣的地位，方法就是绕开户部，设立各种"领导小组"，唐朝后期就已经是使职负责财政了。到了宋朝，负责财政的变成了三个衙门，号称"三司"，其中盐铁司负责征收一切事业费用（主要是盐税和关税），户部司负责收农业税（还包括酒税），而度支司负责财政支出。[24] 三司的行政级别都不高，但是权力很大，凌驾于行政体系之上，号称"计相"。元朝设立的制国用使司就很像北宋的三司。

然而，对忽必烈来说，制国用使司的级别还是太低，阿合马的权力欲也无法得到满足。因此，两年之后，1270年（元世祖至元七年，南宋咸淳六年）正月，忽必烈就撤销了制国用使司，设立了尚书省。[25] 所有制国用使司的官员都平移到尚书省：阿合马担任平章尚书省事，张易担任同平章尚书省事。张惠、李尧咨、麦术丁则是参知尚书省事。

这样的做法相当于从行政权中将财政权单独拿出来，在行政机构之外又设立了一个同级的财政机构。在其他朝代，虽然朝廷也都希望财政独立运作，但都没有将财权提到与最高行政机构同级的地位上。

在实际运作中，元朝的财政不仅与行政同级，甚至还要吞噬最高行政机构。尚书省对中书省权力的侵蚀非常严重。为了满足尚书省的征税权，地方上也给予了极大的配合：原本在各路建立的最高地方机构是行中书省，都被皇帝改成了行尚书省，这意味着地方机构已经归尚书省领导了。失去了派出机构，意味着中书省已经无力管理地方了。

那么，为什么要由尚书省控制地方呢？因为尚书省主要是一个敛财机构，只有将触角伸到地方层级，才能够起到敛财的作用。

阿合马能言善辩，中书丞相线真、史天泽等人都说不过他，这让忽

---

24 三司中，户部司和度支司原本是户部下属的两个司级机构（户部一共有四个司，另外两个是金部和仓部），两个机构权力的提高意味着户部被架空。而盐铁司则是皇帝特设的使职。

25 关于尚书省的置废，见《元史·百官志一》和《新元史·百官志一》。

必烈对他更加重视。尚书省扩大权力的一个例证，是吏部的官员选举改为报给尚书省。最初，按照规矩，吏部拟定官员任命名单后报给尚书省，尚书省在接到报表后必须咨询中书省，然后才能任命。但阿合马大权独揽，不请吏部拟议，而是凭自己的喜好任命官员。中书丞相安童向忽必烈抱怨，说按照规矩，官员的任命是要咨询中书省的，另外，枢密院、御史台等也各有职责，但现在一切都由阿合马的尚书省说了算。从这里看出，在阿合马执掌尚书省那段时间里，尚书省实际上成了一个总的决策机构，而中书省、枢密院等机构反而成了执行机构，这显然导致了原有官制的紊乱。

由于无法协调尚书省与中书省的矛盾，到1272年（元至元九年）正月，皇帝又撤销尚书省，各地的行尚书省又改为行中书省。但是阿合马的地位并没有降低，皇帝在中书省内给他安排了职位，担任中书平章政事。到了阿合马执政后期，他的权力越来越大，主导了整个中书省的政策，使得尚书省已经没有存在的必要了。

然而，阿合马死后，到了忽必烈晚期，尚书省再次浮出水面。1287年（元至元二十四年），在当时的权臣桑哥的主导下，忽必烈又设立了尚书省。[26] 关于桑哥，我们在后面还会谈到，在他的主导下，尚书省再次窃取了行政大权。此时尚书省的设立依然与皇帝对财政的需求有关，尚书省与中书省的斗争，导致当时的宰相安童于1289年（元至元二十六年）辞职。

正因为尚书省与聚敛的使命息息相关，它的每一次撤销也和财臣的

26　这时的尚书省有尚书平章政事二员、尚书左右丞各一员、参知政事二员。

倒台有关。四年后的 1291 年（元至元二十八年），桑哥倒台了，尚书省再次被撤销。

但元朝对财政的需求是无止境的，到忽必烈死后的 1309 年（元至大二年）时，恰逢又一个对财政需求格外迫切的时期，元武宗再次设立了尚书省。[27] 这次设立尚书省是为了发行至大银钞和铜钱，还是以理财为目的。

这次设立的时间也不长，两年后，由于元武宗死亡，尚书省再次被取消。此后，尚书省已经没有存在的必要了。随着元朝进入中期的混乱时期，关于遵循蒙古习俗还是汉化之争越来越占据政治争论的主流，加之整个官场的聚敛化，人们不再执着于设立这一机构了。

聚敛之臣的狂欢

阿合马死后，元朝的聚敛倾向不仅没有减弱，反而随着忽必烈的大量征战愈发强化了。于是，一个又一个的聚敛之臣步阿合马的后尘，来到了忽必烈的身边。

阿合马之后，下一个著名的聚敛之臣是卢世荣。据《新元史·卢世荣传》记载，卢世荣最初是靠贿赂阿合马上位的，后来又得到了另一个聚敛之臣桑哥的推荐。他之所以能获得忽必烈的青睐，是因为能够整顿钞法，并且增加税额。

到了 1284 年（元至元二十一年），忽必烈进行了一次中书省的大改

27　左右丞相各一员、平章政事三员、左右丞各一员、参知政事二员。

组,将原来的右丞相和礼霍孙、右丞麦术丁、参政张雄飞、温迪罕都罢免了,任安童为右丞相、卢世荣为中书右丞。表面上看,卢世荣并非"一把手",但事实上,中书省里已经塞满了卢世荣推荐的人,左丞史枢和参政不鲁迷失海牙、撒的迷失以及参议拜降,都是他推荐的。

卢世荣以帮助皇帝理财为由而上台。当政后,他立刻开始了大刀阔斧的改革。首先,元朝的发钞规则是在中统年间制定的,但随着纸钞的滥发,纸钞的价值已经很低,引起了朝廷上下的担忧,官员都知道这样的状况是不可持续的。卢世荣整顿了纸钞,减少钞票的发行数量,并铸造铜币。这样的确可以让纸钞升值,但对皇帝偷偷印钞是不利的,因为这减少了皇帝的收入,必须从其他地方来弥补。

为了弥补这部分损失,卢世荣宣称可以从其他方面帮助皇帝增加300万锭(1.5亿两)收入。他帮助皇帝整理了一系列的专卖制度,这一切都是以打击资本的无序扩张为名进行的。比如,在他之前,京师的很多富户都可以酿酒售卖,但卢世荣认为,富户的酒价太高而且味道淡,因此属于资本的无序扩张,这部分应该只准国家酿酒售卖,至于钱,也就进了国家的腰包。除了酒,卢世荣还加强了盐业的专卖,并设立了常平盐局,表面上是为了增加供给、平抑盐价,但事实上增加了大量的政府收入,可能多达 4 500 万两白银。[28]

卢世荣将专卖制度的触角伸向了各个角落。他在泉州和杭州禁止私人下海,要想出海贸易,必须租官船,回来后上缴利润的七成。他加强

---

28 由于政府供盐不足,导致官商横行,政府卖出的盐价 15 两 1 引,但市面价格高达 80 贯(京师 120 贯),因此卢世荣增加 200 万引给商人,同时再向地方投放 100 万引,即便按照 15 两的价格,也可以多获得 4 500 万两白银。

了铁、盐、酒的专卖，国家参与了谷物的贸易，还参与了放贷、买卖羊马，并从中抽取提成来获得养官养兵的钱财。

卢世荣所做的一切目的就是赚钱，甚至连机构设置、人员任命都要从赚钱出发。例如，属于监察系统的行御史台对于赚钱是没用的，他便将之废除。在各地，隶属于行御史台的按察司保留了下来，但不再负责监察，而是改成提刑转运司，成为负责搜刮地方财物的机构。虽然遭到众多官员反对，但皇帝立刻拍板：就按照卢世荣的方法去办！[29] 之后卢世荣又设立了规措所，也是理财机构。阿合马手下有许多理财官员，在阿合马死后都被贬黜了，但卢世荣又将他们都请了回来。

卢世荣还奏请皇帝封两位理财官宣德、王好礼为浙西道宣慰使，但就连皇帝都听说过宣德的坏名声。卢世荣却劝说皇帝：不管宣德是不是坏官，但他来信表示一年能够帮助皇帝收上来75万锭钞票。

即便长袖善舞，卢世荣也并没有在位太久，原因不是其理财能力，而是他的汉人身份，他的受宠得罪了以宰相安童、御史大夫玉昔帖木儿为首的蒙古官员，于是他的命运就被决定了。他们寻找的借口依然是经济，除了卢世荣的贪污和跋扈等问题，最重要的则是卢世荣曾经许诺要帮助皇帝增加300万锭的收入，却没有做到；他宣称能够稳定纸钞的币值，可是到最后还是得偷偷多印纸钞，所以纸钞也并没有稳定。于是皇帝下令处死卢世荣，还将他的肉切片喂给禽兽。

---

29 见《新元史·卢世荣传》："御史台又奏：'前奉旨令臣等议罢行台及兼转运事。世荣言按察司所任皆长才举职之人，可兼钱谷，而廷臣皆以为不可，彼所取之人，臣不敢言，惟言行台不可罢者，众议皆然。'帝曰：'世荣以为何如？'奏曰：'欲罢之。'帝曰：'其依世荣言。'"

卢世荣死后，另一个聚敛之臣桑哥上台。据《新元史·桑哥传》记载，桑哥是回鹘人，但与佛教的关系也非常密切。忽必烈统治时期出现在政坛上的吐蕃喇嘛，除了萨迦派的萨迦班智达和萨迦八思巴，还有胆巴（胆马）和兰巴[30]，其中桑哥就是胆巴的弟子。

　　桑哥的这两重属性，使得忽必烈统治末期的政策又转向了喇嘛教。汉人对桑哥有着更加深刻的仇恨，在于桑哥曾经参与了一件令汉人切齿的事情，这又和桑哥的一个帮手有关。

　　在忽必烈统治时期，他在南方设立了一个叫作江南释教总统的职位，将其授予一个叫作杨琏真迦的吐蕃僧人。据《元史·世祖本纪》记载，杨琏真迦史上留名，是因为他挖掘了南宋的帝陵，将其洗劫一空，并将南宋皇帝弃骨扬尸。中国古代各个王朝的皇帝陵墓往往到了现在还是有迹可循的，只有南宋帝陵在杨琏真迦的破坏下已经消失。杨琏真迦之所以敢这么干，是因为他有桑哥这样的靠山。

　　桑哥与其前两任不同，除了是聚敛之臣，还是酷吏。他善于利用反腐和查账的名义对大臣们进行迫害，常常致人死亡。忽必烈统治后期，由于朝廷的财政状况已经非常糟糕，卢世荣的敛财式改革有一定成效，但远未完善，因此桑哥以理财专家的身份上位。他上位之后，摇身一变成为酷吏，依靠压榨，逼迫官员们配合自己的改革，于是忽必烈统治晚期成了一个人人自危的时期。

　　历代王朝都存在一个酷吏时期。王朝初期的时候，由于财政需求小，以宽松政策为主，随着第一次复兴的到来，新皇帝需要花钱的项目越来

30　见《史集》第二卷《忽必烈合罕纪》第二部分。

越多，财政窟窿越来越大，新皇帝就会起用酷吏来整顿吏治，这也是为了压榨官场和民间吐出更多的财富。但这个时期往往发生在王朝的第四代或者第五代皇帝身上，在汉朝是汉武帝时期，在唐朝是武则天时期，[31] 在清朝则是雍正时期。可是，元朝在真正的开国君主建立国家之后，就提前迎来了酷吏时代，这也是元朝短命的根源之一。

桑哥为了大权独揽，重建了尚书省，并将地方的行中书省又改成了行尚书省，将整个官僚机构纳入了尚书省的管辖，六部也都隶属于尚书省了。借助尚书省，桑哥做了宰相，并成了当时最大的权臣。

桑哥掌权时期，最重要的改革是币制改革。在他的帮助下，皇帝决定发行新的钞票——至元钞，用来取代中统钞。据《新元史·食货志·钞法》记载，所谓发行新钞，指的是修改兑换规则，1贯新发行的至元钞相当于5贯老钞（中统钞），等于是将钞票贬值至原来的1/5。这样，钞票的价格提升了5倍，而民间的财富却被掠夺了1/5。

发行新钞只是改革的一部分，接下来就是前往各个官府去查账，账目对不上的官员将受到惩罚。比如，最高级别的中书省被查出账目问题，亏欠钞票4 770锭，还有昏钞（磨损烂掉的钞票）1 345锭，于是桑哥大肆清查责任人。平章麦术丁服罪，而参政杨居宽、郭佑两个汉人被处以死刑。[32] 除了汉人，一个俄国官员也因得罪桑哥被杀死。[33]

---

31 武则天时期有特殊性，她任用酷吏更多是因为身为女性，想要巩固自己的地位，财政动机相对较少。
32 桑哥杀中书二相，以及桑哥的专权，在《元朝名臣事略·彻理传》中也有详细记载。
33 俄国官员死后，在他家只搜出了金玉带各一条、黄金50两，都是皇帝赏赐的。此段记述详见《新元史·桑哥传》。

桑哥当政时期，人人自危，凡是被他盯上的人，只有逃跑一途；凡是被他盯上的家庭，也只有破产一途。

当人人自危的官场气氛形成后，桑哥几乎就可以施展他的一切抱负了，其中最重要的是加税。此前，盐税已经从每引 15 贯变成 30 贯，在他的手里又增加到 1 锭（50 贯）。茶税从 5 贯增加到了 10 贯，翻了 1 倍。他还增加了酒醋税，将原本税收减半的协济户（劳力不足的户，或者从脱籍户补录进户籍的家庭，这些家庭原本可以享受优待政策）18 万户改成了全税户，等等。据《新元史·桑哥传》记载，由于桑哥独揽任命权，大肆卖官鬻爵，色目人也利用机会贿赂桑哥，在江南地区获得了大量的特权，在色目人的压迫下，江南有 500 多人自杀。[34]

桑哥最后会倒台，原因除了他本人的贪婪和残酷，还和他得罪了忽必烈的功勋群体有关。[35] 这个群体就是怯薛阶层，他们由于之前的功勋获得了大量不纳税的土地，而桑哥整理财政显然触及了他们的利益。弹劾桑哥的就是著名的大臣月赤察儿，此人的曾祖是成吉思汗时期著名的将领博尔忽，而他本人则出身于怯薛。[36]

1291 年（元至元二十八年），忽必烈在众口喧嚣之下，终于抵挡不住，将桑哥作为替罪羊处死，并撤销尚书省。然而，桑哥实行的政策都没有终止，江南地区的苛政都保留了下来。

桑哥之死，也意味着忽必烈政策到了尾声。忽必烈又活了两年多才

---

34 见桑哥死后玉昔帖木儿的奏章。
35 见班觉桑布《汉藏史集》。
36 见《元朝名臣事略·月赤察儿传》。月赤察儿的另一个功劳是挖了位于北京的通惠河，将京杭运河水系与大都的本地水系连接了起来。

死去，在最后的岁月里，他已经无力再整理国家的行政和财政制度了。元朝在他的手里得以建立，并在初期以快速迭代的方式打造了最好的战争财政，但随着皇帝野心的扩大和越来越多得不偿失的战争，其财政资源也在迅速消耗。而快速迭代所带来的不稳定问题也困扰着元朝，导致其一直没有建立起更加稳定的财政制度。当时采用的包税、政府理财的模式，也影响了元朝建立更稳定制度的决心。特别在江南地区，元朝的制度更是一个杂合体，它以短期内压榨最多的财富为使命，对江南地区造成极大的破坏。

但令人感到惊讶的是，由于元朝无法在江南地区建立更稳定的行政和税收制度，长期来讲带来了一些好处。这些好处包括：到了元朝后期，由于缺乏必要的官僚组织，朝廷难以给南方加税，反而形成了南方社会的自治格局，对民间经济形成了一种保护。甚至到了明末，还有人怀念元朝时的江南，认为元朝由于法网稀疏，导致江南的税收低、富户多，成了元朝的优势。[37]

但这种优势对蒙古人来讲并不全是好事：由于控制性弱，无法从最富有的地区抽取税收，到了元末，虽然表面上江南的行政军事机构一应俱全，但事实上，江南社会已经游离于朝廷的统治之外了，这也是明末战争从南到北席卷而来的原因之一。

37　见吴履震《五茸志逸随笔》卷七。

第九章　忽必烈留下的财政体系

元朝特有的投下制度、斡脱制度等，镶嵌在中原的农业税制度中，造成税制碎片化，产生了巨大的制度移植之困。

元朝复杂的户籍和土地制度，加大了管理成本，也增加了收税难度，使得忽必烈死后的元朝一直在财政的困局中挣扎。

忽必烈建立的纸钞制度出现过数次大贬值，从发行到灭宋的不到20年间，纸钞的发行数量已经膨胀了20倍。他晚年时的货币改革又将纸钞直接贬值为原价值的1/5。这个令马可·波罗感到新奇的发明实际上从民间抽取了大量财富。

元朝的税制包括以土地衡量的税粮，以户计算的杂税（科差），以丁口计算的力役，还有政府垄断经营的商品。不完善的税粮制度将大量财富保留在南方，而对北方又极尽压榨。而政府的垄断经营则提供大量的额外收入用于挥霍。

元朝的财政支出主要在养官、养兵，还有特有的对宗室的赏赐。元朝官员的俸禄包括俸钞、职田和禄米。

元朝是中国古代少有的以海运为主来运输漕粮的朝代。由于南北经济发展的不平衡，元朝的经济命脉严重依赖于南方的输血，而忽必烈时期的海运掌握在两位汉人手中，给元朝的财政命脉留下了极大的不稳定因素。

制度移植之困

1294年（元至元三十一年），80岁的忽必烈做了35年皇帝之后，在衰老中死去。在他死前，太子真金已经在几年前因卷入禅位风波而郁郁而终。与其父不同，真金是一个汉化派，对父亲重用几位聚敛之臣感到不满，刺杀阿合马的人就与真金有着密切的联系。

事实上，在忽必烈统治晚期，人们对于他的不满已经到了公开的地步。据《新元史·真金传》记载，1285年（元至元二十二年），一个御史上书请求忽必烈禅位给太子，将这对父子的关系问题提上台面。虽然最后忽必烈缓和了与太子的关系，但真金在当年就去世了。[1]

关于真金之子元成宗铁穆耳的执政，后面还会谈到，我们在此先总结一下忽必烈去世时元朝政治和财政的基本情况。

在忽必烈统治时代，元朝的财政系统有两种选择：一种是西方的财政，也就是像中亚那样建立以商税和人头税为基础的体系；另一种是按照古代中国的传统方式，建立以土地税为主的体系。忽必烈之前的历代大汗出于便捷性考虑，更倾向于前一种选择，但这种选择很难嫁接到中原，因为商税和人头税更适合城市化的人口和游牧民族，而当时大部分

---

[1] 阿合马余党在挑拨太子与皇帝的关系中起了重要作用。

中原地区居住着农业化的定居人口。忽必烈的国土已经固定在中原，因而势必向古代中国传统靠拢。

当然，最好的选择是在古代中国传统之上再嫁接一定的商税体系：既有农业的基本盘，又可以借助商税的金融属性实现财政的可扩展性。而最坏的选择则是在一个农业化地区放弃农业税，使得国家享受不到农业税的基本盘，同时商税和城市税的嫁接也无法完成，只学到了西方财政体系中最糟糕的部分——通过包税式的盘剥来损害民间经济，并利用金融化制造通货膨胀，进一步压榨民间。

忽必烈统治早期试图扭转前任大汗们的做法，根植于农业社会，建立一套效仿宋朝的政治和财政制度，但由于征战的需要，他在财政上最终还是偏向西方，而忽略农业税制度建设。这样的做法更接近最坏的选择。但不管怎样，忽必烈还是建立了一套成型但不算成熟的财政体系，他的后来人只能在这套制度上做有限的腾挪。

如果有一个人生活在忽必烈去世前后，他眼中的元朝的财政制度是什么样的呢？

首先，元朝与其他朝代的不同之处在于，保留了不少蒙古人的传统，并引入了一些来自中亚和西亚的制度。在这些制度中，对于经济来说，最重要的是投下制度，也就是一种基于宗主权的分封制度。

所谓"投下"，是指依附于宗王和功臣家族的人民，他们更多的是接受宗主而不是国家的统治。最早的投下就是各个蒙古首领的私民，但到了后来占领中原时，这种制度有了一定的改变，变成一部分人由国家和首领共有、另一部分人由首领单独控制的复合制度。

蒙古最早的投下制度事实上是成吉思汗分封的93个千户，这些千户各有封地和人民，并且随着征战的进行，又分到了大量的俘虏。这样的千户或者封臣就构成一个投下主集团。不管是原本就隶属于首领的蒙古人，还是后来被并入其中的其他民族的人民，他们共同构成首领的投下。

随着蒙古征伐的扩大，原本集团中的蒙古人大都有了更高的地位，需要有新的其他民族的投下补充进去。于是，就有了1236年（元太宗八年，南宋端平三年）在窝阔台治下进行的第一次中原投下分封。关于这次分封在本书第四章已经提到。

这一年，窝阔台灭金之后，下令对中原进行一次括户，也就是清查户籍，最后得到大约110余万户人民。他迫于压力，准备按照蒙古人的传统将这些人根据地域分给各大功臣集团。但是，窝阔台的做法受到了耶律楚材的抵制。耶律楚材建议不要将人分配下去，而是模仿金和宋建立一个中央集权的国家，人都归国家所有，而那些功臣群体可以纳入中央集权的政府之中充当官吏。由于窝阔台已经许诺了分封，耶律楚材的意见没有被完全采纳。

但耶律楚材的一部分意见还是被采纳了。在此之前，蒙古的投下主对自己的投下拥有生杀予夺的大权，并控制投下的所有财富分配。耶律楚材却主张，这些人虽然被分配给各个功臣集团，但在他们的居住地还是要建立正规的、中央统辖的地方政府。这些地方政府负责收税，然后将一部分税收转交给投下主，也就是说，投下主对于他的分封地（投下区）没有司法权和行政权，甚至连征税权都由朝廷代为管理，他们只有一定的受益权。这种做法实际上是中原政府历来采取的方法。在汉朝，虽然分封了许多诸侯王，但是经过一段时间的摸索之后，汉朝的皇帝将地方治理权回收,只给诸侯王受益权,而王国内部的行政和军事权力都是归中央所有的。[2] 之后的中央王朝也都依样画葫芦,所谓封王封侯,大都只有受益权而没有管辖权。[3]

窝阔台由于没有建立完善的中央制度,无法做得像汉朝那么彻底,但他依然对投下主做了限制,首先要求投下主设立的管理者(达鲁花赤)必须得到中央的批准;其次,封地内原有的政府机构要尽量保留;最后,投下主所获得的收益也是有限度的,必须先向中央缴税,之后再向投下主缴纳供奉,额度为每五户出一斤丝。[4]

这次分封,导致中原的110余万户中,大约有70万户被分封给功臣集团[5],占北方户籍的几乎七成。投下的存在,也为蒙古人未来的集权努力带来巨大的隐患。

窝阔台的分封自然更加偏向他自己的家族分支。到了大汗蒙哥时期,在北方又进行了一次小规模的分封,将北方剩余的一部分土地和人民分封给他的近亲支系和功臣。1252—1258年(元宪宗二年至八年),蒙哥首先进行了一次人口调查,又获得新的户籍20余万,在这个基础上,他将京兆、保定、彰德、怀孟、河南府、汴梁等地的大约10万户分给

---

2 西汉收回管理权的过程是复杂的,在最初的汉高祖和汉文帝时代,诸侯王拥有较为完整的治理权,随后皇帝收回了高级官吏任命权,在七国之乱后,皇帝才进一步剥夺诸侯王的治理权。

3 西晋是一个例外,由此导致了著名的"八王之乱"。

4 由此,投下户也被称为"五丝户"。

5 见陈高华、史卫民的《元代政治制度史》。根据《元史·食货志三》的统计,其中诸王11人得近50万户,术赤、察合台、窝阔台、拖雷四家共28万余户,窝阔台系贵由和阔端共11万余户。公主5人得10万户。功臣23人得15万余户。封地大都位于山东、河北、山西等地以及陕西的延安府。

自己的家族支系，及其兄弟忽必烈、旭烈兀、儿子末哥等人。

忽必烈在即位当年进行了一次税收改革。在这次改革中，忽必烈将一部分税收减半，但另一部分税收增半。其中减半的是一种以银征收的、叫作包银的税，从每户白银4两改为交钞4两，[6]但同时，规定每五户缴纳的丝改为7斤，其中5斤归政府，2斤交给投下主（原本为每两户一斤交中央，再加上每五户一斤交封臣）。[7]

到1265年（元世祖至元二年，南宋咸淳元年）闰五月，忽必烈为了稳固大家族，又将河南属州分给太宗的诸子孙：郑州隶属合丹（窝阔台第六子）、钧州隶属明里（灭里，窝阔台第七子）、睢州隶属孛罗赤（失烈门之子）、蔡州隶属海都（窝阔台之孙，合失之子）。[8]

1279年（元至元十六年，南宋祥兴二年），忽必烈终于灭了南宋，收获大量人口。南宋原本的区域属于一个中央集权国家，只要保留原来的组织，很容易继续中原式的农业税制度。但两年后，忽必烈还是决定开展一定的程度分封。[9]这次分封的地区主要在江西、湖广，也有一部分在福建和广东，还有个别地区在浙东和浙西。

但是，与北方的分封不同，这一次的分封在总人口中的比例是有限的。元朝获得了上千万的户籍，但是分封的总数大约在103万户，只是总数的零头。更关键的是，南宋最重要的地区是杭州所在的浙西地区，这里的人口被忽必烈保留下来，没有参与分封，而是构成国家的主要经

---

6 交钞2两顶白银1两，因此属于减半征收。
7 见王恽《中堂纪事》。
8 这次分封见《新元史·世祖本纪》。
9 见《元典章·户部十·投下税》，"投下税粮许折钞"。

济区人口。

另外,与北方将丝作为投下税相比,南方的投下税更加商品化,是用钞来缴纳的,规定每年每一万户缴纳100锭钞,平均每户摊派500文钞。[10]据《元史·成宗本纪》记载,到了元成宗即位后,由于钞票贬值,才将摊派改为每户两贯钞。

投下制度对元朝的影响是复杂的。朝廷足够强大时,还可以抵御封主的影响;但中央政府衰落时,封主的影响就会增大起来,与朝廷展开竞争,侵夺朝廷的管理权。

我们在提到投下制度时,还需要分清楚两类人,即登记在户籍上的投下和私人投下。如果是正常情况,中原的投下户都是登记在政府的户籍上的,但是还有一类人并不出现在政府的户籍上,那就是战争中的战俘,他们被分给各个领主之后,就变成领主的私人人口。

这种战俘转化成的私人投下原本是游牧民族封主制度的残余,在中原,由于是大规模占领并由政府括户,私人投下本来并不算多。少量的私人投下长期以来也得到政府的默许。但随着朝廷的衰落,这种私人投下又会形成很大的问题,这主要在于两个方面。一是忽必烈之后,元朝就没有再组织起像样的人口清查,这导致政府并不掌握各地人口的实际情况。二是由于政府的税重,许多原本非投下的户籍人口也都逃籍投奔到投下主的名下,摇身一变,成了不出现在政府户籍上的私人投下户。这些投下户由于没有户籍,也就不需要向中央缴税,只要满足领主的需求就可以了。

10　见《元史·世祖本纪》。1锭钞为50两,100锭为5 000两,即每户相当于500文钞。

这些逃籍户在忽必烈时期就已经存在，为了对付他们，忽必烈三番五次地下令不准收留逃籍户。[11] 在忽必烈统治时期，这个问题依然是可控的，但他死后，问题越来越严重，据《通制条格·户令·隐户占土》记载，在元成宗、元武宗、元仁宗时期，几位皇帝屡次三番地颁布禁令，频繁的禁令恰好表明逃籍现象持续存在且越来越严重。元仁宗之后，由于户籍的混乱，朝廷已经没有办法再清查逃籍，始终无法完成对人口和土地的清查，元朝也就进入了财政混乱的阶段。

除了投下户，另一个外来的却对元朝的发展造成重大影响的制度，是由色目人控制的金融和放贷业务，也就是斡脱商人集团。所谓斡脱，就是元朝的官商，由他们帮助蒙古人打点产业，其中包括高利贷，也包括一般的产业管理。

在成吉思汗征伐时期，蒙古的将领和士兵们都获得了不少战利品，这些战利品除了俘虏，就是大量的金银器皿。这些金银器皿拿回家只能做摆设，但色目商人立刻从中发现了商机，他们劝说蒙古人将金银交给他们去经营，以利生利。蒙古掠夺者很容易就进入了商业的轨道，参与金融业务。

色目商人的放贷业务产生了一个意想不到的后果，那就是各个功臣和宗王群体并不愿意建立正规制度，而是采取另外的做法：蒙古贵族先是将土地上原来的主人赶走，占据了大部分产业，之后再通过色目人控制的斡脱租给汉人收取租金。

11　如 1261 年（元世祖中统二年）、1282 年（元至元十九年）、1291 年（元至元二十八年）等，见《元史·世祖本纪》和《通制条格·户令·投下收户》。

色目人得到蒙古人的信赖之后，还可以采取包税制的做法，也就是和政府达成协议，将某种税收承包，承诺每年缴纳一定的额度。这样蒙古人就不用费心去经营正规的官僚机构了。

我们不要彻底否定这种制度。事实上，这是中亚、西亚地区一种比较常见的财政模式。在阿拉伯、波斯世界，往往会将一部分税收承包出去，蒙古人只是继承了这样的做法。最根本的一点，还是在于蒙古人在没有获得中原时，首先获得了中亚，这导致他们更倾向于西方的经济政策，而忽略了中原的农业国情。

忽必烈前期对斡脱、包税等做法十分警惕，但由于战争无休无止，忽必烈不得不实行战时经济政策，采取这些临时性的措施。本来人们还可以指望着征战结束就恢复正常税收，但不幸的是，忽必烈将战时经济政策执行了一辈子，他死之前还在考虑着新的征战，财税制度自然也就无法正规化，为后代留下了巨大的隐患。

户籍和土地

忽必烈晚年战争最大的影响，就是无法查清中原特别是南方地区的财政家底。在他统治早期，朝廷几乎年年登记人口数据，但到了忽必烈晚年已经做不到了。

事实上，元朝的大规模人口清查一共只进行过4次，远远少于其他朝代。第一次人口清查发生在1235年（元太宗七年，南宋端平二年），这一年是乙未年，因此也叫作"乙未括户"。由于刚刚灭亡了金国，蒙古人需要查清其家底，于是进行大规模的清查活动，据《元史·地理志》

记载，当时的人口数是 873 781 户，共计 4 754 975 人。

据《新元史·宪宗本纪》记载，到蒙哥汗时期，1252 年（元宪宗二年，南宋淳祐十二年），又进行了一次户口清查，由于当时是壬子年，因此也叫"壬子括户"。这次清查获得了 20 余万户的增量。

忽必烈即位后，1270 年（元世祖至元七年，南宋咸淳六年）又对北方地区进行了一次括户，增加了 30 余万户。除了大规模的人口清查（括户），这一段时间的政府对于每年的人口统计也很重视，几乎年年可以获得新数据，这表明这段时间内元朝政府执行较为严格的人口登记制度。

忽必烈灭亡南宋之后，在 1289 年（元至元二十六年），又进行了一次全面的人口清查[12]，得到数据是 13 196 206 户，共计 58 834 711 人。这也是元朝政府最后一次人口清查。

表 9-1　忽必烈执政初年的人口信息[13]

年份	户数
1261 年（元世祖中统二年）	1 418 499
1262 年（元世祖中统三年）	1 476 146
1263 年（元世祖中统四年）	1 579 110
1264 年（元世祖至元元年）	1 588 195
1265 年（元世祖至元二年）	1 597 601

12　忽必烈于该年下诏，真正实施清查是在次年，见《元史·世祖本纪》与《元史·地理志》所记载的时间差。

13　根据《元史·世祖本纪》整理。从这些数据来看，忽必烈初年有一个庞大而精细的计划，要将天下的户籍数据掌握清楚，作为收税和统治的依据，并详细造册。但是，随着对宋战争的结束，统计难度大大增加，而接下来忽必烈庞大的战争计划也使得这一事项被迫搁置，人口统计从此成为烂账。

（续表）

年份	户数
1266年（元世祖至元三年）	1 609 903
1267年（元世祖至元四年）	1 644 030
1268年（元世祖至元五年）	1 650 286
1269年（元世祖至元六年）	1 684 157
1270年（元世祖至元七年）	1 939 449
1271年（元至元八年）	1 946 270
1272年（元至元九年）	1 955 880
1273年（元至元十年）	1 962 795
1274年（元至元十一年）	1 967 898
1275年（元至元十二年）	4 764 077

表9-2 元朝的诸色户[14]

名称	估计数量[15]	内容	优待
军户	30万户以上	军户一旦入籍，不能改动。每户出一丁男当兵，没有期限，如果死亡则以次丁替补	军户四顷以内的田地不纳税。免交科差。军人家属全免杂役，其余军户部分免杂役
站户[16]	大于军户	北方站户每四户养正马一匹，备马一匹。南方站户按七十石税粮计一匹马。马病死，则由养户赔偿。站户还需充当马差，并为使臣提供食品	站户免交科差。北方站户四顷以内田地不纳税。南方站户免交税粮七十石。部分站户可免杂役

14　元朝诸色户不下百种，极为复杂，这里只举最常见的几种。
15　根据陈高华等《元代经济史》第十三章估计。
16　站户是元朝的一种户籍，政府签发部分人户专门承担站役。

（续表）

名称	估计数量	内容	优待
儒户	北方余户。南方根据1289年户籍登记	儒户子弟必须至少一人入学	免科差与杂役。但需缴纳地税和商税（如有）
僧户	21万余		免科差与杂役。但需缴纳地税和商税（如有），但并不严格，导致逃税普遍
民户	大部分人口		科差、税粮、杂役等全部负担

元朝的财税情况之所以复杂，还在于统计科目太烦琐。比如，仅仅是人口这一项就分成了上百种不同的户籍，每一种户籍都采取不同的管理方法，有着不同的纳税和服役政策。即便是同一种户，还要按照财富分成不同的等级，不同的等级纳税政策也是不同的。

与人口相似的还有土地，元朝除了普通的土地，还有大量的官田、学田、寺观田、职田、赐田等不同的名目，对于每一种土地所采取的政策也不同。还有皇帝赏赐功臣的投下制度。要在如此庞大的疆域内统计清楚这一切，几乎是不可能的。

除了汉人，更复杂的是蒙古人。元朝的蒙古人部分采取了蒙古制度，部分采取了属地制度，但由于不同时间占领的土地又有着无数的妥协和权宜，最后的制度有多复杂，连皇帝都说不清楚。对古代中国来说，[17] 一项税收制度如果要长久，最重要的要求就是要简单。丧失了简单性，几

17　不仅仅是古代中国历朝历代，即便现代世界上的任何国家，简单税制也是提高效率的唯一方法。

乎不可能产生效率，随着时间的推移，缴税的人就会越来越少，最后就不可维持了。

忽必烈在攻克南宋之后，如果及时收手，开始整理内部事务，将南宋的经济和财政并入大元的体制，再进行简化和整理，从而达到统一性，那么或许可以实现简单税制。但不幸的是，他的目标过于宏远，却没有考虑财政的基础还没有打牢。只有在他死亡之后，人们才意识到，这样一个庞大的国家还存在着严重的南北二元制和蒙汉二元制，此外还充斥着各种临时的制度。但为时已晚，中国古代最强大的开国君主带着巨大的武功和未完成的社会整合，离开了他创造的一切，将一个庞大无序的国家留给了自己的子孙。

纸币：马可·波罗没有看到的一面

马可·波罗到达中国后，对元朝境内流行的纸币赞叹不已，并记住了这种神奇的纸片。他的记录在很长时间内被西方人视为无稽之谈，因为当时的欧洲还无法在广阔的地域上生产出足够强大的政权信用，将一张纸强行推广下去。

纸币最早是在北宋统治下的四川发明的[18]，它给经济活动带来了极大的便利。马可·波罗不知道的是，纸币除了是"贸易的天使"，还有魔鬼的一面，它给宋以后的历代王朝都带来过灾难，不仅仅是北宋和南宋，

---

18 宋朝交子最早是私人发行的，但随后被政府垄断。政府也有着大量的超发行为，见《宋史·食货志》。

就连金国在灭亡前,它也制造了可怕的通货膨胀。[19] 这些现象在蒙古也同样存在。

蒙古灭金之后,模仿金国,在1236年(元太宗八年,南宋端平三年)发行了纸币,称为"交钞"。当时的重臣耶律楚材来自金国,显然知道纸币的危害,他无力阻止,只能上奏要求控制发行数量,按照当时的情况,发行不要超过1万锭(50万两)。据《新元史·宪宗本纪》记载,蒙哥即位后,1251年(元宪宗元年,南宋淳祐十一年)下令让札鲁忽赤布智儿在燕京发行宝钞。1253年(元宪宗三年,南宋宝祐元年),获得京兆的忽必烈在陕西地区也发行了交钞,这是他第一次尝试通过纸币来解决财政问题。

但这些货币都是局部性和试验性的,分布区域和数量都有限。1260年(元世祖中统元年,南宋景定元年),忽必烈即位后,开始大规模发行全国性纸币。这一年的七月,他首先发行了一种称为中统元宝交钞(简称"交钞"或"丝钞")的货币,这种货币是以丝为钞本(后备金)的,理论上可以用这种钞票和丝进行恒定兑换,同时又规定每1 000两丝钞可以兑换50两白银。但丝的储备毕竟是有限的,据《元史·食货志·钞法》记载,到了十月,忽必烈又发行了以白银为钞本的中统宝钞,这种宝钞每两贯可以兑换1两白银。最终流行起来的是中统宝钞,也就是以银为钞本的货币,这种纸钞后来就被称为"中统钞"。中统钞的面值分为十等,分别是10文、20文、30文、50文、100文、200文、300文、

---

19 金国的通货膨胀,见本书作者的《财政密码》。明朝初期也有更加强烈的纸币通货膨胀,导致明太祖之后,纸币就失去了信用,人们死也不愿用纸币了。

500文、1贯文和2贯文。[20]其中最大准备金的2贯文折合白银1两。[21]

负责发行中统钞的就是中书平章政事王文统,在他的带领下,为了保证纸币的流通性,特别做了几项规定,这几项规定使得中统钞成了全国的流通性货币(不包括云南和西藏)。[22]政府规定:第一,中统钞在全国各个地区拥有同等效力;第二,以前各地方政府和忽必烈之前发行的纸币都做回收处理,不再流通,统一流通中统钞;第三,中统钞可以用于缴税;第四,中统钞可以与白银互兑,且有固定汇率,在兑换过程中只准收取一定的工本费(印刷纸币的钱);第五,印钞的钞本不得挪用。事实证明,这几条规定是非常现代的,且是纸币发行的铁律,任何对这些条款的破坏都会带来灾难性后果。

在这样的规则下,中统钞迅速铺向全国,在最初,忽必烈也的确遵循王文统制定的规则,印钞数量严格受限,在这样的情况下,中统钞保持了良好的信誉。到了灭宋战争之时,由于忽必烈同时进行着数场战争(比如对日本的战争),发钞开始超过额度。中统钞在最早的1260年(元世祖中统元年,南宋景定元年)只发行了7万余锭;到1274年(元至元十一年,南宋咸淳十年),增加到了24万余锭;两年后开始失控,猛增到141万余锭。

这时主持货币工作的是阿合马。除了大量印钞,阿合马还对钞本做

---

20 《元史》记为九等,缺300文,但现已发现300文实物。见《中国古钞图辑》。
21 1275年(元至元十二年,南宋德祐元年),又增加了2、3、5文的厘钞,便于民间流通,但之后又停止了印厘钞,其中的原因就在于后来的通货膨胀使得厘钞失去了购买力。见《元史·食货志·钞法》。
22 云南使用贝币,西藏使用金银,但兼用纸币。

了手脚。为了保证纸币的价值，政府在各地都设立了平准库，储藏着一定量的白银，理论上人们可以随时按照官方汇率拿纸币来兑换白银。[23]但阿合马破坏了这个规则，将各地平准库的金银都收集起来送往大都，这就导致纸币失去了钞本，变成随印随有的纸片。随着纸币的贬值，官方收税也不再按照原来的比例征收。如果按照政府宣称的兑换规则，那么不到 15 贯钞就可以兑换 1 两黄金，但是课税所按照黄金 1 两兑换 156 贯钞来收税，这就彻底破坏了纸币的政府信用，于是物价也开始猛涨。以米、麦为代表的物价上涨了 6～10 倍。

灭宋之后，中统钞依然有机会保持较为稳定的价值，这是由于元朝在接纳了南宋的版图之后，人口突然之间涨了 6 倍，经济也更加活跃，有利于信用的发展。据《元史·世祖本纪》忽必烈废弃南宋的纸币会子，只通行中统钞，他规定南宋的会子以 50 贯兑 1 贯的比例兑换中统钞。同时，他还在江南禁止使用铜钱，规定每三贯（或四贯）铜钱兑换一贯中统钞。通过将南宋地区中统钞化，把多发的纸币摊薄了，从而可以避免灾难性的通货膨胀。

1282 年（元至元十九年），阿合马被杀，这本来是一个整顿币制的机会。元朝政府也的确尝试这样做了，可惜忽必烈采取的方法是强制性的，也就是强行禁止民间的金银交易，只准民间持金银到官方机构按照官方汇率进行兑换。但事实上，没有人会真的去官方机构兑换。

到了 1285 年（元至元二十二年），另一个理财能臣卢世荣采取了新

23　理论上纸币可以兑换，但在实际操作中，任何一个朝代都无法做到全部兑换。一般情况下，如果政府有信誉，那么人民不会选择集中兑换，纸币幻觉就可以维持下去，而一旦政府的信誉消失，产生挤兑，政府往往会采取强行控制、不准兑换的方法。

的措施：废除了禁令，允许民间的金银交易，同时试图铸铜钱来解决币值不稳定的问题。这样做的确可以帮助稳定民间经济，但是无助于朝廷，因为民间会选择持有更加稳定的金银和铜钱，而抛弃不稳定的纸币，皇帝在财政上得不到任何好处。卢世荣也很快在内斗中落败，被处死。

1287年（元至元二十四年），忽必烈终于开始改革。他发行了新的钞票"至元钞"，这种新的钞票除了印刷技术的改进，与中统钞唯一的区别就是1贯至元钞可以兑换5贯中统钞，也就是堂而皇之地将钞票贬值了八成。[24]

不仅如此，还是不许民间私自买卖白银和黄金，只准在官方机构按照1两白银兑换2贯至元钞、1两黄金兑换20贯至元钞的汇率进行兑换。

比起中统钞，至元钞是一种更加失败的纸币，原因在于，中统钞币值还稳定保持了十几年，而至元钞从它出生开始就注定无法稳定。皇帝已经学会了所有偷奸耍滑的手段，并从第一天开始就运用得炉火纯青。特别是在忽必烈死后，挪用钞本已经成了一种惯例。

关于忽必烈之后的发钞情况，我们在后文中还会谈到。忽必烈这种希望稳定币值、却又不断地挪用和加印货币的情况，会在他的后代手中继续演化，直到无法收场。

表9-3　元朝的印钞数量（至忽必烈统治时期）[25]

年代	数量（锭）	折合中统钞（锭）
1260年（元世祖中统元年）	中统钞73 352	73 352

24　至元钞分十一等，从二贯到五文不等。
25　参考《新元史·食货志·钞法》。

(续表)

年代	数量（锭）	折合中统钞（锭）
1261年（元世祖中统二年）	中统钞 39 139	39 139
1262年（元世祖中统三年）	中统钞 80 000	80 000
1264年（元世祖至元元年）	中统钞 89 208	89 208
1265年（元世祖至元二年）	中统钞 116 208	116 208
1266年（元世祖至元三年）	中统钞 77 252	77 252
1267年（元世祖至元四年）	中统钞 109 488	109 488
1268年（元世祖至元五年）	中统钞 29 880	29 880
1269年（元世祖至元六年）	中统钞 22 896	22 896
1270年（元世祖至元七年）	中统钞 96 768	96 768
1271年（元至元八年）	中统钞 47 000	47 000
1272年（元至元九年）	中统钞 86 256	86 256
1273年（元至元十年）	中统钞 110 192	110 192
1274年（元至元十一年）	中统钞 247 440	247 440
1275年（元至元十二年）	中统钞 398 194	398 194
1276年（元至元十三年）	中统钞 1 419 665	1 419 665
1277年（元至元十四年）	中统钞 1 023 400	1 023 400
1279年（元至元十六年）	中统钞 788 320	788 320
1281年（元至元十八年）	中统钞 1 094 800	1 094 800
1282年（元至元十九年）	中统钞 969 444	969 444
1283年（元至元二十年）	中统钞 610 620	610 620
1284年（元至元二十一年）	中统钞 629 904	629 904
1285年（元至元二十二年）	中统钞 2 043 080	2 043 080
1286年（元至元二十三年）	中统钞 2 181 600	2 181 600
1287年（元至元二十四年）	中统钞 83 200，至元钞 1 001 017	5 088 285
1288年（元至元二十五年）	至元钞 921 612	4 608 060

（续表）

年代	数量（锭）	折合中统钞（锭）
1289年（元至元二十六年）	至元钞 1 780 093	8 900 465
1290年（元至元二十七年）	至元钞 50 000 250	250 001 250
1291年（元至元二十八年）	至元钞 500 000	2 500 000
1292年（元至元二十九年）	至元钞 500 000	2 500 000
1293年（元至元三十年）	至元钞 260 000	1 300 000
1294年（元至元三十一年）	至元钞 193 706	968 530

拼花式的税制

元朝的税制也带有未完成的特色。忽必烈留下的元朝是一个二分的国家，国家的南北成了不同的税制区域，而在两个税制区域中，又有着多重纳税形式。在大的方面，分成了四部分，包括：（理论上应该）以土地衡量的税粮，[26] 以户计算的杂税（科差），以丁口计算的力役，还有政府垄断经营的商品。

据《元史·食货志·税粮》记载，在所有的税收中，最重要的依然是税粮，也就是农民的基本税，主要以粮食缴纳，但也有部分以其他物品缴纳。在这个最重要的税目中，南北方的差异极大，这和其形成历史有关。最初，当窝阔台统治北方时，在耶律楚材的主持下引进了极为粗糙的税粮制度。在那之前缴纳地税的主要依据是土地，但蒙古人并不了

---

26 税粮本来应该以土地衡量，但元朝的税粮非常复杂，北方更接近户税和丁税，而南方则承接了南宋超级复杂的税制。正是税粮制度的不统一造成了元朝税收的不合理。

解中原的土地有多少，也没有进行丈量，以土地为依据缴纳是不现实的，于是采取了类似于中亚地区的做法，也就是按照人头缴纳。但耶律楚材认为，按照人头缴纳不符合传统习惯，他据理力争，改为按照户数缴纳，每户缴纳2石，后来因为军用不足，又增加到4石。这样，本来应该是土地税的税粮就被异化成户税。

到1236年（元太宗八年，南宋端平三年），随着蒙古灭金和北方的稳定，窝阔台开始设计更加精确的纳税原则，也就是将户改为丁（成年的劳动力），每丁纳税二石，[27]驱口（蒙古人的奴婢）减半，其他优待户减半。于是税粮又从户税变成了丁税。此时，除了丁税，由于在一些地区已经可以测量土地了，窝阔台就又引入了地税。地税的额度是根据土地的多少来决定的，每亩旱地三升、水地五升，这一点终于回归了中原税粮的本质。但由于土地测量不完整，不是所有地方都缴纳地税。在无法取得土地数据的地方仍缴纳丁税，而测量了土地之后则缴纳地税，二者不重复征税。[28]

整体而言，在窝阔台时期，由于土地测量的规模不大，北方的税制到最后大部分都变成了按照丁数来缴纳，也就是按照成年人的人头数，只有少部分按照土地缴纳。[29]

到了忽必烈当政后的1264年（元世祖至元元年，南宋景定五年），

---

27 《元史》记载为每丁一石，但可能是误记。户与丁的平均关系在中国古代长期是每户二丁左右，之前每户纳税四石，若要保持税收连续性，应当是每丁二石。具体讨论见《元代经济史》第十四章。

28 但这种原则并非固定的，因为皇帝并不会因为税制的改变而降低税收，于是最后变成了一种古怪的形式：按照两种方式计算出税额，哪一种高就按照哪一个标准执行。

29 见《元史·张珪传》记载，"世祖时，淮北内地，惟输丁税"。

忽必烈对北方税制进行了进一步的细化，在之前由于不同大汗的政策，出现了许多免税的人群。这时，忽必烈要求僧道、也里可温（景教教徒）、答失蛮（穆斯林）、儒户等原来免税的人群，只要参与种田的，就也得按照每亩三升（水地五升）缴纳地税。而军户和站户由于要服兵役和维持驿站运转，有了四顷的免税额。1280年（元至元十七年），随着战争负担的加重，又规定丁税为每丁三石，驱口每丁一石。地税依然为每亩三升。

在北方的税粮以丁税（和少量的地税）为主的同时，南方（即原来南宋的区域）却有着另外的规定。在这个区域内，由于之前南宋政府有正规的征税体系，这个体系是以土地为原则的，因此，在忽必烈征服之后，元朝皇帝们大都保留了这个体系的运作。

南宋的体系内分为夏税和秋税。夏税以土特产或者钱为征收单位，而秋税则主要是税粮。

南宋的地税体系也并非完美。事实上，它可以说背负着从北魏到宋朝几百年沉重的制度包袱，是中国古代历史上最复杂的税收体系之一。在这个体系下，每一个地方的税额都是不同的，甚至每一个地方的土地又被分成许多性质不同的地块，每一个地块的纳税标准都是不同的。南宋之所以形成这么复杂的土地制度，是因为上一次全盘建立新的土地制度还是在北魏时期，之后隋唐继承了北魏的土地制度，但由于制度过于古老，所以要不断地修修补补，直到中唐时期进行了一次大修，实行两税法。[30]以后经过了唐末的乱世，到北宋的统一，最后宋朝皇室在靖康

---

30 两税法的实施，与"安史之乱"后皇帝已经征收不上税款有关。但事实上，其原因又可以追溯到更早的时期：在唐玄宗后期，由于唐朝的租庸调制度过于复杂，已经有了很大的征税难题。

之难中逃往南方，土地制度都没有出现本质的变化。在宋朝也有过两次小的修补，即北宋中后期的王安石变法、南宋末年的贾似道变法，但都没有取得效果，反而更加破坏了土地的所有权，动摇了人们对土地的投入。[31] 这时的土地经过了无数代的占有之后，变得支离破碎，且由于公田、私田等性质的不同，形成了不同的纳税方法，这一切叠加在一起，造就了最复杂的土地制度。

忽必烈在获得南宋江山之后，本来有机会对南方和北方的土地制度进行整合，并统一税收，制定简单的纳税规则。但由于他忙于战争，没来得及对制度进行系统性的清理。对于南方，由于大部分的地方机构并没有被破坏，元朝乐得接受一个现成的征税体系，因此保留了南宋征税体系的复杂度。

不过他们还是忍不住做了一点带有破坏性的变通：增加了包税人这个环节，甚至没有弄懂运作原理，就把收税权承包给了包税人，让他们负责去压榨百姓，要求每年必须完成定量的税额。这种包税人的制度，导致元朝在江南的统治混乱不堪的同时，也丧失了控制力。[32] 更不幸的是，由于南北方经济实力的差异，南方所提供的物资和人员要远多于北方，对南方的不了解，事实上导致元朝把大部分江山的控制权让了出去。

---

31 王安石变法以政府试图参与土地的管理权为标志，而贾似道的变法则试图将多余的田地收归国有。这两次变法都干预了私人对土地的经营权，从而破坏了土地的产出。
32 蒙古人在南方接近于包税的证据，来自《元典章·户部十·租税·科添二分税粮》。在1320年（元延祐七年），由于税粮不够用，中央政府要求两浙、江东、江西、湖南、湖北、两淮、荆湖地区，按照原来的数量增加两成。至于如何增加，中央政府并不管。

表 9-4　元朝岁入表 [33]

税粮（北方地、丁税和南方的秋税）		
腹里		2 271 449 石
行省	辽阳行省	72 066 石
	河南行省	2 591 269 石
	陕西行省	229 023 石
	四川行省	116 574 石
	甘肃行省	60 586 石
	云南行省	277 719 石
	江浙行省	4 494 783 石
	江西行省	1 157 448 石
	湖广行省	843 784 石
	行省总计	9 843 258 石
总计		12 114 708 石
1328 年（元天历元年）江南三省夏税（单位：中统钞）		
江浙行省		57 830 锭 40 贯
江西行省		52 895 锭 11 贯
湖广行省		19 378 锭 2 贯
夏税总计		149 272 锭
北方的科差		
1263 年（元世祖中统四年）		丝 712 171 斤，钞 56 158 锭
1265 年（元世祖至元二年）		丝 986 912 斤，钞 56 874 锭，布 85 412 匹
1266 年（元世祖至元三年）		丝 1 053 226 斤，钞 59 085 锭
1267 年（元世祖至元四年）		丝 1 096 489 斤，钞 78 126 锭
1328 年（元天历元年）		钞 989 锭，贝币 1 133 119 索，丝 1 098 843 斤，绢 350 530 匹，绵 72 015 斤，布 211 223 匹

33　根据《元史·食货一·税粮》整理。

在窝阔台时期，除了征收税粮，耶律楚材设计的税制中还有针对土特产的税种。他模仿唐朝的租庸调制，其中租就是地税，而庸则是力役，相当于蒙古人的杂泛、差役（详见后文），而调则属于土特产。

当时最重要的土特产就是丝，因此，耶律楚材的税制中规定了"科差制度"，也就是普遍的供奉制度，其中最重要的一项称为"丝料"。

1236年（元太宗八年，南宋端平三年），窝阔台规定，中原的人口按照户计，每两户出一斤丝，以供官用。同时又规定，每五户再出一斤丝，这是交给投下主的。这样折算下来，每户应该缴纳丝11两2钱，其中8两给政府，剩下的给投下主。

除了丝料，另一项重要的科差是包银。这种税收制度的来源有两个：第一，是蒙古人打仗要用钱，除了丝和粮，还必须有足够的银两；第二，这是蒙古人从西方学习的结果，西方的税收习惯于货币化，除了与中原的丝和粮接轨，银更像是与西方的接轨。

包银的产生大约在蒙哥时期，出于作战的需要，大汗规定每户缴纳六两银。几年后由于六两的负担太重，改为每户四两，其中二两必须用银，其余的可以用其他物品折算。包银最早可能出自史天泽所辖的真定，在进攻河朔地区的时候，史天泽曾经向色目人借了高利贷，达到一万三千余锭，由于无法偿还，只能在他自己的辖区内向老百姓摊派，最后形成惯例，成为老百姓资助政府打仗的钱。[34]

---

34 《新元史》本传只记载史天泽因为饥荒借贷欠了一万三千锭，最后罄其家资率领属吏偿还债务。但在《元朝名臣事略》平章鲁国文贞公（不忽木）传中，不忽木提到，真定守臣为了公需扰民收取包银，表明史天泽事实上是从真定老百姓身上征收包银偿还债务，这成为全国性苛捐杂税的惯例。

到了忽必烈时期，改为每十户供应十四斤丝，也就是说，丝料的数量已经翻番，但忽必烈的包银采取了用钞缴纳的形式，每户四两钞，而钞与银的兑换关系是2∶1，也就是说，折合成银只是二两，包银的数量实际上减半了。

科差的另一个特点是，元朝实际上只在北方成功地推行了科差，在南方却没有实行。他们并不是不想实行，而是由于实际上并没有成功地控制南方，北方的制度无法推行至南方。1283年（元至元二十年），忽必烈就曾经试图将丝料制度推向南方，规定江南地区每一万户缴纳钞百锭（这就是"户钞"），但这个钱并不交给政府，而是只在江南分给诸王功臣群体的投下人群中实行，所得的钞也不交给政府，而是交给投下主。

这种户钞在具体实行中并没有铺开，最后将这部分丝料钱打入江南的征税总额，投下主的供养钱并非直接由老百姓出，而是由政府出。虽然羊毛出在羊身上，最后钱还是百姓承担，但政府并没有区别这一税项，也掩盖了征税的实质。

耶律楚材模仿的是唐朝的租庸调制，其中"庸"这种力役也有元朝的版本，被称为"杂泛"和"差役"。其中差役指的是一些管理地方的职责，比如，元朝的基层组织职务里正、主首、隅正、坊正、仓官、库子、社长、弓手（相当于警察）等，都没有俸钱，由地方摊派。这样的职务在宋朝也存在，甚至由于负担过重而没有人愿意充任。在元朝，也存在同样的问题。

而杂泛则指的是力役，包括修河、运粮等需要人力的项目。元朝在力役方面也并不完善。虽然每个朝代都有力役，但是为了减少扰民，必须规定每个劳力每年被征调的时长，这个时长大部分是10～30天，如果再长，就会影响农业生产，造成民间的困扰。元朝虽然规定了力役，却并没有限定时长。而元朝在水利方面投入很大，需要大量的劳动力，这就造成了民力被过度使用。

在大部分时间里，一些特殊户籍免服杂泛、差役。除了杂泛、差役，还有和雇、和买、和籴政策。这些政策的主旨是由政府购买民间的服务和商品：和雇指的是购买劳力，和买与和籴指的是购买商品和粮食。这本来是蒙古人推崇商品化的一种方式，购买价却与市场价不符，民间付出了劳动和物资，只能换来少量的钱财。[35]

表 9-5　元朝的杂泛、差役与和雇、和买

户籍	杂泛、差役	和雇、和买	说明
民户	有	有	
军户	无	出征军人免	
匠户	无	有	
站户	大部分时间无	大部分时间无	杂泛、差役、和雇、和买与站户是否供应驿站食物有关。1283年（元至元二十年），驿站食物改为官配，站户就需要承担杂泛、差役与和雇、和买。但不久，又改回了站户承担驿站食物，杂泛、差役与和雇、和买等又免除了
儒户	无	无	
医户	无	无	
僧、道、也里可温、答失蛮户	无	无	

35　和雇、和买、和籴政策的另一个源头在中国内部，其他朝代也有类似的政策。

随着地税、科差等变成了常税,这些税随即也失去了弹性。由于每年的数额相对固定,当皇帝突然需要额外的大笔花费时,就不能依靠这些常税。于是就有了中国古代集权制政府共同采取的方式:盐税。

元朝的盐税比起之前的朝代有过之而无不及,在高峰时期,它占据了政府货币性收入的八成。加上大约占一成的商税以及半成的酒税,共同构成了元朝的商业税制。

由于盐税占比非常高,历代大汗对盐也颇为重视,他们为了让百姓吃盐而煞费苦心。首先,政府必须把产盐地垄断起来。盐本身不是一种稀缺性物资,产地众多,除了海盐,对历代政府来说最重要的盐产地是山西解州的盐池和在四川云南的井盐。在中国北方地区,也一直流传着"淋小盐"的传统,甚至扫一扫墙土,就可以在将其融化和过滤之后获得食盐,要想完全垄断产盐是极其困难的。

但元朝有一个出色的老师。将盐税玩到极致的恰好就是它之前的宋朝,宋朝君臣已经将如何垄断盐产地、如何组织国家化的生产、如何运输,以及如何售卖都总结得炉火纯青,甚至将盐货币化了,产生了类似钞票的"盐引",这种纸甚至具有流通功能,其地位介于有价证券和货币之间。元朝人不仅从宋人处习得了垄断经营的奥秘,甚至也将盐引照本宣科地引入,形成了全国性的巨大通行范围。

然而,从忽必烈开始,蒙古人就不满足于人类对盐的生理性喜爱,他们认为仅仅靠人类日常消费已经不足以供应政府对货币资金的需求了,必须强迫人们加大消费才行。1261年(元世祖中统二年),忽必烈刚上台时,还允许百姓从垄断的国家机构手中自行买盐,但不久之后,由于担心百姓吃不够盐,就在一些地区开始了配给制,每人每月必须消费一定数量的盐，当然也要为此缴税。灭亡南宋之后，由于战争经费的增加，食盐配给制也在全国铺开。

总结起来，元朝的税制与其他朝代的区别在于：其他朝代的税收往往是以土地为主的，辅之以户籍和丁数。以唐朝为例，唐朝前期的租庸调制规定了三种税：以土地征收"租"，以丁数征收"庸"，以户籍征收"调"。但税制又是逐渐简化的，因为各个王朝到了后期，随着行政效率的退化，很难进行复杂的统计，于是最后都倒向了以土地为主的税制，唐朝后期的两税法就是简化了征收方法，以土地为主，不再考虑人数和户数了。而元朝最初的设想也是像唐朝那样利用土地征收税粮，利用户籍征收科差，利用人口征收力役，可是由于中亚的影响，原本应该按照土地征收的税粮在北方更加倾向于按照户籍和丁数征收，土地税反而成了变相的丁税，这就导致元朝难以征收到足够的税粮。[36] 而在南方，由于控制力弱，以及采用了南宋的税制，元朝也很难控制足够的税源。

为了弥补税收的不足，元朝采取了专卖和商税，特别是盐税成了中央税收的大宗。税基的转移有利于政府鼓励商业，但土地税的丧失却让朝廷失去了对民间的控制，元朝的皇帝总是征收不到足够的税来满足统治需要，但也正因为这样，江南的经济发展迅速，将大量的财富留在了民间。

---

36 由于人口是活动的，而土地是固定的，所以土地普查的难度小于人口统计。只有根植于土地，才能征收到足够的税收。

表 9-6　元朝主要的专卖和商税[37]

税名	估计税值	重要程度
盐税（盐课）	忽必烈晚年，盐税大约为 170 万余锭[38] 1328 年（元天历元年）前后，盐税共 766.1 万余锭[39]	国家经费（指去除了税粮的其他货币收入），盐利居十之八。[40]通常情况下，盐税能够占国家收入的 60% 以上，货币收入的 80%[41]
茶税（茶课）	1276 年（元至元十三年）茶税为 1 200 余锭 1286 年（元至元二十三年）为 40 000 锭 1311 年（元至大四年）为 171 131 锭 1320 年（元延祐七年）为 289 211 锭[42]	茶税虽然增加很快，但依然只是一个小税种
酒税（酒课）	1328 年（元天历元年），酒税共 469 159 锭 18 两（外加云南行省贝币 201 117 索）	高峰时期，约占政府货币性收入的 5%
醋税（醋课）	1328 年（元天历元年），醋税共 22 595 锭 35 两 8 钱	
商税	1328 年（元天历元年），商税共 939 682 锭 4 两 8 钱[43]	高峰时期，约占政府货币性收入的 10%
洞冶课、珠玉硝矾竹木等课		

37　这里专卖指的是国家垄断了供应或销售而获得的利润。商税则指的是按照三十税一原则收取的交易税，二者是有区别的。

38　盐产量为 170 余万引，盐价为 1 引 1 锭。

39　见《元史·食货志·盐法》。

40　见《元史·郝彬传》。

41　1292 年（元至元二十九年）天下收入为 2 908 305 锭。1329 年（元天历二年）政府总收入为金 327 锭，银 1 169 锭，钞 9 207 800 锭。与上述盐税的比值大约在 60%～80%。其余税收所占比例亦参考此处的总数。

42　见《元史·食货志·茶法》。

43　见《元史·食货志·商税》。

财政收入和俸禄

由于元朝根植于土地的税收制度没有完整建立,元朝的财力相对于之前的宋朝来说更弱。在各自的高峰时期,元朝的财政只相当于北宋的一半左右。可如果将忽必烈统治末期的财政收入与之前的大汗相比,又会发现它已经有了巨大的进步。在元太宗初期,一年的财政只有50万两(1万锭),到了元世祖末期,已经达到了2 978 305锭,扩张了将近300倍。而这样的扩张又以世祖后期为最,1284—1292年(元至元二十一年至二十九年)短短不到10年里,元朝的财政收入就从93万锭增加到297万锭,实现了巨大的飞跃。

与财政收入对应的,则是巨大的财政支出。

表9-7 元朝财政收入(截至元世祖末期)

1231年 (元太宗三年)	银50万两(1万锭),绢8万匹,粟40万石
太宗后期	灭金后,银增加至2.2万锭 刘忽笃马用银1万锭扑买天下差发 涉猎发丁,银5 000锭扑买天下系官厩房、地基水利猪鸡 刘庭玉,银1 000锭扑买燕京酒课 一回鹘,银2万锭扑买天下盐课[44]
1239年 (元太宗十一年)	奥都剌合蛮扑买中原银课,以4.4万锭为额[45]

---

44 见《中书令耶律公神道碑》。
45 见《元史·太宗本纪》。

（续表）

元世祖初期	粮食约 100 万石，[46] 科差收入丝料约 70 万斤，包银钞约 5 万两 以 1263 年（元世祖中统四年）为例，该年丝料 706 401 斤，包银钞 49 487 锭[47]
元世祖中期，1284 年（元至元二十一年）	天下岁课，钞 932 600 锭[48]
元世祖末期，1292 年（元至元二十九年）	一岁天下所入，凡 2 978 305 锭[49]

在元朝的财政开支中，最重要的显然是养官和养兵。在中国古代历史上，游牧民族在转变成中原王朝的过程中，在经过了最初的扩张之后，都存在着从军事掠夺制转换为俸禄制的问题。在扩张时期，由于官员和军队的俸钱可以通过掠夺来获得，养官和养兵的成本很低，也有利于更快速的扩张。可是到了抢无可抢的时候，如果继续采取军事掠夺制，就无法在中原地区形成稳定的社会制度，这样的游牧民族就会如同一阵风一样迅速掠过，然后消散。只有迅速转换财政制度，建立固定财政、俸禄制财政，才能解决这个问题。[50]

---

46 根据王恽《弹漕司失陷官粮事状》中所谈"国家岁计粮储，必须百有余万方可足用"估计。参考《元代经济史》第二十章。
47 根据《元史·世祖本纪》。而《食货志·科差》记载的数据稍有出入，为丝料 712 171 斤、钞 56 158 锭。
48 见《元史·卢世荣传》。
49 见《元史·世祖本纪》。
50 历史上解决财政转换问题最成功的是北魏孝文帝和文成文明太后改革，他们的改革造就了继承北魏制度的隋唐的繁荣，北魏体制直到宋朝结束才完全消失。

忽必烈上台后，官员刘秉忠和姚枢就提出了官员的俸禄以及实行俸禄制的问题，并得到他的赞同。从1260年（元世祖中统元年，南宋景定元年）开始，元朝就开始逐渐实行俸禄制。

1261年（元世祖中统二年），首先确定了朝廷职官；第二年十月，又确定了各路州县的职官。据《元史·食货志·俸秩》记载，在官员名称确定后，1263年（元世祖中统四年，南宋景定四年）二月，皇帝下令让姚枢制定官俸条格（也就是关于官员俸钱的文件）。1264年（元世祖至元元年，南宋景定五年）八月，朝廷颁布了新条格，由于北方地区连年战乱，人口流散，条格中首先将北方的州县进行了合并，再确定了官吏人数，给每一个官职制定了品级，再规定每个官职和品级的俸禄。与此同时，官员们还会获得一定的公田，可以收获粮食养活自己。

但此时的官俸条格依然是不完善的，因为军中的将校并没有被纳入其中，没有俸禄。1266—1270年（元世祖至元三年至七年，南宋咸淳二年至六年），皇帝才逐渐根据品秩确定了将校的俸钱。

除了普通官员和军事官员，一些新设机构的俸钱也是慢慢获得的，比如提刑按察司在1269年（元世祖至元六年，南宋咸淳五年）确定，转运司官及诸匠官在1270年（元世祖至元七年，南宋咸淳六年）确定。

随着元朝灭亡南宋，1278年（元至元十五年）七月，皇帝将官员俸钱的规定推行到新征服地区，确定了江南地区的俸禄和职田。

根据规定，元朝的官品分为九品十八级，即每品分成正、从两级。官吏的俸禄分成三部分，分别是俸钞（俸钱）、职田和俸米。作为重商主义的政权，从制定官俸开始，官员的俸钱就是以钱的形式发放的，而由于元朝实行的是纸币，因此官员的俸钱更多是以钞票的形式发放。到了1285年（元至元二十二年），由于通货膨胀的原因，皇帝对俸钱进行过一次调整，上涨了大约一半，并且每一个品级又根据所负责任的大小，分成上、中、下三等，给予不同的俸禄。据《元典章·户部一·禄廪》记载，这次改革之后，朝内的从一品大约能够得到5～6锭钞，而从九品只有35贯。

另外，中央官员的俸禄比地方官员的要高一些，这源于元朝的另一个制度：职田。职田只发给外官（地方官员），朝官（中央官员）是没有职田的。由于地方官员有职田，因此以钞票形式发放的俸禄就相对少一些。

除了官员，元朝还有一个群体叫作吏员。在此前的王朝里，吏员并不属于官员，无法享受政府的俸禄，因此吏治问题一直突出。1299年（元大德三年），皇帝下令给吏员发放一定的粮食维持生计，这就是"禄米"。

到了元朝中期，随着钞票贬值，中央官员的俸禄已经跟不上通货膨胀的速度了，而地方官员由于有职田可以获得更好的生活保障。1303年（元大德七年），元成宗下令给中央官员也发放禄米，其中月俸不足10两钞的，每一两给米一斗；月俸在10～25两的，给米一石；月俸25两以上的，超出部分每十两加给一斗米。但是，米价要从俸钱中按照比较便宜的价格扣除。[51]

到这时，元朝的官俸就形成了俸钞、职田、禄米的三重结构体系。据《元史·世祖本纪》记载，忽必烈统治末期的1293年（元至元三十年），官员数量达到16 425人，俸禄构成财政开支的第一大项。除了官员俸禄，

51　见《元史·成宗本纪》。1320年（元延祐七年），皇帝再次规定，中央官员的俸禄按照三成折算成平价米。

政府开支还包括宫廷开支、赈济开支,而与前朝不同的大项则是军费开支、工程建造开支以及赏赐。

当忽必烈的大规模征战结束后,虽然采取了俸禄制,但元朝的军费开支依然处于失控状态,其中最主要的问题,在于养活功臣群体的开支并没有降下来,而最有代表性的就是怯薛的开销。忽必烈统治时期的怯薛编制为一万人,但实际上往往超过此数。每年正规军官俸禄大约在10万锭,但是怯薛的费用往往超过数倍甚至十几倍。[52]《元史·兵志·宿卫》中说:"每岁所赐钞币,动以亿万计,国家大费每敝于此焉。"除了怯薛本人的岁额,他们的下属也需要政府养活,加上怯薛的马匹、草料等,更是沉重的负担。

除了怯薛的开支,还有大量的战争开支和边备开支,每一次战争都意味着大量的赏赐。

元朝继承了中亚的部分制度,喜欢各地匠人的建筑才能,这使得元朝成为中国古代历史上对建筑和工程非常感兴趣的朝代,工程建造费用高昂。比如据《元史·河渠志》记载,1271年(元至元八年,南宋咸淳七年)修建大都,所使用的人工数就达到了150万~160万。而忽必烈开通会通河,用工2 510 748人,花费150万缗、4万石米、5万斤盐。

除了这些花费,元朝的财政开支很大一部分花在了赏赐上。这一点从窝阔台不断地将国库清空、赏赐给各个宗王以换取他们忠心上就可以看出来。而这个习俗在忽必烈的子孙身上都有着明显的体现。元朝皇帝

---

52 1324年(元泰定元年)怯薛的固定费用为每人80锭,总数在80万锭以上,这还不算其他赏赐。

们的赏赐包括岁赐和朝会赏赐。元朝的岁赐带有一定的权力赎买特征，由于各个亲王往往拥有自己的军队和地盘，政府为了削弱他们的军事权力，并让他们让渡行政权，就采取岁赐的方式，赎买他们的权力。

元朝岁赐的另一个特点是，当强大的大汗执政时，由于其权力稳固、没有争议，因此岁赐会减少，开支也就能得到控制。一旦到了弱势大汗当权，就不得不增加赏赐来赎买权力。而弱势大汗时期，其他方面的财政需求也往往会更大，加上大笔的岁赐开支，更会形成恶性循环，加剧财政困难和政权的不稳定。

忽必烈统治时期，由于他是强大的大汗，因此他选择刻意将岁赐压低，以节省开支用于打仗。到了其后代时期，赏赐开销逐步增加，元仁宗、元英宗之后的政治混乱阶段则出现严重失控。

财政收入不高，财政开支却无节制，到了元世祖末期，政府的财政状况已经入不敷出。据《元史·世祖本纪》记载，1292年（元至元二十九年），中书省报告：截至十月，政府已经花费3 638 543锭，花费已经大于收入660 233锭了。忽必烈的接班人不得不面对一个财政不足的庞大国家。

漕运和海运：南北失衡下的朝廷命脉

元朝财政的最后一个特征是南北不均衡。以税粮为例，仅一个江浙行省就占了全国税粮的三成以上，与整个北方的税粮相当。[53]

---

53 见上文元朝岁入表。北方地区的税率更重，否则江浙的占比还会提高。

中国古代的经济发展经历了一个由北而南的过程。在东周列国时期，北方经济就已经很发达了，特别是关中盆地和华北平原，而南方大部分还是蛮荒之地，只有楚国所在的江汉平原，以及吴、越所在的太湖地区农业相对发达一些，但依然无法与北方相比。秦汉时期，南方已经逐渐开发，却依然无法与北方比肩。到了三国时期，南方在吴、蜀两个政权的经营之下有了较大发展，但南方大开发的决定性阶段还是南北朝时期，北方的战乱导致大量的人口包括许多精英阶层逃到南方。到了唐朝，长江流域的繁荣程度已经超过了北方，而原本繁华的关中与河北地区在"安史之乱"中遭到了毁灭性打击。到了宋金时期，南北方差距越拉越大，但最能体现双方差距的是元朝。由于元朝在南北两地采取了不同的税收政策导致北方税收过重，而对于南方的控制力又较弱，这使南北差距已经拉大到了中国古代的极致。可是，元朝的政治中心在北方地区，这种政治中心和经济中心的分离，势必要求利用经济中心的财富来养活政治中心。

忽必烈平定江南之后，下一个问题就是如何利用庞大的江南财富来救济北方。在元朝，南方的粮食产量已经远高于北方，在夺得了南方之后，又如何将南方的粮食运到北方呢？

宋朝之前，粮食的运输主要靠漕运，也就是内陆运河运输。隋朝开凿大运河之后，历代王朝都很重视漕运的发展，因为只有将江南的粮食运到北方或者中原，才能维持政治中心的地位。

但到了元朝，运河系统已经出现了问题：一是年久失修；二是运河体系不复存在。在元朝之前的宋朝，是以东京为中心的运河体系，因此从长江经过运河、淮河进入黄河的体系还在，但元朝的都城是大都，从黄河到大都的运河体系却已经不存在。[54] 占领江南之后，元朝想要恢复运河，必须重新打通从黄河到大都的交通线。

元朝的运河并非一次性打通的，1276 年（元至元十三年，南宋德祐二年）首先开凿了济州河，这条河从济州（济宁）流到须城安山（位于现山东东平）。济州河开通后，就可以从杭州经过长江、淮河，再经过泗水到达济州，从济州再进入大清河的自然河道进入海洋。入海后，船只再通过渤海前往直沽（位于现天津），就可以送往大都。

但这条陆海联营的道路并不好用，由于入海口处淤塞，很快又不能保证从杭州到大都的全程水路，而是必须从东阿陆路运到临清，然后从临清进入御河（卫河），再进入白河，到达通州，距离大都只有一步之遥了。

据《新元史·食货志·海运》记载，1289 年（元至元二十六年），元朝又开通了会通河，也就是从须城安山继续向北到达临清，将陆路段弥补，实现了全程水路。

1292 年（元至元二十九年），元朝又完成了最后一段运河，也就是从通州到大都的运河，这一小段运河被称为通惠河，至今仍在北京的东部连接着通州与北京城区。

修凿运河用了十几年的时间，等运河完全修好后，皇帝的心思却已经变了。在皇帝看来，运河运输的成本虽然比陆路低，可还是太高

54　隋唐时期，从燕京到黄河是有一条北运河存在的，但随着"安史之乱"之后北方的乱局，北运河逐渐丧失了功能。到燕云十六州丢失后，河北地区成为中原和北方的交界，北运河经过区域已成战场。元朝重新开通的济州河并非按照唐朝北运河的河道开通。

了。[55] 因此，在大运河开凿完毕之前，蒙古人就开发出了另一条海运系统，这在中国的漕运史上是一种创新。在此前王朝中，即便是最开放的隋唐也只是想到通过运河运输粮食，海运对这个大陆国家来说是不可想象的。由于元朝的世界属性和对海外的熟悉，自从成吉思汗西征和旭烈兀开辟伊利汗国之后，蒙古人就接触到了陆地之外的广阔海洋，开辟了利用海运的思路。

元朝最早尝试海运是在灭宋之后，元军在杭州劫掠了大量书籍，要把它们运到北方，当时运河还没有开通，蒙古人脑洞大开，派人从崇明岛开船，经过海路将书籍运到北方。

1282年（元至元十九年），宰相伯颜出于运送漕粮的需要，再次想到海运，他还想到了当初帮助他运送书籍的那个人。那人叫张瑄，他还有一个叫作朱清的朋友。

张瑄和朱清原先是海盗，元朝灭亡南宋之后，他们摇身一变，投靠了蒙古人，这就有了他们帮助元军运输书籍的事。[56] 元军虽然知道大海的重要性，但他们欠缺航海技术，在历次征伐和海运中都离不开汉人的帮助，此二人也在这段时间大显身手。他们曾帮助忽必烈进攻日本和占城，负责运输粮食。在征讨交趾（安南）的时候，两个人的儿子也帮助元军运输了17万石粮食。

---

55 1286年（元至元二十三年），水路费用为千斤百里上水1两、下水5钱。海运则不计里程只计重量，按每石8.5两计算。1288年（元至元二十五年），陆运费用为千斤百里平地中统钞10两，山路12两。
56 《新元史》中记载了朱清和其子朱虎帮助忽必烈招降5 000名海盗的事情，表明忽必烈对他们的信任是有原因的。

1282年（元至元十九年），伯颜派上海总管罗璧与张瑄和朱清一起，花60天，准备了60艘海运的平底船。这些船载了4.6万余石粮食前往北方，由于是第一次出行，掌握不好，这一年末并没有到达目的地，而是在山东海域过了冬，第二年到达直沽。粮食损失了4 000余石，但即便是这样的损耗率，海运依然要好于河运。

第二年，海运继续，一共运输了10万石粮食，第四年就达到57万石。[57]

元朝的海运路线也在不断优化，最初是从崇明岛入海，经过万里长滩（位于现江苏如东县东），之后一路沿着近海绕过山东半岛。这样的航行时间很长，需要两个月，而且充满了不确定性。到1292年（元至元二十九年），人们开始尝试更靠远海的线路，经过万里长滩之后就驶入远海，直达山东半岛头部。1293年（元至元三十年），甚至连万里长滩也不用走了，过了崇明岛就直接进入远海。

在航行中，元朝政府采取政府采购服务的方式，每石粮食给运输方8.5两银子，到1292年（元至元二十九年）改为7.5两，1295年（元元贞元年）又改为6.5两。但即便这样，考虑到元朝一年的运量有数百万石，运费依然很可观。

由于垄断了运粮业，朱清和张瑄二人也迅速发达起来，被封为万户。1290年（元至元二十七年），朱清、张瑄被加封为骠骑卫上将军。张瑄负责海运的六成，剩下的四成归朱清。[58]

---

[57] 这一年也是损失最大的一年，只送达43万石，但之后很少有如此巨大的损失率了（另一次例外发生在1291年）。

[58] 元成宗即位后的1295年（元元贞元年），改为各五成。

到后来的鼎盛时期，朱、张两家子弟佩金银符的就有百余人，家中的财富更是冠绝江南。不仅他们自己当了万户，他们的手下也出了5个万户。[59]

皇帝的采购政策导致两个超级富豪的出现。两人不仅是单纯的富豪，由于他们掌握着漕运的任命权，他们的子孙后代占据了千户、总管的职位，他们的手下和故旧也出现在各种场合。元朝的蒙古官僚出身于军事劫掠制，虽然后来实行了俸禄制，但对于收受贿赂并没有太反感，这导致二人的行贿对象也遍布全国。

元世祖忽必烈虽然建立了河运和海运体系，却将控制权送给了两位汉人，为他的后代出了难题：如果继续留下汉人负责漕粮，那么北方蒙古人的经济命脉就被第四等人掌控了；而如果撤掉汉人，漕粮运输的效率就会大大降低，从而影响北方的粮食安全。在元朝的后期我们会看到漕粮对其命运的影响。

---

59 分别是昭武大将军黄真（海道都漕运粮正万户）、信武将军刘必显（海运副万户）、昭勇大将军徐兴祖（海运副万户）、虞应文（海运副万户），第五位姓殷，但未知全名。见《新元史·朱清张瑄传》。

第三部 在蒙汉之间颠簸

◎元世祖忽必烈死后，即位的元成宗统治时期出现了一次彻底的政策转向。元成宗采取休养生息、崇儒、减税和行政规范化等措施，为元朝的存续打下了基础。他结束了战时经济政策，任命主张宽宏政策的大臣，减少了战争，并试图团结蒙古人。但由于赎买宗王权力花费了大量资金，元成宗时期的财政继续恶化。由于采取印钞票的方式解决财政问题，造成了通货膨胀。此外，元成宗晚年加强南方控制的做法也徒劳无功。

◎在元朝中后期，对元朝政治影响最大的人物是元武宗海山。他是一个杰出的将领，依靠的是蒙古人和其他民族。他再次扭转了元朝的汉化倾向，破坏了元成宗制度正规化的努力。他挥霍无度，大搞工程，滥封爵位和官职。为了养活庞大的军功集团，他的敛财手段多种多样，诸如发行新钞、重建尚书省、包税、增加专卖等，这些都加剧了社会的负担和经济的混乱。

◎元武宗死后，元朝内部的党争一直持续到元朝末年，分成三大派别，分别是守成派、汉化派和建制派，他们之间有着复杂的斗争与合纵连横。元仁宗和他的儿子元英宗是元朝最热衷于汉化的皇帝，他们恢复科举制，编纂新法典。但元仁宗和元英宗在处理财政危机方面并不成功，最终建制派在上都的南坡将元英宗及其助手刺杀，结束了元朝最倾向于汉化的时期。

◎新上台的元泰定帝来自哈剌和林，是一个调和派，他采取怀柔的态度，试图同时包容汉化派、建制派和守成派三个派别。但由于泰定帝更喜欢在上都活动，加剧了南北失衡问题，减弱了对南方的控制力。泰定帝死后，以上都为主的泰定帝派和以大都为主的守成派之间爆发战争，战争的结果决定了从此元朝的皇位在元武宗的后代之间相传。

第十章　铁穆耳的拨乱反正

元世祖忽必烈建立元朝，决定了它的广度；而元成宗铁穆耳让元朝的制度得以巩固，确定了它的存续。

元成宗在即位诏书中承诺了一系列休养生息的政策，并在随后的政策中落实了大部分，结束了元世祖的战时经济政策。他任命了几位宽宏的大臣，使得元朝政治和经济发展进入恢复时期。

元成宗的改革主要从几个方面入手，即崇儒、减税和行政规范化。

元成宗停止了元世祖时期大部分的战争准备。在任何一个朝代，一代雄主之后的守成君主往往会放弃对外的武力，转而追求内部的管理。究其原因在于，雄主的扩张会耗空社会财富和财政，使得下一任君主必须采取收缩的态势来防止社会垮塌。

元成宗结束了对日本和越南的征伐，并在蒙古人内部的争斗中获胜。但他无法避免对蒲甘和暹罗的两场局部战争。

为了维持稳定，元成宗赎买蒙古人权力的赏赐规模比元世祖时期增加了数倍，这导致了财政的失控。为了解决财政问题，元成宗采取多印钞票和挪用钞本的方法，这又造成了民间的通货膨胀。

元成宗虽然采取了一系列崇儒政策，却未能恢复科考，使得中原的读书人无法有效参政，增大了社会的离心力。

元成宗晚年杀死江南"巨鳄"朱清、张瑄，罢免了8位宰执级高官，反映了他加强对南方的控制的决心，但这些努力随着他的死亡而功亏一篑。

尊儒与减税

1294年（元至元三十一年），忽必烈离世。在他之前，蒙古人认可的选择大汗的方式是召开忽里勒台大会进行选举，而元朝的蒙古人虽然已经汉化，但仍不愿放弃选举传统，坚持保留忽里勒台大会。

选举的形式背后又隐藏着两种模式，一种如同成吉思汗选择窝阔台，虽然表面上保持民主形式，但事实上却是前任君主直接指定的；另一种则带来了兄弟或者支系之间的血腥竞争，甚至召开相互对立的忽里勒台大会，直到一方用武力征服对手或者依靠合纵连横获胜。

忽必烈离世后会发生哪一种情况，决定了元朝的存续。由于他离世时元朝从财政到军事都存在严重的失衡问题，如果这时候发生一场战争，就会对元朝的稳定极端不利。

忽必烈希望以指定的方式来确认后继人选。由于太子真金先于他去世，他选择了真金的第三子铁穆耳作为继承人。但在他离世前，铁穆耳虽然获得了太子之印，却还没来得及举行确认太子的仪式。铁穆耳的地位并不牢固，另一个可能的人选是真金的长子晋王甘麻剌。甘麻剌作为长子，又在蒙古本土担任指挥官多年，很有可能在忽里勒台大会上脱颖而出。[1]

最终决定皇位走向的是真金的妻子阔阔真（铁穆耳之母）。一方面，她在忽必烈在世时就通过运作让铁穆耳获得了太子之印，并使其被任命为哈剌和林蒙古人的统帅。另一方面，忽必烈去世后，阔阔真立刻得到了忽必烈指定的几位大臣的支持，他们分别是博尔术的孙子玉昔帖木儿、灭宋的统帅宰相伯颜，以及中书省平章政事不忽木，这三个人都倾向于让铁穆耳继位。如此的政治运作确保铁穆耳能在选举中登上皇帝之位。[2]

忽必烈晚期对于社会的压榨，在铁穆耳时代迎来了一个转折。铁穆耳本身并不是一个强大的皇帝，又受到母亲的节制，但作为提倡汉俗的真金的儿子，他即位初期采取了一系列汉化和放松管制的方法。

在元成宗的即位诏书中，列出了不少执政承诺，重要的有这样几条：大赦天下（这是中国古代皇帝即位时的常见做法）；考虑实行贡举制度，恢复学田；鼓励农业，停止不必要的力役；免江淮以南夏税一年；限定酒税地的征收规模；学习汉人祭祀名山大川、圣帝明王、贤臣烈士等。[3]这

---

1 蒙古中期各个大汗的争位，为我们展现了一幅各个支系争位带来的不确定前景，以及由此而造成的政治不稳定。
2 一方面，阔阔真起了重要作用。根据《史集》记载，阔阔真在选举时让二人背诵成吉思汗的宝训，笨嘴笨舌的甘麻剌落败。另一方面，也可能是玉昔帖木儿说服甘麻剌拥护铁穆耳，见《元朝名臣事略·玉昔帖木儿传》。
3 "可大赦天下。除杀祖父母父母、妻妾杀夫、奴杀主不赦外，其余一切罪犯，咸赦除之。议行贡举法，无学田处，量拨闲田以赡生徒。劝课农桑，停罢一切不急之役。军官奥鲁官，抚养军人，不得妄行科配，阵亡及病死者，依例优恤。江淮以南，夏税特免一年，已纳者准充来年数目。各处酒税等课定额，三十分取一，若额外办出增余，额自作额，增自作增，禁诸人扑买名山大川。圣帝明王，贤臣烈士，载于祀典者，除常礼外，择日遣官致祭。其不尽事件，仰中书省续议奏闻。"（《新元史·成宗本纪》）

份诏书传出的信息,就是解决元朝的制度不固定问题,减少忽必烈为备战而采取的临时性措施,并减少政府对民间经济的侵蚀。

如果说诏书只是皇帝即位的执政纲领,不能都当真,那么这个新朝廷接下来并没有让人失望,很快就有了具体的行动。

元成宗在四月即位,到了五月,他就下诏增加官吏俸禄。由于元世祖忽必烈统治末年通货膨胀,官僚的俸禄已经无法保证他们体面地生活,因此,要想稳定社会,必须首先稳定官僚体系,那么增加官俸就是第一步。到了六月,借着给元世祖、元裕宗[4]上尊谥的机会,新皇帝诏告天下:免除本年包银、俸钞及中原地税、江淮以南夏税的一半,实现了减税的诺言。七月,皇帝又下诏让御史大夫月吕鲁(玉昔帖木儿)提振台纲,也就是恢复正常的御史台监督政府(和皇帝)的职责。

在汉化上更具象征性的措施是,在同一个月,皇帝下诏尊崇孔子,在各路设立庙学、书院。[5] 这一步对元朝的汉人来说至关重要,因为这意味着皇帝认同汉化,会在未来考虑他治下的主体人民的利益。

第二年年初,皇帝又下诏取消了江南的茶税。

从上述一系列举动可以看出,在元成宗执政初期,有一次至关重要的政策转向:试图从忽必烈统治时期模棱两可的政策(维持一定程度的汉化,但是在行政上越来越倚重蒙古人,在财政上越来越倚重色目人,忽略政治和财政体系的正规化),转向汉化、建立正规的行政和财政体

---

4 元世祖时期,给太子真金的谥号是明孝太子,元成宗即位后,给父亲真金上庙号裕宗。
5 诏曰:"孔子之道,垂宪万世,有国家者所当崇奉。诸路应设庙学书院,禁官民亵渎。学田勿得侵夺,作养后进,严加训诲。若文行可观者,有司保举,肃政廉访司体覆,以备擢用。"(《新元史·成宗本纪》)

系、休养生息的道路。

忽必烈时期实行的是战时经济制度。蒙古贵族占据了大部分产业，之后再通过色目人控制的斡脱租给汉人收取租金。这样色目人就控制了金融和放贷业务。元成宗废除了这些制度，开始实行更加正规的金融政策。[6]1298—1302年（元大德二年至六年）间，元成宗废除了许多斡脱的特权。[7]

皇帝依靠的大臣有这样几位。首先是灭宋功臣伯颜，由于其德高望重，他的支持是其他宗王势力臣服于元成宗的必要条件，皇帝也是借此才有了上台的机会。但伯颜在皇帝即位后不久就故去了，没有在接下来的政治局势中发挥更大的作用。与伯颜情况类似的还有另一个功臣玉昔帖木儿，他是元世祖时期的重臣，也是铁穆耳当上皇帝的主要推手，但是他也在铁穆耳称帝后不久就故去了。

如果上述二人还在世，那么就轮不到完泽当丞相。从《元朝名臣事略·完泽传》来看，从本质上说，完泽为人正直，却并不适合做决断。他在忽必烈时期就位居高位，却无力阻止佞臣的胡作非为。但到了元成宗时期，完泽却能够发挥自己的作用。这个时期最需要的是一个宽厚的长者，能够采取休养生息的政策，让民间秩序得以恢复。完泽的传记中充满了减免苛捐杂税、发放粮食和赈济的描述，他在中书任上12年发放的财粟以巨万计。正是因为有了这样的大臣，元成宗初期的宽政才能够推行下去，在一定程度上恢复了民间的经济发展。

6　见《蒙古帝国史》第四章第八节。
7　这样做减轻了百姓的负担，但是，根据《元史》《元典章》等记载，减轻的幅度是有限的，局部地区百姓的负担依然很重。

除了完泽，另一个重要的大臣是哈剌哈孙，也称答剌罕。据《元朝名臣事略·哈剌哈孙传》记载，他在1285年（元至元二十二年）就担任了大宗正的职务（掌管凡诸王、驸马投下蒙古人、色目人等所犯一切公事，汉人奸盗诈伪、诱掠逃犯等），以审狱宽厚出名，这在一个酷吏横行的时代尤其难得。1298年（元大德二年），他担任中书左丞相，1303年（元大德七年）又迁右丞相。在这个职位上，他解决了无数问题，其中包括在制度上正规化，采取军事和民事分家的做法，另外还有大量的减税和赈济行动。哈剌哈孙在元成宗死后还起到重要的作用。

此外，元成宗早期还有一个大臣叫作不忽木。《元朝名臣事略·不忽木传》记载，这位大臣以正直、不依附奸臣、不增加税负而闻名。同时，不忽木还是一个重要的儒臣，推崇儒学，在汉化的过程中起到重要作用。如此，我们才可以理解为什么元成宗初期会提倡儒家学问。

元成宗上任后的改革主要从这几个方面进行，即崇儒、减税、行政规范化。但元成宗时期的法令是零碎的，每年都会出台一些政策。比如，在崇儒方面，1295年（元元贞元年），他虽然没有实行科举制，但下诏让各路的廉访使每年推荐两个有行政经验的儒生，然后由省台出题考试，合格后即获得任命，这实际上是一种察举制。察举制在隋唐的科举考试之前就实行了，虽然效果比不上科举制，但也比没有强很多。此外，他还在大都建了文宣王庙，将国子学设在里面，扩大了国子学学生数。他还亲力亲为，祭祀太庙，采取中原的做法。

在行政方面，他一方面增加行政人员的俸钱，另一方面整顿吏治，严禁贪污，并削弱宗王的权力，禁止诸王、公主、驸马擅罪官吏，禁止军官擅以家奴代役，禁止诸王、驸马掠夺民田，并取消了大规模的宫殿建设。他理顺元世祖建立的中书、枢密院和御史台体系，使其更接近于中原的行政（税收）、军事和监察的三权分立体系。

在经济方面，他一方面在发生天灾时减税，另一方面又针对权贵隐匿的农田和田租做了一系列的限制，试图使赋税公平化。

上述所有改革看上去是那么零碎，称不上大事，以至当人们谈论起元成宗时，都不知道该谈些什么。加上元成宗本人酗酒，前期受太后左右，后期由于身体病弱，妻子卜鲁罕又干政，人们并不知道到底有多少功劳可以归在他的身上，又有多少要归为太后和皇后的努力。[8] 但不管怎样，在整体宽松的官僚环境中，忽必烈统治后期的压迫感逐渐消失，元朝的政治和经济也逐渐稳定下来。

可以说，元世祖正式建立了元朝，决定了其广度。但只强调广度的政权，一旦离开建国者，往往会出现压力过大乃至垮塌的风险，而正是元成宗让元朝的政局得以巩固。虽然这种稳固看上去不那么亮眼，并且带着许多先天的毛病，但它决定了元朝的存续性——即便之后经历了多次折腾，元朝依然保持了半个多世纪才消失。

在历史上，每个朝代的开国者之后往往会出现一个巩固政权的人，比如汉朝的文、景二帝以及唐朝的太宗，如果继任者也和开国者一样单纯强调广度，就会和隋炀帝一样让国家走向崩溃。不过，元成宗休养生息的措施显然不如文景时期那么深入和长久，这也决定了元朝政权虽然可以稳定，却不如汉唐的国祚持久。

---

8 有日本学者对元成宗时期并不看重，认为他缺乏可以说得出的成就，他们更加看重忽必烈和海山的武功和扩张，而忽略了元成宗时期的休养生息。见杉山正明《蒙古帝国的兴亡》《疾驰的草原征服者》。

止战与开战

元成宗对于元朝的影响还反映在他的战争政策上。元世祖忽必烈在灭宋之后依然进行了许多扩张尝试,在他去世前,依然准备着下次出击,但这些战争大都徒劳无功。

元成宗显然没有祖父的雄才大略,也不准备继续扩张。在任何一个朝代,一代雄主之后的守成君主往往会放弃对外的武力,而是追求对内部的控制。这一点即便在西方也是成立的。比如在罗马帝国时期,经过图拉真的扩张政策之后,到了哈德良皇帝时期,就开始收缩边界,放弃边境上难以管控的蛮族区域,修筑长城,以维持帝国、恢复财政为己任。而在中国,汉高祖的征战配合文、景二帝的休养生息,才成就了一代伟大的王朝。

元朝的情况较为特殊。在成吉思汗的征服战争之后,必须有窝阔台相对宽松的政策,才能保证庞大的蒙古帝国不解体。但由于蒙古帝国疆域实在是太大了,离心力最终战胜了向心力,不管窝阔台系如何努力,帝国最终还是分裂成几个部分。元朝开国者忽必烈承担开疆拓土的职责,元成宗面临着取舍的重任:有一些战争必须放弃,而另一些必须继续进行。只有收放得当,才有可能成就持久的政权。

元成宗上台之后面临的问题主要是日本和安南。据《新元史·日本传》记载,征伐日本两次失败,让元世祖念念不忘,几次想再次征伐,但都被群臣劝住了。到元成宗上台后,丞相完泽立刻力主罢兵,从此征伐日本的行动才偃旗息鼓。

但就算这样,到 1299 年(元大德三年),依然有人提议借日本皇位更替之际征伐日本，元成宗不仅否决了这个提议，还派江浙释教总统普陀僧人一山前往日本劝谕修好，但僧人被扣留了。[9] 之后，元成宗也没有再行对日本征伐，日本议题彻底退出了元朝的政治考量。

元世祖末期对日本的战争还只存在于口头上，而对安南的战争是实质性的。1290 年（元至元二十七年），安南王陈日烜死亡，其子陈日燇派使节告丧，按照此前中原王朝的礼节请求袭爵，但元世祖按照蒙古人的习惯，要求对方亲自朝贡。陈日燇显然不敢前来，这导致双方争执再起，元世祖屡派使节晓谕陈日燇入觐。1294 年（元至元三十一年），陈日燇派陪臣入觐。元世祖听廷臣之言，扣押了安南使节，并准备征伐安南。

据《新元史·安南传》记载，这一次，元世祖派遣刘国杰与诸王昔里吉等人一同出师，分立湖广、安南行省。这支军队也非常庞大，百斛以上的船就有千艘之多，士兵数量达 56 570 人，另有粮食 35 万石、马料 3 万石、盐 21 万斤。在队伍出发前，先给了每位士兵赏赐，其中军人、水手都是钞二锭。大军水陆分道齐发。

但就在此时，元世祖的离世打乱了一切。元成宗即位后，立刻释放了安南的使节，选择罢兵。一场迫在眉睫的大战迅速烟消云散。

上述两方面的收缩，让元朝避免了耗费巨大却很难持久的征伐，对元朝的财政治理是非常有效的。

但在东南方和海上息兵的同时，并非在所有的地方都能够实现和

9　前一年，日本天皇刚刚传位于太子，号后伏见天皇。据《新元史·日本传》记载，提议征伐的是江浙行省。

平，最大的问题反而出在蒙古人内部。

在元朝直辖区之外的蒙古，一直有几个实力强大的对手，他们分别是窝阔台汗国的海都、察合台汗国的都哇，还有拖雷系下阿里不哥支系的药木忽儿、蒙哥支系的兀鲁斯不花等势力。这些人又分成两类，一类是成吉思汗其他支系中不愿意承认拖雷子孙权威的人，其领袖是海都和都哇；另一类是拖雷系之下的汗王，他们分裂得更晚，只是对忽必烈不满，但他们的地位也较低。

忽必烈去世后，随着更加温和的元成宗开始执政，后一类人选择与元朝和解，而前一类人则继续争斗。直到1301年（元大德五年）海都本人负伤去世后，才有了和平的希望。

与此同时，察合台系的都哇抓住了机会，他意识到无法与元朝对抗，而更应该以牺牲窝阔台汗国的利益的方式来壮大自己。于是，都哇一方面扶持海都系的傀儡察八儿，以对抗海都指定的继承人斡罗斯，离间海都的后裔；另一方面，又与元朝和解。1309年（元至大二年），双方最终一起瓜分了海都的领地，窝阔台汗国就此消失了。[10]

与海都斗争的胜利本来应该成为和平的契机，事实上，在元成宗后期，蒙古内部已经恢复了和平。可这次斗争却带来了一个意想不到的后果，那就是一个名叫海山的宗王（即之后的元武宗）成了势力最大的将领，并在元朝赢得了巨大的威望。但海山本人好大喜功、挥霍无度、追求战功，他的出现为元朝后来的走向埋下了伏笔。

---

10 相对于其他支系，窝阔台系由于最初控制了大汗之位，而没有建立更加独立的汗国。之后随着拖雷系的上位，窝阔台系受到打压，直到海都时期，才建立了更加独立的汗国。因此，窝阔台汗国比其他汗国出现得更晚，实力更弱，也消失得更早。

元成宗的止战政策取得了效果，但在他统治后期，依然无法完全避免战争的发生。在南方又发生了两场战役，这两场战役都以云南为基地，均不具有全局性质，是局部冲突的结果。

第一场战争发生在蒲甘。元世祖时期已经将其攻陷，蒲甘王朝自此灭亡，之后，一个政治强人阿散哥也杀死了缅王，导致蒙古人的讨伐。据《新元史·缅国传》记载，这次战争以双方和解以及元朝承认阿散哥也的地位告终。

而随后云南行省左丞刘深发动的针对小国八百媳妇[11]的征伐，却导致云南地区出现一场内乱，损失惨重。[12]除了战乱，财政上的损失也是巨大的，元朝动用了两万士兵和一万马（牛），共耗费9.2万锭的军饷，却徒劳无功。

从元成宗对于两场局部战争的处理也可以看出这位皇帝的倾向，那就是尽量不扩大战争，只要有和平的机会，就尽量通过妥协的方式实现和平。

妥协导致的财政失控

元成宗并不是一个雄才大略的皇帝，他力图采取内部和睦的政策，

---

11 在现在的泰国北部，是史称兰纳的泰人王国，最早以景线（清盛）为都城，后来迁到清莱、清迈。
12 与八百媳妇的战争主要是边境冲突的结果。元朝征发大军后，甚至还没有到达对方国界，就由于摊派和徭役引起了内乱。元成宗被迫选择罢兵，处死刘深。(《元史·成宗本纪》)

这一点和当年的窝阔台是一样的。窝阔台为了保持兄弟的团结，以赏赐和宴会让各个支系都受益，元成宗为了保住皇帝地位也不得不动用赏赐。

在他上台的时候，就已经体会到金钱的不易。据《元史·成宗本纪》记载，为了庆祝从兄弟们之中脱颖而出，他对皇室成员的赏赐金额比忽必烈时期增加不少，其中黄金岁赐达到忽必烈时期的5倍，白银是3倍。除了正规的赏赐，还有特殊的赏赐。比如，在下达普遍赏赐令的同时，他又赐给驸马蛮子带白银76 500两、阔里吉思15 450两、高丽王王昛30 000两。

增加赏赐额度的同时，得到赏赐的人数也在不断增加。比如，元成宗上台时，在京城食禄的人已经超过了1万，行省里还有更多。在花费不断增加的背景下，元成宗时期的财政失控危机已经隐现。

事实上，在忽必烈晚年，就已经能够看出财政赤字的苗头。据《元史·世祖本纪》记载，1292年（元至元二十九年），根据中书省的报告，截至当年十月，政府已经花费3 638 543锭钞，而这个花费已经比收入多出660 238锭了。

到1294年（元至元三十一年）六月，也就是元成宗即位赏赐之后，国库只剩下钞27万锭。

为了应付巨大的开支，皇帝不择手段是有先例的。从宋朝开始，政府在缺钱时往往会采取一个办法，就是挪用钞本。在发行纸币时，政府需要拿出一定数量的铜钱或者白银作为钞本。以宋朝为例，最初时每界（三年）发1 256 340贯交子，为了发行这么多纸币，官方必须准备36

万贯铜钱的钞本。[13] 只有这样，才能保证交子的价值。可是，一旦出现财政困难，这些钱就会被挪用，而纸币没有足够的钞本就会贬值。

元成宗首先想到的也是暂借钞本。这一年八月，元成宗下令暂借各路平准交钞库的钞本。这时各路的钞本加起来一共有 936 950 两白银，元成宗留下 193 450 两白银继续作为钞本，剩下都运往京师，供皇帝使用。

到了十一月，七拼八凑之后，国库又有了 116.2 万余锭，但其中 30 余万锭都已经有了用途，而剩下的还是不够赏赐源源不断赶来的诸王。

1298 年（元大德二年），由于当年岁入不够用，元成宗又从钞本中挪用了 20 万锭。第二年，元朝的岁入甚至无法支撑半年的支出，而当时岁入已经达到 360 万锭，也就是说支出上涨到 720 万锭以上。

除钞本之外，另一项财源是印钞。元世祖晚年时，印钞数量非常不稳定，1290 年（元至元二十七年）曾经印出过折合中统钞 2.5 亿锭的天量。到元成宗时期，一开始非常注意纸币发行不过量，在他继位当年只发行了不到 968 530 锭。可是，随着财政的紧张，政府发行的钞票越来越多，到元成宗晚年也曾经印出 1 000 万锭的数量。[14] 虽然不比元世祖时期，但也超过了社会的承受能力。

由于财政收入捉襟见肘，元成宗放弃了元世祖时期干大事的念头。不管是削减军事规模，还是减少营建，都可以节省不少财政开支。但在某些方面节省开支的同时，另一些方面的开支不仅无法节省，花费还越

13　见《文献通考·钱币考》："大凡旧岁造一界，备本钱三十六万缗，新旧相因。"忽必烈时期也曾经挪用钞本。
14　此时发行的是至元钞，此处折合成中统钞计算。

来越多。

为了解决财政问题,元成宗推行了一些改革措施。比如 1303 年(元大德七年)的力役改革。元朝由于力役没有期限限制,百姓的负担过重,许多人为了避免当差而脱离户籍,要么逃入山中,要么接受蒙古贵族的庇护,成为他们的附庸,脱离国家的控制。为了解决逃籍问题,皇帝下令所有特殊户籍都需要承担力役,只有征边军人和两都站户例外。那些依附于贵族的人必须承担力役。但这项改革进行得并不顺利,在元成宗去世后,改革暂停了。[15]

此外,通货膨胀造成的官员实际俸禄降低的问题也在此时显现。元成宗为此进行了禄米改革。之前官员的职田只发给外官,朝官没有职田。外官由于有职田,可以在一定程度上抵御通货膨胀,朝官反而做不到。1299 年和 1303 年(元大德三年和七年),皇帝先后给吏员和朝官发放禄米,在一定程度上解决了通货膨胀对官僚体系的破坏。[16]

上述改革措施,使得元朝的官僚体系可以继续维持,但这些改革也只是局部修补措施,无法从根本上解决财政匮乏,以及由此产生的通货膨胀问题。[17]

---

15 元朝的力役非常复杂。元成宗去世,改革暂停之后,到 1311 年(元至大四年)元仁宗即位,特殊户籍再次获得免役资格。但好景不长,1318 年(元延祐五年),特殊户籍免役资格再次被取消。1324 年(元泰定元年),元泰定帝又规定也里可温、答失蛮免差。到 1329 年(元天历二年),规定色目人户需要当差。1334 年(元元统二年),元顺帝又扩大了服役规模,除儒户免役外,其余均服役(包括僧、道等)。

16 到了 1320 年(元延祐七年),规定三成发米,剩下发钞。相对来说,武将的俸钱高一些。

17 如前所述,通货膨胀是皇帝多印钞票和挪用钞本引起的,而这两种做法又是为了弥补财政不足。

元成宗的整顿与早逝

元成宗是软弱的。一方面,他力图避免战争,并幸运地处理了忽必烈遗留的藩王问题,重新恢复了蒙古世界的和平;但另一方面,他又无法约束地方,也无法避免边境自发的冲突,造成了对蒲甘和八百媳妇的战争,边疆地区局势失控。

他一方面对儒学和正规官僚体系感兴趣,但另一方面,却又无力推动中原的科举制度改革,他进行的小型财政改革也并没有取得太好的效果,最后只能依靠赏赐、赤字和印钞维持下去。

元成宗执政时期最大的遗憾莫过于没有恢复科举考试制度。他出台了一些尊崇儒教的政策,也有心采纳汉化措施,但这些工作都流于表面,最重要的科举考试制度也被耽搁了。

从元朝建国到恢复科举考试,其间有长达半个世纪的空白期,这个空白期对元朝最大的影响,就是无法选拔出足够的士人为政权服务,而许多优秀的汉人也没有途径获得政治地位。

由于没有合适的人才选拔制度,元朝的仕途道路很窄,导致这个政权一直缺乏强大的社会基础。许多汉人感觉这个政权和自己无关,这改变了他们的从业观,他们或者经商,或者像关汉卿一样走上戏曲之路,将自己与蒙古人的世界隔绝开来。蒙古人长期与汉人无法融合,这也是部分原因。清朝显然吸取了元朝的教训,很早就开始科举考试,使得汉人能够按照正常的程序为朝廷效力,从而解决了阶层固化的问题。

在元朝,一个人想要做官,主要的途径只有两种。其一是借助父辈的官职,依靠承荫进入官场,这种晋升方法主要就是成吉思汗时期创立的怯薛制度，也就是各位首领的子弟可以进入怯薛阶层，不仅他们可以进入，还可以带几位亲信的子弟进入。一旦进入怯薛，就可以展现自己的能力，得到皇帝的赏识了。也有一些汉人能够依靠这样的承荫做官，但与蒙古人比起来，能够靠这个途径升官的汉人较少。

另一个途径是从吏员进入官场。在中国古代，对吏和官的区分是很严格的。在大部分朝代，官员选拔和吏的选拔都有一套完全不同的系统，在汉朝是察举制，魏晋时期是九品中正制，隋唐之后是科举制，当然，还有一部分通过恩荫制度进入官场。但不管怎样，官员都是有一定的晋升条件的，不是任何人都可以当官。

而吏只是衙门的办事人员，往往带有技术色彩，但吏的选拔又完全不同于选官制度。他们进入衙门的途径多种多样：有的是出自吏员世家，比如父亲会算账，往往会把这个技能传给儿子，这个家族可能就垄断了本地衙门里的会计行业；有的是通过结交官员；有的则是通过在本地的势力和名声。中央往往会对官员采取轮换制，不让他们在一个地方坐大，而吏是不轮换的，往往隶属于一个地方，也不会被调到外地，但同时，他们也没有晋升渠道，往往一日为吏，终生为吏。

元朝显然也需要大量的吏，但与其他朝代的有区别，既然元朝没有科举制度，那么为了弥补人才的不足，就必须允许吏员有机会升到官员的位置上。尤其元朝是一个重视理财的朝代，拥有着一定技术色彩的吏反而比只知道儒学的官员更受欢迎。

但是，吏员进入官场会有一个很大的缺陷，那就是，他们不需要判断对错，只需要去执行技术化的工作。在这种情况下，很容易造成"平庸之恶"，也就是皇帝下令的任何事情，他们都会想方设法去办到，却不管对民间造成了多大的伤害。历代政府正是看到了吏的这个缺陷，才规定必须由经正式科举考试上台的官来领导他们，给他们指出方向，免得他们陷入技术化的恶。

元朝的官员之所以善于理财，而不去计较对社会的妨害，很大程度上也因为他们其实是吏，缺乏有判断能力的真正的官的把控。

到元成宗统治的后期，由于元成宗的身体不好，大权大都掌握在他的皇后卜鲁罕手中，这就更助长了官僚的恣意妄为。由于通货膨胀导致俸禄减少，官员们也需要靠受贿和贪污来获得更多的收入。

但是，说皇帝毫无作为也并非事实。1303年（元大德七年），元成宗就发起了一次"反腐运动"，在这次运动中，他不仅杀死了江南的海运头目，还一次性罢免了八位宰相。

表10-1　元世祖和元成宗时期的海运数量[18]

年份	运粮（石）	运到（石）	事故粮（石）
1283年（元至元二十年）	46 050	42 172.225	877.705
1284年（元至元二十一年）	290 500	275 610	14 890
1285年（元至元二十二年）	100 000	90 771.55	9 228.45
1286年（元至元二十三年）	578 520	433 905.4	144 614.6
1287年（元至元二十四年）	300 000	297 546.7	2 453.3
1288年（元至元二十五年）	400 000	397 655.86	2 344.14
1289年（元至元二十六年）	935 000	919 943	15 057
1290年（元至元二十七年）	1 595 000	1 513 856.8	81 143.2

18　根据《永乐大典》录《经世大典》岁运粮数整理。

（续表）

年份	运粮（石）	运到（石）	事故粮（石）
1291年（元至元二十八年）	1 527 250	1 281 615	245 635
1292年（元至元二十九年）	1 407 400	1 361 513.68	45 886.32
1293年（元至元三十年）	908 000	887 591.5	20 408.5
1294年（元至元三十一年）	514 533	503 534	10 999
1295年（元元贞元年）	340 500	340 500	0
1296年（元元贞二年）	340 500	337 026.6	3 473.4
1297年（元大德元年）	658 300	648 136.95	10 163.5
1298年（元大德二年）	742 751	705 954.5	36 796.5
1299年（元大德三年）	794 500	794 500	0
1300年（元大德四年）	795 500	788 918.27	6 581.73
1301年（元大德五年）	796 528	769 650	26 878
1302年（元大德六年）	1 383 883.63	1 329 148.1	54 735.53
1303年（元大德七年）	1 659 491.32	1 628 508.87	30 982.45
1304年（元大德八年）	1 672 909.864	1 663 313.509	9 596.365
1305年（元大德九年）	1 843 003.9	1 795 347.116 2	47 656.783 8
1306年（元大德十年）	1 808 199.5	1 797 078.375 2	11 121.122 8
1307年（元大德十一年）	1 665 422.855 3	1 644 679.170 8	20 743.677 5

这一次的反腐运动又要回到元朝的海运和漕粮制度上来。

元世祖时期的海运采购政策促生了张瑄和朱清两个超级富豪。忽必烈对江南地区的掌控力不强，这里的权力被功臣群体和南方势力共同掌握。以朱、张二人为例，他们掌握着漕运的任命权，又有大量的门生故旧担任中、低级的职位，并结识了身居江南的蒙古贵族，成为南方一股不可小觑的势力。二人的财富是与政权紧密相连的，已经超出了漕运的范畴，甚至有可能插手钞票的印制，成为经济和政治的双重巨头。[19]

在忽必烈统治时期，由于皇帝的器重，二人还可以平安无事，加之皇帝有着无数的大事需要办理，离不开江南海船的辅助。元成宗上台后，将所谓的征伐大事都抛开了，更专注于修补制度和财政，就很难容纳这样的超级富豪的存在了，况且这两位富豪都是靠政府致富的，却分走了政府对社会的控制权。

1302年（元大德六年），元成宗终于决定对二人动手。借助僧人石祖进告御状的机会，元成宗下诏，抄没两家财产，将二人逮捕押往大都。1303年（元大德七年）朱清悲愤自杀，张瑄与其子张文虎、朱清的儿子朱虎一同被处死。

此后，元成宗试图借助这次机会加强对江南地区的控制。由于朱清、张瑄二人的关系网极为复杂，几乎牵涉每一个高官，最后审问的结果是，中央八位宰执级官员几乎都参与其中。据《元史·成宗本纪》记载，这一年，元成宗刚刚规定了宰执级官员的数额，包括宰相、平章、左右丞、参政共八人，号称"八府"，两个月后，皇帝就将八府全都免职。这八人是：中书平章伯颜、梁德珪、段真、阿里浑撒里，右丞八都马辛，左丞月古不花，参政迷而火者、张斯立。借助这一事件，元成宗向各地派出巡察人员，继续调查，一共查出贪官18 473人，获赃45 865锭。

如果元成宗能够活得久一些，那么这次整理吏治和整顿财政的努力还可以持续一段时间，在南方也许会建立更加正规的财政制度。这对于

---

19 《草木子》记载了朱、张二人被赐予了朝廷的钞版，听其自印，但颜色比真钞更深。

政府显然也是有利的，可以避免未来的失控问题。然而，在这次事件之前，元成宗的身体已经出现问题，元朝的吏治再次松弛了下来。

1306年（元大德十年）年初，元成宗的太子德寿死亡，第二年元成宗去世，没有留下子嗣，于是元朝进入一个混乱时期。元成宗虽然采取休养生息的政策，使元朝的政治和经济有所恢复，但他对权力的赎买造成了财政的失控，而他又无力加强制度建设，导致他死的时候，虽然元朝表面上恢复了稳定，但深层的问题一个也没有解决，都留给了他的后任。

第十一章　慷慨的大汗，失败的皇帝

在元朝中后期，对政治影响最大的人物是元武宗海山。他是一个杰出的将领，依靠蒙古人和其他民族建立了武功。即位之后，他再次扭转了元朝的汉化倾向，转而重用其他民族功臣群体，将他们引入元朝政治，破坏了元成宗时期制度正规化的努力。

海山去世后，他弟弟即位，海山的追随者一直把恢复海山世系的大汗之位当作目标，导致其他民族军功集团与汉人正规化集团的长期冲突，直到元朝灭亡。

为了养活庞大的军功集团，海山采取敛财的做法，发行更多钞票，聚敛更多税收，从而破坏了民间经济。

元武宗的花费无度远超之前的元朝皇帝。他花钱的项目包括：建设元中都，重启大规模的工程建设；任意赏赐钱财；滥封爵位和官职；干预行政，破坏法律的执行；巨大的军事开支。

元武宗重设敛财机构尚书省，并利用尚书省推行货币改革，再次将货币贬值八成，造成了民间的通货膨胀。尚书省还强化了一系列的敛财制度，如包税、增加专卖等，但也推出了一项有利的改革：加强海运。

影响中期政治的第一人

元朝早期对制度影响最大的人非元世祖忽必烈莫属，而到中期之后，对整个元朝体系影响最大的人则是元成宗的继任者——元武宗海山。元世祖做了三十多年的皇帝才获得了这样的影响力，而海山却只做了不到四年的皇帝。即便如此，他留下的遗产却比他的前任元成宗以及后继者元仁宗都大得多。汉文文献对元成宗、元仁宗和元文宗的评价更高，因为他们都致力于汉化和建立稳定的政权，但元朝后期的走向并不由他们控制，反而是由元武宗决定的。

那么，这个在位时间不长的元武宗到底做了什么，才造成了这么大的影响呢？这首先要从蒙古人的世系说起。

元成宗的儿子德寿先他而去，这就导致元成宗没有直系后代可以继承皇位。在他活着的时候，就已由他的皇后卜鲁罕摄政，他的去世给了这位皇后更大的话语权。她一面继续摄政，一面想选择安西王阿难答当皇帝，丞相阿忽台等人也支持她。

但卜鲁罕的想法却面临几大障碍。首先，阿难答不是忽必烈的太子真金的子孙，而是真金的弟弟安西王忙哥剌的儿子，也就是元成宗铁穆耳的堂兄弟。这种继承类似西方人兄终弟及式的传承，却并不是东方的传统，且与中原传统相背。按照中原传统，只有在太子真金的所有直系子孙都灭绝的情况下，才能轮到他兄弟的子孙。

其次，安西王阿难答信奉的是伊斯兰教，[1] 他的基地在西部，对伊斯

---

1 见《史集》。

兰教发展和回族的形成都产生过重大影响，而信奉佛教的元成宗曾经与他在信仰方面激烈对抗。让这样的人在元成宗死后继位，显然会出现政策的急剧转向，特别是在中原地区。

事实上，在阿难答统治时期，除元朝之外的蒙古几大汗国都已经转向或者半转向伊斯兰教。《史集》记载，最早皈依的是金帐汗国的别儿哥汗，[2] 之后察合台汗国也出现伊斯兰化的倾向，1266年（元世祖至元三年，南宋咸淳二年），在继位上有争议的木八剌沙也皈依伊斯兰教，之后将他赶下台的八剌也是伊斯兰教徒。[3] 到1295年（元元贞元年），也就是忽必烈与元成宗交替的前后，伊利汗国的合赞汗继位后，还将伊斯兰教定为国教。[4]

在这样的情况下，元朝是曾经的蒙古帝国中仅剩的佛教地区，如果安西王阿难答继承皇位，那么整个蒙古世界就归属伊斯兰教。中原在未来也可能走向穆斯林化或者半穆斯林化的状态，这显然是当时中原的人们不愿意接受的。

除了中原不愿接受一个信仰伊斯兰教的皇帝，阿难答还有另外的弱点。在一个弱势的皇帝死去后，人们盼望的往往是一个强势的人选，能

---

2 拔都的弟弟，1257—1266年（元宪宗七年至元世祖至元三年，南宋宝祐五年至咸淳二年）在位。
3 木八剌沙是哈剌旭烈汗之子，哈剌旭烈汗是察合台之孙。八剌是木阿秃干之孙，木阿秃干是察合台的长子。
4 合赞汗是阿鲁浑汗长子，阿鲁浑是阿八哈汗之子，阿八哈是旭烈兀汗长子。在合赞皈依伊斯兰教之前，伊利汗国曾经与信奉基督教的西欧有过数次联系，试图与基督教联合进攻伊斯兰政权，但等基督教世界反应过来，决定与蒙古人谈联合时，蒙古人已经皈依了伊斯兰教。

够重新凝聚起已经消散的人心，并阻止女性干政。阿难答显然不符合这样的条件，这就给了另一个强势人选机会。

与卜鲁罕皇后不同，以右丞相哈剌哈孙为首的一群大臣决心以中原的规矩来办，也就是从太子真金的后代中选择继承人。在真金系中，除了元成宗铁穆耳，还有晋王甘麻剌和另一个儿子答剌麻八剌。甘麻剌曾经与成宗争夺过汗位，在元成宗时期，甘麻剌曾被派往哈剌和林，他在那里被证明是一个不合格的统帅，无法与海都等人抗衡，加上甘麻剌在1302年（元大德六年）已经死亡，这削弱了甘麻剌一系的地位。

甘麻剌系衰落的同时，真金的第二子答剌麻八剌系正在崛起。答剌麻八剌本人死得早，[5] 但他的两个儿子海山和爱育黎拔力八达却很受欢迎，[6] 特别是海山。

海山在蒙古人之中以武力闻名，如同早年的蒙哥汗。在元成宗早期与海都的内战中，当晋王甘麻剌等人连连吃败仗时，年仅18岁的海山临危受命，成了蒙古人的统帅。他的手下有一支庞大的军队，除了蒙古人，还包括钦察、阿速、康里等民族的人。在一般情况下，一支多民族的庞杂大军是不容易产生战斗力的，但海山获得了所有人的爱戴，这支军队在他的指挥下作战并杀死了海都。从此以后，海山在哈剌和林一直掌握庞大的军队，蒙古人和其他民族都将他视为统帅。

海山的成功遭到皇后卜鲁罕的妒忌，因为这样的王子显然是不受控的，于是海山和他的弟弟爱育黎拔力八达就成了皇后最大的障碍。在德

5　根据《红史》记载，他本人是个哑巴，死时只有29岁。
6　答剌麻八剌还有一个儿子——魏王阿木哥，他的母亲是汉人侍女，因此没有参加皇位争夺。

寿太子去世后，除了海山仍待在哈剌和林，皇后又将爱育黎拔力八达送往怀州（现河南沁阳），将他排除在权力中心之外。

元成宗一死，皇后派人去请安西王阿难答，双方达成权力交换。但在大都反对阿难答继位的人们聚在右丞相哈剌哈孙的旗帜下发动政变，将距离更近的爱育黎拔力八达迎回大都。

与此同时，远在哈剌和林的海山听说了都城的变故，也决定带领军队回大都夺取权力。他留下一部分军队监视中亚，剩下的分成左、中、右三支，自己走在大军的前方。到这时，海山和爱育黎拔力八达的兄弟相争就出现了苗头。不过，在紧急关头，在他们的母亲答己的主持之下，双方达成协议：由海山继位称帝，海山死后将由弟弟爱育黎拔力八达继位，弟弟死后，再把帝位交给哥哥的儿子和世㻋，通过这种方式在兄弟之间分享权力。

这种方式也不是中原式的，而更像是游牧民族式的。事实上，海山基本上尊重了这个协议，不仅善待母亲和弟弟，而且对于前朝的旧臣，虽有贬黜，但没有杀戮，实现了皆大欢喜的过渡。在此需要说明的是，虽然善待，但海山并没有重用他们，因为海山的政策已经转向了。

关于海山的政策，我们在后面还会谈到，这里只说，海山是最后一个受全蒙古爱戴的皇帝，但这也意味着，他必须放弃汉化之路，这在他和弟弟爱育黎拔力八达之间产生极大的分野。海山代表强大的武力、过度的财政力度，并试图任用多民族官员来统治，进行大肆的封赏；而他的弟弟代表了汉化、收敛，用汉人的政策来使制度正规化。二人存在严重的理念冲突，也决定了国家未来的冲突和走向。

元朝理财记

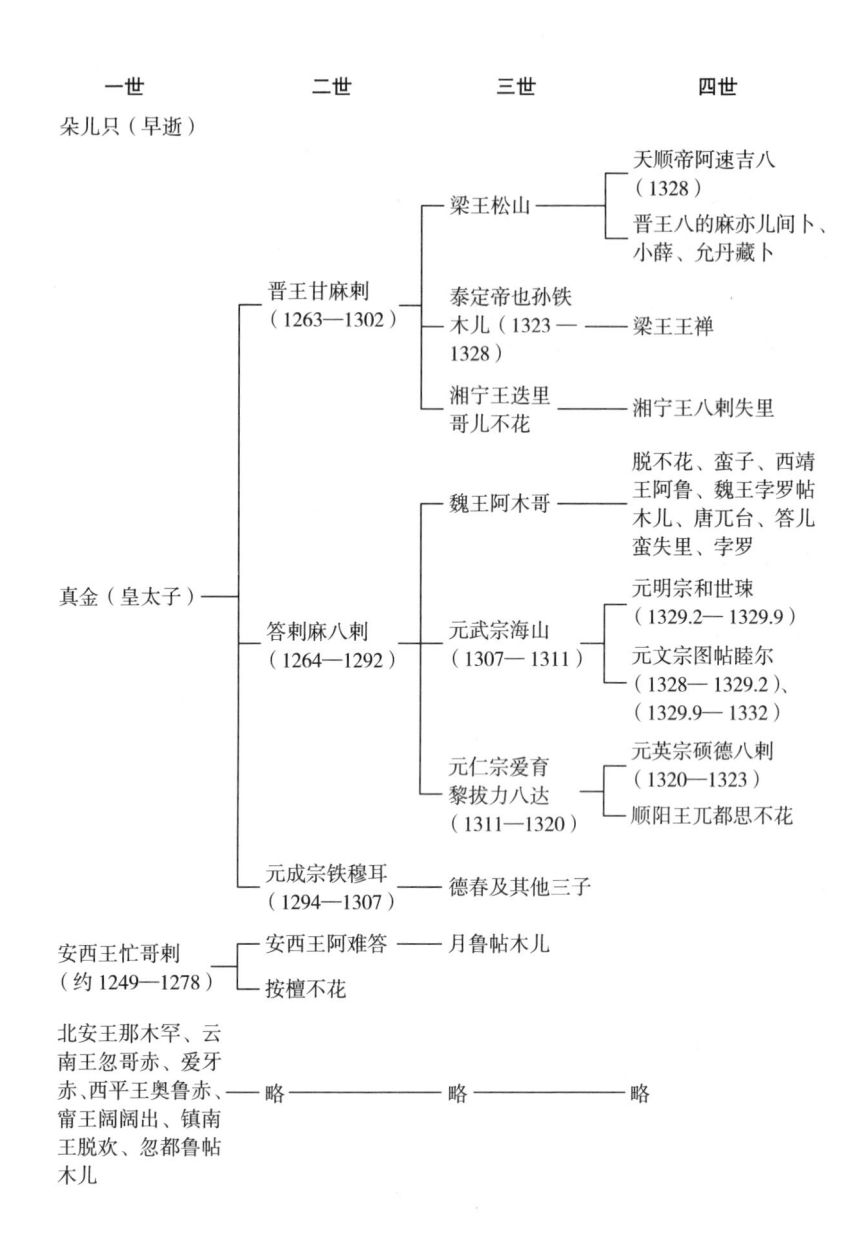

一世	二世	三世	四世
朵儿只（早逝）			
真金（皇太子）	晋王甘麻剌（1263—1302）	梁王松山	天顺帝阿速吉八（1328） 晋王八的麻亦儿间卜、小薛、允丹藏卜
		泰定帝也孙铁木儿（1323—1328）	梁王王禅
		湘宁王迭里哥儿不花	湘宁王八剌失里
	答剌麻八剌（1264—1292）	魏王阿木哥	脱不花、蛮子、西靖王阿鲁、魏王孛罗帖木儿、唐兀台、答儿蛮失里、孛罗
		元武宗海山（1307—1311）	元明宗和世㻋（1329.2—1329.9） 元文宗图帖睦尔（1328—1329.2）、（1329.9—1332）
		元仁宗爱育黎拔力八达（1311—1320）	元英宗硕德八剌（1320—1323） 顺阳王兀都思不花
	元成宗铁穆耳（1294—1307）	德春及其他三子	
安西王忙哥剌（约1249—1278）	安西王阿难答	月鲁帖木儿	
	按檀不花		
北安王那木罕、云南王忽哥赤、爱牙赤、西平王奥鲁赤、甯王阔阔出、镇南王脱欢、忽都鲁帖木儿	略	略	略

海山在即位不到四年后就离奇死亡,[7]但其影响力并没有在死后消亡。事实上,之后的元朝就是在蒙古人对海山的怀念中度过的。

爱育黎拔力八达的政策就是对海山财政失控的纠正,但这样的做法限制了蒙古人的特权,他们更加怀念海山时代的快意恩仇。1320 年(元延祐七年),爱育黎拔力八达去世后,并没有按照约定将帝位交给海山的儿子和世㻋,而是交给了自己的儿子硕德八剌,是为元英宗。元英宗继承了父亲的汉化和正规化政策,但他没有父亲的威望和手段。

在元英宗执政时期,蒙古人对元武宗的怀念达到了高峰。元武宗曾经亲手提拔了大量功臣群体,特别是钦察、阿速、康里等民族的人,[8]他们在海山的政策之下都被吸收为统治阶层。在汉化派元英宗的打压之下,这个群体已经有了反叛的倾向。但率先对元英宗发起反击的是另一股力量。

元英宗执政前期由皇太后答己摄政,答己死后,元英宗亲政,与太后势力以及太后信任的权臣铁木迭儿[9]发生了正面冲突。一支阿速人的卫队发动政变,杀死了元英宗。这支卫队的带头人是铁失,也是铁木迭儿的亲信。他们决定选择一个傀儡做皇帝,于是选择了晋王甘麻剌的儿子也孙铁木儿,这位皇帝死后没有谥号,被称为泰定帝。

1328 年(元泰定五年),元泰定帝去世后,元武宗的支持者终于找

---

7 很多人认为他死于母亲答己和弟弟爱育黎拔力八达的合谋,从二人的政策分野看,这是有可能的,但没有证据。
8 三者都是居住在里海以北的部族,其中康里人和钦察人属于突厥系,而阿速为源自高加索地区,迁徙到伏尔加河流域的伊朗人。
9 铁木迭儿经历了从元世祖到元英宗的五代皇帝,官至右丞相。

到机会，决定报答其知遇之恩。钦察人燕铁木儿和蔑儿乞部的伯颜发动政变，控制了大都，并在激烈的内战中击败了上都的反对势力。他们请元武宗之子图帖睦尔继任皇帝，是为元文宗。从此，元朝的帝位终于回到海山系的手中，而且再也没有外传过。

元文宗最初希望让自己的哥哥、海山的长子和世㻋代替自己继任皇帝。但在迎接哥哥的途中反悔，暗害了哥哥（短暂在位184天的和世㻋被称为元明宗）。元文宗在位的时间并不长，1332年（元至顺三年）他去世时，决定不立自己的儿子为帝，而是将帝位交给哥哥的儿子。他的皇后卜答失里立元明宗和世㻋的次子懿璘质班为帝，是为元宁宗。53天后，元宁宗死亡，于是他的哥哥、元明宗长子妥欢帖睦儿被立为皇帝（元顺帝），这是元朝灭亡之前的最后一个皇帝，也是元朝在位时间最长的皇帝。

关于元武宗海山对元朝的影响，我们可以概括为以下几点。

第一，在元成宗时期，年轻的海山率领军队击败了海都势力，使得元朝再次成为蒙古的中心，也让几大派系暂时联合起来。从这个角度看，他是蒙古大一统理想的最后代表。

第二，也正是海山在军事上的成功，使钦察、阿速、康里几个民族蒙古化，让他们有了身份认同。

第三，这样的团结是要付出代价的。海山在成为元武宗之后，破坏原本正在建立的正规官僚制度，引入他在军队中的亲信，继续蒙古初期军事分封制的部分做法。

第四，为了养活庞大的军功集团，海山采取敛财的做法，发行更多钞票，聚敛更多税收，从而破坏了民间经济。

第五，海山死后，他的母亲和弟弟试图扭转这种充满了随意性的政策，重新建立正规的行政和财政制度，并引入科举制。但这一切又得罪了海山的军功集团，而引起反抗，这也使得他们无法完成最终的正规化。

第六，海山之后，元朝政治进入摇摆期，体现在海山的蒙古军功集团与汉人正规化集团之间的冲突，直到元朝灭亡。

第七，元朝中后期政治的另一个特点是，海山的军功集团努力恢复海山的世系和制度，并最终将海山的后代扶上帝位。但在这个过程中，又引入在元朝很少出现的权臣政治，形成权臣当政的局面，将皇帝和制度建设进一步边缘化，从而浪费了元朝最后的发展机会，导致元朝覆灭。我们会看到，元朝的最后几任皇帝大都是在权臣的控制之下执政的。

敢花钱的大汗

在元武宗的花钱项目中，有一个特殊的工程，他建设了一座规模巨大的城市：元中都。元朝的都城除了窝阔台建立的哈剌和林，还有位于现在北京的元大都，以及位于现在内蒙古的上都。但很少有人知道，在大都和上都之间，还有一个元中都。

从张家口继续向北，就到了中国地理上一个重要的界线：野狐岭。这座山岭是草原和农耕区的分界，向北望去是茫茫草场，向南则能看到一片山区，过了山区，就是中原的农耕文明区域了。界线两边的地理差别是如此明显，给每一个来这里的人都留下了深刻的印象。[10] 过了野狐

---

10 本书作者曾经考察过野狐岭和元中都遗址，在野狐岭看到的风景与八百多年前的丘处机几无二致，见本书作者的《骑车去元朝》。

岭，在不远处经过一个现在叫馒头营的乡镇继续向北，就到了白城子，这里如今只是一片带着城墙的废墟，其内部建筑已经很难辨认，但在元朝，这就是元武宗建立的元中都。

元中都的建设日程出人意料，1307年（元大德十一年）正月元成宗离世，到了五月，帝位争执尘埃落定，元武宗在上都继位。六月，他就宣布在上都和大都之间的旺兀察都之地建立中都。他之所以要建立中都，很重要的原因是他虽然已经是皇帝，在大都却是新人，对大都的官僚体系并不熟悉。他从小就被送入军队，来到哈剌和林的游牧之地。之所以选择在野狐岭以北（农耕区之外）建设中都，就是对大都政治的一种反抗。另外，中都的建设也反映了皇帝的心意——他虽不是元成宗汉化政策的继承人，但也不想完全放弃中原，而是试图杂糅游牧（上都）和农耕（大都），开辟新的道路。

中都虽然有其战略价值，但建设它对皇帝而言代价也是昂贵的。元朝是一个建设大工程的时代，工程建造费用十分高昂。以1271年（元至元八年）修建大都为例，修建整个城市所使用的人工就达到150万～160万。而元武宗时期兴建中都之后，又在大都及其附近地区修建大量寺庙，仅仅在山西建寺就耗费了海量的人力。[11] 在元武宗当政的1311年（元至大四年），仅仅土木花费就有数百万锭之巨。

元武宗时期以巨大的开支闻名，建设中都和大都只是其中的一部分。事实上，自从他上台开始，就有了花钱如流水的感觉。首先是皇帝登基的赏赐，元武宗继位后在哈剌和林和上都两次朝会，共花费钞

---

11 "云州工役，供亿浩繁。"（《元史·武宗本纪》）

350万锭,在元朝的赏赐中达到巅峰,也导致了府库彻底空虚。[12]据《元史·武宗本纪》记载,1307年(元大德十一年),也就是他即位那一年,到了九月已经支出420万锭,还有100万锭的开支未付,其中赏赐就占350万锭。中书省报告说当年货币收入是400万锭,其中留在地方120万锭,中央收入只有270余万锭,因此完全无法应付这样的巨额赏赐。1308年(元至大元年),当年支出1 000万锭,粮300万石,比预算多了近200万锭钞。

除了即位的赏赐,元朝的蒙古人还有岁赐。元世祖时期,刻意将岁赐金额压低以节省开支,但是到了其子孙统治时期,由于需要宗族的支持,不得不大量撒钱。元成宗即位后,将原本的赐金数从50两提高到250两,银从50两提高至150两,而元武宗也继续这样的大额支出。

除了赏赐,元武宗的另一个举动是封官,其做法破坏了原有的官制。由于他一直在哈剌和林带兵,习惯靠封官来获得爱戴,这在军队中尤为重要,而带兵的人往往会忽略财政和行政的难处,这使得元武宗对封官赏赐特别不在乎。另一方面,由于他的亲信太多,大都是蒙古人和色目人,导致大都的官员很快就被排挤,换成了另一拨人。

最典型的是中书右丞相哈剌哈孙,此人还是元武宗即位的功臣。虽然元武宗最初将其留任,但很快就把他打发到北方。[13]随后,一批蒙古

---

12 见《元史·武宗本纪》。元武宗由于是战将出身,又要团结手下的钦察等部,所需要赎买的对象更加庞杂。

13 他设立和林行省,让哈剌哈孙担任和林行省的左丞相。第二年,哈剌哈孙就死了。

人和色目人占据了高位。[14]

而更有甚者,是元武宗对于王号的处理。据《元史·诸王表》记载,在他之前,元朝的王号是有等级的,其中第一等的王都来自黄金家族,有两个特点:一是这些王被赐予带着兽纽的金印;二是这些王的王号都只有一个字,被称为"一字王"。元武宗由于即位后发钱太多,到最后国库亏空,无法兑现他所有的承诺,只能通过滥发爵位弥补。在短短的两年内(1307—1308年,大德十一年至至大元年),他就发放了19个王号,14个是持兽纽金印的"一字王",其中只有2个出自元世祖后代。

除了王号,官职也成了元武宗的礼物。在元朝,最重要的几个部门是负责行政的中书省、负责军事的枢密院、负责监察的御史台,这些机构都被武宗塞了大量的亲信,导致其处于半瘫痪状态。[15] 甚至连演员、屠夫、僧、道都可以被授予中书省臣的职位,工匠也被授予国公和丞相的名号。[16]

皇帝和太后随意干预行政,也造成了法令缺乏正常执行途径,使得正规的官僚机构无法行使职权。以任命官员这项权力为例,它原本应当由中书省的吏部行使,但事实上,由于皇帝和太后有太多人需要照顾,

---

14 以他设立的尚书省为例,在这里担任右丞相的乞台普济为唐兀人,左丞相脱虎脱为畏兀儿人,平章政事三宝奴不详(但并非汉人),平章政事乐实为高丽人,右丞保八为色目人,左丞忙哥帖木儿为拂林人,只有参知政事王罴为汉人。

15 1307年(元大德十一年),中书宰臣已达14人,御史大夫4人。一年之后,枢密院长官从忽必烈时期的6人增加到32人。见《元史·武宗本纪》。

16 见张养浩《归田类稿》卷二:"微至优伶、屠沽、僧道,有授左丞、平章、参政者。其他因修造而进秩,以技艺而得官,曰国公、曰司徒、曰丞相者,相望于朝。自有国以来,名器之轻,无甚今日。"

他们的许多近身人（如怯薛）都很随意地得到了官职。如《元史·武宗本纪》记载，皇帝即位后两个月，就通过"内降旨"的方法授予数百人官职。

除了赏赐，还有军事开支，主要表现为怯薛的花销。在元武宗时期，《元史·兵志·宿卫》记载，"每岁所赐钞币，动以亿万计，国家大费每敝于此焉"。据《元史·武宗本纪》记载，1311年（元至大四年）达240 250锭，每人每年给钞80锭。除了怯薛开支，还有大量的战争开支和边备开支，比如，1311年（元至大四年）一年中，北边的军需就高达六七百万锭，占财政支出的三成以上。

当然，我们也要看到，元武宗并非有意地抑制汉人和汉制，他只是认识了太多的朋友，要应付太多的人打秋风罢了。事实上，他在上台之后，也曾经给孔子加封号[17]，也曾经对儒户进行过宽待，但这只能说明他没有歧视中原的文化，并不表明他尊崇儒学。事实上，他修建的佛教寺庙更多，也花费更大量的钱财。元武宗是一个大度的人，他本人是佛教徒，但他希望一碗水端平，对佛教、道教和儒教都有优待。

在元武宗当皇帝的三年多时间里，这位皇帝四处封赏，与各个汗国建立了友谊，希望通过这种方式，让所有人都感受到他的宽容，这也让人们在他逝世后还怀念这个铺张的时代。但当元武宗需要照顾的方面太多时，他又如何来解决财政问题呢？[18]

---

17 从至圣文宣王加封为大成至圣文宣王，见元武宗《加封孔子制》。
18 张养浩提出，元武宗的问题有十个："一曰赏赐太侈，二曰刑禁太疏，三曰名爵太轻，四曰台纲太弱，五曰土木太盛，六曰号令太浮，七曰幸门太多，八曰风俗太靡，九曰异端太横，十曰取相之术太宽。"见《归田类稿》卷二。

元武宗的敛财经

元武宗解决财政问题的第一步是挪用钞本。关于挪用钞本的问题，在元成宗时期已经屡次发生，元成宗逝后当年，据《元史·武宗本纪》记载，元武宗由于赏赐超量，无法筹集足够的财政资金，于是中书省再次请求挪用钞本 710 万锭。到 1309 年（元至大二年）累计挪用钞本 1 060.3 余万锭。

表 11-1 元朝挪用钞本实例 [19]

年代	挪用情况
1276—1282 年 （元至元十三年至至元十九年）	阿合马将各路平准库金银尽数送往大都，导致中统钞的钞本丧失
1294 年 （元至元三十一年） 八月	各路平准交钞库所储银 936 950 两，留 192 450 两为钞本，其余均运至京师当作赏赐发放给蒙古贵族
1298 年（元大德二年）	岁用不足，从至元钞本中挪用 200 000 锭
1307 年 （元大德十一年）	元武宗即位赏赐，挪用钞本
1308 年（元至大元年）	即位赏赐合计 8 200 000 余锭（中统钞计）[20]，其中 7 100 000 余锭是挪用钞本
1309 年（元至大二年）	已累计挪用钞本 10 603 100 余锭中统钞

但一个国家的钞本是有限的，挪用一次之后，需要很久才能恢复，

---

19 参考《元史》相关本纪。
20 虽然此时主流已经是至元钞，但中统钞已经变成一个记账单位：5 贯中统钞相当于 1 贯至元钞。

而且在恢复之前也无法进行另一次挪用。于是元武宗又实行了以下几个举措。

第一个举措是从节流上考虑，即裁减官员人数。1307年（元大德十一年），元武宗下诏，要将官员人数减少到之前元成宗时期的规模，但这显然是做不到的，因为首先打破规矩的就是皇帝和太后本人。由于缺乏硬性约束，皇帝在两年后就承认这项措施失败了。[21]

既然做不到节流，那么接下来只好考虑开源，也就是从民间榨取更多的财富。为了解决开源问题，元武宗首先如同忽必烈时期一样，决定重建尚书省。[22]

在忽必烈时期，曾经两次建立尚书省。元朝的行政工作主要由中书省负责，忽必烈为了在汉化制度上嫁接中亚地区的财政制度，才设立了尚书省。在皇帝看来，尚书省只是一个理财机构，但在尚书省设立之后，由于理财、专卖和收税涉及方方面面的利益，皇帝发现如果不给尚书省以更大的权力，是不可能完成征税工作的。于是尚书省的权力变得越来越大，直到将中书省的权力剥夺。

元武宗建立尚书省，另一个目的是绕开原有的官僚机构，设立一个新的机构来安置自己的亲信。于是，元武宗从哈剌和林带来的各种蒙古

---

21 在《元史·武宗本纪》中充斥着对裁减人员的讨论。"癸酉，尚书省臣言：'比来柬汰冗官之故，百官俸至今未给，乞如大德十年所设员数给之，余弗给。'从之。""诏谕三宝奴等：'去岁中书省奏，诸司官员遵大德十年定制，滥者汰之。今闻员冗如故，有不以闻而径之任者。有旨不奏而擅令之任及之任者，并逮捕之，朕不轻释。'"但不管做多少努力，最终都以失败告终。

22 重建尚书省的提议来自畏兀儿人脱虎脱，并得到高丽人乐实、色目人保八等人的赞同。

人和色目人都进入了这个机构。[23] 由于皇帝对这些人的宠信，他们也很快获得了超越中书省的权力。

就在尚书省成立的第二个月，各地的行中书省就改为行尚书省，而皇太子也从中书令改任尚书令。[24] 尚书省很快就篡夺了中书省的人事、司法和财政权力。元武宗建立尚书省的意图非常明确，那就是通过改革钞票，帮助他获得更多财富。然而由于钞本被挪用，至元钞持续贬值，钞票在民间已经失去了信誉，如何才能挽救纸币的信誉呢？

1309年（元至大二年），在尚书省设立几天后，皇帝就发行了一种新的钞票。但不幸的是，他并没有从稳定币值的角度考虑问题。他的做法与忽必烈如出一辙，只是将钞票换了一个名字，于是就有了至大钞。至大钞在技术上被分成十三等（2两～2厘），单位也从"贯"改成"两"。至大钞1两兑换至元钞5贯、白银1两、黄金1钱。[25]

如果我们从元朝最初发行的钞票进行追溯，就会发现从中统钞到至元钞贬值了八成，从至元钞到至大钞又贬值了八成。

发行至大钞的第二年，元武宗开始大量印造，当年就印刷145余万锭，折合至元钞725余万锭，折合中统钞3625余万锭，与元世祖最早发行的7万余锭相比，已经超额500多倍。在元武宗之前，发行钞票最多的一年是1302年（元大德六年），那一年发行至元钞200万锭，折合

23　见《新元史·武宗本纪》："八月癸酉，立尚书省。乞台普济为尚书省右丞相，脱虎脱为左丞相，三宝奴、伯颜，也速为平章政事，保八为右丞，忙哥帖木儿为左丞，王罴为参知政事，中书左丞刘楫授尚书左丞、商议尚书省事。"
24　元初之后，元朝的太子往往兼任中书令。
25　如果以兑换计，至大钞比至元钞贬值了八成。但如果以白银（购买力）计，实际上至元钞只贬值了四成，即原来1两白银换2贯至元钞，现在则是1两白银换5贯至元钞。

中统钞1000万锭,而元武宗一年的发行量已经是1302年(元大德六年)的3.5倍,可见其用钞之猛。

钞票的面额越大,使用越不方便。为了缓解民间只有大额钞票的尴尬,元武宗还发行了两种铜币(大元通宝、至大通宝),并顺便禁止了金银交易。民间失去了最后的保值品,只能跟随政府的印钞颠簸了。

至大钞的发行只是因为政府要解决财政赤字,却给民间带来了毁灭性的打击。幸运的是,1311年(元至大四年),元武宗去世,上台的元仁宗考虑到印钞巨大的破坏性,废止了至大钞,改为至元钞和中统钞并行,于是,这一次的冲击持续两年就结束了。民间虽然很受伤,但舔过伤口之后又痊愈了。

表 11-3 元朝的印钞数量(至元武宗时期)[26]

年代	数量(锭)	折合中统钞(锭)
1260年(元世祖中统元年)	中统钞 73 352	73 352
1264年(元世祖至元元年)	中统钞 89 208	89 208
1273年(元至元十年)	中统钞 110 192	110 192
1283年(元至元二十年)	中统钞 610 620	610 620
1287年(元至元二十四年)	中统钞 83 200, 至元钞 1 001 017	5 088 285
1288年(元至元二十五年)	至元钞 921 612	4 608 060
1294年(元至元三十一年)	至元钞 193 706	968 530
1295年(元元贞元年)	至元钞 310 000	1 550 000
1296年(元元贞二年)	至元钞 400 000	2 000 000

26　参考《新元史·食货志·钞法》整理而成。

（续表）

年代	数量（锭）	折合中统钞（锭）
1297年（元大德元年）	至元钞 400 000	2 000 000
1298年（元大德二年）	至元钞 299 910	1 499 550
1299年（元大德三年）	至元钞 900 075	4 500 375
1300年（元大德四年）	至元钞 600 000	3 000 000
1301年（元大德五年）	至元钞 500 000	2 500 000
1302年（元大德六年）	至元钞 2 000 000	10 000 000
1303年（元大德七年）	至元钞 1 500 000	7 500 000
1304年（元大德八年）	至元钞 500 000	2 500 000
1305年（元大德九年）	至元钞 500 000	2 500 000
1306年（元大德十年）	至元钞 1 000 000	5 000 000
1307年（元大德十一年）	至元钞 1 000 000	5 000 000
1308年（元至大元年）	至元钞 1 000 000	5 000 000
1309年（元至大二年）	至元钞 1 000 000	5 000 000
1310年（元至大三年）	至大钞 1 450 368（两）	36 259 200
1311年（元至大四年）	至元钞 2 150 000，中统钞 150 000	10 900 000

除了发行钞票，元武宗还对原有的税收制度进行了调整，也就是加税。由于国家垄断了盐的生产，元武宗时期盐引（盐的信用凭证）的价格增加了35%，并增加了酒税。

在包税方面，元武宗也采取了鼓励的做法，他设立一个基数，以1307年（元大德十一年）为基，凡是超过这一年税额的就会得到奖赏。

任何项目，只要能够帮助皇帝敛财，就在尚书省的考量范围之内。从某种意义上说，元武宗时期的尚书省是一个高效的机构，它将大量的财政改革压了下去。而其中一些改革并非毫无意义，比如在各地建立常平仓，以及为了降低运费，大力发展海运来替代陆运和内河运输。1308年（元至大元年），海运粮食的数目只有1 240 148石；到了第二年，运输量就达到2 464 204石；又过了一年，更是冲到2 926 533石。显然，海运对元朝是有利的。[27]

如果元武宗的政策继续下去，那么元朝可能更早就向崩溃的边缘滑去，但是，在三年多之后，1311年（元至大四年）正月，元武宗突然去世了，时年31岁。

在元武宗去世前，曾经有人劝说他将皇太子改为自己的儿子和世㻋，但他没有听从。也许他没有想到自己这么快就会死去，也许他的死亡本身就是不正常的。但不管怎样，这给了元朝一个喘息的机会。如果是他未成年的儿子当了皇帝，那么辅弼大臣必然出自蒙古人和色目人群体，中原也就得不到休养生息的机会了。而恰好他的弟弟是一个更加主张汉化的人，从而能够在他死后将他的政策都废除掉，于是，元朝进入最倾向于汉化的时期。

27　具体数据是：1308年（元至大元年），运粮1 240 148石，运到1 202 503石，事故粮37 645石；1309年（元至大二年），运粮2 464 204石，运到2 386 300石，事故粮77 904石；1310年（元至大三年），运粮2 926 533石，运到2 716 913石，事故粮209 620石；1311年（元至大四年），运粮2 873 212石，运到2 773 166石，事故粮100 046石。

第十二章　元仁宗与元英宗的汉化改革

元仁宗即位后，在最短的时间内废除了哥哥所有的政策，疏远军功集团，处死大部分的尚书省聚敛之臣。从此军功集团致力于让海山的子孙上台，双方的矛盾走向不可调和的地步。

元仁宗恢复了科举考试制度，让普通汉人有了一条晋升通道。宋朝的理学被元朝科举考试送上正统地位，并在明清时期成为钳制人们思想的教条。

由于财政花费过大，元仁宗需要新的税源，于是采取整顿土地的做法，也就是在忽必烈无法清查的南方重新清查土地，平均地税。这次被称为"延祐经理"的行动却由于被过度执行而引起地方的反抗，最后不得不取消。元朝税收南轻北重的情况一直持续到朝代末期。

元朝后期，汉化派、建制派、守成派之间有着复杂的斗争与合纵连横。为了确保元仁宗上台，汉化派和建制派联合起来反对守成派；可一旦元仁宗和儿子元英宗执政，建制派和守成派又联合起来反对汉化派。

元仁宗死后，其子元英宗继续其改革措施。元英宗的改革主要涉及司法和力役，这些措施激怒了建制派。最终建制派在上都的南坡刺杀了元英宗及其助手，结束了元朝最倾向于汉化的时期。

又一次拨乱反正

元武宗的死亡是一个谜，虽然历史没有记载，但怀疑他是非正常死亡的人可以从他身后的政策转向得到某些线索。

元武宗逝于1311年（元至大四年）正月初八，就在两天后，他精心建立的尚书省就被废除了。也就是说，他的继任者、弟弟元仁宗对哥哥的政策毫不尊重，直接来了个彻底的大转向。

尚书省被废除的当天，元仁宗就已开始对元武宗的宠臣们进行清理。这时的元仁宗还只是个候任皇帝，要在两个多月后才正式登基，但此时的他已经下令，让中书右丞相塔思不花、知枢密院事铁木儿不花等人寻找证据，以审判尚书省的丞相脱虎脱和三宝奴，以及平章政事乐实、右丞保八、左丞忙哥帖木儿、参政王罴。这一次，他利用旧系统中的中书省和枢密院对尚书省进行清理。

据《元史·仁宗本纪》记载，十四日，中书省和枢密院就找到了足够的罪证，将脱虎脱、三宝奴、乐实、保八、王罴处死，忙哥帖木儿杖流海南。也就是说，元武宗去世还不到10天，他的宠臣除了一人幸存，其余的都随他而去了。这样惊人的处置速度，如果不是事先有所准备，是很难实现的。

元武宗统治时期大量依靠西方民族军事力量，影响了多个族群，其中受影响最大的是汉化派和汉人，他们一直希望逐渐将元朝的政治引上正规渠道，将其变成一个真正的中原王朝，但随着元武宗的到来，一切都成了泡影。

除了汉化派,其实还有一派人存在,我们可以称他们为"建制派"。这些人出身蒙古,但已经习惯了在中原土地上的生活,也习惯了忽必烈建立的制度。他们不希望元武宗带来的外人对已经形成的权力结构洗牌。汉化派和建制派是有冲突的,在元武宗统治之前就已经非常激烈,但在对付元武宗带来的外来势力时,二者合作了。汉化派的代表就是元仁宗和他的汉人谋臣,而建制派的代表则是元仁宗的母亲答己以及答己宠信的大臣铁木迭儿。

元仁宗在没有成为皇帝时就以高度汉化而闻名。他身边有大量的汉人,包括著名的赵孟頫、张养浩、李孟等。这导致他和元武宗海山虽然是亲兄弟,却有着截然不同的气质和政治观点。海山是一个试图效仿成吉思汗、蒙哥、忽必烈武功的人,他对国家的正规财政一窍不通,却深刻地知道,要想建立武功,必须用金钱和地位来收买军人。在他的心中,国家只是一个为他提供不朽军功的舞台,如果不能提供足够的军事支持,还要国家做什么?从这个角度说,海山虽然羡慕忽必烈的武功,却并非正统继承人,因为忽必烈虽然也压榨民间,但也为元朝建立了一系列制度,他只是由于过于急切地需要财政收入,在后期放弃了前期的努力罢了。但海山从未考虑建立任何正规化的制度,反而一直在破坏它。

元仁宗走向了另一个极端。他本人性格懦弱,我们现在很难分清,后来归到他身上的功劳到底有多少源于他本人的决策,又有多少出自他的母亲答己。因为在他活着的时候,他的母亲答己一直在政治上起着重要作用。由于这样的性格,导致从元仁宗开始,元朝就进入了中央暗弱的阶段。但元仁宗又确实试图将政治和财政制度正规化,这一点对元朝是有利的，特别是经过元武宗海山的折腾之后。

在处死元武宗的心腹之后，元仁宗对元武宗时期政策的拨乱反正还在继续。二十日，由于这一天出现了不吉利的天象，元仁宗乘机将元武宗的另一项政绩——修筑中都的建议——也取消了。[1]

同一天，元仁宗开始用自己的人来填补官场的空缺。他选择的大都是在元世祖时期就在官场上有声望的人，包括平章程鹏飞、董士选，太子少傅李谦，少保张驴（章闾），右丞陈天祥、尚文、刘正，左丞郝天挺，中丞董士珍，太子宾客萧惟斗，参政刘敏中、王思廉、韩从益，侍御赵君信，谦访使程钜夫，杭州路达鲁花赤阿合马等。

二十二日，元仁宗继续清理元武宗朝的六部官员，凡是过去投靠了之前那几位尚书省官员的一律被拿下。三天后，中书省继续换人，云南行中书省左丞相铁木迭儿担任中书右丞相，[2] 太子詹事完泽、集贤大学士李孟担任平章政事。二十七日，各地的行尚书省又改为行中书省。在这次改革中，作为元仁宗老师的李孟担任了宰执级官员，表明元仁宗在改革中并非完全听任母亲的摆布，而是自己也有着一定的决定权。

在短短一个月内，元武宗的政策已经烟消云散。但这还不是更政的结束，在人事到位后，接下来的几个月时间里，元仁宗除了准备自己的登基、操办哥哥的葬礼，又废止了哥哥发行的至大银钞和铸币，只保留了中统钞和至元钞。在元武宗的改革中，发行铜币其实对民间是有利的，

---

1 中都在元仁宗将其取消后，很快就被废弃，其宫殿在元末红巾军起义时被烧毁。
2 铁木迭儿是皇太后的人，出身宣徽院系统，他后来成了元仁宗时期的权臣。

因为大额纸币不利于民间的小额流通，但元仁宗一并将其停掉。[3]

在停掉尚书省和至大银钞之后，政府的税收必然减少，于是就到了裁减官员人数的时候。元仁宗下令，将官员人数裁减到元世祖晚年的水平，以此来表明自己改革的决心。

元仁宗的拨乱反正对于元朝的发展是有利的，但他的做法势必会引起另一个群体的不满，那就是元武宗带来的军功集团。海山上台后虽然挥霍无度，但是对除了拥护阿难答的人之外的所有人都表现出了善意，可以说，这是一个官员相对安全的时期。元武宗滥发赏赐，对社会造成了危害，但他的军功集团感觉不到任何威胁。

随着元仁宗对海山宠臣的杀戮，元朝进入了一段血雨腥风的时期，要到元仁宗掌握了稳定的权力之后，这段时期才成为过去。元武宗的军功集团放眼回顾，发现自己已经被抛弃了，他们心中充满了对元武宗的怀念和对元仁宗的仇恨，要让海山的后代上台的执念就是在这时候形成的。而恰恰元仁宗的改革是以加强文治和汉化为特征的，缺乏对军功集团的控制，这样的积弊在元仁宗执政时期还没有显现出来，但在他死后总会爆发。

元仁宗让军功集团最为失望的，是他废除了当初与哥哥的约定（即他死后会将权力交还给哥哥的儿子和世㻋），立自己的儿子硕德八剌为太子。这样做不仅是元仁宗的意思，也是大臣的意思，因为元仁宗已经开启了杀戮的大门，如果和世㻋即位必然又会重新开始一次官员置换，

---

[3] 元朝虽然行钞为主，但在历朝也都有铸钱，元仁宗虽然停掉元武宗的铸币，但在自己任上也有少量的铸币发行，称"皇庆元宝""延祐元宝""延祐通宝""延祐贞宝"，只是数量很少，无法满足民间的需求。

将现任官员免职甚至杀死，换上自己中意的人。至此，两派之间已经不存在调和的空间了。

和世㻋被封为周王送往云南，他后来逃走，前往察合台汗国，并在察合台汗国的帮助下在西北地区扎根。这种与西北方的联合更加剧了海山系和元朝的疏离，强化了汉化与蒙化的争执。

海山的次子图帖睦尔被流放到海南，由于他大部分时间在中原，又与哥哥和世㻋形成政治的分立，也为接下来的兄弟反目埋下了伏笔。

迟到半个世纪的科举考试

在元仁宗的政策中，对后世影响最大的是科举考试。元朝的科举考试不仅影响了这一个朝代，甚至有着超越时代的特征，影响了后来的明朝。由于明朝距离宋朝科举考试已经非常遥远，因此，它学习的目标是元朝。不幸的是，元朝的科举考试又带着许多非常僵化的规则，这导致明朝的科举比唐宋单调乏味得多。

人们根据历史判断，如果元朝能够从元世祖时代恢复科举制，那么将会对往后古代中国社会产生巨大的凝聚力。元世祖最初是有心恢复科举取士的，但是他设立的目标太多，到了后期专注于打仗，再加上整合南方的难题，以及对中原的防范，导致科举制度并没有被恢复。[4]

元成宗也有心恢复科举制度。但是元成宗缺乏祖父的威望，很难有

---

4 试图恢复科举考试的还有忽必烈的太子真金。1274 年（元至元十一年），真金曾经主持讨论科举考试的程序，但可能由于与南宋作战的缘故并未颁布。真金逝后，科举考试被搁置。见《元史·选举志》。

大的变革，他在表达想恢复科举考试的意愿之后就将其搁置了。元武宗自然对科举考试没有兴趣。

元仁宗上台后，首先想到的是提高官员的素质。他在即位当年就颁布法令，要求汉人官员的子孙在获得官职（承荫）前，要参加一次考试（包括一门经和一门史），只有考试合格才能就职。蒙古和色目官员的子孙也可以选择考试，通过考试后，可以得到比原来职位高一级的官职。[5]同时，皇帝开始对吏进行限制，之前吏员出身的官员可以任四品官，现在改为只能任五品官了。[6]

皇帝本想对吏做出更严格的限制，限制为从七品，只是由于科举制度没有跟上，人才不够，才不得不做出妥协。到了1313年（元皇庆二年），他认为可以举行科举考试了，于是下诏在两年后举行元朝的第一次正规科举考试。[7]

对历代王朝来说，科举都是一项大工程，除了最后的进京赴试，士人们在家乡还要参与若干次考试。到了明清时期，最严格的科举考试包括县试、乡试、会试和殿试四个等级，[8]在元朝时则设立了三个等级，首先是在会试的前一年，各省举行乡试；乡试的第二年，获得了资格的考

---

5 见《元史·选举制》："至大四年，诏：'诸职官子孙承荫，须试一经一史，能通大义者免儤使，不通者发还习学，蒙古、色目愿试者听，仍量进一阶。'"
6 见《元史·李术鲁翀列传》："时有旨凡以吏进者，例降二等，从七品以上不得用。翀言：'科举未立，人才多以吏进，若一概屈抑，恐未足尽天下持平之议。请吏进者，宜止于五品。'许之，因著为令。"
7 在恢复科举考试方面，对皇帝影响最大的是李孟，其次还有程钜夫、徐师敬、贯云石、元明善、吕端善等人。见《元史》，亦参考申万里《元代科举新探》第一章。
8 在明清时期，取得秀才资格的第一级考试实际上又演化成县试、府试、院试的三级考试，只有三级都过了才有秀才资格。这样的考试制度更增加了人们成为士人的成本。

生再齐聚京城参加会试；会试合格之后再参加由皇帝主持的殿试。

诏令发布后的第二年，即1314年（元延祐元年）举行了乡试，会试和殿试则在次年举行。

元朝将臣民分成四种人，即蒙古人、色目人、汉人和南人，在考试时也基于此进行名额划分，每一种人都获得了相同的指标，也就是75个名额。由于汉人和南人数量众多，而蒙古人和色目人的数量有限，相同名额的规定显然对汉人和南人不利。同时，汉人的考题难度远远大于蒙古人和色目人，也导致后两者享受了特权。

表12-1 元朝会试参加人数和分布[9]

地区[10]	蒙古人	色目人	汉人	南人
大都	15	10	10	/
上都	6	4	4	/
河东	5	4	7	/
真定	5	5	11	/
东平	5	4	9	/
山东	4	5	7	/
辽阳	5	2	2	/
河南	5	5	9	7
陕西	5	3	5	/
甘肃	3	2	2	/
岭北	3	2	1	/

---

9 根据《元史·选举志》整理。
10 考试区的划分包括，行省十一：河南、陕西、辽阳、四川、甘肃、云南、岭北、征东、江浙、江西、湖广，宣慰司二：河东、山东，直隶省部路四：真定、东平、上都、大都。

（续表）

地区	蒙古人	色目人	汉人	南人
江浙	5	10	/	28
江西	3	6	/	22
湖广	3	7	/	18
四川	1	3	5	/
云南	1	2	2	/
征东	1	1	1	/

不管怎样，科举考试给了汉人（包括南人）一个正常进入官僚系统的途径。但这个途径又是非常狭窄的：元朝一共举行了十六科考试，[11] 考中进士的一共有1 139人。在元朝的文官系统中，只有少数人是通过科举考试进入的，这也意味着从吏员进入官场依然是最主要的途径。

元朝科举对后世最大的影响在于将宋朝理学变为正统。在此，我们可以追溯一下理学成为科举正统的过程。

在唐宋时期，科举考试是非常灵活的，唐朝考试有秀才、明经、进士、明法、明算等科目，兼用诗赋、策论、算术、法条、历史、经学等各种学科。宋朝继承了唐朝相对灵活的考试方法，兼顾了学问和文采两个方面。

到南宋时，科举考试到底是选择考儒经还是测试文采，已经引起人们激烈的争论。但在宋朝，对于儒经，内部也有着不同意见，程氏兄弟和朱熹所代表的理学也并未得到所有人的认同，自然不可能成为科举考

---

11 元朝最后一次科举考试发生在1366年（元至正二十六年），两年后，元朝失去了中原。1336年和1339年（元后至元二年和元后至元五年）科举考试曾经停办。

试的标准答案。到了南宋后期的 1241 年（南宋淳祐元年），宋理宗让周敦颐、张载、二程（程颢、程颐）、朱熹享受孔庙从祀的待遇。朱熹的著作《四书集注》也成为政府官员的必读书。即便如此，由于存在争论，理学无法成为毫无争议的学术权威。

至于北方的金国，其科举考试反而更偏向唐朝模式，据《金史·选举志》记载，当时不仅考儒经，也考文章和辞赋，以及其他专科。金国的考试分为词赋、经义、策试、律科、经童，后来又创造了女真进士，是专为女真人开的。朝廷还曾经加过制举宏词科，为那些非常之士开辟门路。综合来说，金国的考试一共是七科，在这七科当中，词赋、经义、策论三科的中选者称为进士，律科、经童两科的中选者称为举人。至于金国所用课本，由于宋朝理学还没有成气候，大都是沿用了前人的课本。这些课本以五经、史学为主，加上少量其他典籍（《老子》《荀子》《扬子》）。

耶律楚材选士时，取消了法条、算术、历史等考核，但保留了诗赋与经学，也兼顾策论，可以说是一个比较完整的考试体系。

可是，到元仁宗时期，程朱理学经过多年的沉淀已经成为显学，这时候恢复科举，就无法避开程朱理学的影响了。金国所选择的课本大都是老课本，来自从汉朝到唐朝的宽广时域，再加上对辞赋、历史的考核，使得儒教学问对读书人的束缚很小。元朝时蒙古人能够得到的课本大都已经深受理学影响，这就导致蒙古人的科举考试必定是理学化的。

另外，让蒙古人兼考辞赋、经义、策略、历史等科目是不现实的，由于政治制度过于简单，必须将科举考试简化、简化再简化，才能保证将其推行下去。到最后，元朝的科举考试将辞赋、历史、算学等全部砍掉，只保留了最容易考核的经义，加上时务策，而经义又采取当时最通行的四书，五经由于过于繁复，很少使用。这样，历史上最单调的科举考试就出现了。

最后，元仁宗所恢复的科举考试的流程是这样的：蒙古人、色目人的考试分为两场，第一场考背诵四书的语句，一共五条，背出来就算通过；第二场考时务策一道，要求作文500字以上。汉人和南人考三场，第一场考明经，在四书内出题；第二场考诏诰章表，也就是检查考生的应用文能力，便于他们进入朝廷之后写公文；第三场考时务策一道。[12]

课本主要选择四书，而四书又选用朱熹的《四书集注》，五经也主要以朱熹的理论为主，这就使得元朝的科举考试好像是专门为朱熹的支持者设计的。

元朝的"傻瓜式科举"传到了明朝，颇得明太祖朱元璋的青睐。而明朝进一步盛行的八股文，要求考生将文章写成起承转合的固定格式。这样，考生们就只能学习四书五经、写作八股文，也就不用学什么诗词歌赋了。明成祖以来，又编纂了著名的《四书大全》《五经大全》《性理大全》。从此以后，发端于元朝的科举考试简单化倾向，就在明朝结出了硕果，将科举考试变成一种僵化的工具，而唐宋时代多元化的考试风格消失了。这也许是元仁宗在制定政策时绝没有想到的。

判例式法典

除了开科举，元仁宗另外一个制度化上的重要贡献，就是完善了元

---

12 见《元史·选举志》仁宗皇庆三年十一月诏。

朝的法律系统。

蒙古人的成文法法律源头是成吉思汗的札撒，成吉思汗的札撒自然也不是包罗万象的。生活中的大部分问题并不能直接从成吉思汗的话里寻找依据，只能依靠断事官（札鲁忽赤）灵活处理。

断事官如果查不到别的案例，就要根据情况自己做出判断，而他的判断就成了新的案例，会被别的断事官在审问同类案件时加以引用。

但这种不断产生新案例的制度也有缺陷。唐律是一个严格的系统，而蒙古人的法律只是一种习惯，依赖断事官的能力和知识储备，如果断事官的能力和见识不足，就会产生重大的偏差。如果他并不了解之前的案例，就只能自己做判断，而如果他的判断和别人的判断相矛盾，就会产生两个互相冲突的结果。而一些地方机构也希望对审判做出一些指导，以免断事官出现偏差。

因此，这样的制度就有了另一种补充：除了大汗和皇帝，各个部门也可以下发一些条令，这些条令有的是正式公文，有的只是信件里的内容。比如，一个下属机构如果对某个事件不甚了解，就会给上级写一封信，询问如何处理，上级回信告诉他怎么处理并说明依据，而下属的问信和上级的回信就构成了一个条令，称为"条格"，以后的人们在断案时都可以引用这个条格。

到此时，蒙古人的法律系统就包含了三个部分，分别是大汗的札撒（包括朝廷的法令）、针对具体问题的各级政府的条格、大量的判例。这和唐朝以及之后明清时期严格的法典构成了区别。

不过，灵活的法律也会带来一些问题，最大的问题就是如何协调不同地区的各级政府下发的可能互相矛盾的法令和判例。由于发达的通信技术，这个问题在现代已经不再是问题，但在信息闭塞的元朝，可能对各个地方造成困扰，这就需要一定的中央协调，也就是编纂更加通用的法律文书。

在忽必烈时期，这个需求就已经颇为迫切，于是编纂了第一部法令集，叫作《至元新格》，这部法令集还有一个用处，就是取代原来在金国使用的《泰和律》。金国的《泰和律》是仿照唐律制定的，因此无法适应元朝的三重法律系统。

元世祖之后，元成宗和元武宗都尝试继续编纂更加完善的法典，但都没有结果。[13] 元仁宗决定将制作法典的工作继续下去，最终在他的治下编纂完成了一部法典，但直到其子元英宗时期才得以颁布，这就是著名的《大元通制》。[14] 与此同时，地方的行政和司法机构也有这样的需求，于是编纂了另一部法典，称为《元典章》。这两部法典是元仁英时期的重要成就。

元朝和唐朝司法系统的差异是显而易见的，当我们拿起代表唐朝法律精神的《唐律疏议》，[15] 以及代表元朝法律精神的《通制条格》《元典章》时，就会看出其中的区别。

唐律中记录的只是一个个法条，这些法条由中央颁布，由地方执行，法条的意义、惩罚措施都规定得明明白白，有的法条还带有解释，对各种情况进行说明。比如，唐律中规定了偷偷耕种别人家的墓田是犯罪（《唐

13　其中元成宗编纂的《大德律令》已经成书，但没有颁行。
14　《大元通制》全书已经不存，但它的条格部分保留了下来。
15　《唐律疏议》是对唐高宗时期编纂的《永徽律》的逐条解释，是中国现存最早、最完备的法典。

律疏议·第十三·户婚》)。偷耕别人的墓田，要打一百杖；如果耕地时伤到坟，则更加严重，要叛徒刑一年。同时，这个法条还考虑了其他有关墓田的情况，继续引申：如果把自家人的尸体偷偷埋到别人家的耕地里，要判笞刑五十；如果埋到别人家的坟地里，还要再加一等，杖六十。打完后还必须让犯罪人把偷埋的尸体挖出来带走。以上都是针对没有墓田的人对有墓田的人造成的侵害。同时，法律还对拥有坟地的人提出要求：如果某地主人发现自家的地里被别人偷埋了尸体，但不知道是谁干的，他不能私自处理，而应该告诉里正，由里正出面迁走；如果私自处理，主人也要判笞刑三十。如果已经和里正打过招呼，实在找不到地方迁埋，那么就将其迁出坟地，迁到自家的口分田（也就是自留地）里。[16]

接下来，对法条进行解释的疏议部分还会给出进一步的说明。强调墓田"不问盗耕多少，都是一百杖"；而且对"坟"这个名词给出了精确的解释；又解释了"加一等"，指的是杖六十下；同时又补充，盗葬行为如果伤到了别人的坟，与盗耕伤到了别人的坟是同罪的；最后还解释了为什么主人在自己的墓田里发现了不认识的坟茔，不告诉里正就将之迁葬也要被打三十，因为"虑失尸柩"。

通过这样一个例子，我们可以看到唐律的完备性，针对墓田冲突这个小问题，它规定了方方面面，希望把一切问题都考虑到、限定死，而审判者只需要按照条文执行就可以了。

而在元朝，我们不可能找到这么完备的条文。同样关于丧葬，元朝

---

16 "诸盗耕人墓田，杖一百；伤坟者，徒一年。即盗葬他人田者，笞五十；墓田，加一等。仍令移葬。若不识盗葬者，告里正移埋，不告而移，笞三十。即无处移埋者，听于地主口分内埋之。"

的条文零散得多，来源也是多样化的。比如，忽必烈上位之初，中书省官员看到路上有很多死人的骸骨，于是上书给忽必烈，要求各衙门做做好事，将其掩埋，忽必烈同意了。这就成了一个条格，成为人们未来必须遵循的条例。[17]

中书省官员看到有人将其祖宗坟地上的树木卖了，甚至有人把坟都掘了，于是请忽必烈下令禁止他们这么干，于是又成了一个条格。(《通制条格·卷第十六·坟茔树株》)

在陕西行省，有僧人和本地人争地，僧人拿出前代的碑文为证，表明这块地是他们的，而本地人拿出地契，地契签订的时间是二十多年前。陕西行省拿不定主意，上报到礼部，礼部决定土地的归属以地契为准，不要随便追溯到前朝。这又成了一个条格，被纳入《大元通制》，成为以后各地审案的依据。(《通制条格·卷第十六·异代地土》)

关于墓葬问题，元朝流传下来的判例非常多。比如，有一个叫作孙平的人娶了个妻子叫阿杨，她此前曾经是董童二的妾。阿杨死后，孙平将她埋葬在自家地里，不想，董童二的儿子董拾得却把阿杨的尸体偷偷挖出来，跟董童二埋在一起，于是孙平状告董拾得。经过审讯，尚书省的刑部查出来，董拾得是阿杨的亲儿子，这个亲儿子希望将生母与生父葬在一起。最后的宣判结果是，阿杨的尸体归孙平，董拾得被打了四十七大板。(《元典章·礼部卷之三·移葬嫁母骨殖》)

而另一个叫作胡文玉的人把别人母亲的尸体挖了出来，改把自己祖

---

[17] 见《通制条格·卷第二十七·掩骼埋胔》："中统元年五月，钦奉圣旨：'中书省奏："各路见有暴露骸骨。"仰所在官司，依理埋瘗，奠祭追荐，做好事者。钦此。'"

母和母亲的尸体葬入。为了制造合理性,又跟这个家族中一个爱财的人谈好,买下了对方的墓地。这件事由临江路报给了江西行省,最后作为判例记入了典章。(《元典章·礼部卷之三·占葬坟墓迁移》)

元朝人会把各个类型的判例和条格分门别类,比如发掘坟墓一项,就包括"发掘别人坟墓""子孙发掘坟墓""盗掘祖宗坟墓财物""子随父发冢""子孙掘卖祖宗坟茔树木"等多类,可在审判时做参考。(《元典章·刑部卷之十二·发冢》)

我们看完了唐朝的法典,会以为这个世界是由至高无上的秩序组成的,一切都可以事先规划好;但看了元朝的判例,才会明白,以人类社会之复杂,是无法做出任何规划的,只能等待一件事情发生后做出判决,并以此作为其他类似事件的参考。做出判决的人也明白,以后肯定还会发生更多的无法预料的事件,所以,任何判例都只能作为参考,并不能阻止未来再产生新的判例。

无奈的土地改革

元仁宗推行科举、编纂法典,都是为了一个目的,那就是将整个官僚机构正规化,让官员的选拔和法律的实行都更加自然、少受人为的干扰。但他的政策遭到许多干扰,很难推行下去。干扰主要来自两个方面:第一,他必须忍受皇太后和权臣的制约;第二,一切制度都需要财政的配合,而他获得不了足够的财政资源。

在第一方面,皇帝最主要的对手是一个叫作铁木迭儿的权臣。铁木迭儿依靠的是皇太后的宠信,出身于宣徽院的他两次出任宰相,之后又担任太子太师。如果从蒙古人的角度看,他是为了维护蒙古传统,避免所谓中原制度侵蚀蒙古人的特权和利益;但如果从汉人的角度看,他就是任人唯亲、腐败不堪,只要他在,皇帝就很难实行中原的正规化体制。

皇帝的汉人谋臣李孟、赵世延等人利用规则与铁木迭儿周旋,希望以腐败等罪名将他拿下。但是由于有皇太后的支持,铁木迭儿即便被免职,也可以卷土重来。[18] 这时候,我们还可以看到铁木迭儿背后站着别的势力,那就是元武宗死后被排挤的那些色目大臣。在他们看来,两派的斗争也只是蒙古规则和汉人规则的斗争,而不是所谓腐败与正规体制的斗争。此时,守成派又与建制派联合起来对付汉化派。

这样斗争的结果,是元仁宗的制度到了实行时总会打折扣。虽然实行了科举制度,但是为了照顾蒙古人和色目人的利益,科举考试不仅规模有限,而且必须在名额上照顾前两类人;虽然编纂了大量的法典和资料,但依然无法限制蒙古人和色目人的特权。在针对特权问题上,铁木迭儿时而与皇帝站在一起,时而与特权阶层合流,如同不倒翁一样来回斡旋。只要有这样的人存在,改革基本上是不可能成功的。

比如,为了配合法制正规化,皇帝必须将权威延伸到诸王的领地内,而诸王对领地的控制主要体现在两个职位上,一个是负责司法的断事官(札鲁忽赤),另一个是负责节制正规行政体系的总督(达鲁花赤)。只要诸王控制了这两个职位,就能很好地控制他的领地,就算皇帝想插手,也很难达到效果。皇帝从这两个职位下手,一方面撤销了断事官,将司

---

[18] 铁木迭儿多次拜相,1311 年(元至大四年)元武宗逝后担任中书右丞相,次年被免职。1314 年(元延祐元年)再次为中书右丞相。元仁宗末期,皇帝罢免铁木迭儿并要逮捕他,被太后救下藏匿。元仁宗去世后,铁木迭儿再次为相。

法权直接交给正规官僚体系。这一步是路线之争,断事官可以保证司法独立于行政;而皇帝将司法权回收,是为了加强集权,将司法体系部分拉到中原的轨道上。另一方面,元仁宗也将任命达鲁花赤的权力收归中央,不再由诸王任命。[19] 这实际上废除了诸王的监察权。

这两种做法都是中央集权的步骤,虽然现代人往往对政府集权有一种恐惧感,但在当时,元朝的问题在于中央权力太小,因此元仁宗的做法是可以理解的。我们必须看到元朝的问题在于政治制度在传统和非传统之间反复撕扯。不管是哪种制度都各有利弊,但糟糕的是夹在两种制度的中间,这会导致二者的劣势集中在一起,却丧失了各自的优势。

由于牵扯的利益太多,元仁宗不得不做出妥协。最终,元仁宗的这两个措施都以失败告终。而更为重要的是,这些措施虽然符合当时的逻辑,但事实上又与元仁宗的怀柔理念不合。由于接受了儒家的思想,元仁宗更愿意采取柔和的态度对待社会、官员和家族。

儒家对皇帝的要求是,对社会要减轻刑罚,并减轻税负、节省开支。元仁宗上台后除了权力斗争的大清洗,其余做法的确符合"仁"字。他出台了一系列措施,减轻民间被官僚和宗室盘剥的痛苦,[20] 废除了剥削百姓的新货币。

可为了有更多的力量搞改革,又必须集权,以击碎官僚和宗室的阻挠。当官僚和宗室的权力受到限制时,元仁宗又采取了一些补偿措施。

---

19 最初,诸王保留任命副达鲁花赤的权力(1315年,元延祐二年),随后这个任命权也被取消(1316年,元延祐三年)。
20 如"禁诸王、驸马、权豪擅据山场,听民樵采。罢阿老瓦丁买卖浙盐,供中政食羊"。(《元史·仁宗本纪》)

最典型的就是他即位和朝会时大量的赐予。元朝赐予的高峰期在他的哥哥元武宗时代，元仁宗无法减少这部分开支，只能延续。据《元史·仁宗本纪》记载，他在诸王朝会中普赐黄金 39 650 两、银 1 849 050 两、钞 223 279 锭、币帛 472 488 匹。而 1311 年（元至大四年），元仁宗继位的花费高达 1 600 万锭，其中日常开支 600 余万锭，土木营缮百余处，用数百万锭，赏赐 300 余万锭，北边军需 600 万～700 万锭，国库中只剩下 11 万余锭。

这样的花费就牵扯到另一个问题：如何节流。如果不节流，花出去的钱那么多，收上来的钱因为实施仁政而减少，同时为避免通货膨胀还不能偷印钞票，那么政府是无法应付随之而来的赤字的。这时候的元仁宗已经体会到大汗没钱付账的难处。

元仁宗能够做的，只有取消哥哥在位时大量寺院和宫观的建设计划，其余则无能为力。

这样的局面维持了几年，财政上终于承受不起。于是，1314 年（元延祐元年），中书平章政事张驴想出一个办法。[21] 张驴是经历过忽必烈时期的官员，他对国家的财政问题比较熟悉，同时也知道国家的沉疴在哪里。

忽必烈后期由于不断地发动战争，导致对原南宋统治区域的家底摸排得不够，也没有建立起更好的制度。事实上，元朝对江南地区的税收并不算少，其中江浙一省以粮食缴纳的农业税就占了整个国家税收的三

21　除了张驴，还有权臣铁木迭儿的支持。相关内容见《元史·仁宗本纪》和《元史·铁木迭儿列传》。

成。[22]但元朝的财政问题是,除了几个纳税大省,其他省份其实是不赚钱的。[23]除了江浙、河南和中央直辖区(腹里),其余行省(包括西北、西南、北方,甚至江西和湖广地区)[24]的产出不仅无法带来利润,反而由于国家维持军队的需要,甚至要贴钱。在这种状况下,这三个地区显然要受到更多的压榨,而河南和腹里的产出虽然加起来才和江浙差不多,但北方地区已经没有能力再负担更多税收了。加上元朝早期的清理户籍和土地的工作主要都在北方完成,因此,只有南方的土地和户籍是不清晰的。

元朝南方地区户籍和土地的混乱造成了一个问题,就是许多财富没有纳入政府的统计,民间的力量很强。而这一点也是一把双刃剑:一方面,民间力量强大,财富聚集,社会繁荣发展;但是另一方面,自古以来政府不让民间产生自治能力,导致民间富豪容易产生私法系统,财富往往伴随着暴力色彩,损害普通人的利益,而普通人没有途径维护自己的权利。

这就产生了一种悖论:民众一旦受到富豪的侵占,自己是无力反抗的,只好请求政府出手;而一旦政府出手,总是夹带了太多见不得人的诉求,反而剥夺了民间的自由。于是,社会一直在政府的大欺压和豪强的小欺压之间来回震荡。

张驴给元仁宗的提议,就是针对这个情况,即豪强欺压百姓、逃

---

22 见本书第九章的元朝岁入表。
23 江浙行省的货币财富也是巨大的。根据《元史·苏天爵列传》记载,江浙行省的财富居天下七成,即便到了晚期叛乱发生时,苏天爵担任两浙都转运使,还能筹集盐法收入年80万锭。
24 江西的财政约为河南和腹里的一半,可以自给自足,因此也被列入下文的延祐经理。

避税收,导致政府和民间双重受损。而提议的内容是经理土地,"经理"就是清查。富豪们隐藏了大量的土地财富,导致政府税收不足,因此,必须强行让他们将财富如实上报,作为征税的依据,同时也减轻原来纳税人的负担。

这个逻辑有一定道理,如果能够做到,确实可以获得新的税收。张驴选择了对江浙、河南、江西三个行省进行经理。其中河南由于占据了淮河地区——曾经是与南宋作战的战场,过去没有得到有效清查。这次经理的重点则是最富裕的江浙行省。

经理土地是以派出督察组为前奏的,皇帝以张驴、你咱马丁、陈士英等人为督察员,分别前往三省。但仅派出督察组还不够,因为他们毕竟是文官,必须辅之以武力才能完成任务。于是,皇帝又下令各地的行御史台和枢密院在监察和军事上给予帮助,需要抓人就抓,需要杀人就杀。

这些人到了地方,采取举报和限期自首相结合的做法,一方面鼓励普通百姓举报富豪;另一方面,以40日为限,让那些隐匿土地的人自首。如果是被举报发现的,那么就要接受法律的惩罚。

但是,在逻辑上成立的事情到了现实当中往往会过度执行。随着督察组加码,各地官员被下令必须完成所分派的任务,这次行动很快就出现了过度执行的问题。有的地方为了凑够土地数量,甚至强行拆毁普通农民的宅基地;有的地方则将民间的墓地毁掉,甚至逼出人命。于是,随着高压政策的持续,地方开始了反抗。

就在延祐经理的第二年七月,在三省中最穷的江西,由于被过度压榨,一个叫作蔡五九的人开始反抗并形成规模。蔡五九自称"洞王",八月,他攻克了汀州宁化县,在这里僭号"蔡王"。皇帝一方面派遣江浙行省平章政事张驴组织军队前往讨伐，另一方面暂时取消了江浙经理所规定的土地田赋和田租。九月，蔡五九起义被镇压。

延祐经理虽然以失败告终，但皇帝能够迅速搁置错误政策，表明元仁宗时期对错误的纠正机制比起之前大部分时代要有效许多。在之前的其他王朝，一个错误的决定很难在一年内得到扭转，往往会持续很多年，造成持续性伤害。[25]

延祐经理的失败，对元朝的财政是一个打击。从理论上讲，朝廷的财政需要更加均衡各地负担，然而元朝税收南轻北重的问题一直无法解决。而皇帝无法减少花费，在增加收入的措施失败后，必然会造成更严重的失衡。

延祐经理更多地表明，一个集权政府在做带有一定合理性的事情时，由于政府有太多诉求，必然无法将其做好，反而会进一步扰乱社会。

元英宗的变法

元仁宗的社会改革有一定成绩，但在财政改革方面毫无进展。如果元仁宗执政的年限更长，那么元朝的政治会向着稳定但每况愈下的态势发展下去。

在任何一个王朝的中期，都存在一个时期，这时制度上已经累积了很多弊端，但社会还在发展。这个时期虽然行政效率在退化，官员变得

---

25 后来的史家以及当时的元仁宗，都将延祐经理的推行归咎于权臣铁木迭儿。但事实上，这个政策应该得到了更广泛的官僚阶层的赞成，包括元仁宗本人和其他大臣。他们显然知道元朝的财政状况。

越来越散漫,但对于民间却是个好时期,甚至可以说是最好的时期。以元朝之前的北宋为例,这个时期恰好对应宋仁宗时代。宋仁宗时,财政失衡已经越来越明显,政府花钱越来越多,而税收增加的速度跟不上财政支出的速度。可是要想继续从民间榨取更多的财富也并不容易,因为民间社会的力量也已盘根错节,更学会了软性抵制。许多人意识到这样下去社会是不可维持的,但每个人又没有足够的能力和动力去改变。事实上,这样的时期也可以维持很久,因为地域足够广大,只要不出现剧烈的变化,往往能够持续几十年。到了明朝,更是表现出其政权旺盛的生命力。明朝的人们在土木堡之变以后,已经对这个王朝的变革不抱希望了,但这样的政权就是能够长生不死。它一个接一个地换着无能的皇帝,每一个皇帝都比前一个更加令人失望;太监换成权臣,权臣再换成太监,但整个政权依然在巨大的惯性下继续存活,反而是对政权失望的人死了一拨又一拨。明朝在这样的失望中又度过了近两百年才最终倒塌。[26]

元仁宗时期,经过皇帝的尝试,人们发现江南已经不可能像北方一样建立更加稳固的行政机构了,只能依靠各地的驻军维持,保证它不失控。虽然元朝的财政已经失衡,但只要没有大的消耗项目,也可以继续延续下去。元仁宗如果能够活得更久,随着科举制度发挥作用和儒家教育的普及,那么人们可以期待元朝能在平静中维持更多年。

但不幸的是,元仁宗的身体并不好,1320年(元延祐七年),年仅35岁的元仁宗就去世了。而阻止他制度化尝试的两个人(他的母亲和权

---

26 明朝的长命与朱元璋建立的财政制度有关,这种完全基于农业的财政制度不具有扩展性和革命性,无法产生商业和工业革命,能够在没有外力作用的情况下保持死气沉沉的稳定。见本书作者的《财政密码》。

臣铁木迭儿）都还活着。他并没有按照与哥哥的约定将皇位让给哥哥的儿子，而是选择让自己的儿子即位。

这样的选择造成了三个党派的继续斗争。一是元武宗的儿子和家臣所代表的守成派，他们的最大诉求是让元武宗的后代上台，元武宗的色目宠臣重新掌握朝政，扭转元仁宗时期依靠汉人的局面。第二是元仁宗和他的儿子（后来的元英宗），以及他们的汉人大臣所组成的汉化派。这个派别赞同儒化，但他们最大的问题是解决不了财政失衡。第三是权臣铁木迭儿和他的支持者，他们代表了元朝蒙古本位的建制派，既不赞同元武宗的后代上位，也不赞同重用汉人、排挤蒙古人，他们不想有太多的正规化制度，而是喜欢蒙古式的随心所欲。在经济上，他们赞同采用色目人的理财方法来解决财政难题，以满足蒙古人的需求。

在这三个政治派别中，首先发难的是后两个派别。由于皇太后支持铁木迭儿，而元英宗上台时才17岁，还是个孩子，皇太后乘机让建制派的铁木迭儿担任了宰相。

在元仁宗时期，可怕的派系斗争传统已经上升到必须用人头来解决的地步了。元仁宗上台后，汉化派和建制派曾经联合起来大肆报复守成派，将他们的高级官僚几近杀光。元仁宗去世后，铁木迭儿又开始镇压汉化派，将曾经指责他贪赃枉法的集贤殿大学士杨朵儿只、崇礼院使萧拜住和上都留守贺伯颜全都处死，并贬黜剩下的汉化派官员。[27]

---

27 见《新元史·英宗本纪》。杀死前两者发生在二月，在元英宗继位前；杀死后者发生在五月，在元英宗继位后。

但建制派的好运并没有持续太久。两年后,建制派首领铁木迭儿死了,一个月后,皇太后也亡故了,这就给了年轻的元英宗亲政的机会。

元英宗依靠的大臣是左丞相拜住,此人是太师国王木华黎的后人。[28] 此外,他还提拔了一系列的汉人大臣,其中最重要的就是后来的改革派主将张珪(他担任中书平章政事)。元英宗最初并没有如同之前那样将前朝的大臣都清理掉,只是疏远了他们,不让他们耽误自己的改革。[29]

元英宗、拜住和张珪等人希望将被铁木迭儿等人叫停的汉化政策继续下去。首先,为了收买人心,他们颁布了一系列减免税政策,在拜住担任右丞相的第二个月就实施,包括免税(流民重归本业的,免三年的差税;免去陕西三成的税;免去各路官田二成的税;全部免除江淮地区的包银);优化差役(首先从大商人和富户家中征差,尽量避免从穷人或缺乏劳力的家中征差);保护家庭(站户中有把老婆孩子卖掉的,由政府帮助赎回)。此外,元英宗为了与父亲保持一致,还出台了一系列政策,强调减少官僚数量、控制政府花费,等等。

到了第二年,元英宗推出了他执政时期最重要的两项政策。一是颁行由元仁宗制定的《大元通制》,这个通制在元仁宗时已经制定完成并经过审议,正式颁布后,成为元朝司法正规化的标志之一。第二项政策,则是对元朝税收制度的一项改进,颁行《助役法》。在历朝历代,税收制度中都有一项力役制度,也就是政府征人民去修工程,力役作为税粮之外最重要的制度,是朝廷的支柱之一。但几乎每一代朝廷都会滥用这

---

28 铁木迭儿死后,拜住担任了右相,也是唯一的宰相(独相)。
29 比如,中书平章政事买驴就被迁为大司农,给张珪腾出了位置。

项制度，随着政府工程的增多，每年都会征发大量的人力去干活。比如隋朝就因为征发了太多的劳力，耗尽了民间的人力资源，引发了危机。而大多数朝代则会把每年的力役征发时长限定在一定的期限内，但即便这样，超出期限依然是不可避免的。

所以，政府在朝代中期往往会对力役制度进行改革，将力役金钱化，允许人们出一定的钱购买自己的免役权，再由政府拿这些钱去找别人服役。在北宋时期，王安石的一项重要改革也是针对于此。这项改革在王安石之前就已经被多次讨论过，也是王安石变法中少有的并未被旧党全体反对的法律之一。[30]

元英宗的改革继承的也是"简化税法，给人民提供方便"的精神，是一次对民间非常有利的改革。

但随着元英宗的改革趋于多样化，并向着司法和财政推进，他不可避免地与另一个势力有了冲突，这个势力就是原来的铁木迭儿和太后代表的建制派。

对建制派来说，力役制度是蒙古人特权的基础之一。蒙古人从成吉思汗时期开始就习惯于抓其他民族的人帮他们干活，自然不愿意受到限制。而司法体系更是蒙古人的根本，蒙古亲王习惯于任命自己的断事官来解决司法问题，而不想将这些权力交给朝廷。元英宗亲政几个月后就发现，如果不清理建制派，就很难推动改革。

他首先取消了皇太后干政的机构——徽政院。皇太后去世后，这里

---

30 在王安石变法的反对者中，最务实的是苏轼，他赞同保留一些合理的变法措施；最偏激的是司马光，他反对王安石的一切政策。

聚集了一批建制派的官员。皇帝撤销了徽政院的断事官,并取消了在江淮地区的六十多个财政机构。而对建制派更大的打击是对铁木迭儿家族的清理——元英宗找借口杀死了铁木迭儿的一个儿子,又将他另一个儿子罢职,不仅如此,还把铁木迭儿本人的官爵也剥夺了。这就等于是向整个建制派宣战。

此时元英宗亲政才第二个年头,事实上只掌权了半年多,[31]这样的做法最终触动了建制派的利益。元英宗重用汉人、支持汉化,让残存的建制派认识到,只有他的死亡,才能终结这一进程。到了八月,铁木迭儿的亲信、御史大夫铁失带领他的阿速卫队,在上都的南坡刺杀了皇帝和右相拜住。[32]

元朝最倾向于汉化的时期,在经历了元仁宗和元英宗二人短暂的统治后,终于宣告结束。[33]

---

31 铁木迭儿死于1322年(元至治二年)八月,他被剥夺爵位是在次年五月。
32 史称"南坡之变"。除了铁失,参与的官员还有知枢密院事也先帖木儿、大司农夫秃儿、前平章政事赤斤帖木儿、前云南行省平章政事完者、铁木迭儿前治书侍御史锁南、铁夫弟宣徽使锁南、典瑞院使脱火赤、枢密院刊使阿散、金书枢密院事章台、卫士秃清及诸王按梯不花、孛罗、月鲁铁木儿、曲律不花、兀鲁思不花等,聚集了建制派的大部分成员。
33 日本研究者对元仁宗、元英宗在位时期并不看好,他们更看重元武宗的武功,因此对元仁宗和元英宗的汉化政策给予较低的评价。但我们必须认识到,元仁宗和元英宗虽然强调汉化,但更重要的目的其实是制度正规化。从制度角度看,他们的改革不是转折性的,而是理顺式的,或者说是缝缝补补——在不改变本质的情况下,尽量理顺政府的治理和财政,理顺蒙古人与汉人的关系。可以说,元仁宗和元英宗缺乏蒙古式的宏大叙事,容易被人低估,但从王朝治理的角度看,其做法是一个处于中期的王朝最需要的。

第十三章　倒向强人政治

新上台的元泰定帝来自哈剌和林，是一个调和派，他采取了怀柔的态度，试图同时包容汉化派、建制派和守成派。对于汉人社会，他选择崇儒，并处理了元英宗遗留下来的江南科差事件，给民间经济以更多的自由度。但元泰定帝真正依赖的还是来自哈剌和林的亲信小团体。

元泰定帝和大臣们不习惯大都，更喜欢在上都与哈剌和林之间流连，由此加剧了南北失衡问题，也减弱了对南方的控制。

比起北宋，元朝的疆域更大，但其税粮收入只有北宋一半。元朝的大部分疆域是不产生利润的，反而需要大量的维稳开支。只有少数地区能产生利润，它们大都处于南方的江浙地区。为了将财政收入从江浙运输到北方，必须依赖运河与大海，由此也埋下了巨大的隐患。

元泰定帝去世后，以上都为主的泰定帝派和以大都为主的守成派爆发了战争，战争的结果决定了元朝的皇位在元武宗的后代之间继承。

戛然而止的治世

铁失刺杀元英宗之后,三派力量的强弱对比出现了变化:汉化派没有了皇帝的支持,迅速衰落;铁失所代表的建制派掌握了权力;守成派长期受到其余两派的打压,虽然元英宗的死亡本来应该让元武宗的子孙看到希望,但由于后者缺乏高层官员的支持,不得不继续蛰伏。

建制派也有弱点——他们虽然可以杀死一个皇帝,可必须寻找另一个皇帝来代替,他们的问题是没有成吉思汗(忽必烈、真金系)血统的人这张牌,但是又不得不寻找一个这样的人。

铁失找的人并不出自元武宗一系,而是向上追溯到元武宗和元仁宗父亲的兄弟支系,同时也是元成宗的兄弟支系。在元成宗上台时,他的长兄晋王甘麻剌曾有机会获得皇位,但由于没有母亲的支持而让位于元成宗。元成宗没有后代,本来晋王系作为长支也有机会继承汗位,但由于晋王系在哈剌和林与海都的战争中表现糟糕,他的弟弟答剌麻八剌的儿子海山却在战争中脱颖而出,于是帝位被海山抢走了。

元英宗去世后,晋王系没有再浪费机会。铁失在刺杀元英宗时与当时的晋王也孙铁木儿(甘麻剌的儿子)取得了联系,表明要让后者做皇帝。[1] 也孙铁木儿作为晋王,是真金子孙中的长支,元武宗海山离开哈剌和林之后,也孙铁木儿已经成了哈剌和林与蒙古本部最有权威的宗王,具有继承帝位的合法性。同时,他也是建制派心目中最合适的人选:建

---

[1] 泰定帝(也孙铁木儿)后来表示:自己收到即将发生政变的消息后就派人警告元英宗,但使者未到,元英宗已经被杀,以此摆脱刺杀皇帝的罪名。但他死后,元武宗的后代并不相信他的说法。

制派希望能够保留蒙古人的特权,而守成派过于偏向那些新依附的色目人,汉化派又过于偏向汉人,只有德高望重、位于蒙古本部的晋王才能够代表真正的蒙古人。他甚至不会汉语,得到消息时正在图拉河狩猎,即位是在龙居河(现蒙古克鲁伦河)河畔,这样的人似乎是不可能实行汉化政策的。

但铁失没有想到的是,随着元仁宗、元英宗父子二人的改革,元朝的蒙古人已经不可能重新回到过去了。晋王继位后改元泰定,史称"泰定帝"。

泰定帝上台后首先必须摆脱弑君的嫌疑。在刚称帝时,他为了安抚反叛者,表面上封了两位主要反叛者——也先帖木儿和铁失分别担任中书省右丞相和知枢密院事,也就是让他们控制文武大权。可一旦掌握了局面,皇帝就立刻严惩反叛者。在泰定帝还在蒙古时,也先帖木儿前往其驻地送玉玺,结果在那里被处死。[2] 之后,泰定帝派人去往上都,在那里杀死了另一个主谋铁失,[3] 泰定帝即位一个月后就控制了局势。然后,泰定帝才率领人马进入上都,之后前往大都。

铁失等人以为选择了一个蒙古化的亲王当皇帝,但事实上,这位新皇帝是一个调和者。作为亲王,他只需要管理好一个以蒙古人为主的小社会就可以了;但作为皇帝,他要面对上亿的臣民,他们分属于不同的集团。更何况,比起前几位皇帝,泰定帝的地位更加不稳定,他也更不想折腾。

---

2 与也先帖木儿一起被杀的还有完泽、锁南、秃满等人。
3 与铁失一同被杀的还有失秃儿、赤斤铁木儿、脱火赤、章台等人。

泰定帝在到达大都的那一刻，就已经派人前往曲阜，用太牢祭祀孔子，这是最高的礼遇。这就等于向汉人宣布：新皇帝不是敌人，而是朋友。之后，除了继续追杀那些弑君者，他还对在最近的斗争中牺牲的大臣们进行抚恤。[4] 加上一系列的税收减免政策，表明了泰定帝弥合社会裂痕的决心。

但如果把泰定帝看成元仁宗和元英宗的继承人，那也是完全错误的，泰定帝事实上只是一个调和者，他选择在几个派别之间进行平衡。

比如，泰定帝虽然不会汉语，却在他登基的第二年（1324年，元泰定元年）二月，就让熟悉中原文化的大臣给他的亲信们补课，给他们讲《帝范》《资治通鉴》《大学衍义》《贞观政要》等书，让他们尽快学习中原文化和治理之道。[5] 这种谦逊的态度表明皇帝对中原文化的尊重。可如果以为泰定帝痴迷中原文化，那就又错了。事实上，泰定帝的亲信大都来自哈剌和林。这些人主要包括中书省右丞相旭迈杰和塔失帖木儿、中书省平章政事倒剌沙以及知枢密院事按答出等。这些人中除了蒙古人，还有很强的色目势力，比如泰定帝最器重的倒剌沙就是色目人。

从这样的配置中我们也可以看出，新皇帝的朝廷将原来的三派都拉入其中，给予一定的待遇，让他们不要反对自己，但皇帝的核心圈子依然是哈剌和林的亲信。这一点，已经与元仁宗和元英宗时期依靠汉人的倾向大相径庭了。而这种调和政策也必然付出极大的代价，因为要同时

---

4 抚恤名单很长，包括杨朵儿只、萧拜住、贺伯颜、观音保、锁吱儿哈的迷失及李谦亨、成圭、王毅、高昉、张志弼、普颜笃、卜颜忽里等人。

5 这时候的老师有中书平章政事张珪、翰林学士承旨忽都鲁都儿迷失、翰林侍讲学士吴澄、集贤直学士邓文原。事实上，他们虽然得到皇帝的尊重，却并不受重视。

讨好三派人，意味着皇帝不能够通过惩罚任何一派人来劫掠其财富，反而要花更多的钱来收买他们。

评判皇帝是否仁慈的重要指标是如何对待前几任皇帝的子嗣。在前几任皇帝中，最具代表性的是元武宗。元武宗留下几个儿子，元英宗时期将图帖睦尔流放到海南，而和世㻋也逃到察合台汗国。泰定帝将图帖睦尔召回内地，也与和世㻋修好。除了元武宗的儿子，皇帝还加封了一批新王，派遣宗王出镇各地，增加了宗王的岁赐。这些做法都让原本就紧张的财政更加捉襟见肘。

泰定帝在财政上甚至还做了一些放松工作。最著名的是解决"江南科差事件"，这一事件贯穿元仁宗、元英宗和泰定帝三朝。[6]纵观元朝，在江南地区一直没有推行完整的科差（杂税）制度，而在北方一直有着严格的杂税，这导致了地域上的不公平。元仁宗的朝廷一直在讨论这个问题，却没有动作。到1320年（元延祐七年）元英宗上台，朝廷终于决定，从财税公平的角度出发，也为了解决财政问题，必须向江南征收科差。为了防止江南的反抗，政府没有区分所谓丁税、包银和丝料（这几项税收都没有在南方征收），而是采取最省事的办法：每户包银2两，折成至元钞10贯。

这件事在江南引起轩然大波。当年十一月，元英宗借着改元诏书，规定减免江南地区的科差：两广地区不再征收，其他地区减半。第二年，终于正常征收了。但到了第三年，皇帝就开始打退堂鼓了。这时恰逢权臣铁木迭儿倒台，皇帝借机把责任都推给铁木迭儿，又下令减免一年。

6　江南包银，见《元典章·圣政二·复租税》《元史·英宗本纪》《元史·泰定帝本纪》。

以上就是元英宗时期江南科差的情况。1323年（元至治三年），元英宗被杀，到底如何处理江南科差问题，就成了是否能够安抚汉人的风向标。泰定帝抓住机会，宣布减免三年的江南包银——并非取消，只是推迟三年。1325年（元泰定二年），又到快恢复征收的时候了，在群臣力争之下，泰定帝终于彻底废除了江南包银。

江南包银的取消，反映了泰定帝在财政上的思路，也就是用政府的退缩、民间的繁荣来调和社会矛盾。这种做法的副作用就是，政府的税收一直不足，财政沉疴一直未解。

南北失衡的加剧

泰定帝对元朝社会的另一个重大改变是地理位置上的。蒙古人统治重心的迁移，是以都城的位置越来越靠近内陆为标志的——从最初的哈剌和林，到后来的上都，乃至大都。

泰定帝没有改变都城的位置，但作为从哈剌和林来的宗王，他更喜欢在草原区域生活，加上他的大臣们大都来自草原，导致了他们与中原地区的隔阂。

事实上，元朝一直存在着严重的南北失衡问题。人们通常提到元朝的四种人制，分别是蒙古人、色目人、汉人（北方黄河流域及以北的居民）和南人（南方长江流域及以南的宋人），并将南人看成最低等级。这样的划分在政治地位上是成立的，却不一定与富裕程度挂钩。比如，汉人与南人相比，有更多的机会进入官场，而南人即便再有才干也很难获得官职。但汉人要为其政治地位付出一定的代价，那就是蒙古人对他们的管制要远多于南方。北方由于连年的战争，经济本来就不发达，而其又是蒙古人首先控制的地区，因此蒙古人在那里维持了高密度的地方行政机构，并进行彻底的人口和土地清查，这意味着更高的税率和更多的盘剥。

南人虽然无法进入官场，但自忽必烈以来就没有很好地解决土地和人口清查问题，另外相对于人口来说，南方的官僚组织和官员人数都远远低于北方，朝廷的控制力也弱得多。元武宗、元仁宗、元英宗时代都试图解决这个问题，但都以失败告终。造成的结果就是，南方积累了大量的财富，南方的生活远好于北方。

到底是汉人的地位低，还是南人的地位低呢？如果从经济角度和较少的干扰上来看，南人的地位无疑是更高的。除了大都，富裕的城市大都在南方。到访元朝的外国人的看法也证实了这一点。

这些外国人中最著名的是马可·波罗，他对大都（汗八里城）印象最深刻的除了大汗的宫殿，就是这座城市里两万多名活跃在各种权力场合的娼妓——这表明这个城市的畸形。而在南方，富裕的城市却多得多，比如杭州被他称为"世界最富丽名贵之城"。马可·波罗以夸张的叙述，称这座城市有12种大的职业，每一种职业有1.2万户，每户有至少10人；这里有1.2万座桥，每座需要10人守护；城内有160条大街，每街有房屋1万间，一共160万间，还夹杂着壮丽的宫殿，甚至包括1所景教教堂。除了杭州，南方最富裕的地区还有扬州和福州，扬州是大运河的交通要道，而福州，特别是旁边的刺桐城（泉州），则是海外贸易的通道。

另一个著名的旅行家鄂多立克在大约1322—1328年间（元至治二

年至元泰定五年），在元朝疆域内漫游，他从广州登陆，一路经过无数繁华的城市前往大都。在他的笔下，广州是一个比威尼斯城大3倍的城市，船舶数量也非常庞大，比整个意大利的船还多。刺桐城除了有穆斯林，还有基督徒，这里一座寺庙就有3 000名和尚与1.2万座佛像，由于物资过于丰富，鄂多立克感慨地说，这里是"世界上最好的地方之一"。

鄂多立克还提到杭州是"世界上最大的城市"，方圆足有100英里（约160千米），有1.2万多座桥（与马可·波罗的说法吻合）。金陵（现江苏南京）有360座石桥，而扬州有大量的餐馆。而越到北方，可以记录的东西越少，到了大都，最吸引人的已经不是民间财富，而是大汗的宫殿了。

这样的南北经济失衡导致皇帝必须用南方的财富来养活北方的政权，而偏偏皇帝在南方的机构和控制力都较弱，反而在北方贫瘠的土地上建立了过于强大的组织。这个弱点在和平时期表现得还不明显，可是一旦到了战争时期，就会越来越致命。

皇帝从南方向北方运输粮食的主要方式是运河航运和海运。元朝对海运的依赖比其他朝代更深，到了泰定年间，每年海运的运粮量已经稳定在300万石以上，这已经接近整个北方的粮税总量。也就是说，整个大都的庞大人群其实都是依靠漕粮生活的，一旦失去这些粮食，大都将变成一座荒城。

更麻烦的是，运输粮食的任务表面上掌握在政府手中，实际上却掌握在一小群南方汉人的手中，这些人可以直接控制元朝的命脉。

表 13-1 元中期的海运数量[7]

年份	运粮（石）	运到（石）	事故粮（石）
1308 年（元至大元年）	1 240 148	1 202 503	37 645
1309 年（元至大二年）	2 464 204	2 386 300	77 904
1310 年（元至大三年）	2 926 533	2 716 913	209 619
1311 年（元至大四年）	2 873 212	2 773 166	99 945
1312 年（元皇庆元年）	2 083 505	2 067 672	15 832
1313 年（元皇庆二年）	1 317 228	654 036	158 543[8]
1314 年（元延祐元年）	2 403 264	2 356 606	46 658
1316 年（元延祐三年）[9]	2 458 514	2 537 744[10]	
1317 年（元延祐四年）	2 375 345[11]	2 368 119	7 225
1318 年（元延祐五年）	2 553 714	2 543 611	10 102
1319 年（元延祐六年）	3 021 585	2 986 717	34 891
1320 年（元延祐七年）	3 264 006	3 247 928	16 078
1321 年（元至治元年）	3 269 451	3 238 765	30 685
1322 年（元至治二年）	3 251 140[12]	3 246 483	23 599
1323 年（元至治三年）	2 811 786	2 798 613	13 172
1324 年（元泰定元年）	2 087 231	2 077 278	9 953
1325 年（元泰定二年）	2 671 184	2 637 751	33 432
1326 年（元泰定三年）	3 375 784	3 351 362	24 421

7　根据《新元史·食货志·海运》整理。
8　该年数据有误，另一种记载是当年运到 2 158 685 石。
9　1315 年（元延祐二年）数据缺失。
10　该年数据有误，运到数据不应大于起运数据。
11　原文为运粮 375 345 石，酌情补。
12　另有香白糯米 18 943 石。

（续表）

年份	运粮（石）	运到（石）	事故粮（石）
1327年（元泰定四年）	3 152 820	3 137 532	15 287
1328年（元天历元年）	3 255 220	3 215 424	39 796
1329年（元天历二年）	3 522 163	3 340 306	181 856

对皇帝来说，既然失衡如此严重，那么首先应该解决的就是对南方的控制问题。而最要紧的是将更扎实的机构打入南方。可是，元朝历代皇帝的尝试都没有成功。这又是为什么呢？

其中一个原因，在于大都的地理位置离南方过于遥远。元朝之前的统一王朝往往会选择在国土中部设立都城，隋唐定都长安和北宋定都东京都考虑到了运粮和行政控制的困难，只有在中部设立都城，才能够兼顾南北。

如果元朝也将都城设在中部的东京或者洛阳，那么他们派出的官员将更容易到达江浙地区，江浙地区的粮食也更容易送过来。元朝后期，南方人事实上更愿意融入元朝体系而不是选择反抗，但需要途径把他们控制住并吸收进来。

元朝选择大都作为都城，相对于南方的臂长过长，这本来就是一个严重的问题，偏偏还受到另一个陪都——上都的掣肘。按照传统，皇帝每年都要去上都度夏，这意味着皇帝及其宫廷每年都要有两三个月的时间在路上折腾，而在上都办公时，更是不可能照顾到南方的情况，这就更增加了控制南方的难度。

泰定帝时期，由于皇帝出身漠北，官员的注意力主要放在哈剌和林与上都，对大都已经很冷漠，更不用说南方了。正是在皇帝与其大臣的集体漠视下，南方一方面繁荣地发展着，另一方面也有了越来越强的独立性，这种独立性放在东方的体系下，将为那些反抗元朝的势力提供足够的帮助。元朝最大的隐患已经形成了。

回归元武宗世系

如果泰定帝能够多活几年，对元朝肯定是有利的。他在哈剌和林及各大汗国都有足够的威望，中原也无人敢作乱。但不幸的是，四年后他就去世了，更麻烦的是，由于他的亲信更习惯于在草原和上都活动，导致大都成了守成派的聚集地。

守成派在元仁宗和元英宗时期持续受到打压，一直缺乏足够的力量崛起。泰定帝到来后采取了和平的政策，即便清洗了建制派，也并没有将守成派赶尽杀绝，而是希望在各个派别之间保持一种平衡，这就给了守成派重新聚集的机会。

泰定帝逝于1328年（元致和元年）七月，到了八月，以佥枢密院事燕铁木儿为首的守成派就在大都反叛。九月，泰定帝的心腹左丞相倒剌沙才拥立泰定帝的儿子在上都即位，改元天顺，因此被称为天顺帝。上都和大都正式交战。[13]

燕铁木儿是钦察人，其家族正是元武宗从哈剌和林带来的功臣群体之一。虽然元武宗已经逝去多年，但燕铁木儿一直怀念其统治时期。如

13　关于这次交战，最通俗的记录来自《元史纪事本末·三帝之立》。亦可参考《元史》各自本纪。

果泰定帝没有对各派别采取宽容态度，燕铁木儿可能也无缘佥枢密院事这个军事职务，而正是这个职务给了他行动的条件。

燕铁木儿控制大都之后，立刻派人去联络另一个守成派官员，也就是担任河南行省平章政事的伯颜，并派人去江陵迎接元武宗的次子图帖睦尔。当时由于嫡长子和世㻋还在西北地区的察合台汗国，无法及时赶回，而守成派的反叛者需要一面旗帜，伯颜扈从图帖睦尔赶到大都后，就将图帖睦尔拥立为皇帝，改元天历。天历皇帝和上都的天顺皇帝都在九月登基，于是天历和天顺之间的战争就决定了哪一个皇帝才是正统。[14]

但此时，泰定帝一方在资源上的劣势就显性化了：上都的地理位置偏远，除了遥远的蒙古本土，几乎没有太多资源可以利用，而大都却依靠着整个中原。双方的对抗并没有演化成长期战争，很快就决出了胜负。到了十月，随着上都投降，天顺帝也不知所终，守成派最后取得了胜利。从此之后，元朝的帝位一直在元武宗世系中传承。

但这并不是帝位争夺的最后一幕。由于嫡长子和世㻋的身份更加正统，按照反叛者的规划，是让嫡长子继承帝位，只是由于情势紧迫，才临时由次子顶上。平定上都之后，在燕铁木儿的授意下，天历帝（元文宗）将皇位让出；第二年正月，和世㻋于哈剌和林以北即位，是为元明宗。

对燕铁木儿来说，只要是武宗世系的人登基，目的就达到了。但元明宗即位后，他很快看出了区别，那就是：元明宗长期流亡在西部，其追随者大都是西部人，而元明宗即位时也在哈剌和林，脱离了燕铁木儿

---

14 见《元史·燕铁木儿本传》《元史·伯颜传》。

的控制。元明宗即位后，虽然几个月后才进入中原，但一路上已经开始任命官吏，建立自己的朝政圈。不管元明宗多么想表达善意，他的亲信都不会是燕铁木儿等人，而必然是他在西部的熟人。从这个角度来看，元明宗和自己弟弟之间的关系，又与当年元武宗和其弟弟的关系一样了。燕铁木儿虽然属于守成派，却发现自己最后扮演的是当年中原建制派的角色。

八月，姗姗来迟的元明宗来到中都，这里是他的父亲元武宗建立的城市。元武宗逝后这里就逐渐荒废了。这座城市有着太多的象征意义，见证了从元武宗到元仁宗的政策转向，这一次，它又见证了另一次转向。在这里，经过多年的流亡后元明宗和弟弟第一次相见，但短短几天后，元明宗就亡故了。

元明宗故去的受益者也不是他的弟弟（后来的元文宗）。元文宗在三年后去世。由于太子已先他而去，他的皇后并没有将皇位交给他的次子，而是选择了元明宗的次子懿璘质班，是为元宁宗。但元宁宗也不是受益者，两个月后，元宁宗故去，皇位传给了他的哥哥妥欢贴睦尔，也就是元王朝的最后一个皇帝——元顺帝。

在频繁的皇位更迭中，真正受益的不是一个人，而是一个小群体。这个小群体突然之间登上了舞台，这就是权臣群体。

蒙古人天然有排斥权臣的倾向。当一个皇帝（大汗）去世，首先摄政的是他的正妻（如窝阔台的正妻乃马真后）或者小儿子（如成吉思汗的小儿子拖雷）。等待选举完成后，将权力交给新任大汗。如果新任大汗未成年，则由太后继续摄政，直至大汗成年。在这样的体制下没有权臣摄政的空间，能够保证权力牢牢地掌握在成吉思汗后人的手中。

在忽必烈时期，虽然有过权力很大的大臣，如阿合马、桑哥等，但他们的权力依然是建立在大汗的需要和信任之上的，一旦失去信任，他们顷刻间就会被杀死。元成宗、元武宗也都继承了这个传统。

到了元仁宗和元英宗时期，出现了第一个准权臣铁木迭儿，但铁木迭儿的地位也是不稳固的——它建立在太后的信任之上。皇帝虽然受制于铁木迭儿，但这主要是因为铁木迭儿得到了太后的支持。即便这样，皇帝还是可以将铁木迭儿免职。[15]

元英宗末年，弑君的主谋者铁失发现，在刺杀了元英宗之后，他们依然无法独立掌控局面，而必须寻找一个太子真金的后人。而泰定帝掌控局面之后所做的第一件事就是诛杀铁失等人——皇帝掌握着全权，群臣只不过是其属下，随时可以被替换。

只有到了元文宗时期，"权臣"这个词才第一次符合了它的本来意义，元朝历史上出现了第一个有名无实的皇帝。也就是说，直到元朝中期的最后才出现了"强人政治"。燕铁木儿参与了元文宗的两次登基，皇帝对这位权臣毫无制约之力。燕铁木儿不仅被封王，担任众多军事职务，还建立了大都督府，由他同族的钦察士兵保卫。在大部分时间里，他独占了丞相之位。[16]

到元顺帝时期，燕铁木儿死了，他在政变中的帮手伯颜填补了他的位置。伯颜担任了8年权臣之后，被他的侄子脱脱通过政变推翻，随后脱脱两次担任宰相。虽然官运有起有伏，已经没有了当初伯颜那么大的

---

15 铁木迭儿在元仁宗末年被免职，但在元仁宗逝后，他再次受到太后的重用。
16 元朝末年的另一个问题是丞相群体已经逐渐过渡到独相政治。见《元史·燕铁木儿本传》。

势焰,但权力依然很大,皇帝依靠欺骗的方式才解除了他的职务。三大权臣的统治结束时,已经是元朝灭亡的前夕了。[17]

可以说,权臣模式主导了元朝末期的大部分时间。

表13-2 天历之后到脱脱二次罢相时期的宰相设置[18]

年代	中书右丞相	中书左丞相
1328年(元天历元年)	燕铁木儿(九月)	别不花(八月)
1329年(元天历二年)	燕铁木儿	别不花(八月罢) 帖木儿不花(正月至八月)
1330年(元至顺元年)	燕铁木儿 (二月之后为独相)	伯颜(二月改知枢密院事, 左丞相空缺)
1331年(元至顺二年)、 1332年(元至顺三年)	燕铁木儿	
1333年(元元统元年)	燕铁木儿(五月卒) 伯颜(六月)	撒敦(六月)
1334年(元元统二年)	伯颜	撒敦(五月罢,仍留中书省) 唐其势(五月至六月) 撒敦(六月)
1335年(元后至元元年)	伯颜 (七月之后为独相)	撒敦(卒) 唐其势 (五月上任,六月伏诛)
1336年(元后至元二年)、 1337年(元后至元三年)、 1338年(元后至元四年)、 1339年(元后至元五年)	伯颜	

---

17 三大权臣只是以他们的权力而论,三人的政治立场是有区别的:燕铁木儿是守成派中的建制派,伯颜更偏向于蒙古人,而脱脱则更接近于汉化派。
18 参考《新元史·宰相年表》整理。

（续表）

年代	中书右丞相	中书左丞相
1340年（元后至元六年）	伯颜（二月遭贬黜） 马札儿台（三月至十月）[19] 脱脱（十月）	铁木儿不花（十月）
1341年（元至正元年）	脱脱	铁木儿不花
1342年（元至正二年）	脱脱	
1343年（元至正三年）	脱脱	别儿怯不花（十二月）
1344年（元至正四年）	脱脱（五月辞） 阿鲁图（五月）	别儿怯不花
1345年（元至正五年）、1346年（元至正六年）	阿鲁图	别儿怯不花
1347年（元至正七年）	别儿怯不花（正月任，五月罢相） 朵儿只（十二月）	铁木儿塔识（九月卒） 朵儿只（九月至十二月） 太平（十二月）
1348年（元至正八年）	朵儿只	太平
1349年（元至正九年）	朵儿只（七月罢） 脱脱（闰七月，独相）	太平（七月罢）
1350年（元至正十年）、1351年（元至正十一年）、1352年（元至正十二年）、1353年（元至正十三年）	脱脱	
1354年（元至正十四年）[20]	脱脱（九月出征，十二月罢相）	定住

19　马札儿台为伯颜的弟弟、脱脱之父。
20　脱脱在出兵镇压张士诚途中被免职，三大权臣时代告终。

回顾：中间期结束时的元朝财政制度

到元武宗世系重新控制元朝的帝位时，元朝与当初忽必烈留下的元朝已经有了很大的不同。这个时代的一些新特征也决定了元顺帝最后三十几年的基本走向，因此，在进入元朝末期之前，我们再回顾一下这个时期元朝的经济和财政情况。

首先，元武宗之后，不管元朝出现了多少次宗室斗争，这些事件大都局限在北方，南方很少受到干扰。只有在元仁宗和元英宗时期，皇帝试图进一步控制南方经济时，才引起一定的混乱。在大部分时间里，南方一直位于另外的轨道，这也是江南一直保持富裕的原因。

虽然江南经济一直不错，但没有帮助元朝改善财政状况，这主要源于元朝的财税体系无法按比例受益于江南经济。我们可以做一个这样的比较：元朝的疆域是远大于北宋的，那么，元朝的财政收入与北宋相比又如何呢？

北宋的财政收入采取了特殊的记账手段，人们并没有统一各种物资的记账单位。如果收上来的税是钱，就按照贯来计算；如果收上来的是绢帛，就以匹来计算；粮以石来计算；草以束来计算；简单相加之后，将总数记录下来。按照这种记录方式，北宋时期的农业财政额大约在 5 000 万～7 000 万，[21] 总财政额（加入盐茶等专卖收入和商税）则在 1.2 亿～

21　见《宋史·食货志上二（赋税）》："凡岁赋，谷以石计，钱以缗计，帛以匹计，金银、丝绵以两计，藁秸、薪蒸以围计，他物各以其数计。至道末，总七千八十九万三千；天禧五年，视至道之数有增有减，总六千四百五十三万。其折变及移输比壤者，则视当时所须焉。"

1.5 亿。[22]

元朝主要用钞和粮食两种物品来计税，相对来说更简单直接，因此，我们很难将元朝与北宋的财政收入进行直接比较。但是至少在一个单独的科目上是可以比较的，那就是粮食征收的总量。这个指标决定了政府能够从民间抽取多少粮食来养活官僚和士兵。

根据记载，1049—1054 年（北宋皇祐年间）的税赋收入是：钱 36 822 541 贯，绢帛 8 745 535 匹，粮 26 943 575 石，草 29 396 113 束。[23]

而元朝时，最完整的记录来自 1328 年（元天历元年），这一年的税收中，税粮大约为 12 114 708 石，也就是说，元朝高峰时期的税粮大约只相当于北宋的一半。元朝的疆域比北宋更大，税粮却少了一半，表明元朝的税收水平低于北宋，而政府能够花的钱也较少。

表 13-3 元朝财政收入（截至元明宗时期）

元世祖末期，1292 年（元至元二十九年）	一岁天下所入，凡 2 978 305 锭
1298 年（元大德二年）	金 380 锭，银 1 200 锭，钞 360 万锭
1307 年（元大德十一年）	岁钞 400 万锭
1311 年（元至大四年）	岁入大约为岁出的一半，约 800 万锭[24]

---

22 《宋史·食货志下一（会计）》记载："天禧末……天下总入一万五千八十五万一百，出一万二千六百七十七万五千二百……皇祐元年，入一亿二千六百二十五万一千九百六十四，而所出无余……治平二年，内外入一亿一千六百一十三万八千四百五，出一亿二千三十四万三千一百七十四，非常出者又一千一百五十二万一千二百七十八。"
23 见蔡襄《论兵十事》，《蔡忠惠公文集》卷十八。
24 该年中书省报告岁出为 1 600 万锭，倍于岁入。

(续表)

1328年（元天历元年）	税粮12 114 708石，货币收入9 533 790锭 具体科目为：税粮12 114 798石，其中腹里2 271 449石，行省9 843 258石 江南三省夏税，中统钞149 273.6锭，其中江浙57 830.8锭，江西52 895.2锭，湖广19 378.04锭 科差，包银差发含钞989锭，贝币1 133 119索，丝1 098 843斤，绢350 530匹，绵72 015斤，布211 223匹 专卖，金课489.4锭，银课1 549.2锭，铜课2 380斤，铁课884 543斤，铁课钞1 879.8锭 盐课，办盐2 564 000余引，合钞7 661 000余锭 茶课，289 211锭 酒课469 159.4锭，201 117索，醋课22 595.7锭商税，939 682.1锭
1329年（元天历二年）	税粮10 960 053石，货币收入9 297 800锭 金327锭，银1 169锭，丝884 450斤，绵70 645斤，绢407 500匹

财政收入少还说明了一个事实：虽然元朝的疆域更大，但大部分地区无法带来收入，反而需要大量的开支。只有少数地区能带来收入，而这少数地区还处于南方的江浙地区，为了将财政收入从江浙运输到北方，必须依赖运河和大海。这就更增加了元朝的财政风险。

事实上，南方除了江浙一带，还有广大少数民族地区，包括两湖的山区、广西与贵州的偏远地带、四川外围和云南。由于元朝的控制力弱，到了王朝后期，这些地区成了首先想脱离中央的区域，爆发了越来越多的反叛，而为了镇压他们，朝廷又必须投入更多的资源，由此造成了恶性循环。

元朝的财政问题还因户籍和土地管理的混乱而加剧。由于有投下制度，许多人为了逃避中央征税，选择成为一些亲王的附庸，在北方重税的地方更是这样。这些逃籍户在忽必烈时期就已经存在，皇帝为了对付他们，三番五次下令不准收留逃籍户。[25] 在忽必烈时期，这个问题还是可控的，到了他的后代，问题越来越严重，元成宗、元武宗、元仁宗都屡次三番地颁布禁令。[26] 元仁宗之后，由于户籍的混乱，皇帝已经没有办法再清查逃籍，这导致朝廷始终无法完成对人口和土地的清查，元朝也就进入了财政状况更加混乱的阶段。

收入不多，花费却不少，元朝中期的花费已经比初期时高了很多。政府开支主要包括宫廷开支、赈济开支，最重要的是军费开支、工程建造开支以及元朝特有的宗亲赏赐。

军费方面主要是怯薛开销，据《元史·兵志·宿卫》记载，"每岁所赐钞币，动以亿万计，国家大费每敝于此焉。"《元史·文宗本纪》记载，1332年（元至顺三年），朝廷共支付给1.36万人的怯薛合计109万锭，而前一年更是高达120万锭。除此之外，怯薛附属人员的开支额度更是数倍于此。[27]

元成宗到元宁宗时期，由于皇帝更换频繁，过多的赏赐也造成财政不足，朝廷出现了财政困难，而官员人数的膨胀亦处于失控状态。据《元史·世祖本纪》记载，1293年（元至元三十年），政府的官员数量为16 425人；到了元文宗时期，《元典章·吏部一·官制一》记载的官员数量已经膨胀到26 690人。

25　如1261年（元世祖中统二年）、1282年（元至元十九年）、1291年（元至元二十八年）等，见《元史·世祖本纪》《通制条格·户令·投下收户》。
26　见《通制条格·户令·隐户占土》。
27　比如1305年（元大德九年），发给怯薛下属怯怜口的钞就有100万锭。

元泰定帝去世之后的战争也消耗了大量的财富,虽然只打了一个月,但军费开支已经相当于日常开支的好几倍。[28]

关于财政的整体开支,至顺年间(元文宗、元宁宗时期,1330—1333年)[29]的费用已经是元世祖末年的数十倍,一年的财政缺口就达到239万余锭。相比之下,一年的货币财政收入只有992万锭,财政赤字占两成多——这还是在不打仗的情况下。[30]

但直到此时,历代皇帝和他们的政府虽然遇到了财政困难,却并没有像元武宗时期那样打钞票的主意。虽然每一年印制钞票的数量起伏不定,但大都根据经济的需要来进行,因此,元朝到此时并没有产生过于严重的通货膨胀。正因为如此,元朝的经济和财政虽然已经出现了一些问题,但依然可以说保持了一定程度的健康,并没有显示出末日的迹象。可接下来的问题是:既然没有一发不可收拾,为什么只过了一代人,元朝就灭亡了呢?

小小的波澜往往是在最微不足道的地区出现,并在不经意间扩散出去的。

---

28 监察御史把的于思言:"朝廷自去秋命将出师,戡定祸乱,其供给军需,赏赉将士,所费不可胜纪。若以岁入经赋较之,则其所出已过数倍。况今诸王朝会,旧制一切供亿,俱尚未给,而陕西等处饥馑荐臻,饿殍枕藉,加以冬春之交,雪雨愆期,麦苗槁死,秋田未种,民庶遑遑,流移者众。臣伏思之,此正国家节用之时也。如果有功必当赏赉者,宜视其官之崇卑而轻重之,不惟省费,亦可示劝。其近侍诸臣奏请恩赐,宜悉停罢,以纾民力。"(《元史·明宗本纪》)
29 元宁宗在位时间短,没有改年号。元顺帝即位后才改元"元统"。
30 "户部赐田,诸怯薛支请,海青狮豹之肉食,及局院工粮,好事布施,一切泛支,以至元三十年以前较之,动增数十倍。至顺经费,缺二百三十九万余锭。宜节无益不急之费,以备军国之用,苟能三分损一以惠民,夫岂小哉!"(《元史·陈思谦列传》)

表 13-4　元朝的印钞数量（至元明宗时期）[31]

年代	数量（锭）	折合中统钞（锭）
1260 年（元世祖中统元年）	中统钞 73 352	73 352
1264 年（元世祖至元元年）	中统钞 89 208	89 208
1273 年（元至元十年）	中统钞 110 192	110 192
1283 年（元至元二十年）	中统钞 610 620	610 620
1287 年（元至元二十四年）	中统钞 83 200，至元钞 1 001 017	5 088 285
1288 年（元至元二十五年）	至元钞 921 612	4 608 060
1294 年（元至元三十一年）	至元钞 193 706	968 530
1295 年（元元贞元年）	至元钞 310 000	1 550 000
1297 年（元大德元年）	至元钞 400 000	2 000 000
1307 年（元大德十一年）	至元钞 1 000 000	5 000 000
1308 年（元至大元年）	至元钞 1 000 000	5 000 000
1311 年（元至大四年）	至元钞 2 150 000，中统钞 150 000	10 900 000
1312 年（元皇庆元年）	至元钞 2 222 336，中统钞 100 000	11 211 680
1313 年（元皇庆二年）	至元钞 2 000 000，中统钞 100 000	10 100 000
1314 年（元延祐元年）	至元钞 2 000 000，中统钞 100 000	10 100 000
1315 年（元延祐二年）	至元钞 1 000 000，中统钞 100 000	5 100 000
1316 年（元延祐三年）	至元钞 400 000，中统钞 100 000	2 100 000

31　参考《新元史·食货志·钞法》整理。

（续表）

年代	数量（锭）	折合中统钞（锭）
1317年（元延祐四年）	至元钞480 000，中统钞100 000	2 500 000
1318年（元延祐五年）	至元钞400 000，中统钞100 000	2 100 000
1319年（元延祐六年）	至元钞1 480 000，中统钞100 000	7 500 000
1320年（元延祐七年）	至元钞1 480 000，中统钞100 000	7 500 000
1321年（元至治元年）	至元钞1 000 000，中统钞50 000	5 050 000
1322年（元至治二年）	至元钞800 000，中统钞50 000	4 050 000
1323年（元至治三年）	至元钞700 000，中统钞50 000	3 550 000
1324年（元泰定元年）	至元钞600 000，中统钞150 000	3 150 000
1325年（元泰定二年）	至元钞400 000，中统钞100 000	2 100 000
1326年（元泰定三年）	至元钞400 000，中统钞100 000	2 100 000
1327年（元泰定四年）	至元钞400 000，中统钞100 000	2 100 000
1328年（元天历元年）	至元钞310 920，中统钞30 500	1 585 100
1329年（元天历二年）	至元钞1 192 000，中统钞40 000	6 000 000

第四部 进取与衰亡

◎两都之战后，元朝进入由小动荡逐渐演变成大灾难的阶段。最初追随上都的蒙古宗王在四川和云南发动了反叛，镇压这些反叛引起的庞大军队调动和开支，又给其他地区带来了财政压力，使得南方多个边远地区发生了小规模反叛。而伯颜错误地废除了科举制，加上江南的大旱，边疆的反叛于是向中原地区延伸，扩展到广东、河南地区。为了应对社会动荡，宰相别儿怯不花采取怀柔政策，但这些做法不仅没有得到民间的谅解，反而随着黄河的决堤，让反叛进一步发展到山东、江浙地区。

◎在社会动荡中，元朝的南北失衡问题更加突显。粮食主产区江浙以及运河和海运系统，成了元朝的软肋，当海运被方国珍骚扰而中断，江浙地区又被张士诚占据时，元朝的都城失去了南方的粮食供应，陷入饥荒。北方缺粮，朝廷只能听任北方的统帅自己筹措粮草和管理地方。当南方陷入群雄混战时，北方也陷入蒙古人的军阀割据。

◎在中国古代史上，由于南方在战略地理一贯处于劣势，元末的北伐是唯一一次从南方统一北方。这次成功得益于当南方逐渐统一时，北方恰恰陷入军阀内战，无法组织起有效的防御。在所有的南方反叛者中，对元朝造成毁灭性打击的是占据了2/3为全国粮仓的江浙地区的张士诚，以及控制了海运的方国珍。但完成统一的，是占据了南方唯一一个战略地理中心的朱元璋。北方的两个帖木儿之战，以及随后发生的更加碎片化的军阀混战，让北方失去了组织有效防御的最后时机。

◎元朝留下来的遗产是复杂的，它塑造了现代中国的疆域，将僵化的科举考试形式传给明王朝。为了强调自己的反元态度，明朝主动放弃了元朝更加灵活的司法制度，关闭国门，开启了中国古代历史最保守的阶段。明朝加重税收、关闭外贸、滥用金融，也种下了落后的种子。元朝的存在激发了西方的冒险基因，却让东方主动关闭了想象力的大门。

第十四章　伯颜和脱脱时代：从动荡到失衡

两都之战埋下了不稳定的种子，成为压倒元朝的第一根稻草。追随上都的蒙古宗王在四川和云南发动反叛，皇帝不得不从其他地方调兵遣将来平叛。但庞大的军队调动和开支又给原本状况良好的其他地区带来了财政压力，破坏了民间经济，使得南方多地爆发小规模反叛，形成滚雪球效应。

伯颜担任宰相期间，废除了科举制，导致汉人进入政权的途径被切断。科举制的废除、江南的大旱，导致原本在边陲地区发生的小规模反叛逐渐扩散到内地，广东、河南、四川、江西、福建等地先后起兵反抗元朝的统治。

伯颜时期为了防范汉人，禁止汉人学习蒙古人、色目人的文字，要求汉人不得持有兵器、不得拥有马匹，甚至尖锐的铁质农具都被禁用。别儿怯不花丞相最后一次采取怀柔政策，希望让民间得到休息。但在王朝晚期，怀柔往往会使得政府控制力下降，不仅无法得到民间的谅解，反而会加大反抗的规模。随着黄河的决堤，反叛终于向着更核心的山东、江浙地区蔓延，元朝进入崩溃阶段。

星火从川滇爆发

在元顺帝上台时,元朝的经济并没有像人们通常印象中的那样糟糕透顶,也并非王朝末期的景象:江南的人们生活富裕,税收比宋朝还低,而源源不断的船只将漕粮运输到大都,运粮数量在1329年(元天历二年)达到了352万石的高峰。这位幸运的皇帝将开始他超长的统治期,经过前期的政治动荡之后,这样的稳定本该对元朝政局产生积极的影响。

但蒙古人的争斗又引发了新的动荡因素,这些因素从宗王战争慢慢演变成边疆地区的不稳定,并逐渐向内陆延伸。我们可以说,元文宗和上都势力的敌对行动,成了压倒元朝的第一根稻草。在上都和大都的两都战争时期,虽然大都在一个月内就战胜了上都,但行省却并没有这么快就归降。

比如,在战争中,四川行省平章囊加台(也称囊加歹)就选择了跟随前朝,也就是与上都结盟,这导致了他与元文宗势力的敌对。1328年(元天历元年)十一月,囊加台自称"镇西王",杀掉行省平章政事宽彻,向元文宗宣战。第二年四月,元文宗的军队击败川军,逼迫囊加台投降。几个月后,元文宗杀死其兄弟稳定帝位后,才杀了囊加台。[1]

四川的反抗引起了连锁反应,南方的其他边缘区域也陷入不稳定。直至明清,湖北、湖南所在的两湖(即湖广)地区,西部的大山一直向南延伸至现贵州和广西的山区,这里林木密布,政府的管控力不强,那

---

[1] 囊加台担任四川行中书省平章政事。他是元世祖时期元帅纽璘的孙子,伯父为左丞相也速答儿。见《新元史·囊加台传》。

里居住的瑶人[2]有自己的首领，大多数时候，朝廷只能满足于瑶人表面的臣服。可以说，这里虽然处于内陆的腹地，却是另一种状态的边疆，历朝历代，这里都是反叛的高发区。这个地区夹在湘江谷地和四川盆地两个农业区之间，因此，这两个农业区中任何一个发生动荡都会波及这里的山区。就在囊加台被镇压当年的十一月，湖广的瑶人也开始不服从朝廷了。

与此同时，云南也出事了。支持泰定帝和天顺帝一系的宗王中有一个著名的梁王王禅[3]，在任梁王这个"一字王"之前，王禅曾被封为"云南王"，因此他在云南有很深的根基。泰定帝死后，梁王在上都参与天顺帝的军事行动，并率军向大都进军，被击败后逃回上都，在上都被包围时再次逃走，这一次他被抓住并处死。

在云南的一个蒙古宗王秃坚与梁王王禅关系密切，梁王失败后，秃坚与其同伙[4]准备响应四川，在云南起事。获得消息的云南行省丞相也儿吉尼连忙逃走，到了八番的地界。[5]四川失败后，秃坚暂时没有行动。这时反而是元文宗先动手了。1329年（元天历二年）十一月，元文宗派遣豫王阿剌忒纳失里去镇守云南，实际上是对秃坚等人做出防范。

但这样的防范反而惊醒了反叛者们，他们决定加快行动。1330年（元至顺元年）正月，秃坚等人于云南起兵，攻克了中庆路（昆明）。二月，

---

2 此时所称的瑶人除了是瑶族的祖先，还是苗族、壮族、侗族等多民族的祖先。
3 王禅是梁王嵩山之子，也是晋王甘麻剌的孙子，与泰定帝同属晋王世系。
4 包括万户伯忽、阿木、怯朝等。见《新元史》。
5 位于现在的贵州，包括小龙番、大龙番、卧龙番、程番、洪番、方番、石番和卢番。

秃坚等攻陷仁德府。[6] 秃坚自立为云南王。

与此同时，在湖广的瑶人地区，爆发了多次反叛事件。正月，衡阳的瑶人入侵湘乡州（现湖南湘乡）。不久，瑶人进攻石康县（现广西合浦县石康镇）。二月，瑶人攻克了灌阳县（现广西桂林市辖县）。[7]

三月，云南和瑶人地区的反叛又引起进一步的连锁反应，位于贵州的乖西蛮也起兵了。到这时，云南问题已经成了元文宗的心病，如果不镇压下去，反叛还会继续扩散。

从三月开始，皇帝调兵遣将，派遣大将阿剌忒纳失里由八番道进讨云南，试图掌控局势。但情况仍在恶化，四月，乌撒[8]的土官禄余杀死宣慰司官吏，投靠秃坚的党羽伯忽。而罗罗（后来的彝族）也响应伯忽起兵。元文宗派遣的重庆五路万户军到了云南境内，却被罗罗军队击败，死伤万余人。

元文宗只好继续扩大调兵规模，从江浙、河南、江西调兵两万，与湖广的军队会合，一同前往云南。五月，四川的军队也进入云南境内，击败罗罗。六月，元文宗为战争设立了行枢密院，各行省的兵马也在分道进军。

就这样，云南的一次小规模反叛变成了惊动了整个南方的大事，皇帝动用十几万大军去攻打云南，其规模已经超过了成吉思汗西征。当时成吉思汗军队的给养非常简单，此时的元军却是臃肿的，需要大量物资，

---

6 治所在现云南寻甸，在元朝是进入云南的东大门。

7 如果打开地图找到这几个地名，读者就会意识到，这几次瑶人反叛事件扰动的这片区域到底有多大：它从湖南长沙附近一直延伸到广西的海边。

8 位于云贵交界处的一个少数民族，在以贵州威宁为中心的区域活动。

很快湖广、四川、云南地区供应不足。到了十月，中书省报告说这次军事行动已经花费 20 万锭，[9]但还是不够。

在元文宗的催促下，十月，四川军队终于击败了乌撒土官禄余的军队。十一月，元文宗的军队又击败了伯忽。十二月，击败了另一叛臣阿木，并攻克中庆府。到此时，元军取得了主要的胜利，贵州各少数民族也暂时归顺中央。但云南依然时叛时降，又折腾了一年多，直到 1332 年（元至顺三年）二月才终止。

云南的反叛是一次对元朝军事财政的检验。一般来说，到了一个王朝的中期之后，由于财政正规化，往往是收入刚好能够应对支出，但难免出现缺口。如果这时突然爆发战争，哪怕是小规模的，也会加剧财政的失衡。而财政失衡之后，皇帝为了节省开支，必然减少一定的维稳力量，维稳力量的减弱，又会导致社会一定程度的动荡。这种动荡首先从那些财政最薄弱的地区开始。

不同地区的财政稳健性又是不同的：如果一个地区在盛世时还要靠中央来补助，那么到了衰退期，这个地方的办公和维稳经费一定无法得到保证，从而导致地方政府无力镇压反叛势力。而这样的薄弱区往往处于边缘地带，更增加了镇压的难度。

在云南之后，我们明显看到南方边陲地区反叛行动愈发频繁。走在前面的还是位于湖广和广西一带的瑶人。比如，1330 年（元至顺元年）闰七月，广西的瑶人进攻了修仁（现广西荔浦市修仁镇）等地，广西元

---

9 与成吉思汗时期相比，由于无法通过掠夺获得俸钱，中央政府只好给蒙古籍的军人发补贴，例如陕西发六锭，江西、湖广发五锭。

帅府只好出兵征讨，并于国安抓获其酋长。但抓一个酋长还无法解决问题，到了十月，广西的瑶人在其他首领的率领下，进攻横州和永淳县（现广西南宁附近）。直到1331年（元至顺二年）七月，元朝才再次将广西瑶人的反叛镇压下去。

瑶人的反叛刚刚被镇压，到了九月，海南的黎人也不安分了。当地的洞黎首领率部起事。这一次，湖广行省左丞移剌四奴率领人马前往讨伐。

海南的事情还没有结束，1332年（元至顺三年）正月，据《新元史·文宗本纪》记载，"广西罗伟里蛮合龙州的落羽蛮作乱"。而在海南地区万安军，一支当地人的队伍进攻陵水县。在湖北地区的夔州路，"合洞蛮八百余人寇施州"[10]。七月，移剌四奴又率兵去讨伐广东的黎人。

就这样，在南方地区，各个少数民族部落的反叛此起彼伏，虽然规模都不大，却如星星之火，只要不扑就不灭，而如果带领军队去扑火，就意味着额外的财政消耗。偏偏这些地区对于朝廷来说都是入不敷出的地区，也就是说，投入的金钱比得到的税收要多得多。为了镇压他们，必须腾挪别处的财政收入去补贴讨伐部队。可是财政腾挪又导致原来财政稳健的地区也受到压榨，更多的地方被卷入动荡。[11]

但是，如果仅仅是边缘地区的动荡，还不足以动摇大元的根基，就在这时，宫廷内再次发生变故。1332年（元至顺三年），元文宗去世，之后的政坛变局改变了元朝社会的走向。

10　见《元史·文宗本纪》。
11　在三帝争立之前，西南地区也有反叛，但是规模和数量都相对较少，这是本书将元末动荡的源头追溯到泰定帝之后战争的原因。各路反叛的具体情况见《元史》本纪的记述。

权臣与非汉化

元文宗虽然受制于权臣燕铁木儿,但由于二人长期待在中原,并不反对汉化。燕铁木儿的汉化属于不得已而为之,元文宗本人却是一个中原文化爱好者,甚至可以说有着相当高的造诣。正是在元文宗时期,元朝最重要的一部会要类典籍——《经世大典》——编纂完成。[12] 燕铁木儿满足于掌握权力,却并没有动力去改变权力的运行,因此,元文宗时期的朝政依然如同前朝一样运行,官僚制度、户籍制度、科举制度、发钞制度等都没有太多变化。

元文宗去世后,围绕着由谁继承皇位,朝廷出现了分歧,燕铁木儿希望让元明宗的次子懿璘质班继承,但懿璘质班登基(是为元宁宗)后只过了53天就去世了。燕铁木儿不想选择元明宗的长子妥欢帖木儿,但由于没有其他合适的人选,还是在1333年(元元统元年)二月,让身处广西的妥欢帖木儿北返。但在他到达后,燕铁木儿并没有马上立他当皇帝。

元文宗逝后半年,燕铁木儿也去世了。这时皇太后才决定让13岁的妥欢帖木儿登基。六月,元顺帝在大都即位。

---

12 所谓"会要类典籍",来源于唐朝开始的政书。唐朝的杜佑曾经将历代的政治、军事、文化、地理等制度和变革集结成一本书,称为《通典》,是为政书之始,它相当于是将以二十四史为代表的"纪传表志体"中的"志"抽出来进行总结的书。之后,宋朝和元朝又有人完成了《通志》和《文献通考》等政书,称为"三通"。在"三通"发展的同时,内容上相同但以断代为特点的会要类史书也在宋朝发展起来,其代表就是宋朝人写的《唐会要》,以及宋朝人自撰的篇幅浩繁的《宋会要》。元文宗时期的《经世大典》就是这样一部以总结元朝制度变革为主要内容的会要类书籍。

由于权臣燕铁木儿已死，接下来就轮到他的副手伯颜登台。据《新元史·伯颜传》记载，元顺帝任命伯颜为太师、中书右丞相，而燕铁木儿的弟弟撒敦担任太傅、左丞相。在短暂的时间里，元朝出现了两大家族势力平分秋色的局面：伯颜控制了中书右丞相，而撒敦和他的儿子轮流控制中书左丞相。在这样的权力平衡下，元朝的政策并没有出现较大的变化。

但在此期间，南方的局势还在一点一点地陷入动荡。元顺帝即位那年的十二月，广西再次出现瑶人反叛，他们攻克道州（现湖南永州道县），杀死一个千户。第二年（1334年，元元统二年）三月，瑶人又杀死了同知元帅吉列思，并攻克全州（现广西全州）。九月，瑶人进攻贺州，被都元帅章伯颜击退。也是在这一年，元朝的粮仓江浙行省大旱。以往旱情主要出现在北方，而位于长江下游的江浙一带一直承担着粮仓的功能。但这一次，粮仓也出现了旱情，这就预示着来年社会动荡的加剧。由于在如何对待社会动荡上的看法不同，两大家族势力显然已经很难共存。而在此之前，双方就已经因为权力斗争而矛盾激化。

1335年（元后至元元年）六月，伯颜以燕铁木儿家族的唐其势谋反为由，将燕帖木儿家族剿灭。从此，伯颜也和当年的燕铁木儿一样成为独相。

伯颜成为独相之后，王朝的政策为之一变。在此之前，燕铁木儿家族采取的是"维持均势、少做改变"的做法，对于已有的政策尽量保持不变。但伯颜是一个有理想的人。他的理想是什么呢？关于这一点，我们从元顺帝的改元上就可以看出来。之前顺帝的年号为"元统"，伯颜成为独相之后，将年号改为与世祖时期一样的"至元"。[13] 这次改元反映出的理想，就是要恢复元世祖时期的盛世。

元世祖时期的盛世是什么样的？在伯颜看来，至少包括了几个方面：第一，官员的数量没有那么多，花费没有那么大，开支没有那么高昂；第二，元世祖时期没有实行科举制；第三，元世祖时期国家的汉化没有那么严重。最后这一点，又因为伯颜曾经是元武宗的亲信，对汉化更为不满。在他的理想中，汉人应遵守汉人的准则，而蒙古人有蒙古人的规矩，不能乱。

伯颜的改革至少包括了上述三方面的内容。在改元同年的十一月，伯颜操纵元顺帝下旨废除了科举制度。[14] 自从元仁宗朝举行科举以来，即便在元朝最混乱的宗室战争时期，科举考试也没有停止。虽然科举考试所选择的人数是有限的，但至少给中原的读书人留下了渺茫的希望，让他们能够看到一条进入政坛的通路。一旦废除科举制，这条通路就不存在了。汉人，特别是南方的汉人，对于元朝的彻底失望也是从此时开始的。

废除科举制还与节省财政开支联系了起来，因为科举和教育本身就是很花钱的。伯颜在节省开支上一视同仁，表明他并不是针对汉人，而是为了恢复元世祖时期的理想社会。在节省开支方面，他是一个现代人所说的"小政府主义者"，缩减了宫廷的开支，减少了官员人数。除了节省开支，对于税收问题，他也主张不横征暴敛，而是对发生灾难的地

---

13 为了与忽必烈时期的至元区分，史称"后至元"。
14 此时，元朝已经举办了七届正规的科举考试，但1336年和1339年（元后至元二年和元后至元五年）的科举考试被伯颜叫停。

方减税，并减少盐的专卖。此外，他对僧人也提出了限制，不准随便赐予僧人特权。

历史经验告诉我们，乱局的出现往往是因为财政入不敷出，如果这时出现了过激的财政紧缩政策，不仅无法带来正面效果，反而有可能激起更多的社会反抗。伯颜的做法不足以平息南方对元朝的抵抗，反而带来了更多的问题。由于前一年的大旱，饥荒也如期而至，于是，除了原来的少数民族地区如云南、广西、海南，这一次在中部地区也出现了反叛。

1337年（元后至元三年）正月，朱光卿在广州增城揭起了最早的反元大旗。他自立"大金国"，改元"赤符"，与元军对抗。元朝派遣指挥使狗札里、江西行省左丞沙的等人带着兵马前往镇压。广州在元朝时期虽然地处偏僻，但也是一个重要的对外贸易港，反叛发生在广州附近，已经表明南方正进一步失控。

二月，在河南地区的陈州也出现了反叛，一个叫胡闰儿的人起兵，元顺帝于是又派出河南行省左丞庆童率军讨伐。

四月，四川盆地东部的合州大足县发生反叛，一个被人们称为"韩法师"的人号称"赵王"，元顺帝派遣行省参知政事举里等带兵讨伐。而在广东惠州归善县，聂秀卿和覃景山也加入反叛行列，这次元顺帝派遣江西行省左丞沙的前往讨伐。

就这样，广东、河南、四川等地相继出现汉人的反叛行动，与此同时，瑶人的反叛还在继续。1337年（元后至元三年）二月，广西瑶人再次反叛，元顺帝派遣湖广行省平章政事那海、江西行省平政事秃儿迷失海牙前去讨伐。[15]

到这时，原本只是边疆地区少数民族的反叛逐渐由中原地区的汉人接棒了。更糟糕的是，随着饥荒、战乱的到来，另一个乱世必然出现的事物——谣言——也到来了。这一年五月，民间纷纷传说，元顺帝荒淫无道，需要大量童男童女，为了避免自家的儿女被抓走，民间纷纷让孩子赶快成家，以免夜长梦多。

这种乱世苗头的出现，也让伯颜感到了压力，而这又恰好和他的另一个观念吻合——汉人是难以驯服的，蒙古人要做的不是与汉人融合，而是与汉人隔离。于是，1337年（元后至元三年）四月，皇帝下诏，禁止汉人、南人学习蒙古人、色目人的文字，朝廷和地方政府的首席官员要由蒙古人和色目人担任。而为了减少汉人反叛的可能性，还要求汉人不得持有兵器，不得拥有马匹，甚至尖锐的铁质农具都被禁用。[16]

在伯颜的高压下，元朝的军事行动有得有失。1337年（元后至元三年）七月，广州的朱光卿被平定。但第二年，1338年（元后至元四年）六月，在袁州（现江西宜春）又出现了另一场反叛，首领叫作周子旺，称"周王"，这次反叛很快也被镇压下去。[17] 随后，福建南胜县又有人举兵，一个叫李志甫的人纠集人马围困漳州，浙江行省平章政事别不花带兵前往讨伐。

---

15 少数民族地区的反叛还有当年五月的西羌叛乱，他们杀死了镇西王世子党兀班，宣政院使也先帖木儿带兵前往讨伐。1338年（元后至元四年）十一月，还有四川散毛洞叛乱。
16 根据史书记载，伯颜还上奏皇帝要求杀死张、王、刘、李、赵五个姓的百姓，以有效地减少汉人人口，但皇帝没有听从。这个指控过于极端，存疑。
17 这次反叛中的另一个领袖彭莹玉（彭和尚）逃脱，成为后来红巾军的重要将领。

元顺帝和伯颜如同打地鼠一样处理着南方的骚动，这时也显现出元朝对南方控制力不强的缺陷。对于是否能够依靠高压政策来解决问题，即便在朝堂之上也有着不同的意见。以伯颜为首的守旧派认为可以通过向汉人施压来解决，但是另一派对这种做法产生了怀疑，他们认定这样的做法不仅无效，反而会激化矛盾，应该采取另外的做法，也就是包容汉人，政府大力刺激经济，让政府和民间产生双赢，通过经济发展来解决反叛的问题。同时，皇帝也不应该废除科举制，因为科举考试可以给汉人希望，让他们忙着想法子当官而不是随便反叛。这一方的代表人物是一个叫作脱脱的年轻人，这位年轻人恰好是伯颜的侄子。

双方的冲突越来越激烈的时候，就连伯颜这样的权臣也无法保住自己了。1340年（元后至元六年）二月，中书大丞相伯颜在一场政变中被罢为河南行省左丞相。[18] 元顺帝从另一个官僚集团中挑选了新的重臣，太保马札儿台（伯颜的兄弟、脱脱的父亲）为太师、中书右丞相，太尉塔失海牙为太傅，知枢密院事塔马赤为太保。而实际上的灵魂人物则是御史大夫脱脱，他被任命为知枢密院事，也就是说，他掌控了军事权。[19] 元顺帝还下令，诸王、大臣在进入宫廷时不得带武器，只有知枢密院事脱脱除外。

---

18 "朕践位以来，命伯颜为太师、秦王、中书大丞相，而伯颜不能安分，专权自恣。欺朕年幼，轻视太皇太后及朕弟燕帖古思。变乱祖宗成宪，虐害天下。加以极刑，允合舆论。朕念先朝之故，尚存悯恤。今命伯颜出为河南行省左丞相。所有元领诸卫亲军并怯薛丹人等，诏书到时，即许散还。"（《新元史·惠宗本纪》）
19 前三位官员的职位多是一种虚衔，除了脱脱掌控军事权，行政上由汪家奴担任中书平章政事，监察上由岭北行省平章政事也先帖木儿担任御史大夫。

脱脱的汉化政策

伯颜的专权给人们造成痛苦的记忆，所以脱脱虽然被赋予很高的地位，但在第一次担任右相时却并没有获得独相的权力。特别是在他首次拜相的后期，皇帝任命了一个叫别儿怯不花的中书左丞相，二人虽然都赞成汉化，但他们的执政理念又代表了两种完全不同的思潮。

一个有趣的事实是，他们也和汉人一样，除了名，还有字。脱脱的字是"大用"，而别儿怯不花的字也是"大用"，但二人所"用"的方向却是不同的。

脱脱上台时只有27岁，这个年轻人在他的一生中，首先留给人的印象是多才多艺，崇尚汉文化，这与伯颜的保守形成鲜明对比。其次，他又是一个很能打仗的人，充满了智谋，这一点又体现了他蒙古人的身份。最后，他还是一个实干家，不拘泥于汉人的儒家学问，而是注重实学，强调运用经济、科学来解决实际问题。

从上述这几个方面来看，脱脱不像是元朝时期的人，反而更像来自唐朝后期和北宋时期的人。[20] 在中国古代历史上，"安史之乱"后到北宋灭亡之间，出现了一个很少有人关注却又曾经是主流的思潮——实学。与儒家的道德学说完全不同，"实学"不重视所谓的人心，反而更强调

---

20 盛唐是一个充满想象力的时期，以李白的道学倾向和王维的佛学倾向为代表，以李林甫等人为代表的实学倾向却由于其聚敛特征遭诟病。"安史之乱"后，随着财政状况的恶化，治国理财越来越成为一门必备的学问，实学也分化出来，不能以聚敛之学概括，而是囊括了政治、军事、技术和财政等方面，中晚唐时期的实学大家是文中提到的杜佑。北宋时期，随着王安石变法将实学异化为集权学说，章惇等人继续将其发扬光大，蔡京又将实学再次变为聚敛之学，实学的高峰成为过去。

遵从和利用社会规律来解决实际问题。其中的代表人物，一是唐朝的杜佑，正是他的《通典》把社会制度发展史从历史这门大科学中分离出来，形成了单独的研究对象；二是范仲淹，他道德高尚，但又更重视用真实的学问去解决军事、经济和社会问题，并试图推动改革。在这种风气的带动下，北宋成为一个思想自由的时代，一方面有王安石这样的新人，另一方面也有"二程"这样的食古不化者，但他们之所以能够优哉游哉，很大程度上是有一群实学人士给社会做支撑。

但实学有一个最大的弱点，就是人们很难像范仲淹一样知道"有所为有所不为"。范仲淹虽然强调有所作为，但是又懂得人类的局限，不是什么都能做：有些事情政府是不应该插手的，要留给民间自我管理。现实中，这样的人只是少数。实学发展到后来，底线下移，人们往往认为自己掌握了宇宙真理，认为什么事情都可以做，这就失去了对社会自我管理的尊敬。到了北宋后期，以王安石为代表的大胆改革家们就失去了这个底线，政府过多地插手民间经济，民间社会运行紊乱，最后引发了更大的灾难。

随着王安石变法引起的社会反弹，以及北宋末年的汴京之围，到了南宋时期，人们反而怪罪实学只注重规律、不讲究人心，靖康之难时竟然没有多少人选择死节，于是实学的风气也成了过去。

但实学的精神穿越了时代，在元朝的脱脱身上有了很好的表现。这位能力极强的年轻人也得到了施展的机会。

作为年轻人，他身上也有弱点，那就是他和王安石一样，在强调社会规律性的同时，更主张用规律去改造世界。在人类历史上，老年人偏保守，而年轻人思想进取，二者永远处于矛盾之中。保守的老年人有时会丧失机会，年轻人想着改造世界，也自信掌握了宇宙真理，往往会带来社会性灾难。这一点，在脱脱后来的作为上将有所体现。

比脱脱大14岁的别儿怯不花没有脱脱的才气，做不出太多惊天动地的大事，他更像是一个守成者。据《新元史·别儿怯不花传》记载，他最大的主张就是减税、减轻社会负担，并从进入官场开始就运用这一理念，因此，他在民间的口碑很好，但在官场上缺乏锐度。

二人中最先掌权的是脱脱。他上台后首先要纠正的是伯颜给国家带来的干扰，最大的问题就是恢复被伯颜废止的科举制度。为此，在脱脱上台的当年十二月，元顺帝就下令恢复了科举取士。这样的做法为脱脱赢得了民心，对汉人来说，只要有足够的通道能够让他们步入统治阶层，那么这个社会就是好社会。第二年年初，脱脱再接再厉，免了天下一半的税粮，以此表明自己改革的决心。

此外，脱脱还对官员的俸禄进行改革。在1341年（元至正元年）之前，元顺帝给地方官员（路府州司县的官员）授予了职田，对朝官则发禄米。但还有一部分官员是两头都不占的，也就是行省、宣慰司和行台官员，他们理论上属于中央派出机构的官员，不属于纯粹的地方官，可是又由于在地方工作，失去了中央官员的待遇。也就是说，他们既没有禄米，也没有职田。[21] 而这一年，皇帝下令给他们发放禄米。这样的改革让行省、行台更加制度化了。

1343年（元至正三年），脱脱又取消了食盐配给制，减轻了百姓的

21　此时行省已经地方行政化，但行台和宣慰司还带有一定的派出机构的特征，而最终皇帝的解决方法是参照中央官员的标准（发放禄米），由此可以看出元朝机构设置的演化。

负担。

　　人们之所以认为脱脱是一个汉化派,是因为除了恢复科举制和适当减税,他还根据前朝的传统编撰了三部史书,这三部史书都被列入了二十四史,也就是说,在中国的正史中,脱脱主持编撰的就占了八分之一,更何况其中还包括规模最大的《宋史》。

　　三部史书的编撰始于1343年（元至正三年）三月。从唐朝开始,中国形成了后朝为前朝开史馆编撰史书的传统,唐朝更是一鼓作气,将之前各朝代空白的史书都补上了。[22] 这个传统在宋朝仍然继续,[23] 到元朝却出了问题。因为中国史书有一个传统,那就是**必须按照正统的年代顺序编撰**。最典型的莫过于《三国志》。三国时期虽然有三个国家,但在史书中,必须以一个国家为正统,另外两个国家作为对照。在记载三国的国别事件时使用各自的年号,但记载国与国之间的事件时,要表明正统国家的年号。在《三国志》中,这个正统国家就是魏国。

　　在辽、金、宋三朝,显然它们存续的时间有部分是重叠的,如果按照传统,也必须有一个正朝,显然这个正朝应该由宋朝承担,一来这是汉人视角的必然选择,二是宋朝与辽、金都有交集,而辽、金两国却没有交集。但在元朝,北方的地位比南方高,蒙古人首先得到北方地区,然后才攻克南方,再加上元朝是一个在汉化与蒙古化之间不断摇摆的朝

22　二十四史中,唐朝编撰了八部:《晋书》《梁书》《陈书》《北齐书》《周书》《隋书》《南史》《北史》(后两部是私人编撰的)。

23　宋朝除了编撰《新唐书》和新旧《五代史》,还修撰了大量的编年体、政书、会要体史书,分别以《资治通鉴》《续资治通鉴长编》《通志》《唐会要》为代表。此外,还有《三朝北盟会编》和《建炎以来系年要录》等编年聚合类史书。

代，于是，是否将宋朝当作正朝就成了问题。

这样的争论已经持续了几十年，加上政治上风云变幻，整理史书的事情就搁置了。到了脱脱掌权时期，这个年轻人既学问出众，又想建功立业，于是就将编撰史书的工作重拾起来。为了避免争议，他采取的方法是给三国分别编撰史书，于是我们就有了《辽史》《金史》《宋史》这"三史"。其中《辽史》是脱脱在位时编撰完成的，剩下两史在他去职之后才完成，但整体上的统筹和编撰依然归功于他。[24]

"三史"的完成是脱脱留给历史的巨大贡献。如果没有完成，到元末战乱时期，随着资料的散失，我们很可能就无法见到如此翔实的史料了。[25]

除了文化，脱脱也并没有放松对官僚的整治。伯颜时代最大的问题是功勋横行，官吏不任。为了规范官场，1344年（元至正四年）正月，脱脱推出了守令黜陟法，也就是地方官员考核法。这个考核法规定，地方官的责任是六个方面的事务，分别是农桑、学校、词讼、盗贼、赋役和常平法（维持物价稳定）。朝廷会组织对这六个方面的事务进行考察，如果各方面都做得不错，那么官职就升一等；如果做好了其中之四，就

24　1344年（元至正四年）三月，中书右丞相脱脱等表进《辽史》116卷。十月，中书右丞相阿鲁图表进《金史》137卷。第二年十一月，阿鲁图等表进《宋史》496卷。
25　在"三史"中，《宋史》的资料是最丰富的，篇幅也最大，因为宋朝有官修本朝史的传统。在元朝，官修国史还保留着，加上丰富的私人撰述，都被利用来修撰宋史。《金史》被认为是质量最高的。在金国灭亡时期，金撰写的实录被元朝名将张柔保存下来。在元英宗时期，也曾经编撰过一次金史，但没有最后成书。在私人撰写方面，元好问也搜集过一定的金史资料。这些资料被脱脱汇总，使得金史有着扎实的基础。《辽史》质量最差，这是由于它资料最少，辽又灭亡最早，而金试修的辽史也已经散失。

减一资（资历），但不降等；如果做好其中之三，就平调到其他地方；如果各方面都没做好，就降一等。通过这种带有一定量化色彩的评定，朝廷对官员形成了一定的压力。

在司法方面，脱脱也开始主持编撰《至正条格》，也就是司法案例集。这件事到他离任后才完成，但也是从他开始的。[26]

到此时，脱脱已经积累了巨大的声誉，也有了更大的空间去做事。但也是在此时，他建功立业的心态已经过于膨胀了。

最后一次放权实践

1342年（元至正二年）正月，脱脱第一次显示出大有作为的一面，想做一些大事来彰显自己的功劳。编撰史书这样的事情虽然重要，但毕竟只是朝廷内部事务，不会引起太多的社会效应。但另一类事情可能对社会造成巨大影响，水利就属于这一类。

这一年，脱脱下令开展一项巨大的水利工程：京城的金口河工程。金口河是北京西面麻峪村境内永定河上的一段河道，而在北京东面有一条经过通州的潮白河。在历史上，自从修建了大运河，人们就一直在打上述两条河的主意。大运河的终点在北京东面的通州，距离北京城还有一段距离，如果要将粮食运到北京城，最好的方法是从永定河的金口挖一条河，经过北京城，最后向东（经过大运河）流入潮白河，这样粮食就可以经过这条水道直达京城了。

26　1345年（元至正五年）十一月，《至正条格》成。

但这条河的修建论证了一百多年。据《金史·河渠志》记载，1170年（金大定十年），就有人提议修建这条河来通行漕运。第二年，皇帝下令开工。可人们忽略了一点，就是永定河的水太大、太浑，开凿之后，由于水势浑浊，冲刷河岸，导致这条河没有办法行船。运行了十几年后，人们担心它涨水的时候将京城冲垮，于是用石头将它填塞了。

1265年（元世祖至元二年），大臣郭守敬又想起了这条河，他建议重新把河挖通。由于当时还没有通惠河，元朝又希望能够将粮食运到大都城下，郭守敬建议重开这条河，一是可以用于运输，二是可以用于灌溉。但由于永定河的泥沙太多，水势不定，要想减少危害，必须像都江堰那样修一条泄洪渠，这样一旦水势加大，大部分河水可以通过泄洪渠泻走，不会流入金口河危害京师。

但是这个建议没有被采纳。据《元史·河渠志》记载，1291年（元至元二十八年），郭守敬主持开凿通惠河，并将玉泉山的水引入通惠河，与大运河连通，解决了漕运的问题。玉泉山的水量很小，不至于危害京师。1301年（元大德五年），永定河发洪水，为了避免给京师制造麻烦，郭守敬甚至亲自用泥土和石头再次补填已经被封的金口河河口。

但是，开凿金口河的想法一直保留了下来。1342年（元至正二年）正月，脱脱决定重开金口河。[27] 那么，既然已经有了通惠河，为什么还要开凿这条河呢？原因是，按照他的计划，这条河除了连通运河，还可以从西山将煤运出来，节省运输费用。[28]

---

27 事实上，最早提议的是中书参议李罗贴睦尔、都水傅佐，在其他大臣的反对声中，脱脱采纳了这个提议。见《元史·河渠志》。
28 "可运西山煤，省薪刍负担之费。"（《新元史·脱脱传》）

这项工程从正月开始，到四月结束，用了 10 万人工。为了赶进度，政府征用了大量民宅和坟地，将其变成河道。在完工当天，人们纷纷来到河边，等待开闸放水的那一刻。一声令下，水闸打开，永定河河水汹涌地奔入空旷的河道。然而，还没等人们反应过来，河水已经冲垮十多千米的堤坝。脱脱连忙下令将水闸关闭，之后为了防止河水漫入引起决堤，不得不将河道重新填埋。

这件事以脱脱将罪过推给最初的提议者而告终，但由于耗费过大，对政府的损害是显而易见的。

更麻烦的是，虽然人们不断称赞脱脱的其他政绩，但元朝的局面并没有在他的手中获得根本性的好转。各地的反叛依然没有平息，虽然反叛区域已经退缩至边疆地区。当时的反叛主要有以下几个。

1341 年（元至正元年）四月，道州（现湖南永州道县）唐大二、蒋仁五等起兵，攻克了华县（这里主要是瑶人和汉人的混住区）。十一月，道州的另一股反叛力量何仁甫也起事。道州的反叛时起时伏。第二年九月，湖广行省平章政事巩卜班发兵进攻道州，将何仁甫势力镇压了。第三年九月，唐大二、蒋仁五也被杀死，但他们的同党蒋丙不仅继续抵抗，还自称"顺天王"，接连攻克连、桂（现广东连州、桂阳）二州。

1341 年（元至正元年）十二月，云南的车里（现云南西双版纳景洪）还发生了少数民族的反叛，云南平章政事脱脱木儿率军讨伐。由于云南的连年战乱，第二年皇帝还免了云南的差税，但并没有起任何作用，之后第二个月，就发生了云南少数民族首领死可伐的反叛。[29]

29　死可伐的反叛直到 1355 年（元至正十五年）才被镇压下去。

1342年（元至正二年）七月，位于广西的庆远路（现广西河池宜州区）发生了瑶人莫八的反叛，叛军接连攻克南丹、左右两江等路。1343年（元至正三年）八月，四川上蓬（现四川汉源等地）发生了反叛。

除了这些边缘地区反叛，元朝末期最大的麻烦也来了——黄河进入决堤的周期。1343年（元至正三年）五月，黄河在白茅堤决口。到了第二年正月，黄河在曹州再次决口，不久之后，又在汴梁决口。五月，黄河在白茅堤、金堤决口，平地水深两丈，河水向北汇入会通河，曹、濮、济、兖诸州（位于现山东境内）均遭水患。黄河决口导致整个黄河下游地区受灾，黄河水灌入运河之后，直达济南、河间一带，又毁坏了盐场。

人们常常认为，黄河决堤巨灾是元朝末年的一个不可测因素，任何朝代遇到类似情况都无能为力。但事实上，元朝时的黄河已经数次决堤，在元世祖时期就曾经有过，只是由于元朝前期的财政实力更强，能够处理罢了。

表14-1 元朝的黄河决堤[30]

年代	描述	修筑代价
1272年 （元至元九年）	七月，卫辉路新乡县河决北岸五十余步。八月，北岸又决八十二步，去广盈仓仅三十步	
1286年 （元至元二十三年）	十月，河决开封、祥符、陈留、杞、太原、通许、鄢陵、扶沟、洧川、尉氏、阳武、延津、中牟、原武、睢州十五处	南京民夫204 323人

---

30 根据《新元史·河渠志》整理。

（续表）

年代	描述	修筑代价
1288年（元至元二十五年）	正月，河决襄邑，又决太康、通许、杞三县，陈、颖二州皆水	
1296年（元元贞二年）	九月，河决河南杞、封丘、祥符、宁陵、襄邑五县	
1297年（元大德元年）	七月，河决杞县蒲口[31]	修7堤25处，总39 912步，役民夫7 900余人
1298年（元大德二年）	蒲口复决	
1309年（元至大二年）	七月，河决封丘县	
1320年（元延祐七年）	七月，荥泽县塔海庄河决，未几，开封县苏村及七里寺复决二口	计工1 256 494，用夫31 413人
1321年（元至治元年）	河决原武县	
1325年（元泰定二年）	睢州河决	
1326年（元泰定三年）	郑州阳武县河决，漂民房一万六千余家	
1328年（元泰定五年）	兰阳县河决	

---

31 这一年关于如何进行河防的争议很大，尚书耶怀、御史刘庚与廉访使尚文等人考察过后，认为由于河床太高，仅仅靠修堤很难解决问题。因此主张一方面不要堵上蒲口，另一方面，在北方离河较远处根据水势修建一系列堤坝，并让一部分百姓搬离黄泛区。但山东官员则坚持如果不塞蒲口，那么河北良田都会喂了鱼鳖。元顺帝采纳了后者的意见。

（续表）

年代	描述	修筑代价
1330年（元至顺元年）	六月，曹州济阴县魏家道口河决	计用夫6 300人
1343年（元至正三年）	五月，河决白茅堤	
1344年（元至正四年）	正月，河决曹州。五月，大霖雨，平地水深二丈，河暴溢，决白茅堤，曹、濮、济、衮皆水	正月，雇民夫15 800人筑之
1349年（元至正九年）	三月，河北决。五月，白茅河东注沛县，遂成巨浸	

在一系列打击下，脱脱于1344年（元至正四年）五月辞去右丞相，[32] 于是元朝进入最后一次放权时期。

顶替脱脱的别儿怯不花[33]在政治上完全是另一种思路。如果在太平时期，别儿怯不花一定是一个好官。事实上，在他的履历中，一直有采用怀柔政策获得民众爱戴的经验。1321年（元至治元年），他担任怀远大将军、八番宣抚司达鲁花赤。八番位于贵州的边远地区，他在那儿立权威、树恩信，得到当地群众的爱戴，这一点可以视为其怀柔政策在边远地区的成功。

1341年（元至正元年），担任浙江行省左丞相的别儿怯不花恰好碰

---

32 脱脱辞去右相被说成是因为身体原因辞职，先后17次上表才得到皇帝的应允。但是别儿怯不花担任右相后，曾经逼迫脱脱的父亲马儿台迁往甘肃，脱脱随行。从这个事情来看，脱脱辞相也有着复杂的政治斗争。见《新元史·脱脱传》。

33 脱脱辞相后，顶替他担任右相的是阿鲁图，别儿怯不花担任地位稍低的左相，只是在最后才短期接任右相，而与别儿怯不花同时担任过左右相的还有铁木儿塔识、朵儿只和汉人太平。但是，真正的政策主导者是别儿怯不花。

上杭州大火。这场大火将整座城市烧得精光，别儿怯不花登记造册，清查得到2.3万户的名单，每户给赈济金1锭，又按照人头每月给米2斗，并奏请元顺帝减少杭州的税收。由于遭受大火后的杭州急需重建，别儿怯不花在大力重建的同时，给予参加劳动的民众丰厚的报酬。这样的做法让他得到江浙地区百姓的爱戴，也证明怀柔政策在江南是可行的。

成为中书左丞相之后，别儿怯不花也以赈济和减税闻名。这使得他成为合格的政策制定者。如果一个国家处于太平时期，那么休养生息、减少干预就是最好的做法。但元朝已经进入边远地区纷纷骚动，且由于黄河水患，政府很需要花钱的时期。

政府的资金本来就不宽裕，再出台一系列放松社会管制、减少税收的政策，不仅不能平抑民间的非议，反而会助长一些人的反抗情绪。事实上，元朝此时已经成了烂摊子，不再是放松管制就能够收拾好的了。

中国古代社会每到和平时代的晚期，往往会出现一个波动下降的阶段。这时政府的信用已经崩溃，财政收入更加不足，百姓的反抗已经在路上。如果政府强行镇压，那么财政受不了；如果政府听之由之，那么百姓的小乱最后会变成大乱。这个时候，需要的是把握时机，在苗头刚刚出来的时候，用最小成本将变乱镇压，进入和平的正轨之后，再放松管制。如果做不到，那么一旦进入了波动下降阶段，就很难挽回了。

别儿怯不花掌权伊始，社会的乱局就接踵而至，让他的怀柔措施无法取得进展。在边远地区，麻烦不断出现，广西、湖南、云南、四川、福建、青海、辽宁等地的反叛越来越频繁。而由于五月的水灾，八月，位于山东的益都路就爆发了反叛：由于黄河决堤造成的盐池毁坏，益都路的盐贩郭火你赤举起了反旗。这对朝廷来说应该是一次警醒：山东地处腹地，这里发生反叛，其性质与边远地区已经不同，与之前偶尔发生反叛的广东、河南地区也不一样。[34]

这一年十一月，由水灾造成的饥荒蔓延开来，政府为了减轻百姓负担，减少反抗，禁止配给盐税的做法。[35] 但是，由于政府缺乏收入，只好允许百姓认缴粮食，由政府授予官职，这就打开了买官卖官的通路。

政府的麻烦还没有结束：1345年（元至正五年）七月，黄河在济阴决口。第二年二月，山东又发生了持续七日的大地震。在重重灾难的夹击下，山东地区的反叛频发，并向河南蔓延。

表14-2　别儿怯不花执政时期的边远地区反叛[36]

地点	过程
靖州（湖南靖州）	1344年（元至正四年）十二月，瑶人攻打靖州 1346年（元至正六年）十月，吴天保进攻武冈；闰十月，攻克黔阳 1347年（元至正七年）七月，吴天保攻克溆浦、辰溪等县；九月，吴天保进攻宝庆，湖广行省右丞相沙班军败死；十一月，湖广行省平章政事苟尔讨伐吴天保。吴天保攻克靖州；1349年（元至正九年）三月，吴天保攻克沅州；十二月，吴天保攻克辰州
辽阳路	1346年（元至正六年）四月，辽阳路吾者野人及水达达反叛 1348年（元至正八年）三月，辽东人锁火奴反叛，自称金国后裔，被斩；四月，辽阳人董哈剌作乱，镇抚使钦察讨斩之
象州	1346年（元至正六年）五月，广西象州盗起
道州	1348年（元至正十年）十月，广西反叛，进攻道州

34　由于盐税在元朝的地位很重要，盐贩在那时是一个活跃的群体。在南方的反叛中，盐贩同样是参与者，如最早反叛的方国珍等。
35　见前文。配给盐税是指不管人们吃不吃盐，都必须缴纳一定数额的盐税。
36　根据《元史·顺帝本纪》整理。

（续表）

地点	过程
汀州	1346年（元至正六年）六月，汀州人罗天麟等攻克长汀县，元帅府经历真保、万户廉和尚等讨伐；八月，江浙行省左丞忽都不花、江西行省右丞秃鲁平定汀州；闰十月，罗天麟死 1348年（元至正八年）三月，由于福建的反叛，在汀州和漳州设立分元帅府
云南	死可伐反叛持续到1355年（元至正十五年） 1347年（元至正七年）正月，老丫蛮归顺
四川散毛洞	1346年（元至正六年）七月，散毛洞反叛结束
西番（西羌）	1347年（元至正七年）十月，西番攻克哈剌火州
莫磐洞	1348年（元至正八年）正月，湖广行省右丞秃赤等讨平莫磐洞诸蛮，获其酋杨鹿五

对元朝来说，另一个重要的反叛地点在集庆路（现江苏南京），也就是南方地区的核心。这里曾经是六朝古都，也是整个江南地区最具战略价值的地方。1347年（元至正七年）九月，集庆路的华山出现了反叛者，其主要人物一共有36人，聚集在集庆路下属的句容县华山（也称"花山"），首领叫毕四。[37] 镇南王李罗不花率军征伐，最终在损兵折将后将其镇压。

这次反叛连同山东地区的反叛一起成为元末民变的先声。而江南地区的镇压也引起连锁反应，第二年四月，浙江海宁州（属杭州府）也发生反叛，元顺帝派遣翰林学士秃坚不花率兵讨伐。

---

37 "中原红寇未起时，花山贼毕四等仅三十六人，内一妇女勇捷，聚集茅山一道宫，纵横出没，略无忌惮。始终三月余，三省拨兵，不能收捕，杀伤官军无数。"（《南村辍耕录》）

这一年十一月，台州人方国珍起兵，江浙行省参知政事朵儿只班出兵讨伐。方国珍是元末叛军中最早的一支主力军，他的出现，也意味着元朝到了最后的时刻。

反叛不断出现，并且越来越靠近腹地，依靠怀柔政策已经解决不了问题。元顺帝此时面临多个难题：第一，要应付反叛；第二，要解决财政问题；第三，还要考虑如何对待黄河决堤问题〔1348年（元至正八年）正月，黄河再次决堤〕；第四，还必须考虑不能过度压榨民间，那样只会激起更多的反抗。

要想同时处理上述四方面的问题，几乎是不可能的，但元顺帝必须勉力找人去做。别儿怯不花由于无法处理这么多的问题而被迫下台。1348年（元至正八年）四月，元顺帝任命脱脱为太傅。第二年五月，命他处理黄河问题，此时黄河已经向东涌入沛县，在这里形成一个巨大的湖泊。[38]

这一年的闰七月，元顺帝任命脱脱担任中书右丞相，这是他第二次拜相。在任命脱脱为右相之前，元顺帝已经将右相朵儿只和左相太平罢免，也就是给了脱脱独相的权力，相当于宣布了紧急状态，让他全权处理这复杂的局面。

脱脱给了元朝最后一击。

---

38 也就是著名的"南四湖"（微山湖、昭阳湖、独山湖、南阳湖），自元朝形成后，至今依然存在。

第十五章　休克与瓦解

朝廷为了治水动用了大量的人力,为了付账,只能改革货币多发纸币。元朝末年的纸币发行数量并不比中期的元武宗时期多,但由于朝代末年的承受力更差,这次纸币发行带来了社会动荡。

在社会动荡中,元朝的南北失衡问题更加突出。由于北方,特别是都城需要依靠南方的漕粮来养活,粮食主产区江浙以及运输粮食的运河和海运系统成了元朝的致命点。当海运被方国珍切断,而江浙地区又被张士诚占据时,元朝的都城失去了南方的粮食供应后,陷入饥荒。

由于北方缺粮,而朝廷无法组织军队的后勤,只能听任北方的统帅自行筹措粮草和管理地方。于是,当南方陷入汉人的群雄混战时,北方也陷入蒙古人的军阀割据。

艰难的治水

1349 年(元至正九年)三月,继五六年前的几次决口之后,黄河再次北向决口。五月,黄河在白茅堤一段向东注入沛县,在这里形成一个大湖。

黄河是一条让人既爱又恨的河流。一方面，如果没有黄河的泥沙淤积，那么华北平原的形成可能会慢很多；另一方面，黄河又是一条富含泥沙、不断决口的河流。历史上的黄河河道在天津的海河流域到江苏的淮河流域之间巨幅摆动，旧河道不断淤积，河床甚至超出了平地的高度。

中国自有历史记载以来，黄河就出现了数次大的改道。元朝之前最后一次是北宋灭亡不久的1128年（南宋建炎二年，金天会六年），为了对付金兵南下，宋朝官员将黄河在李固渡（现河南滑县）扒开，滔滔河水如同脱缰的野马奔腾东流。[1] 在此前，黄河河道主要是向东北方向流，形成两条支脉，分别在天津（古入海口）和山东（现入海口附近）入海。扒开李固渡之后，黄河改为向东南方向流淌，汇入淮河，流向在江苏附近的大海，新河口与旧河口之间的距离相差上千千米。

蒙古人南下时，也曾经利用过黄河，扒开其河道去淹没金国的土地。但元朝得到天下之后，治理黄河被提上了议程。

为什么必须治理黄河呢？有几方面的原因。第一，黄河周围，特别是北方的山东境内有大量良田，如果治理不当导致黄河淹没良田，对朝廷的税收是一个直接打击。第二，黄河河道的破坏会直接影响周围的盐场，而盐已经成了蒙古人的第一大货币税，少了盐税收入，蒙古的财政也受不了。第三，黄河河道还与运河有关，黄河泛滥必然导致运河无法通行，而元朝又是一个资源分布严重不均的国家，财富主要集聚在江浙一带，而政治重心却在北方的大都，必须将江浙的资源不断地运往大都，

---

[1] 掘开黄河的是南宋初期的宰相杜充，他后来投降了金国。见《宋史·杜充传》。

才能保持证国家机器的正常运转。

元朝虽然开辟了海路,但海路主要以运漕粮为主,大量经济类商品和贡品仍必须通过运河系统运输。因此,元朝对运河的依赖程度已经远高于前朝。

1344年(元至正四年)黄河决堤之后,到底如何治理黄河已经引起朝廷热议,主要有两种意见:一是尽量维持现状,等黄河相对稳定了,再根据稳定的状态将河道固定;另一种意见则是根据地形一边堵一边疏,尽快帮助黄河找到一条稳定的河道。

这两种意见争论了数年。由于别儿怯不花执政时期采取无为而治的态度,治理黄河的问题被拖延下来。如果不发生别的事件,那么治理黄河的问题还会继续拖下去。但到了1348年(元至正八年)十一月,在浙江的台州地区发生了方国珍反叛,元朝的财政失衡问题到了不得不解决的地步了。

台州人方国珍出身于一个盐贩家族,他和兄弟们都在海上贩盐。在他之前,台州地界有一个海寇叫蔡乱头,他与方国珍发生冲突,官员可能收了蔡乱头的贿赂,导致方国珍遭到迫害。[2] 于是方国珍率领家人远走海洋,开始了海盗生涯。

台州地处江浙的偏远地区,方国珍的海盗行径原本只是一个地方

---

2 关于方国珍与蔡乱头关系的说法很多。据《新元史》记载,方国珍与蔡乱头有仇,蔡乱头成为海盗之后,方国珍想帮助政府擒拿蔡乱头立功,然而蔡乱头投降政府获得了宽免,导致方国珍愤而为盗。而据《元史·泰不华传》记载,方国珍在蔡乱头的逼迫下逃走为盗。据《太祖实录·方国珍本传》(转引自《国初群雄事略》)记载,方国珍的仇家陈氏污蔑方国珍私通蔡乱头,导致方国珍做了海盗。

的小疮疤而已，元朝境内大大小小的疮疤已经太多，方国珍本来也不足以引起致命的后果。但这个疮疤又和其他的不同，因为它影响了海路的漕运。

方国珍在成为海盗前以贩私盐为生，这意味着他必须组织一支强大的海船船队，具有足够的机动性。元朝的海运虽然发达，但大都掌握在临海的民间富豪手中，政府的海军并不算强大。这导致方国珍在成为海盗之后，打起了政府漕粮的主意，以抢劫海路漕粮为生。

到了元顺帝时期，漕粮的海运已经过了巅峰期，据《元史·食货志·海运》记载，在天历年间漕运达到300多万石之后，1341年（元至正元年），漕运数量只有280万石，第二年为260万石。之后的数据已经缺失，但鉴于政治局势，海运数量也不会太高。至少在这个时期，海运依然在将南方的粮食送往北方，这样才能够维持元朝政府的运转。

随着方国珍对海运的骚扰，元朝政府感到了财政压力，在此时，运河的重要性进一步提升了。在这样的背景下，1349年（元至正九年）的黄河决口就有了更多意义。之前，朝廷还可以讨论要不要治理，到这时就成了不得不治理。

1349年（元至正九年）闰七月，脱脱以太傅身份重新担任了中书右丞相。由于之前的怀柔政策和拖延政策都被证明是无效的，因此对脱脱来说，摆在他面前的任务主要有两个：第一，解决方国珍问题，保证海运通畅；第二，治理黄河以保证运河的通畅。

据《元史·泰不华传》记载，在经过最初的起事之后，元朝派出了江浙参政朵儿只班率领海军镇压方国珍。朵儿只班将方国珍逼到福州的五虎门，眼看就要擒住他的时候，没想到方国珍一把火烧了自己的船，想趁乱逃走。这把火把元军吓坏了，士兵们乱成一团，原想逃走的方国珍反而乘机抓住了朵儿只班。作为海寇，方国珍并没有下定与元朝决裂的决心，他所要的只是自己的生存空间。于是朵儿只班写信给皇帝，要求将方国珍招降，元顺帝随即授予方国珍庆元定海尉。方国珍虽然接受了官职，但并没有离开本地，也没有将自己的人马解散。

脱脱上任时，恰逢方国珍的安分期，虽然元朝拿他没办法，但他也没有闹事。这时更麻烦的反而是河防事宜。1350年（元至正十年）十二月，在大司农秃鲁（他兼领了都水监）的组织下，人们开始讨论如何治理黄河。治理黄河的意见依然是两种，一种是顺其自然，另一种以工部尚书贾鲁为代表，提倡积极行动。[3] 脱脱采纳了贾鲁的意见，决定开始治河。

这时候就出现了一个非常现实的问题：治理黄河需要花费大量的资金。早在元世祖开会通河时，就花费了大约150万缗，而治理黄河的费用不会小于这个数字。根据贾鲁的估计，修筑黄河的民力来自13路的15万人，这么多的人如何组织，如何吃饭？由于财政出现危机，元朝已经处于赤字之中，加上方国珍引起的海运障碍，到底靠什么来筹措这笔经费呢？

这一点难不倒右丞相脱脱。

1350年（元至正十年）十月，就在朝廷讨论如何治理黄河的同时，脱脱还进行了另一项改革：货币改革。元顺帝下令中书省、御史台、集

---

[3] 当时争论的另一个问题是河道问题。南宋初黄河已经改道南方（夺淮），到底是维持南方河道，还是将黄河逼回北方的故道？监察御史余阙赞成将黄河引入北道。见《元史·河渠志》。

贤翰林两院商量如何进行货币改革。十一月，改革措施已经出台，不可谓不快。元顺帝下达诏书，要求发行一种新的货币。不过这次宰相脱脱选择了一个更加古典的名字：中统交钞。他规定新的中统钞（也称"至正钞"）1 贯顶铜钱 1 000 文，可以换至元钞 2 贯，也就是说，通过新发行货币，又将至元钞贬值了一半。新钞发行后，政府印刷 200 万锭，作为支付河工的费用。其中至正钞 190 万锭，至元钞 10 万锭。[4]

在此，我们可以进行一个对比：在元武宗时期，曾经发行至大钞，一次性将至元钞贬值八成，不过民间依然扛下了这次大型的掠夺。[5] 而这次的中统交钞只是贬值一半，比元武宗时期的掠夺还是小得多，这样的发行方法应该也不至于引起太多的问题。

据《元史·贾鲁传》记载，1351 年（元至正十一年）四月，工部尚书贾鲁担任总治河防使，发动民夫 15 万、兵 2 万，开始治河。十一月工程完工。这次治河在技术史上是一次巨大的成功，从最初的规划到物资的使用，都达到了中国古代工程史的巅峰。据《至正河防记》记载，治河的总里程达到 285 里 154 步多，许多地方使用了三重堤。修筑堤坝使用了大量的物资，包括大桩木 2.7 万根，其他榆木、柳木 66.6 万根，草 733.5 万束，竹竿 62.5 万根，苇席 17.2 万张，小石 2 000 艘，绳索 5.7 万根，堵口用的大船 120 艘，铁缆 32 根，铁锚 334 个，竹篾 15 万斤，石锤 3 000 块，铁砧 1.42 万余块，大钉 33 232 个。总花费 1 845 636 锭，控制在了印刷的 200 万钞票限额之内。只有看到这些数据，人们才会意

---

4 第二年再印同样数目的钞票。见《元史·顺帝本纪》。
5 至大钞在元武宗去世后被废除，见上文。

识到，蒙古人和元朝对工程和数字的把握已经精确到了什么程度。人们通常认为，中国古代由于缺乏数字和账目传统，大型工程的预算数据往往是混乱不堪的，但贾鲁的这次治河足以让我们意识到，至少这样的说法并不适合元朝。也只有这样，我们才会对总工程师贾鲁以及总指挥脱脱产生足够的敬意。

黄河的治理完毕也意味着运河的安全和内河航运的畅通。按照脱脱的规划，物流的畅通本来可以让元朝的体质更加强健，国祚更加久远。但这时发生了令人意想不到的事情。

元朝的软肋

在元朝中央政府忙于发行钞票和治水的时候，竟然有人利用这个时机造反。也只有到这时，人们才意识到元朝已是多么的脆弱。元武宗时期的无数次折腾和更大规模的通货膨胀都不足以让社会垮掉，但到了元顺帝时期，哪怕完成了对社会如此重要的治水，哪怕经过如此缜密的规划，依然无法解决控制力下降和社会混乱问题。

同年五月，治水还没有结束时，在河南行省的颍州（现安徽阜阳）出现了一次反叛，首领是一个叫刘福通的人。在元朝有许多教派，最著名的莫过于王重阳建立的全真道。但全真道并不与政府对抗，[6] 反而是另一个教派——白莲教更加积极。白莲教在阜阳的首领刘福通与韩山童策

---

6 与现代武侠小说中描写的相反，全真教自从创教开始，就一直是各个政府的座上宾。他们首先为金国皇帝看重，为他们服务，之后南宋皇帝也试图召唤他们，元朝太祖成吉思汗曾将全真道士丘处机召往中亚地区。

划反元，在平时，内地的这种反叛都不会长久。但这次他们瞄准的时机非常好，恰好是在方国珍反叛导致海运减弱、河运因黄河决堤不通、治水又带走大量人力和士兵之际。

韩山童死于起事之前的泄密，但刘福通逃脱了追捕，举起了反旗。他的人马先攻克颍州，之后连克朱皋（现河南固始县附近）、罗山（现河南信阳市罗山县）、上蔡等县，九月又攻克了汝宁府（现河南汝南县）、光州（现河南潢川县）、息州（现河南息县）。

刘福通的起兵成了榜样，一时间更多的人加入反叛的队伍。

八月，萧县（现江苏萧县）芝麻李起兵，攻克徐州。

同月，罗田（现湖北黄冈罗田）的徐寿辉起事，攻克黄州路。到十一月，更是自称"天完国皇帝"，建号"治平"。[7] 徐寿辉在初期表现出摧枯拉朽的力量，定都之后，立刻派遣手下兵分二路，向着东、西两个方向掠地。1352年（元至正十二年），更是接连攻克中部地区，直至三月才在南昌吃了第一场败仗。[8]

1352年（元至正十二年）二月，另一支重要的反叛力量郭子兴起兵攻克濠州（现安徽凤阳）。三月，钟离人朱元璋加入郭子兴的队伍。

如上所述，元朝末年的主要反叛力量此时都登上了历史舞台。他们分别是：位于淮河流域的郭子兴和朱元璋、位于长江中游的徐寿辉、位于徐州的芝麻李，以及同样位于淮河流域（在凤阳上游的阜阳）的刘

---

7 除了这几个大的反叛，还有一些小型的反叛。比如，1352年（元至正十二年）正月，竹山人孟海马攻克襄阳；二月，邓州人王权攻克澧州等。

8 正月，徐寿辉军攻克汉阳、兴国府、武昌、安陆府、沔阳府、中兴路。二月，攻克江州、岳州、归州、袁州。三月，攻克瑞州、饶州、徽州、信州。

福通。

之后，刘福通的队伍中将分化出小明王韩林儿，以及山东地区的毛贵，并通过北伐（关先生支系）最远破坏到位于草原区域的元上都，甚至到达高丽。而芝麻李的队伍被打散后，有一部分（赵君用、彭大）将投奔郭子兴，引起这支队伍的内部矛盾。徐寿辉的队伍也很复杂，经过争斗之后，最后分化成位于两湖地区的陈友谅和位于四川的明玉珍两大势力。[9]

这些反叛力量使得淮河和长江中游地区陷入混乱。原本脱脱治理黄河的一大目标是保持运河的通畅，但突然形成的群雄并起的局面威胁到了王朝的主动脉。

但如果认为元朝会因为反叛势力而轰然倒塌，那就是小看了其抵抗能力。反叛势力只是进一步削弱了元朝，却不是元朝灭亡的主因。元朝并不惧怕他们，因为它在近百年的历史中已经经历过无数次小规模动乱。元朝派遣大批蒙古将领分赴四方去镇压这些反叛者，并逐渐收复了一些区域。只要有足够的物资供应，那么元军经过最初的混乱之后，是有能力重新控制局面的。

我们这里所说的足够的物资主要就是军需，而所谓军需，最主要的就是粮食。粮食产地主要在江浙地区，上述反叛队伍虽然出自元朝核心，却是在元朝核心的薄弱地区，虽然有的从战略位置上讲很重要，但从物资角度上讲没有那么重要。比如，徐寿辉所占据的湖广行省的粮食税总

---

9 福建和广东属于两位接受元朝官职但是半独立的陈友定和何真，但他们无法在战争中成为主流。

额只有江浙行省的二成，芝麻李、郭子兴、刘福通都在河南行省境内，这里的粮食税总额只有江浙行省的一半，而且他们只占据了河南行省的部分地区，破坏力是有限的。[10]

总之，反叛者并没有涉足当时最重要的区域江浙行省。江浙地区依然归顺于元朝，只要元朝的税收还能源源不断地供应其军队，迟早会将反叛镇压下去。

那么，朝廷真正怕的是什么呢？

元朝的软肋隐藏在一个巨大的不平衡之中：它的政治中心在北方，而最重要的经济区域在南方，只有从南方征收粮食运往北方，才能保证国家的运转。对元顺帝来说，只要保住江浙地区和交通，就可以保证国家不崩塌。但反过来说，一旦江浙地区或者从江浙将粮食运往北方的线路出了问题，就会如同大脑失去了供血一样，这个巨大的王朝将出现休克和暴亡。江浙地区暂时没有发生反叛，满足了元朝存续的第一个条件，但第二个条件（交通）能否得到保证呢？

元朝的交通分成运河和海运，其中运河穿过反叛区，受到影响，此时元朝的存续就更加依赖于大海之上的运粮队了。也正是因为南方群雄并起，使得方国珍的地位得到了提高。

事实上，此时的方国珍是能够对元朝造成最大骚扰的人。他骚扰元朝的方式不是破坏其粮食生产，而是破坏粮食运输的通道。一旦失去南方的海运漕粮，那么元朝的北方地区，特别是都城，是没有办法获得足够食物的，就更没有办法筹措军粮了。

---

10 江浙行省的粮税总额为 4 494 783 石，湖广行省为 843 784 石，河南行省为 2 591 269 石。

方国珍虽然暂时接受了元朝的招安，但并不受其节制。在安分了一段时间之后，1350年（元至正十年）十二月，方国珍再次进攻温州，他的目的非常明确，就是抢粮食，这导致元朝海运受到严重干扰。为此，江浙左丞孛罗帖木儿不得不率军讨伐。第二年正月，大军出发。六月，孛罗帖木儿追到大闾洋（台州温州附近海域），不想被方国珍一把火烧了船，士兵被淹死一大半，孛罗帖木儿不仅吃了败仗，主将也被方国珍俘虏。

但方国珍与其他几位反叛者不同。其他几位大都对元朝有着刻骨铭心的敌意，因此在战争中表现出坚决不谈判的态度。可出身于富裕地区的方国珍并没有这么坚决。[11] 他并不排斥另一种可能性：接受元朝的收编。于是就有了接下来的谈判。

在孛罗帖木儿的帮助下，元朝决定设立一个巡防千户所，比当初的庆元定海尉官职更大。七月，朝廷命令大司农卿达识帖睦迩（即达识帖木儿）、江浙行省参知政事樊执敬招谕方国珍，方国珍也接受了这个职位，形势再次安顿下来。

方国珍的安顿给了元朝讨伐其他反叛者的空间，元朝在逐渐安定局面。一方面，元顺帝派王室成员赴四方镇守，[12] 表明当时元朝对南方还有着足够的控制力；另一方面，又四处调兵遣将去镇压反叛。九月，御

11　同样情况的还有后来的张士诚，他也多次接受招安。
12　比如1352年（元至正十二年）二月，元顺帝派遣江北河南道廉访使哈蓝朵儿只为荆湖北道宣慰使都元帅，守襄阳，诸王秃坚镇扬州，宁王牙安沙镇四川，诸王孛兰奚与翰林学士承旨八剌守大名。

史大夫也先帖木儿[13]被授予知枢密院事,与卫王宽彻哥合兵进攻河南。十月,知枢密院事老章也加入了战局。十二月,也先帖木儿克复上蔡县,擒获反叛者韩咬儿。到了第二年,1352年(元至正十二年)正月,刑部尚书阿鲁进攻山东。

由于徐州是连接南北的一个关键节点,元朝对其也更加重视,正月,淮东添设元帅逯鲁曾进攻徐州,知枢密院事月赤察儿也率兵马指挥使宝童加入进攻徐州的行列。七月,宰相脱脱亲自率军前来。九月,脱脱就攻克了徐州,除了芝麻李被杀,他的下属彭大和赵君用都逃到濠州郭子兴处。脱脱由于这次军功,获封太师,回到京师。

在两湖地区,元军也取得很大进展,到这一年的年底,已经收复了很大一部分土地。元顺帝下令免除遭受兵灾又收复的地区的钱粮。对元朝威胁较大的是徐寿辉的东路军(指挥官项普略),这路军队进攻了江浙的富庶地区,直达杭州、常州,但也被元军击退。

与此同时,脱脱主持的元朝改革依然在继续。1352年(元至正十二年)三月的改革提高了南人的地位,规定南人也可以任职于中书省、枢密院、御史台官。这项改革措施如果放在和平时期,必然能够有巨大的吸引力。即便在南方,对朝廷表现出敌视的也是少数人,比如在广东和福建地区,由于元朝的开放政策,这里就很少出现对朝廷的反抗,而在江浙地区,那些富豪大户与朝廷的勾结远多于斗争。

但就在形势逐渐好转,政府恢复掌控局面的时候,已经投降的方国珍却又给了元朝致命的一击。

---

[13] 也先帖木儿也是丞相脱脱的弟弟。

方国珍出事,与他的一个仇人(也是元军的一个指挥官)有关,这位指挥官叫泰不花。[14] 在历史上,对被招安者来说,最大的困难莫过于如何在双方之间达成互信。而之所以难以达成互信,是因为往往谁率先毁约,谁就是受益者。在方国珍前一年接受招安时,皇帝派遣大司农达识帖木儿前往招安,方国珍拿出了巨大的诚意,上岸接受封赏。当他们住下之后,元朝的绍兴总管泰不花却想抓住机会将方国珍杀死,从根本上解决问题。达识帖木儿最后阻止了他。

　　第二年,泰不花担任台州路达鲁花赤,与方国珍之间的信任关系越来越薄弱。一方面,元朝为了应对徐州的战事,在附近地区招兵买马,这一举动引起方国珍的怀疑,于是他又离开陆地,住回船里;另一方面,他的退缩又引起泰不花的猜忌。最后,双方在1352年(元至正十二年)二月见面谈判时发生冲突,方国珍扣留了泰不花并将他杀害。元朝与方国珍的战端再启,持续了整年。

　　就这样,元朝在其他地方取得进展的同时,却在海运上遭受了最严重的损失:方国珍的反叛,导致当年海运不通。也就是说,从此元朝失去了供养北方王族和庞大军队的粮食。这种情况从忽必烈灭亡南宋建立海运制度之后,几乎没有出现过。当国家的两条命脉——运河和海运都受到影响时,元朝陷入了休克。巨大的失衡问题决定了事业的成败。

　　但元朝并没有认命,而是开展了一场自救运动。1353年(元至正十三年)年初,元朝决定不惜一切代价招安方国珍,恢复海运。三月,皇帝派遣江浙行省左丞帖里帖木儿、南台侍御史左答纳失里前往招安方

14　也作泰不华,1321年(元至治元年)右榜榜眼。

国珍。经过谈判后，二人上奏称方国珍已经决定投降。于是皇帝发出金符，不仅给方国珍授官，还分封了他的兄弟和党徒。

为了消除双方的不信任，元顺帝下令立了一块宣德石碑，表明自己的立场。这次招安的结果是，方国珍得到"海道万户"的名头，但实际上他占据了台、温、庆元三路，拥有独立的地位。[15]江浙行省也只能接受这样的局面，也就是方国珍可以在自己的地盘内自行其是，只要不发起针对元朝的敌意行动就行。

方国珍在之后依然有过反悔之时，但大部分时间里至少在表面上服从于元朝，甚至还在后面的军事行动中给元军提供过帮助。就这样，元朝的第一次休克期过去了。但是这次休克并没有完全恢复，因为海运再也没有恢复到原来的规模，在方国珍的配合下，元朝的北方可以获得南方有限的物资补充。只是此时的元朝如同半身不遂，到底能够恢复到什么程度，还要看未来是否能够将内部的抵抗之火扑灭，巩固住政权，恢复另一条大动脉——运河。

但就在元朝刚刚松了一口气的时候，对整个元朝造成最大破坏的人已经出现了。

最关键因素：江浙反叛

1353年（元至正十三年）正月，元朝依然在与之前的反叛者作战，

---

15 元朝曾经希望把他调走，如授予他徽州路治中（1353年，元至正十三年十月），但被他拒绝了。

此时，一个名叫张士诚的人突然反叛。[16]

张士诚是泰州人，兄弟三人以运盐为业。他的起事与其他人不同，带有更多偶然性。张士诚由于重义轻利，很快受到一群人的爱戴，成为小团体的首领。由于与其他团体发生冲突，导致张士诚走上反叛的道路。

这样的反叛与元朝中期的反叛类似，是偶发性的，如果不是处于群雄并起的大局之下，并不难处理。更何况江浙地区的人们由于生活富裕，并不愿意反叛，况且脱脱正在改革政治制度，希望将更多的江浙力量拉入政权，让他们成为受益者。

元朝最初并没有对张士诚给予太多的重视，试图招降他，但没有成功。五月，张士诚已经攻克泰州，又进入高邮。

第二年春天，张士诚在高邮建国号"大周"，自称"诚王"，改元"天祐"。到此时，这位新的反叛者才引起元朝的重视，这是因为高邮位于运河地区，连着长江，有着交通要道的地位。而且这里不只是运河的必经之路，还有一个更重要的因素，那就是它与江浙行省的主要产粮区只隔着一条长江，顺长江而下，是很好的海路通道。元朝即便能够降伏方国珍，只要张士诚存在，海路依然是不安全的。也就是说，张士诚的存在，对元朝的粮食产区和交通构成双重威胁，也带来了更大的休克风险。

到了六月，张士诚如同朝廷担心的那样，从高邮向更大的据点扬

---

[16] 民国人辑有《吴王张士诚载记》，为目前较全的关于张士诚的史料。本书的叙述以《吴王张士诚载记》和《新元史》为本，亦参考其他文本。

州进军。扬州完全处于运河与长江的交叉点上，地位比高邮更高。[17]元朝派遣达识帖木儿（他也曾与方国珍作战）守卫，但是被张士诚击溃。

从这时起，张士诚就已经是朝廷最大的障碍了。扬州同时威胁着元朝的产粮地区江浙和海运系统，有可能恢复的粮食运输再一次陷入危险。

元朝在其他地区依然在不断地收复失地，这个新的燃烧点就成为元朝君臣最重视的地区。在张士诚之前，元朝最重视的是徐州，这才有了宰相脱脱的亲征。而对于高邮的张士诚，因为其他人一直无法取得突破，最后也必然需要脱脱亲自出场。

九月，脱脱以太师右丞相的身份，总制诸王、诸行省、各翼军，讨伐张士诚。这一次讨伐级别之高也是罕见的，除了指挥官的身份，脱脱还拥有便宜行事的权力，可以不经汇报自行决策。同时，他还可以从各个机构抽调随行人员。他的军队也是从各地征选的，甚至包括从西域来的人马。一路上旌旗千里、金鼓震野，阵仗之大，极为少见。

脱脱之所以用这么大的阵势，还和一个局势有关，那就是自从两年前海运第一次中断之后，元朝北方的物资供应一直不足。海运中断的后果并不是马上显现的，而是有一个过程。在第一年，由于有余粮，加上人们并没有意识到海运断绝的时间会很长，总以为会很快恢复。在这种情况下，人们还感觉不到问题的严重性。但到了第二年如果依然没有粮

17　自唐朝以来，扬州就是南北交通的枢纽：运河从扬州旁边经过，沟通着长江、淮河、黄河的交通，大量物资如果走陆路，也必须在扬州集合。元朝时，扬州在长江又连接着海路交通，更是两条交通线的枢纽。

食进来，人们就会开始发慌。一旦超过三年，很可能就要引发巨大的饥荒了。刚刚解决了方国珍，又来了张士诚继续威胁交通线，使得脱脱必须尽快解决张士诚。

事实上，脱脱也曾经试过用其他方法来代替江南的粮食供应，就在海运不通的第二年，1353年（元至正十三年）二月，脱脱就采纳了其他大臣的建议，在大都周围进行屯田。他让右丞乌古孙良桢兼任大司农，来到北京的西山一带，在南达保定、河间，北至檀州、顺州的土地上开垦官田。为了保证收成，还专门雇用南方的农夫种植。之所以这样做，是脱脱预见到海运不通可能带来大饥荒，必须早做准备，尽量保证京师的粮食自给自足。但这样的做法属于仓促上马，只能应付一时，最重要的还是恢复南方的海运。[18]

脱脱出征到达济宁和邹县时，还专门去祭祀了孔子和孟子，表现出对儒家的尊崇。十一月，大军到达高邮，与张士诚接战。事实上，张士诚的军队在当时完全没有能力抵抗元朝的大军，脱脱在高邮大败张士诚，将他们围困在城中。同时，又分兵进攻六合，攻克扬州。

最后，元军攻克了高邮的外城，将张士诚困在内城。一时间人心惶惶，高邮陷落只在旦夕。张士诚已经在讨论投降事宜，但又担心投降之后还是没有活路。

一旦镇压这个国家最重要的反叛者，恢复元朝交通线，解除对江浙的威胁，元朝依然有可能挺过危机。但就在最关键的时刻，元顺帝突然

---

18 按照《元史·脱脱传》的说法，由于屯田丰收，导致海运不通而京师自足。但这种说法是存疑的，特别是考虑到第二年的饥荒。

帮了张士诚一个大忙：发来了脱脱的免职令。

此后，人们对脱脱的免职一直感到不可思议。只要攻克高邮，消灭了张士诚，解除江南的危机，加之方国珍的归附，那么元朝的海运漕粮将会很快恢复。只要有了粮食，元朝对其他反叛力量的镇压就可以继续，再加上一个强势的统帅，元朝很可能完成一次复兴。

《纪事录》记载称，免职诏书到达时，人们已经听到了风声，有人甚至提议先不要打开诏书，而是等攻克了高邮再说，但脱脱没有同意。这样的说法更增加了此次事件的悲剧色彩。

那么，脱脱为什么被免职呢？《元史·脱脱传》将原因归于内部的权斗，是中书右丞哈麻的谗言导致皇帝罢免了脱脱。但也可能还有其他原因，那就是，由于海运停止造成的危害已经显现，当丞相脱脱将所有资源都席卷而去攻打南方时，北方的京城陷入困顿和萧条。皇帝的免职诏书中提到了脱脱劳师费财却徒劳无功，最后不得不将他免职。[19] 这表明，击溃元朝大军的是后勤。

如果海运畅通的话，那么这三个月的军事行动只要再延长一段时间，就可以见到有利的结果。哪怕海运已经不在，既然已经出师三个月，那么更好的选择必然是再坚持一下。从这里，我们也可以看出方国珍和张士诚导致的海运中断对元朝的打击有多严重。

而更大的打击还在于，一旦脱脱去职，他亲手组织的大军一瞬间就烟消云散了。许多人由于回不去家乡，不仅不为元朝效力，反而加入反

---

19 "老师费财已逾三月，徒怀眷恋之思，曾无尺寸之效，坐视寇玩，日减精锐，虚费国家之钱粮，诓诱朝廷之名爵。"（《吴王张士诚载记》）

叛队伍。张士诚抗元的胜利也让元军的英雄神话破灭了，而军事的失败更是让海运的恢复变得遥遥无期。在此前，元朝之所以强大，在于它有江南的粮食供应，一旦失去它，元朝的统治将摇摇欲坠。

自从忽必烈征服江南以来，元朝越来越依赖南方的资源，却一直没有能力在江南建立更加稳固的统治，也无法解决南北方巨大的失衡问题，只能依靠运河与海运将物资源源不断地运往北方。最后，水路交通成了国家的软肋，一旦被破坏，就意味着规模巨大的失败。虽然元朝从休克中短暂地苏醒过，却再也没有了之前强健的体魄，也就进入最后的苟延残喘阶段了。

脱脱罢官的当年，京师已经出现了巨大的饥荒，甚至出现父子相食的惨况。这也可以看作对这位年轻有为的丞相的讽刺，因为他曾经相信政府的力量，开启了庞大的工程，印刷了大量钞票。可是他没有想到，一旦海运断绝，粮食无法运来，那所谓的工程和金融手段都只是虚幻，只会引起更进一步的混乱。

脱脱被免职，海运无法恢复原样，元朝开始进入崩塌阶段。

北方的瓦解

脱脱被解职之后，南方陷入不可收拾的局面。但元朝政府又是幸运的，在南方政权中，把控漕运这一经济命脉的张士诚和方国珍并没有一直与元朝作对。方国珍接受了元朝的封赏，但在事实上保持了独立性。张士诚是脱脱倒台的主要因素，随后向江南方向发展，占据了最富庶的江浙地区，1355年（元至正十五年），张士诚也接受了元朝的招安和封赏。[20]

二人接受了元朝的官职，对元朝来说一个巨大的利好就是海运得到部分恢复。根据朝廷与张士诚和方国珍的协议，张士诚每年向元朝进贡 10 万石粮食，而这些粮食要经过方国珍运输到北方。虽然与元朝高峰时期的 300 万石无法相比，但 10 万石粮食也可以暂时解决京师的饥荒。

不过，南方粮食无法进入北方，最大的问题不是朝廷对南方的镇压，而是北方的瓦解。由于缺乏军费，即便脱脱已经下台，朝廷在各地反叛不断的情况下，依然无法停止货币超发。据《元史·食货志·钞法》记载，1355 年（元至正十五年），为了军需，朝廷印了 600 万锭的至正钞。随后印造钞票不计其数，使得物价飞涨。直至 10 锭钞票换不来 1 斗粟米，物价上涨数百倍。

同时，朝廷由于无法供应足够的军粮，不得不允许各个军事将领自己想办法征收粮草，这就意味着将管理地方的权力让渡给了军阀。在这样的政策下，北方也变为军阀制。

在北方军阀中，最著名的是察罕帖木儿（以及他更著名的养子扩廓帖木儿，汉名王保保）和孛罗帖木儿。

1352 年（元至正十二年），在河南南部的颍州陷入战乱时，察罕帖木儿在颍州起兵，帮助元朝镇压反叛者。随后，察罕帖木儿被元朝重用，转战北方各地，定河北、克陕州、复汴梁、安河东、平山东。察罕帖木

20　元末军阀可以分为三种：第一种是从元朝内部分离出去的地方大员；第二种如方国珍和张士诚，他们大都出自较为富裕的地区，并不铁心反元，可以接受招安；第三种来自更加贫穷的地区，这种才是真正意义上的反叛者，其中最著名的就是朱元璋。

儿的军功越来越大，最后担任了中书平章政事，并在河南、山东建立了行枢密院。

察罕帖木儿军功的背后，是元朝的北方地区已经军阀化，士兵们对统帅有着更高的忠诚度，对朝廷却不怎么在意。元朝不得不默许军阀的存在，因为只有这样才能解决军事财政问题，当朝廷已经没有财富来维持军队时，军阀化已经是最好的结果。

1361年（元至正二十一年），察罕帖木儿在山东益都被降将刺杀，之后，他的养子扩廓帖木儿接手其军队，完成了军阀化的最后阶段。

而另一个军阀集团的首领孛罗帖木儿的父亲达失巴都鲁也是来自朝廷的官员，担任过知枢密院事。为了镇压反叛，他们也采取自己筹措军粮的做法。达失巴都鲁死后，孛罗帖木儿也完成了军阀化。

两大军阀随即陷入明争暗斗。当南方地区陷入一片混战时，正是扩廓帖木儿和孛罗帖木儿在北方的争斗，耗尽了朝廷的最后一丝力气。

除了两个帖木儿，另一个重要的军阀集团是位于西部的关陇集团，其首领包括汉人李思齐、张良弼等人。他们保持着对元朝的忠心，又由于军阀之间的相互倾轧，不得不防备其他军阀对他们的挤压。

在这样的争斗之下，朝廷瓦解了。它不是在某一次事件中壮烈而亡的，而是由于南北方的失衡、交通的中断，导致北方财政不可持续，最后为了解决军事财政问题，不得不允许军阀的存在，让朝廷变成了一盘散沙。

在南方，是不断演化、分化的反叛者，老的反叛者死去，新的反叛者分成几个小型的政权互相吞并，直到产生一个胜利者，再由他去挑战北方。

在北方，朝廷在几大军阀之间持续失序，最后被军阀们裹挟。即便朝廷想做些什么，也苦于没有财富去养兵，所有的兵源都变成军阀的囊中之物。在前期，军阀们还助力朝廷应付南方势力的北伐行动，到了后期，军阀与朝廷的斗争已经成为主流。可以说，他们是在等待中死亡的，等待南方产生一个胜利者来收编北方。

而这一切问题中最关键的因素，就在于元朝的财政失衡，当丧失了江浙的富裕和海运时，北方的命运就注定了。

第十六章　群雄的争霸策略

在中国古代史上，明初的北伐是唯一一次从南方成功地统一北方。南方地区由于缺乏纵深，相对北方一直处于劣势，而这一次成功，得益于当南方逐渐在朱元璋手中捏成团时，北方恰恰陷入军阀混战，无法组织起有效的防御。

在南方反叛集团中，刘福通利用三路北伐对元朝形成打击，但他选择的汴梁和安丰处于四战之地，缺乏制高权和基地，因而处于绝对的军事劣势，最终失败。

对元朝造成毁灭性打击的是占据全国粮仓——江浙地区的张士诚以及控制海运的方国珍。二人虽然被招降，但他们将元朝每年调往北方的粮食总量控制在最少，造成北方的普遍性饥荒，并最终导致北方解体，形成军阀混战。

朱元璋控制的应天府（现江苏南京）和陈友谅控制的武昌（现湖北武汉）地区，是仅有的两个具有战略优势的南方区域，他们之间的战争决定了南方的归属。最终，应天府由于靠近产粮区、资源更加丰富，压倒了武昌。

北方的两个帖木儿之战，以及随后发生的更加碎片化的混战，让北方失去了组织有效防御的最后时机。

群雄的财政策略

在中国古代历史上,有一个著名的话题,那就是在南北统一战争中,往往是从北方出发的王朝将南方合并。不管是秦汉的统一,还是晋朝、隋朝、唐朝、宋朝、元朝以及后来的清朝,大都遵循了这种模式,唯一的例外就是明朝取代元朝的北伐战争。那一次,朱元璋领导的南方军队完成了对北方的逆袭,统一了全国。[1] 那么,为什么历史上往往是北方统一南方呢?而明朝又为什么成了例外呢?

中国古代王朝大都是北方统一南方,其原因藏在南北的地理特征之中。北方具备完整的战略地理系统,在这里,有平坦的华北平原可以充当粮食基地,生产大量的军需粮食,但仅凭华北平原是不行的——平原容易被军队一举扫过,无法防守,还必须有更厚重的纵深;在华北平原之外,就是巍峨的太行山和隐藏在山背后的山西高原。也就是说,华北的守护神是太行山和山西高原,从南方来的军队仅攻占华北平原没用,因为这里一马平川,不利于防守,随时会被从太行山背后下来的军队赶回南方。[2] 南方军队只有将山西一并拿下,才有可能巩固华北。但由于太

---

1 冯友兰在《国立西南联合大学纪念碑碑文》中总结,历代王朝南渡后没有能够成功北返的,他举了晋朝、宋朝、明朝末年的例子。但他没有提到,明朝从南方向北方的统一,也类似一次成功的北返。
2 太行山的重要性在于它很高,可以阻挡南方的进攻者;同时又不够高,有足够的通道沟通两侧(太行八陉),让北方的防守者可以协同。

行山的阻挡，对山西高原的进攻困难重重，加上补给线的延长，南方军队几乎无法越过黄河，在这之前就已经衰竭了。不管是南朝时期，还是南宋的北伐，南方军队往往止步于黄河一线，就是这个原因。

此外，北方还有关中地区作为第二条战略线，以及北方草原作为第三条战略线——南方的进攻因而更加困难。

与北方地理相比，南方的情况正好相反。南方产粮的平原地带主要在长江中游的两湖盆地（湖南、湖北），加上长江下游的江浙，还有一片小型区域在江西的赣江谷地。但这些地区的整体地形是支离破碎的，缺乏北方的统一感，在面临北方的进攻时，南方的几个区域间无法沟通互保，只能各自为战，所以容易被各个击破。[3] 南方还有两个区域：两广和四川，这两个区域与长江中下游隔着千山万水，无法互助，更无法成为战场的关键因素。

在这种支离破碎和缺乏纵深的地理环境之下，只要北方组织得当，南方几乎必然被各个击破。

但明朝为什么成了特例呢？那是因为，我们前面的假设有一个前提，即假定南、北方各有一个政权，并且这两个政权有着足够的控制力和财政手段。但这个条件偶尔也会有不满足的时候。

在元朝，首先，忽必烈建立的制度造成了南北的财政失衡，北方过于倚重南方的财政，而运输的通道又是有限的，只有运河和海路，这就导致了北方政权的脆弱性——一旦财政链条被斩断，北方就很难组织起

---

[3] 元初的灭宋战争，就是利用了这种地理破碎性，占据长江后，除了进攻江浙，还对两湖和赣江谷地分兵进行了扫荡。

足够的军需。元朝在进攻南宋的战争中，军事财政的简单以及军事掠夺制的采用，解决了军事财政问题；但到了元朝末年，养兵成本增加后，已经不可能仅靠简单财政来维持军队了。

其次，元朝末年，不仅是南方出现了反叛和割据，朝廷采取的财政新政策导致北方也出现了军阀割据和内斗。在这样的局面下，北方原本统一的军事地理被分割成几个碎片，每一个碎片都无法独自抵御南方的进攻，而碎片之间又不可能协调与联合。最后，等南方完成整合，结合成一个政治体时，北方就只有被南方各个击破这个下场了。

在这里，我们不妨看一看南方军阀战争的财政状况，了解一下为什么是位于应天府（现江苏南京）的朱元璋获得了挑战北方的资格。

在元朝南方的反叛者中，影响最大的是刘福通。自从1351年（元至正十一年）起兵之后，刘福通的根据地一直在淮河中上游一带，也就是现在的河南南部和安徽中部，并与徐州的芝麻李、濠州的郭子兴等人相呼应。但自从脱脱攻破徐州、杀死芝麻李之后，刘福通进入低潮期，并退缩到以安丰（现安徽寿县）为中心的区域内抵御元朝的进攻。

安丰古称寿春，位于一条交通要道的中点。[4] 在中国古代历史上，有一条著名的巢肥通道，也就是从淮河流域经过淝水转入巢湖，再前往长江，这条通道可以说是南北交通的东部通道的一条主动脉。在东晋时期，前秦国君苻坚就是在这条道路上进攻南方时被东晋击败的（淝水之战）。而在三国时期，曹魏对寿春的水利开发，让这里有了大量的良田。[5]

---

4 这条交通要道即沟通南北的三条战线的东线，关于三条战线的情况，见前文蒙古灭南宋的叙述。
5 寿春的开发得益于三国时期邓艾的计策，他开发了芍陂水利工程，解决了排水和灌溉问题。

安丰位于交通要道上，也有着物资供应，正因如此，它成为兵家必争之地。这里水路纵横，在普通战争中可以做一定的防御，可是一旦面对多方的压迫性攻击，这样的防御体系就显得捉襟见肘了。它周边只有不高的小山，也无法作为依托，因此，如果元朝从南北方夹击，安丰是无法做出有效防御的。

如果脱脱能够拿下张士诚，那么刘福通必然无法掀起更大的风浪，只能逐渐走向衰亡。可是，脱脱的解职给了刘福通机会，从此元军在南方便无法与反叛者抗衡。就在脱脱解职两个月后，刘福通就拥立朋友韩山童之子韩林儿为"小明王"，定都亳州。与朱元璋向南攻取应天府不同，刘福通选择向北进攻。在安丰、亳州以北，就是广阔的华北平原。1357年（元至正十七年）三月，在经过与元朝的拉锯战之后，刘福通兵分三路进行北伐，这次北伐给元朝造成巨大的混乱。

关于这次北伐，我们将在后面讨论。在此，我们先说1358年（元至正十八年）五月，刘福通攻占了汴梁，将都城迁到这里，并建立了官僚机构。从定都汴梁这一步可以看出刘福通本人的战略意图。

汴梁曾是北宋的都城，也是南方汉人最思念的地方，定都于此，显然有着巨大的聚拢人心作用。但北宋的汴梁是中国历史上的都城中资质最差的一个，这里四面都是平原，缺乏有效的防御手段，这也是北宋在北方骑兵的扫荡下迅速灭亡的原因之一。刘福通继续选择定都于此，表明他本人缺乏战略大局观。不管是南方的其他政权，还是北方的元朝，都会对汴梁形成压迫，使其无法稳定。

果然，到了1359年（元至正十九年）五月，元军在察罕帖木儿的率领下进攻汴梁，六月攻取外城，八月攻克汴梁。刘福通带领韩林儿逃回安丰，依托这里密布的水网又支撑了数年。但这时刘福通已经不再是重要的势力了，他在安丰只是苦撑。南方的张士诚攻破安丰（这里更容易从南方攻破）之后，他们最后选择投靠朱元璋，但被朱元璋杀害。

如果刘福通仅在河南地区活动，那么他对元朝的影响还没有这么大。事实上，即便选择汴梁作为都城，也依然不是必败的格局，但那就要求以汴梁为基地，迅速占领山西的高地和陕西的关中盆地。一旦占领了这两个地区，就有了制高权和纵深，足够与元朝和南方相周旋。刘福通并非没有看到这一步。于是我们就要谈他的分兵策略。

从1356年（元至正十六年）开始，刘福通派兵进行了三次军事行动，一次向西，一次向东，一次向北。西路军攻破潼关和陕州、虢州，也就是现在的河南和陕西交界地区，但在进攻黄河以北的安邑、关中地区的长安的战争中败北，未能实现夺取关中的战略目的。

东路军则取得了胜利。这支军队由毛贵率领，他们攻克了山东半岛的胶州、莱州和益都，接着又攻克济南，使得山东成为北伐的基地之一。

而更重要的是北向的进攻。北向的进攻又分为三路，东路由毛贵依托山东基地从济南出发向大都进攻，中路由田丰从济宁出发向大都进攻，这两路军曾经逼近大都，对元朝形成了巨大的威胁，但最终没有攻克，不得不退回山东。1359年（元至正十九年），毛贵被杀，第二年田丰投降元朝，导致东部的红巾军陷入低潮。但田丰在两年后再次反叛，并刺杀元军主将察罕帖木儿，虽然最后被镇压，但他们的行动加剧了元朝的军阀割据与混乱。

刘福通北伐的西路军更加机动，他们在关先生的率领下进发，目的是攻占山西的高地。关先生从1357年（元至正十七年）开始，越太行山北上，焚毁上党，攻破辽州（现山西左权县），兵分两路进攻太原，并继续向北进入大同，造成了整个山西的巨大混乱。如果关先生能够就此拿下山西，他就将与河南地区的刘福通形成很好的策应，但关先生陷入了流寇思维，如同一阵风一样掠过，没有形成有效占领。他率领的军队越来越靠北，甚至于1362年（元至正二十二年）年底攻克了元上都，将那里的宫殿焚毁。之后又转战朝鲜半岛，占领高丽东都，但随后被镇压。关先生如同另一个石达开，不停地打胜仗，却由于没有基地，在一个接一个的胜利中消耗着自己，直至最后毁灭。

为什么没有基地？一个很重要的原因在于，他们在北方无法获得足够的粮草。事实上，北方的社会中坚力量并不支持红巾军，而是更倾向于维持稳定的元朝军队。而元朝北方的军阀化，造成军阀与地方的物资供应紧密连接，即便暂时丢失了城池，占领者也拿不到粮草，最后只能离开，这也是北方的社会中坚们所希望的。

刘福通的大规模北伐加剧了元朝的分裂和军阀割据，但由于缺乏制高权和基地，各路北伐军如同旋风一样掠过之后，留下的依然是无法形成有效防御的河南地区，这造成了刘福通的失败。

灭元者张士诚

除了刘福通，对元朝灭亡杀伤力最大的莫过于张士诚。事实上，如果没有张士诚的抵抗所导致的脱脱被解职，就不会有刘福通、徐寿辉等人的二次崛起，元朝很可能重新控制局面。

张士诚的优势是巨大的。在抵抗脱脱时，他的活动范围还是以长江以北为主，位于高邮和扬州地区。在脱脱被免职之后，朝廷决定采取招安的态度对待南方的反叛者，派出使节前往朱元璋、张士诚等处。对张士诚，派遣的是翰林待制乌马儿、集贤待制孙撝，但他们被张士诚杀了。之后朝廷再次命令淮南行省平章政事咬住、淮东道廉访使王也先迭儿招安张士诚，依然没有结果。

张士诚不仅没有被招安，还表现出了良好的判断力。到了1355年（元至正十五年），张士诚向南方发展，跨过长江进入江浙地区。[6] 那年，由于战乱，在淮河地区也出现了一定程度的饥荒，而长江以南的江阴出了反叛者江宗三和朱英，他们之间的内讧导致朱英逃到江北张士诚处，向他讲述了江南的富裕，于是张士诚从通州（现江苏省南通）渡江，到达福山港，攻克常熟。第二年二月，他围困了平江（现江苏苏州）。苏州是整个江浙最富裕的地区，与曾为南宋都城的杭州不相上下。在平江的元军并不强，大约有两千多人，这时平江的达鲁花赤刚刚去世，由松江府的达鲁花赤兼任。他们列队出城，与张士诚军队的交战，损失了一半，剩下残兵千余。但当他们战败回城时，却被城市抛弃，只好逃往嘉兴和松江。张士诚的军队在他兄弟张士德的率领下占领了平江。元朝的将领和官员有的自杀，有的逃走。张士德进了城，来到城内的承天寺，将佛像推倒，坐在大殿上朝着梁上射了三箭，宣布以这里为官府。之后，张士诚将这里改为隆平郡，设立官僚机构，将士们纷纷占领城内的大宅院作为官邸，完成了对平江的占领，这里也就成了张士诚的都城所在。[7]

---

6 《新元史》定为1356年（元至正十六年），但《吴王张士诚载记》定为1355年（元至正十五年）。

7 这里的细节见《秘阁元龟政要》，转引自《载记》。

之后，张士诚以隆平为基地，攻克松江、常州、湖州等地，并向北拿下淮安。到了七月，张士诚的军队进入杭州，但是没有守住。

就在这时，张士诚与周围的其他势力发生了冲突：在杭州有元朝的行省机构；而在海洋方向，是方国珍；溯江的上游，则是占领了应天府的朱元璋。朱元璋进攻常州时俘虏了张士诚的兄弟张士德，后者绝食而死，这件事让张士诚决定投靠元朝。

1357年（元至正十七年）八月，张士诚投降。对于如何对待这位影响最大的反叛者，朝廷内部也有不同的意见。张士诚最初想获得王爵，之后又想要三公，被拒绝后获得太尉头衔。虽然被招安了，但事实上他依然是独立的。[8]

那么，元朝为什么要招安张士诚？原因在于他已经控制了当时最富足的地区。经过唐宋数百年的经营，粮食产量最高、经济最发达的地区已是苏杭一带，虽然杭州还在元朝的控制之下，但同样富裕的苏州、湖州等地都已经被张士诚掌控。元朝虽然招降了沿海地区的方国珍，但是只要张士诚不投降，方国珍就必须整顿武备，也就不会允许元朝恢复海运。只要海运不恢复，整个北方地区就会一直处于缺粮之中，不时出现大规模的饥荒。

招降张士诚之后，到了1358年（元至正十八年），元朝尝试恢复漕运。朝廷派出兵部尚书伯颜帖木儿以赐酒的名义前来，要求恢复漕运。但由于张士诚与方国珍关系紧张，双方都不肯先让步，最后在伯颜帖木儿的斡旋下，张士诚同意贡献10万石粮食，由方国珍押运，通过海路

---

8 见《新元史·张士诚传》。

运往大都。虽然10万石的粮食规模并不大，但可以缓和北方的饥荒，而这也是元朝能够从南方获得的最多数量的粮食了。

元朝的国运就在张士诚和方国珍二人手中摇摆着，[9]1361年（元至正二十一年）九月，由于京师出现饥荒，皇帝派遣兵部尚书彻彻不花等人再次前来商讨增加漕粮，但张士诚依然只允许发运10万石粮食。这样的体系又运转了两年，张士诚与元朝的冲突不时爆发。1363年（元至正二十三年），张士诚诱杀杭州守将杨完者，控制了杭州城，从而获得了整个苏杭一带的控制权。九月，张士诚自称"吴王"。这一次朝廷派遣户部侍郎孛罗帖木儿前来征缴海运的粮食，被张士诚拒绝。从此，元朝再也无法依靠南方的物资来为北方续命，元朝的命运由此确定。

最后一个问题是，既然张士诚和方国珍能够决定元朝的国运，为什么他们无法统一中国呢？这与他们所处的位置和所采取的策略有关。

方国珍的主要力量在海上，他依托海洋骚扰陆地，却没有依靠陆地攻占全国的野心，这决定了他只能是一个破坏者，而不是建立者。

张士诚得到苏杭地区，斩断了元朝的财政，他的优势比方国珍更大。但张士诚面临着江南地区存在的一个问题，那就是：苏杭地区是产粮的好地方，却并非防守要地。这里唯一能够依靠的战略地形就是长江，在杭州的西北与建康之间，只有一个小型关口——独松关，并不足以防止敌人前来。这样的地形使得占据苏杭的张士诚能够成为一代枭雄，却不足以统一全国。

---

9 事实上，这样的摇摆和牵制，让元朝、张士诚和方国珍三方都受到了影响，也是张士诚占据最富庶地区却无法成为最终胜利者的原因。

苏杭地区的富裕和文化底蕴也对张士诚产生了负面的影响，他开弘文馆，设立学士院，并在1362年（元至正二十二年）和1365年（元至正二十五年）以元朝的名义举行了两次江浙行省的乡试。在经济上也没有横征暴敛，而是通过宽容的统治来获得民心。[10] 这一切对江浙地区是非常有利的，在元末的乱世时期，张士诚的统治区域虽也不免兵灾，但整体上是唯一没有被大规模破坏的区域。这导致明太祖朱元璋统一全国之后，发现江浙地区是唯一能够全面应对财政需求的地区，也让他对这里进行了敲骨吸髓的压榨。不过，张士诚的宽政对他的政权而言却意味着效率低下，加上缺乏战略关隘，最终导致了他的覆灭。

张士诚占据了最富裕的地区也不免灭亡，恰好说明江南地区的最大特点就是只有一座真正具有重大战略意义的城市——建康。只有占据了这里，才拥有统一江南乃至统一全国的战略可能性，而这座城市落入了朱元璋之手。

长江争霸战

在东晋南朝时期，除了与北方作战，南方地区也进行着激烈的内战。

在三国之前，南方一直是北方的附庸，其原因就在于北方的战略纵深更大，而南方缺乏纵深，只是沿着长江的一个条带而已。另外，在三国之前，南方缺乏开发，经济实力也无法与北方相比。

到了三国时期，吴国占据了建业（现江苏南京），并形成了以建

10　张士诚在苏杭地区的政策，见《吴王张士诚载记》。

业和长江中下游为中心、试图统一全国的战略，这个战略要求吴国从建业沿着长江逐渐向上游挺进，直到进入四川盆地，统一南方，再进行北伐。另外，当时南北方的三条道路也已经开通，即四川到陕西的蜀道、从襄阳到南阳的南襄隘道，以及东部淮河地区的南北道路。吴国如果能够同时占据这三条道路，就可以利用三条道路的机动性进行北伐。

吴国制定北伐战略的同时，蜀国的诸葛亮也制定了隆中对，即立足于荆州和四川的两条通道（三大通道的西路和中路）进行北伐。

这两个战略在当时都是开创性的，有助于南方摆脱附庸地位。但最终两国的战略还是失败了，这表明南方的地理环境依然有缺陷，无法与北方拼纵深。

但吴、蜀的开创性设想，以及南方经济的发展，使南方已经有了战略意义上的资本，即便无法统一北方，也可以在南方建立延续数百年的独立政权。到了东晋和南朝时期，南方内战频繁，于是在南方内部又摸索出一套战略格局，也就是一个轴心、两个区域、三湖、四江、五城的格局。所谓一个轴心，指的是从荆州[11]开始的水路（长江）轴心。所谓两个区域，指的是荆州是中部南北通道的南端，也是长江（三峡以东）西部最重要的城市，而建康则是长江东部最重要的城市，这两个城市在南朝时期一直处于争霸态势，建康往往是都城，而荆州往往由一个权臣占领，双方展开激战并决定政权的走向。所谓三湖，指的是洞庭湖、鄱阳湖和巢湖，前两个湖的重要性容易理解，第三个湖

---

11 荆州实际上是一个城市群，包括从荆州到北方襄阳的重要通道。

之所以重要，在于它恰好位于东部的南北要道上，也就是从长江经过巢肥通道前往淮河的途中。[12] 至于四江，除了长江，还包括连接了中部通道重要城市襄阳的汉江，以及湘江和赣江，后两条江代表两个谷地，分别诞生了湖南和江西的产粮区域，是长江中下游之外最重要的经济区域。五城即五座城市：镇江、当涂（现安徽马鞍山）、江州（现湖南九州）、岳州（现湖南岳阳）、武昌（现湖北武汉），它们是长江上最重要的防御点，只有控制了这些城市，才能利用长江的水上优势在南方地区展开军事行动。

南朝时期开创的南方军事地理直到宋朝依然是成立的。虽然南宋将都城设在临安，但决定战争胜负的是荆州—襄阳城市群，以及建康、镇江等长江防线城市，一旦这些城市被攻破，那么临安就是不可守的。

在轴心所代表的两个城市中，建康的重要性压倒了荆州和襄阳，因为建康所在地区（靠近江浙和淮河）的富裕程度要远远地超过荆州所代表的区域（两湖盆地），战略资源也丰富得多。

因此，历代南方王朝往往会选择在南京建都，利用江浙富裕的同时，又可依靠其周边丰富的战略地形（长江、紫金山等山区），进可攻退可守。在北方，各个城市的战略重要性还可以争论，但在南方，除了建康，没有第二座城市可与之匹敌。

到了元朝末年，位于集庆路（南京）上游的荆州和襄阳地区的经济中心已经转移到了汉江和赣江与长江交叉的地段，也就是从今天的武汉

---

12 从这里也可以理解安丰的重要性，它恰好位于巢肥通道上，从安丰经过巢肥通道可达马鞍山和南京。

到九江之间，特别是武汉地区，围绕着它形成了庞大的城市群，包括荆州、岳州、江州等城市。由于两湖地区的开发，这里的经济虽然不足与江浙一带相抗衡，但也是一个主要区域。

元朝末年南方的竞争就发生在集庆路和武昌（现湖北武汉）之间。这里产生了两个军事集团，一个从徐寿辉集团逐渐演化为陈友谅集团，而另一个从郭子兴集团逐渐演化为朱元璋集团。

在反叛的早期，徐寿辉曾经是南方最强大的反叛集团，从1351年（元至正十一年）起，徐寿辉建立了天完政权，并攻城略地，兵分东西两路，对元朝的南方产生了巨大的威胁。但到了1353年（元至正十三年），元朝逐渐占了上风，并陆续将反叛集团攻克的城池收复。直到脱脱被解职之后，徐寿辉集团获得新生，并获得中兴路（江陵）和襄阳，占据长江轴心的西部，之后徐寿辉集团定都于汉阳。但在这个过程中，徐寿辉的指挥权已经旁落到了手下倪文俊手中，又从倪文俊落到了大将陈友谅手中，最终形成陈友谅集团。[13]

此外，1357年（元至正十七年），徐寿辉集团还分裂出明玉珍集团，这个小集团进入四川盆地，占领了重庆和成都。但由于地理位置的关系，明玉珍集团只能盘踞四川，无力左右全局，真正的胜负手依然在长江中下游一带。

1353年（元至正十三年）起兵的郭子兴集团也经历了漫长的演化。一方面，由于元朝宰相脱脱打败了徐州的另一个小集团芝麻李，芝麻李的手下赵均用、彭大投奔郭子兴，并鸠占鹊巢地排挤郭子兴，最后集团

---

13 1359年（元至正十九年），陈友谅杀死徐寿辉。

本部又因为元军的围困而逐渐萎缩。另一方面，从郭子兴集团分化出的朱元璋集团选择向南渡过长江，占领集庆路（后被朱元璋改名为"应天府"，即现江苏南京），并成长为巨头，长江争霸战的格局由此形成。

长江争霸战的具体过程并不是本书的重点，但事实证明，建康的战略地理位置依然要优于武昌，这一方面是由于建康距离江浙经济发达地区更近，得到补给更容易；另一方面是由于武汉所代表的两湖盆地的经济依然不如长江下游发达。北方陷入军阀割据，元朝已经无暇南顾，这时的南方战争就成了建康与武汉之间的争夺，并最终以朱元璋集团的胜出而告终。

北方的分裂

1364年（元至正二十四年）正月，朱元璋在应天府自立为"吴王"。二月，陈友谅的儿子陈理投降朱元璋，结束了长江轴心的争霸战，江南地区从一片混沌走向有序。[14]

对于南方局面的明朗化，元朝的北方本应该更加警醒，进行统一的部署，以应对潜在的来自南方的攻击。然而，令人感到惊讶的是，北方不仅没有统一指挥权，两个月后还爆发了一次极具破坏性的内战。在这次战争中，孛罗帖木儿率领军队进攻大都，击败太子，并控制了元顺帝。另一个将军扩廓帖木儿则起兵反对孛罗帖木儿。两个帖木儿之战为元朝的灭亡增加了一丝滑稽的色彩。事后，人们总是从人心和团结的角度来

---

14 此时在长江流域，尚有上游的明玉珍占据四川，下游的张士诚占据江浙，方国珍占据沿海。

解读元朝灭亡前的这一幕,并给两位统帅编排了许多不堪入目的情节。但事实上,两个帖木儿之战只是北方地区军阀割据的必然结果,而军阀割据又只不过是元朝财政崩溃的另一面罢了。

张士诚和方国珍控制了海运和漕粮,朝廷每年只能从南方获得 10 万石的漕粮,这点粮食甚至不够供养大都,就更谈不上养兵了。漕粮的减量决定了北方将不时面临巨大的饥荒危机。1357 年(元至正十七年),河南地区的兵灾导致当地大饥荒。1361 年(元至正二十一年),山东和京师地区受到山东战乱的影响,又出现了饥荒。

这一次次大饥荒和永久性缺粮,导致元朝已经没有能力再组织庞大的军队了。这就像唐朝"安史之乱"之后的局面。在"安史之乱"中,随着唐朝财政的解体,皇帝只能在国家内部任命大量的节度使,[15] 允许他们自己寻找税源来养兵。而朝廷这样做的结果,是统一的行政和军事权力解体,取而代之的是几个主要的军阀。

在这些军阀中,最重要的是两个帖木儿。两个帖木儿的成长史和元朝政府军队的崩溃、地方势力的兴起有关。

我们先看扩廓帖木儿(以及他的养父察罕帖木儿)。据《新元史·察罕帖木儿传》记载,察罕帖木儿是乃蛮人,在战乱之前毫无名气,曾经参加元朝的科举考试但没有及第。红巾军兴起之后,察罕帖木儿于 1352 年(元至正十二年)与朋友李思齐一起起兵,帮助元朝政府打击反叛势力。随着元朝军队的崩溃,这种各地自己组织的义兵成了元朝军队的主

---

15 在此之前,只有边疆地区有节度使,而边疆节度使的设立和扩权,则是唐玄宗开元和天宝时代财政不足的产物。

要来源之一，察罕帖木儿与李思齐都受到重视，并成长为两大军阀。

1356年（元至正十六年），察罕帖木儿已经升任兵部尚书。当年九月，刘福通的军队攻克陕州和虢州，察罕帖木儿将两地重新夺回。第二年，察罕帖木儿与李思齐又支援陕西，政府以察罕帖木儿为陕西行省左丞，李思齐为四川行省右丞，二人都成长为地方大员。当年十月，红巾军首领白不信、李喜喜等率领西路红巾军攻克了兴元，进攻凤翔，又是察罕帖木儿、李思齐击败红巾军，将他们逼入四川，使得红巾军不再对西部构成威胁。在这个过程中，察罕帖木儿和李思齐也成为陕西地区的军阀势力。

1358年（元至正十八年），东部和中部的红巾军联合北伐，进攻元朝大都，皇帝派遣察罕帖木儿离开他在关中地区的基地，前往河北、山西地区保卫朝廷。察罕帖木儿在山西击败关先生的部队，让他们无法在山西立足，逼着其进入北方草原，这才有了关先生进军上都之战。虽然上都遭到了毁坏，但红巾军在北方的危害是有限的，失去了山西高原，也就失去了控制全局的可能性。在战争中，察罕帖木儿又在山西地区树立了权威，以一个陕西军阀的身份，兼任河南行枢密院事。

但这还不是察罕帖木儿的巅峰。1359年（元至正十九年），察罕帖木儿调集兵马进攻刘福通的都城汴梁，最终夺取了汴梁，将刘福通逼入其军事生涯的黄昏。察罕帖木儿又被授予河南行省平章政事，还兼理河南行枢密院事，同时担任陕西行台御史中丞。也就是说，他一方面掌握了河南的民政和军事大权，同时还以监察官的身份控制着陕西地区的官员。到这时，察罕帖木儿已经将邻接南方反叛区的所有北方区域都纳入自己的控制，拥有了对陕西所在的西路、襄阳荆州所在的中路以及江淮所在的东路的控制权。

此时，北方地区唯一被红巾军控制的区域是山东。于是，1361年（元至正二十一年），察罕帖木儿又大举进攻山东，经过战争，只剩下益都一座孤城尚未攻克。到此时，察罕帖木儿已经担任中书平章政事，成为元朝的宰执级官员，同时知河南山东行枢密院事，还兼任陕西行台御史中丞，权力到达巅峰。

但在即将攻克益都时，察罕帖木儿被一个投降将领田丰刺杀了。

察罕帖木儿死后，他的养子扩廓帖木儿继承了他的权力，担任中书平章政事兼知河南山东行枢密院事。但这时的任命已经有了两个变化，一是扩廓帖木儿不再担任陕西行台御史中丞，这意味着他失去了对陕西的直接管理权，而在陕西的军阀李思齐获得了更大的独立性。第二个变化是扩廓帖木儿担任同知詹事院事，这是一个为太子服务的机构，也就是将扩廓帖木儿与太子绑定了。

1362年（元至正二十二年）十一月，扩廓帖木儿攻克益都，杀死田丰等人，之后又占领了莒州，得到整个山东地区。但就在这时，扩廓帖木儿与另一个军阀孛罗帖木儿发生了冲突。

与察罕帖木儿起于微末不同，孛罗帖木儿出身世家，据《新元史·孛罗帖木儿传》记载，孛罗帖木儿的父亲达失巴都鲁担任过河南行省左丞相兼知行枢密院事。父亲死后，孛罗帖木儿继承了父亲的权力，因此他是从河南起家的。

到红巾军北伐时，察罕帖木儿在陕西地区活动，而孛罗帖木儿在河南地区更加活跃。毛贵等人进攻大都时，皇帝调察罕帖木儿守山西，孛罗帖木儿则被调往北方的大同。关先生被察罕帖木儿逼出山西北上，而从关先生手中收复上都并最终击败关先生的，就是孛罗帖木儿。

当察罕帖木儿的势力从陕西进入河南和山东时，孛罗帖木儿的势力却从河南迁往北方。到了 1360 年（元至正二十年），孛罗帖木儿与察罕帖木儿由此起了第一次冲突。最终，双方以大同和太原之间的石岭关为界划分了势力范围。[16] 之后，双方又发生了数次冲突，这些冲突导致元朝虽然平定了北方的反叛，却迟迟无法挥师南下对付朱元璋等势力。

1364 年（元至正二十四年），元朝已经分为两大势力集团，其中一派以位于山西的孛罗帖木儿为核心，另一派以位于河南的扩廓帖木儿为核心。两派的成分非常复杂，由于此时元顺帝与他的太子爱猷识理达腊也有了冲突，元顺帝与孛罗帖木儿构成一派，而扩廓帖木儿则加入了太子一派。在陕西地区除了李思齐，还有军阀张良弼、孔兴和脱列伯。其中李思齐由于与察罕帖木儿的关系，属于扩廓帖木儿一党，张良弼则属于孛罗帖木儿派系。

在这样的背景下，双方的冲突不断升级，直至 1364 年（元至正二十四年）爆发内战。在内战中，扩廓帖木儿选择直捣对方的山西老巢，并控制了山西；孛罗帖木儿则选择进军大都，控制了朝廷。这场持续一年多的内战最后的结果，是实力更强的扩廓帖木儿与太子进攻大都，而元顺帝不得不杀死孛罗帖木儿，封扩廓帖木儿为中书左丞相。

按照正常思维，扩廓帖木儿赢得内战后，就应该组织军队南下对付朱元璋等势力了。但在军阀制下，他依然无法获得足够的权力。虽然朝廷授予他统兵权，封他为河南王，统管南方兵马进攻四川、两湖和江淮

16　石岭关是忻州与太原的分界点，在北方还有雁门关隔开了忻州所在的盆地与大同盆地。

地区，但陕西的四大军阀不听他调遣，这导致扩廓帖木儿与李思齐反目，并与李思齐、张良弼、孔兴、脱列伯四人开始另一场内战。此时已经是1367年（元至正二十七年），距离元朝退出大都只有一年时间了。

1367年（元至正二十七年）十月，元顺帝见各路军阀无法达成共识，便派太子总制天下兵马，将扩廓帖木儿降职为东路军司令，只负责潼关以东，而李思齐担任西路军司令，负责凤翔以西，又派少保秃鲁担任中路军司令（实际职务为陕西行省左丞相），率领张良弼、孔兴、脱列伯进攻两湖。[17]但这一次不听指挥的是扩廓帖木儿，他的抗命让南进行动再次陷入僵局。

这次拒命让元顺帝抓住机会削弱了扩廓帖木儿的权力，将他逼往山西，而河南地区依然控制在他的弟弟脱因帖木儿手中。

1368年（元至正二十八年），明军压境时，元顺帝终于与扩廓帖木儿和解，与此同时，关中四将也选择停止内战。但此时，明军已经从南方进攻，拿下山东，并击败了在河南的扩廓帖木儿的弟弟脱因帖木儿。当明军进入大都时，扩廓帖木儿在山西目睹了元朝的北撤，但拥有高地优势的他已经没有时间解救了。

17　还有一个倾向不清的山东军阀王兴固守山东。

第十七章　元朝的灭亡和遗产

明朝继承了元朝考试制度的死板形式，造成了思想僵化。从此，以唐宋为代表的注重文采的考试方式落幕，最僵化的科举体系诞生了。

明朝抛弃了元朝的司法制度，回归以唐为代表的制度。但明太祖为了加强集权，又破坏了法典的规则性，加入随意性，利用《明大诰》这样的案例集对社会进行格式化管理。

元朝薄弱的统治和对贸易的重视，孕育了江南的繁荣。明太祖则通过重税和禁止贸易，压制这个地区的自由。江南在被迫放弃农业之后，依然利用贸易保持了自宋元以来的繁荣。

明朝的货币体制是宋元以来最落后的，在明太祖时期，纸币丧失信誉的原因之一就是缺乏钞本和大量超发。

最后的科举

在江南地区各方混战、北方地区被军阀控制的同时，位于大都的元朝朝廷依然在有条不紊地运行着。1363年（元至正二十三年）三月，到了举行科举考试的日子,一切都安排得井然有序。元顺帝在大殿里举行殿试,亲自给 62 名进士出考题,并授予了他们进士及第和进士出身。这一年的状元是蒙古人宝宝,参加考试的除了他,还有来自杭州的色目人马赫穆晖、燕只吉台、弥陀保、古里雅国士,邓州穰县的虎都帖木儿,以及一批来自北方的汉人和南方的南人。[1] 不管是南方还是北方,即便经历着战乱,人们对大都的认同感并没有降低,依然希望通过科举考试获得跻身仕途的机会。为了躲避战乱,南方的士子有时会选择海路前往北方参加科举考试。元顺帝也照样进行考试,选拔士人,一切都照常运转,没有显示出任何王朝末期的迹象。

到了三年后的 1366 年(元至正二十六年)三月,元朝又举行了科举考试。这一次,人们终于感受到了南方战争带来的影响:南方士子来不了了。在年初,元顺帝下令给北方的燕南、河南、山东、陕西、河东等处增加了会试名额。到了三月,元顺帝通过殿试,授进士 72 人。

这一年的状元是蒙古人赫德溥化,也依然有少量的南人登科。[2] 对于这次考试,朝廷给予了足够的重视,主考官包括中书省平章政事七十(提调贡举官)、中书省左丞王时(知贡举官)、礼部尚书徐昺(同知贡举官)、翰林学士陈祖仁(考试官)、翰林直学士张以宁(考试官)、礼部侍郎刘献(考试官)、御史台知事岳信(考试官)、监察御史玉伦普和

---

1 现代人考证出 7 个汉人和 12 个南人的名字,见萧启庆《元代进士辑考》,转引自《元代科举新探》。
2 现代人考证出 6 个汉人和 2 个南人的名字,见萧启庆《元代进士辑考》,转引自《元代科举新探》。

苏天民（监试官）。[3] 庞大的考官队伍由宰执级官员领衔，一切看上去都那么平常，没有一丝慌乱的迹象。

这一个月，监察御史玉伦普还向皇帝提出了八项治理国家的建议，包括用贤、申严宿卫、不随意迫害大臣、在八个卫屯田、禁止通过奏请徇私、培养人才、不轻易赦免罪人、重惜名爵不要滥赏。元顺帝听后大加赞赏，并表示要采纳这些提议。事实上，早在玉伦普提出建议之前，元顺帝就做出了更加仁慈的举动，二月，他宣布免除天下一切泛杂差徭。这个朝代即便到了尾声，也依然没有人意识到其即将终结。

就在第二年年初，朱元璋将纪年改为"吴元年"，表明了自己的野心。九月，朱元璋的将领徐达攻克平江，将张士诚抓住并杀死。[4] 江南地区除了陈友谅唯一能够与朱元璋对垒的势力消失了，张士诚的死亡也为北伐打开了大门。

此时原本也应该是元朝南征的时期，在一个月前，元顺帝刚下令让太子总天下兵马，率领扩廓帖木儿与李思齐、秃鲁、张良弼等东西并进。不幸的是，扩廓帖木儿抗命后被剥夺兵权，导致了一场内战，元朝再也没有机会南征了。

到这一年的十一月，朱元璋的军队已经深入山东境内，沂州、峄州、滕州、益都路、般阳路、济宁路、莱州、济南及东平路都先后被明军占领。

1368年（元至正二十八年）正月，吴王朱元璋称帝，定国号"大明"，建元"洪武"。元朝内部却依然在内斗，二月，元顺帝命令秃鲁、

3　见《至正二十六年国子中选生提名记》。

4　《明史》《新元史》等记载张士诚自缢而死，但更原始的资料《纪事录》载张士诚被朱元璋杖杀后焚尸。

李思齐等讨伐扩廓帖木儿。到了三月，明军已经获得了南方两个独立的地区——福建和广东，徐达也占领了汴梁路，河南地区后来也落入明军手中。

四月，明军攻克陕州，进入潼关，陕西地区的李思齐、张思道等人全部逃走。闰七月，明朝军队攻克清州，进至直沽，右丞相也速等人溃败。平章政事俺普等人在河西务被击败。明朝将领常遇春攻克了大都旁的北通州。

由于在山西的扩廓帖木儿的军队没有到来，元顺帝下令让太常礼仪院使阿鲁浑等人带着太庙里的神主牌同太子向北离开大都。除了让太子离开，元顺帝也在准备自己的逃亡。他任命了两位留守，分别是淮王帖木儿不花担任监国、庆童担任中书左丞相，让他们一同守卫京师。之后元顺帝在清宁殿召见群臣，议题只有一个——不是打仗，而是怎样逃往上都。这次在场的人除了左丞相失列门、知枢密院事黑厮、参知政事郭庸等官员，还包括三宫后妃、太子妃等人。在大殿上，失列门、黑厮、郭庸以及宦官赵伯颜不花等苦苦哀求皇帝不要离开，但皇帝已经下定决心。赵伯颜不花大哭道：世祖的天下为什么要抛弃啊！[5]

到了夜间，元顺帝命人打开健德门，与他一同逃走的还有其后妃，以及左丞相失列门、平章政事兼知枢密院事哈剌章、平章政事臧家奴、右丞定住、参知政事哈海、翰林学士丞旨李百家奴、观音奴等百余人。他们逃走的时候以为这只是一次战略性撤退，但是，他们再也没有回到

---

5 "天下者，世祖之天下，陛下当以死守，奈何弃之！臣等愿率军民及诸怯薛歹出城拒战，愿陛下固守京城。"(《新元史·宦者传》)

这座百年都城。

八月,明朝将领徐达攻克大都。淮王帖木儿不花、中书左丞相庆童、前中书平章政事丁好礼、参知政事郭庸、集贤学士闵本、翰林待制黄㖵、太子司经郎拜住、大乐署令赵宏毅等人被杀。元朝灭亡了。

明朝的考试制度

经过魏晋时期的酝酿,中国古代文化在唐宋时期经历了一次繁荣,而唐朝和宋朝的文化又是有区别的。唐朝文化繁荣的推手最初是政府。由于唐朝采取了科举制,文人们有了一条顺畅的上升通道,能够进入管理阶层,而科举考试的考题是比较灵活的,不仅有五经方面的,还有对诗赋和文采,甚至有时有对经济、社会的实务考查。这种考试方法一方面促进了唐诗的发展,使得诗歌成为文人们必备的技能之一;另一方面,也避免了固定的考试格式对人们思想的束缚,使考生可以尽情地发挥。[6]

唐朝还流行"大旅行",官员们由于任期和全国轮调的制度,在他们的一生中往往能走遍全国的山山水水,与他们同行的还有庞大的文人群体,这些人将旅行的经验写入诗文,构成了宝贵的文化财富。

但也正因为文人文化的发达,唐朝文化主要体现为官方的雅文化,而民间的俗文化则相对弱势一些。不仅仅是诗歌,就连小说都是用最雅致的文言文写成的,这也限制了作品的传播力。唐朝著名大臣张鷟在朝

---

[6] 事实上,人们对文采的重视超过了对教义的重视,比如在唐朝最受欢迎的科举考试是以文采见长的进士科,对依靠背诵经典的明经科却不甚看重,导致进士科的仕途要比明经科好得多。

堂之上慷慨激昂，但转头就回家写出了中国古代最美丽的一夜情故事。[7]唐朝宰相元稹一生宦海沉浮，并不妨碍他写出千古名篇《莺莺传》。

到了宋朝，随着民间经济更加活跃，以瓦肆勾栏为代表的俗文化异军突起，而以官场文人为代表的雅文化也并未衰退，形成了雅俗文化共同发展的黄金时代。以宋朝最著名的文学形式——词——而论，既可以如辛弃疾般激昂，也可以如苏轼般达观，还可以如柳永般一会儿"淫词艳曲"、一会儿悲伤别离。

宋朝之所以能够做到雅俗共赏，很大程度上依然与科举考试的通达性有关。宋朝的科举考试依然是考经义、辞赋，还考政治能力，这种考试虽然会对人产生一些限制，但并不僵化，官员们的眼界依然是开阔和包容的。与此同时，随着宋朝城市娱乐的发展，即便是俗人也可以接触丰富的精神文明成果，这构成了民间文化发展的基础。这时的小说已经不再是纯文言写成，也不再过分地追求辞藻的华丽性，而更注重说理和故事情节的精彩。

宋朝的雅俗文化之间并没有隔阂，是通畅的。但到了元朝，情况出现了变化。由于元朝长期没有科举考试，民间文人缺乏上升空间，也就无法进入朝堂，反而是大量以操作技术见长的胥吏升入官场。这种差距和失落感将文人阶层逐入民间，产生了强大的俗文化（或者说民间文化），元曲和小说的进一步发展，都是这种文化的表现。

到了元仁宗开科举考试之后，由于蒙古人和色目人对中华文化掌握

---

[7] 由于之后的保守风气，张鷟的《游仙窟》在中国已经绝迹，依靠在日本保留的版本流传到今天。

不足，元朝的科举考试废弃了对文采的要求，更偏重文本的背诵。在文本的选择上，南宋时期形成的道学系统（理学）大行其道，这种系统强调对人的约束，将人强行绑到一个虚幻的"理"之上，逼迫人们不得反抗这一所谓的"理"。这样的考试到最后必然走到剥夺人们的思考能力，使其只需要背诵文本。

这样做的结果是文人系统的弱化，以及民间文化的超级发达。在元朝，科举考试之所以采取这样的形式，一部分是由于底子弱，一部分则出于偶然。当来到明朝这个汉人政权的时候，政府本来可以继续采用唐宋时期的做法，强调文化和实质、弱化形式、更加开放包容。但不幸的是，明太祖朱元璋出于加强中央集权的需要，彻底坠入了元朝的形式中无法超脱。[8]

1371年（明洪武四年），明朝举行了第一次科举考试。这次考试分三场，第一场试经义两道、四书义一道，第二场试论一道，第三场策一道。但朱元璋嫌这些进士缺乏实务经验，把科举考试停办了十几年，试图采用察举制来替代科举制。到了1385年（明洪武十八年），由于明太祖对察举制带来的任人唯亲问题感到忧心忡忡，才恢复了正常的科举制。在此前一年，明太祖定下了科举规则，保持了三场的考试形式：第一场试四书义三道、经义四道，第二场试论一道、判五道、诏诰表中选择一道，第三场经史时务策五道。这样的考试已经不再有展示才华的空间，需要的只是衙门公文文体，而时务策也不再涉及真正的实务，更容易通

---

[8]《明史》认为明朝科举的科目是"沿唐宋之旧，而稍变其试士之法"，但实际上明朝科举专以"四书五经"命题，与唐宋科举的差别非常大，采取的是元朝的做法。

过标准答案来控制人们的思想。

明朝的科举制对"四书五经"的教材也有着严格的要求,最初采用的是以程朱注释的"四书五经"为主的教材,可后来朱元璋感觉仅仅靠古人之言很难传达自己的要求,于是编撰了规模巨大的"四书五经大全"。[9]

司法制度的转向

元朝的司法制度是对唐宋时期司法制度的一种易辙,从汉式的成文法传统转向了蒙古式的习惯法和判例法。

这种司法系统是一种更加灵活的司法系统,能够通过法官的能动性,弥补一定的司法条文滞后性。另外,元朝的断事官权力很大,也促成了一定程度上的司法和行政体系的分离,虽然这也带来了社会不稳定的负面作用,但在和平时期,却更能保护民间和地方的利益,避免政府的过度集权。

明朝初年,朱元璋就谋求回归以唐宋为代表的司法体系。朱元璋平定武昌之后,就命令左丞相李善长等人制定成文法。当时制定法律的原则是简单可行,这次成文法包括令 145 条、律 285 条。但是,由于法条过简,在使用时并不方便,这就需要一个更加独立的司法体系来酌情审判。但朱元璋最怕的就是官僚(不管是司法、行政还是军事)脱离自己

---

9 在朱元璋的要求下,胡广编纂了《四书大全》《五经大全》《性理大全》等系统学习儒家思想的参考书籍。

而独立。为了避免司法体系的独立性，他又对与民间关系密切的律令进行解释和规范，号称《律令直解》。

到了1373年（明洪武六年），明太祖又仿照唐律开始重新制定法典。据《明史·刑法志》记载，这一年首先颁布了《律令宪纲》，规定了法典的选择性，之后开始详编《大明律》。这一编撰过程是漫长的，从1373年开始，到1389年（明洪武二十二年）才基本齐整，而颁行时已经是1397年（明洪武三十年）。至此，中国古代的司法体系经过了元朝的大变革之后，又回归汉式传统。

但是，首先破坏大明法典的人就是明太祖朱元璋，甚至在《大明律》还没有最终定稿时，明太祖就发现仅仅靠法典是不够的。不仅不够用，明太祖甚至认为百姓太刁钻、皇帝太无辜，决定超越刑法的规定，采取更加严厉的惩罚措施，并形成案例，印行成册，发给政府和民间，起到震慑作用的同时，也成为审判的金科玉律。这就是著名的《明大诰》。[10]

《明大诰》颁布于1385年（明洪武十八年），次年又编了《续编》和《三编》，此外还有针对军人的《大诰武臣》。所谓《明大诰》，是一种集训诫和案例于一体的司法规章案例集。

《明大诰》中充斥着明太祖的道德优越感和对其他人堕落不堪的感慨，以及用严刑峻法控制整个社会的企图，让人们知道明太祖除了这样做没有其他办法治理好国家。

《明大诰》不仅发给官府，还发给各级教学机构，就连村中的私塾

---

[10] 关于《明大诰》，最近一部优秀的作品是湛旭彬的《活在洪武时代》，通过对《明大诰》中案例的解读，还原了洪武时代严苛的司法和社会环境。

也都要传授。为了普及它,甚至规定囚犯只要拥有《明大诰》,在获罪时都可以减等。不仅如此,在全国还形成了浩浩荡荡的"朝圣运动",前后共有十九余万人带着《明大诰》来京朝见,获得皇帝的赏赐。

在这次实践之后,明朝的司法体系完全转回汉式的道路上。

重税江南

元朝留给明朝的另一个重要遗产是,最富裕的地区并未遭受严重破坏。由于张士诚对江浙地区的保护,直到被明军占领,这里都没有遭到大规模的破坏。于是明朝自从得到江南开始,就可以完全通过这里的收入筹措军费以完成北伐。

那么,政权从元朝转到明朝,人们的日子是不是就好过了呢?

与现代研究人员特意突出元朝的暴政恰恰相反,历史上江南地区的人们对于元朝的回忆大都是正面的为政宽简和低税率。也正是在这样的环境中,元朝治下的江南经济持续发展,并由于海运的发达而出现了与世界接轨的商业经济。

在此,我们可以做一个这样的对比:在元朝,税粮在高峰时期达到1 200万石;而在明洪武初期,也就是刚刚经历战乱之后,税粮就达到将近3 000万石,大约是元朝高峰时期的2.5倍。[11]

而江南地区的税收更是高到离谱。张士诚轻徭役、薄赋敛,保持了

---

11 明朝数据见《明史·食货志》:"国初夏秋二税,麦四百七十余万石,……米二千四百七十余万石。"

苏松嘉湖地区的和平安定，很受百姓的爱戴。但张士诚灭亡之后，对其充满怨恨的朱元璋下令对这个地区施加重税。

在明朝，正常官田的税率平均为1亩缴粮5.35升，民田为3.35升，重租田为8.55升，而罚没充公的土地（没官田）的租税最重，是12升。但即便是最重的没官田，也无法和苏松嘉湖地区的税率相比。在这个地区，明朝将富人豪族的土地尽数罚没，算作官方土地（官田），并按照田租的方式收税。在中国古代，"租"和"税"是两个概念，税是由国家来收的，一般占产量的3.3%～10%；而租则是没有土地的人向有土地的人租地缴纳的租金，租金一般是产出的一半左右。没收土地，将原本向国家缴纳的税改成租国家的土地缴纳的租金，税率将上涨至少5倍。

但明太祖依然觉得税收少了，几次三番加税之后，苏松地区的税额，最高的甚至达到1亩缴纳200～300升（2～3石）的地步，是普通农田税率的40～60倍。[12]1380年（明洪武十三年），朱元璋在全国进行减税，苏松嘉湖地区也一起受益。按照新的规定，原来税率在每亩44～75升的减税二成，每亩36～44升的一概减到35升。但即便按照这个税率，当地百姓仍然无法承受。根据统计，苏州一府的秋粮产出大约在274.6万石左右，来自民田的粮食只有15万石，其余都成了官田。苏州一府缴纳的税收，有时甚至比一个行省都高。[13]

---

12 "初，太祖定天下官、民田赋，凡官田亩税五升三合五勺，民田减二升，重租田八升五合五勺，没官田一斗二升。惟苏、松、嘉、湖，怒其为张士诚守，乃籍诸豪族及富民田以为官田，按私租簿为税额。而司农卿杨宪又以浙西地膏腴，增其赋，亩加二倍。故浙西官、民田视他方倍蓰，亩税有二三石者。"（《明史·食货志》）

13 "时苏州一府，秋粮二百七十四万六千余石，自民粮十五万石外，皆官田粮。官粮岁额与浙江通省侔，其重犹如此。"（《明史·食货志》）

朱元璋的本意是通过重税镇压该地区人们的反抗，但他没有想到的是，自己无意中造成了另一种现象：当人们在土地上被过度盘剥后，许多人干脆放弃土地，转而经商。江浙一带不仅变得更加富裕，在文化上也更加发达。明清两代一共诞生了202名状元，仅仅苏州一府就独占35名，仿佛在嘲笑明太祖的荒唐。

元朝是江浙地区腾飞的重要节点，恰是因为元朝轻赋税和鼓励贸易的政策，让这个地区在整个朝代一直保持繁荣。

明朝比元朝更加笨拙的另一个证据是纸币。元朝是一个大规模使用纸币的朝代，甚至超过了宋朝。[14] 但不管是元还是宋，在发行纸币时一个重要的原则是要有钞本，也就是每张纸币背后必须有足够的铜钱或者白银作为储备。元朝皇帝不断地挪用钞本，但他们依然知道不能全部挪走，并要在财政好转时做好补充。因为如果钞本不存在了，纸币也会变成废纸一张。

但是，朱元璋并不懂得这个道理。他对元朝的纸币并不陌生，却错误地认为纸币只是一种政权的背书，除此之外什么都不需要。最初他试图铸造铜钱，但很快就由于技术、资源和财力跟不上而作罢。[15] 1375年（明洪武八年），明太祖就发行了纸币"大明宝钞"，规定1贯钞票对应1000文钱、银1两，4贯钞票对应黄金1两。不仅将纸币与铜钱挂钩，还将黄金、白银、铜钱间的比值也都挂钩，强行锁死了几种物品之间的

---

14 宋朝虽然也是一个大规模使用纸币的朝代，但宋朝的铜钱也是最发达的，远超唐朝时的发行量，表明这是一个钞币并用的朝代，而元朝则主用纸币。
15 "太祖初置宝源局于应天，铸'大中通宝'钱，与历代钱兼行。以四百文为一贯，四十文为一两，四文为一钱。"（《明史·食货志》）

汇率。

由于缺乏钞本，加上明太祖纯粹将宝钞当作一种敛财工具，宝钞的发行不限量，也不再分界。朝廷想印多少就印多少，一旦财政资金匮乏，立刻打开印钞机。而且，当百姓拿真金白银兑换纸币时，必须按照上述汇率兑换；可是反过来，当百姓拿纸币兑换政府的黄金、白银时，却无法兑换。

这种做法导致民间拒绝使用纸币。但明太祖还是有办法，他规定民间不得以金银进行交易，也不准以物易物，必须使用政府发行的货币。[16] 在收税时，政府虽然不得不象征性地接收一些纸币，但又想方设法避免这个义务。以商税为例，民间缴税时，至多有七成能用钞票交税，剩下三成必须用铜钱或者金银交税。[17]

经过这样的折腾，只用了 20 年时间，明朝的宝钞制度就崩溃了。到 1394 年（明洪武二十七年），每贯宝钞只能兑换 160 枚铜钱，贬值已经超过八成。[18] 再过 50 年，宝钞成了废纸，堆在街上都没有人要。

当纸币制度彻底崩溃后，民间不再顾忌皇帝的禁令，转而使用白银进行交易。

纸币是一种不稳定的货币，但可以支撑足够长的时间，让人们产生稳定的幻觉。大部分情况下，只有到了王朝灭亡或者大规模危机时刻，

---

16 "禁民间不得以金银物货交易，违者罪之；以金银易钞者听。"（《明史·食货志》）
17 "商税兼收钱钞，钱三钞七。"（《明史·食货志》）
18 "诏禁用铜钱。时两浙之民，重钱轻钞，多行折使，至有以钱百六十文折钞一贯者。福建、两广、江西诸处，大率皆然，由是物价涌贵，而钞法益坏不行。"（《明实录》卷二三四）

纸币才会出现大幅度、不可挽回的贬值。历史上，只有明朝在开国皇帝时就将纸币贬值到了被民间抛弃的地步，从这一点也可以看出，相较于元朝，明朝在金融制度上出现了巨大的倒退。

分叉的历史

元朝与其他朝代的不同，还在于其对商业和金融的全面拥抱，这不单是在中国范围内，更是在世界范围内。由此也产生了几方面的影响：第一，西方的商业精神影响内陆，让一个古老的农业国度带上了商业的色彩；第二，元朝采用海运技术，使得中国的航海和造船技术进一步发展，并主导了从中国到东南亚，甚至远达印度和波斯湾的海路；第三，把中国的大门朝西方打开，让西方人第一次见识了一个富庶的国度，大量的西方人（使节、商人和宗教人士）来到中国，见证了东方的土地，并将东方的传说带回西方，长久地影响了西方的认知。

但是，这些影响到了明朝却是首先要排除的。朱元璋靠反元起家，因而带有蒙古色彩的商业是他要首先放弃的。

于是，经历了中国古代历史上商业最活跃的王朝之后，又迎来了历史上最依赖农业的王朝。朱元璋一方面将税收重新根植于农业之上，并完成了对农村的全面控制，另一方面则对商业进行全面清算。在他的治下，古老的军屯制度再次实施，为的是节省农业财政，将士兵也变成农民。而与海外的贸易权也收归于政府。

明朝政府之所以对海运极为防范，还有一个原因：灭亡元朝的反叛势力中，最早起事的是一支海洋力量——方国珍。在元朝，已经有不少中国人前往东南亚的大陆和海岛，这些势力最大的特点就是向往自由，特别是商业自由，这就不免与强调管制的朝廷发生矛盾，他们会和元朝政府发生冲突，也同样会和明朝政府发生冲突。欧洲国家非常擅长将这些游离在外的冒险主义力量整合进政治体系，发给他们劫掠证或者特许状，利用其冒险精神为政府服务。元朝也采取了类似的态度对待他们，但是，这一切对明太祖朱元璋来说是行不通的，他主张控制一切，对民间采取了完全不信任的态度。

双方冲突的激化在郑和下西洋时期爆发了。1407年（明永乐五年），第一次下西洋的郑和将旧港（位于现在的印度尼西亚苏门答腊岛）的华人领袖陈祖义击溃并活捉，送回国杀头，还给俘虏的华人安上了"海盗"的名目。其实这些华人真正的问题是，脱离了皇帝的管控。[19]

在这个过程中，宋元时期发达的民间航海也被消灭了。明朝的郑和之所以能够建立庞大的舰队，并不是明朝政府有多强大，而是民间造船业足够发达。但在利用完宋元积累的技术之后，明朝转头就禁止了民间出海和民间造船，于是，明朝的航海技术如同流星般滑落，在短短的一百年中，就已经退化到微不足道了。[20]

除了防范百姓向外发展，明朝还要限制外国人来到中国。明太祖心中对蒙古人的仇恨发展成了对所有外国人的不信任，于是，正常的外国商人也很快就销声匿迹了。

但是为了体现皇帝的强大和仁慈，明朝又给海外贸易留了一个小

---

[19] 关于陈祖义的故事，见本书作者的《丝绸之路大历史》。陈祖义在旧港的活动，表明元末明初华人在东南亚地区已经形成了政治势力，但这些势力被郑和消灭了。

[20] 100年后，葡萄牙人到达印度时，在当地已经见不到中国人的任何踪迹。

口，那就是外国商人可以使团成员的身份踏上明朝的土地。明朝会给每一个小国家以朝贡的权力，这些国家被允许隔几年朝贡一次，朝贡团的人数也有规定。商人们为了贸易，必须向外国的君主购买这些席位，伪装成朝贡团成员带货进入明朝疆界。而在这些商人中又分为两个等级，大商人可以将货物"进贡"给皇帝，皇帝再以"赏赐"的方式支付数倍于货物价值的金钱；小商人则不能前往京城，只被允许在边境上就地买卖商品。

在这样的制度下，明朝官方的对外贸易一直处于逆差，每朝贡一次，就意味着皇帝必须"赏赐"朝贡团更多的钱财，这也导致皇帝完全没有动力发展海外贸易。[21] 到最后，由于这种朝贡式海外贸易的影响，甚至发生了著名的土木堡之变，以及后来的倭寇侵扰。

---

21 比如，明永乐初年，西洋剌泥国的商人哈只马哈没奇前来"朝贡"时，带来了胡椒与百姓贸易。有人提议对这些贸易征税，明成祖却认为，商税不是为了让国家赚钱，而是为了抑制商人的发展。外国人既然仰慕大明来到这里，就应该允许他们赚点钱。这样的方式导致明朝政府一直无法建立正常的商业贸易和税收体系（见《明史·食货志》）。

尾声　蒙古人的丘墟

近十年来，我在全世界范围内追寻蒙古人的遗迹。比如，我曾经骑自行车穿越蒙古国西部，去考察那伟大的都城哈剌和林。这座由窝阔台建立的都城曾经见证过许多重大事件发生，也接待过无数使节。为了让它举世无双，大汗从全世界掳掠和雇用了大量的能工巧匠，制造精美的机械作品，将它打造得如同天堂一般，甚至让见多识广的外国传教士都感到惊叹。[1] 窝阔台在这里策划了长子西征，蒙哥大汗在这里观看佛教、道教、伊斯兰教和基督教（包括景教和天主教）的辩论。这里曾经是蒙古人心目中的世界中心。

但是，当我来到哈剌和林时，感觉它连丘墟都算不上。除了两个石狮子和偶尔点缀其间的被后人挖掘出的一两块石头，其余都已经被掩盖在稀疏的草原和沙土之下。在它的旁边，是蒙古最著名的寺庙额尔德尼召，正是在修建这座寺庙时，人们把哈剌和林遗址上能用的材料全都拿

1　见鲁布鲁克《东方行记》中关于哈剌和林的描述。

走了，导致这座世界性的城市除了在书中，几乎无处凭吊。[2]

除了哈剌和林，我还跑遍了元朝在中国境内的三座都城。在北京，真正的大都已经被毁灭了，取而代之的是一座现代的城市。现在保存的明清都城也与元朝城墙有了偏差，原来的元城墙只剩下北部的一段土墙。[3] 元朝的宫廷系统也只在北海那一小部分有所体现。不过，元朝的大都能够保存成现在的样子已属幸运，因为它的另外两个都城已经成了荒无人烟的空城。

在内蒙古境内的元上都，大量土丘定位着宫殿的位置，即便有考古人员将它们挖开，我们能够看到的也只是一堆堆不起眼的石头。城墙已经坍塌成土堆，浓密的草场覆盖着整座城市，表明这座城市本来就属于草原。都城所在的金莲川依然郁郁葱葱，只是当年的蒙古人宴席早已散去。

在河北境内的元中都，这座元武宗建立的城市也已经变成了当地人口中的"白城子"，只是荒废城墙内的几座土堆。

看到这些城市的现状，人们绝对无法相信，这就是当年最强大的蒙古帝国的中心，它们曾经接待过无数使者、亲王和朝臣。现代游人们脚下的每一寸土地，都有许多著名的人物曾经走过。

蒙古人是不幸的，不仅是元朝，就连其他几大汗国的都城也大都重归土地。

---

[2] 1586 年（明万历十四年），一个叫作阿巴岱汗的蒙古汗王建造额尔德尼召，在建立蒙古最著名的寺庙时，不经意间毁灭了蒙古最著名的城市。

[3] 在北京北部，元大都城墙遗址依稀可见，明朝的城墙将都城北墙南移。但在南面，明清城墙比元城墙更靠南，元大都也没有明清时期的外城（南城）。

尾声 蒙古人的丘墟

窝阔台支系的汗国最先灭亡,其都城设在也迷里,位于现在新疆的额敏县。这座城市由西辽的耶律大石所建,现在它只是山脚下的一片高地,加上几个现代人修建的粗糙纪念物。

察合台支系的都城阿力麻里曾经接待过耶律楚材、丘处机和马可·波罗,被当时的人们称为"中亚的大城市",但现在也只是一片农田。

察合台汗国后来分裂为东西察合台,东察合台占据了现在的新疆的土地,而西察合台则以撒麻耳干为都城,控制了中亚地区。撒麻耳干的城市当年曾经被蒙古人毁灭,后来的新城没有在原址重建,而是建在古城的旁边。但现在的撒麻耳干所留下的建筑大都是后来的帖木儿帝国建的,正是帖木儿帝国取代了西察合台。

伊利汗国的政治重心设在现代伊朗的西北角上,最早的都城在马鲁涧(今马拉盖),后来迁移到著名的大不里士,到了后期,他们又将都城迁到不算太远的苏丹尼耶。除了大不里士由于自古以来就是繁荣的经济中心而得以存续,马鲁涧和苏丹尼耶都已成废墟。但幸运的是,蒙古人在这两个地方的存在依然是有迹可循的。人们至今还能看到他们在马鲁涧建立的著名天文台的废墟,而在苏丹尼耶,一座巨大的伊斯兰式穹顶建筑成为至今被发现的唯一一座蒙古大汗的陵墓。它就是伊利汗国完者都的陵墓,自然,这位大汗也皈依了伊斯兰教。

在所有的汗国里,金帐汗国的两个都城我还没去过,它们分别是拔都建立的拔都萨莱和别尔哥建立的别尔哥萨莱(在未来有机会时我会去拜访),但这两个都城如同在游牧区的其他城市一样,已经进入地下并成为传说,在地面上已经很难找寻了。这就像蒙古大汗们的墓葬一样,由于"深埋密葬"的习俗，我们只知道大汗们最后的藏身之处在他们曾经驰骋的草原覆盖之下，但至今依然无法找寻其确切的位置。

但由于蒙古人的存在是如此猛烈，总是会留下很多的人文痕迹。在我居住的云南大理，蒙古人留下的一座石碑记述了元世祖平定云南的经过；[4] 在大理的凤仪镇，有传说中元世祖的拴马台；[5] 在苍山山顶，人们将一项水利工程[6]附会成元世祖的洗马潭；蒙古人攻打大理的路线至今也依然可循。在云南省，至今依然有蒙古族存在，而大量穆斯林也同样来自当年蒙古人的扈从。与此同时，曾经被蒙古人编入军队的一部分白族人至今生活在湖南。[7]

西藏用佛教影响了蒙古人，但蒙古人用政治控制了西藏。当初率领西藏投靠蒙古人的萨迦派（花教）是藏传佛教中的一个派别，因为它在历史上的作用，其祖寺至今依然存在。[8] 元朝与西藏的连接又通过格鲁派（黄教）继续下来，到明清时期，蒙古人中的卫拉特分支与西藏建立了更密切的联系。

在阿富汗，蒙古的哈扎拉人依然是主要民族之一。[9] 而中亚的乌兹

---

4 位于云南大理镇三月街的《元世祖平云南碑》。
5 这个拴马台经常见于清朝和民国时期的大理游记中，是一块位于镇边的小高地，但具体的位置已经无法寻找，小高地也已经不存在了。
6 这项水利工程的年代更加久远，实际上是一条人工灌溉渠顶部的蓄水池。
7 在湖南的桑植县。这里的白族人应当为1259年（元宪宗九年，南宋开庆元年）蒙哥进攻时跟随兀良合台，从云南沿南线经潭州进攻武汉地区的白族军队后裔。由于蒙哥身死，急于回北方夺权的忽必烈放弃进攻，与兀良合台会合后北返，可能有白族人在就地解散后留在了当地。
8 位于西藏萨迦县的萨迦寺。
9 哈扎拉人的主要居住区在阿富汗中部的巴米扬谷地。

别克人和哈萨克人虽然认为自己是突厥人,但他们也显然被蒙古化了。蒙古人在中亚的传说如此强大,以至后来的军事强人帖木儿和巴布尔[10]都以有部分蒙古血统为荣,而巴布尔更是时时记得他的父系为帖木儿,母系为成吉思汗。

那些被蒙古人征服或毁灭的城市也都留有记忆。在伊朗,阿萨辛派的老巢阿剌模忒城堡在被旭烈兀攻克之后,就一直处于废墟状态,这座巨大的山顶城堡至今被当地人以其创始人哈桑·萨巴赫的名字命名。呼罗珊地区是蒙古大屠杀最猛烈的地区,著名城市内沙布尔已成过往,但在它的旁边,一座新的城市崛起,它就是拥有圣墓的马什哈德。[11] 在两伊战争中,许多伊朗人从西部逃到这座伊朗东疆的城市,使得它成为这个国家成长最快的城市。"丝路"名城木鹿在屠杀后也成为过往,但在它的旁边,建立了一个新的工业城市马利。[12] 亚历山大大帝曾经征服过、后来又成为希腊王国巴克特里亚都城的巴尔赫被毁灭后,在它的旁边出现了大城市马扎尔谢里夫,与马什哈德一样,这里也被当地人尊为圣城。[13]

蒙古之前的世界,我们可以称之为中古世界,而在蒙古人之后,世界已经进入了现代的边缘。这与蒙古人采取的重商主义的态度有关。在

---

10 帖木儿后来以撒麻耳干为中心建立帖木儿帝国,其子沙哈鲁则将都城设在位于现在阿富汗的赫拉特。巴布尔最初是中亚费尔干纳的小王公,在失国之后占据了阿富汗,并以阿富汗为基地,在印度北部建立了著名的莫卧儿帝国。
11 马什哈德的圣墓是什叶派伊玛目阿里·礼萨的墓葬。
12 位于现土库曼斯坦的东南部,马利周围的废墟绵延了数千年,从苏联时代起成为世界著名的考古遗迹之一。
13 巴尔赫是丝绸之路上最著名的城市之一,马扎尔谢里夫则声称拥有什叶派伊玛目阿里(先知穆罕默德的女婿,四大哈里发之一)的墓葬(可能是衣冠冢)。

重商主义下,蒙古人建立了庞大的世界帝国,并保证商人们的自由往来,打开了世界的眼界。

我访问那一个个蒙古的丘墟时,意识到它们之所以埋入地下,恰是历史在用这种方式向往夕告别,并迎来现代世界的曙光。

后　记

又到了书末作者碎语的时间，我想在这里感谢几位对我有过帮助的老师，并借着我对他们的观察谈一谈"勤奋"这个话题。

在我刚起步的时候，曾经得到过几位名人无私的帮助。我将他们视为伯乐。但因为担心被认为借他们炒作，所以我很少提及他们，直到这次才有勇气在后记中表达我的感谢。

较早发现我的是俞敏洪老师。在我的《穿越百年中东》一书出版不久，我还在梦舞君的饭店里端盘子、点菜、洗碗，突然有一天她告诉我：俞敏洪推荐了你的书。当时我并不认识俞老师，他也在推荐的文章中特别强调不认识我，但他毫无保留地向他的读者们推荐了《穿越百年中东》，之后又在系列文章中将我早年写的"亚洲三部曲"一一介绍给大家。俞老师不是随意推荐的，从他的字里行间，我能看出他读过我所有的书。我最初的那一点名气就来自俞老师的极力推荐。

直到 2022 年，我和俞老师才正式取得联系。那一年 5 月，恰逢疫情最严重的时期，由于政策原因，新东方也正处于最艰难的时刻。我的出版人董曦阳告诉我，俞老师准备开辟第二战场，做直播品牌"东方甄选"。另外，他还在做一个谈话节目"老俞闲话"，找各行各业的人去聊天。这个谈话节目不会产生收益，却是他的兴趣所在。由于他喜欢读书，找了不少作家去聊，也希望我能聊一期。

就这样，我和俞老师有了联系。"老俞闲话"与中国很多直播节目完全不同，有些节目的主持人往往急功近利，很少真正阅读完一本书，与作者对谈只是为了带货，在谈话时主持人往往还不了解书中的内容。但在"老俞闲话"开播前的几天，俞老师亲自将对谈提纲发过来，从提纲可以看出，他几乎把我所有的书都读过了，因为这份提纲几乎涵盖了我的生活、我的作品，如果没有读完，是不可能列出来的。作为繁忙的企业家，他始终保持着阅读的习惯，每年都要阅读大量书籍，并坚持自己的品位。

由于当时出行不便，我们是在线上聊的。谈话过程中，俞老师扮演着一个引导者，他总是知道听众最关心的是什么。他足够了解我，我们之间仿佛是老朋友在聊天，没有任何隔阂。当我谈得兴起而出现偏离时，他又会立刻用另一个话题把我拉回来。

幸运的是，在谈完不久，"东方甄选"由于主播董宇辉出色的发挥脱颖而出，成为中国最火热的直播品牌之一，新东方最艰难的时期也过去了。但我心里知道，这个节目之所以能够火爆，是由新东方和其创始人的基因决定的。观众看到的往往是主播的侃侃而谈，却没有看到他们私下里为节目所做的准备、写的笔记，这是俞老师带给整个团队的精神。

到了9月，当我另一本书《盛世的崩塌》出版时，我去北京与俞老师又做了一次节目，这才见到了他本人，当面表达了感激之情。

在我眼里，俞老师在顺境和逆境中都不断努力、勤奋工作。但也是在北京，与其他人的接触让我了解到了他的另一面。我的朋友（也是一个企业家）张天一告诉我，在一年前新东方最艰难的时候，俞老师也曾经沮丧。但在悲观之余，他从来没有放弃思考，也就是在那时，他告诉别人他已经盯上了两个行业：一个是扶贫，一个是农业。我想从那一刻开始，"东方甄选"这个兼具扶贫和助农的品牌已经有了眉目。

但这依然不是俞老师的全貌。我的另一个朋友帅科也在教育行业，他谈道，在整个行业的低潮期，很多教育行业创业者都在默默忍受着政策的冰霜，俞敏洪敢于去拍桌子、说实话，为大家争取机会。在业内人看来，他是一个不逃避责任、敢于承担、没有私心的大哥。

只有加上了这两段回忆，才让我更全面地看到了俞老师。本质上，在逆境中，他和普通人一样有着太多的悲观情绪，但这些情绪并不会影响他去努力。他在逆境中观察着机会，在别人观望时布局，哪怕不确定机会一定会来，也会坚持，这可能是人们对他如此尊敬的最重要的原因。我把我的观察都记在这里，只是想表达我对他的敬重之情。不仅是因为他推荐我的书，而且是我向这个伴随着改革开放的时代发展、帮助了那么多人走向世界，并用自己的行动告诉人们要乐观、积极、拼搏的人致敬！

本书终稿当日，恰逢俞敏洪至大理，我修改完尾声和这篇后记才去见他。吃住简单的他如同一个背包客，只有一人相随，随遇而安，对物质已看得极淡。这是我们第二次见面。从他的住处回来后，我感叹着加上了本段文字作为纪念。

我的另一个伯乐是"老罗"罗振宇。在《穿越百年中东》之后，我的下一本书是《中央帝国的财政密码》。这本书刚出版时表现一般，虽然已有人注意和谈论，但销量并不算出彩。直到有一天，老罗开始在他的节目中推荐这部作品。老罗当时拥有火热的知识付费平台，号召力极大，他的推荐让更多人听说它、阅读它。需要说明的是，他的推荐也是无私的，和我没有任何利益关系，甚至没有试图与我联系。

　　也是这时，我才最终确信，在不懈的坚持下，能够依靠自己的兴趣存活下去。从此之后，我的大部分作品都能得到老罗的推荐。

　　后来，老罗邀请我去得到做了两次演讲，我和他才有了一些接触。

　　在和他交往中，印象最深的一次是在昆明。那一天晚上，我要做一场演讲，按照流程，演讲之前老罗先登台向大家介绍我，再轮到我上去。由于需要提前适应场地，老罗在当天傍晚就赶到了，那时已经接近年底，正是他最忙的时候。他在准备登台讲稿的空隙，还在处理别的事情：为得到学院新一期学员录制欢迎词。就在我吃晚饭时，他叫来了摄影师和助手，支上了摄像机。站在镜头前的那一刻，面露疲态的他一瞬间精神抖擞，带着饱满的情绪与新学员一起憧憬知识的美妙。

　　但脱稿讲了几句话之后，他突然在某处因为没有接上而停顿了一下。这样的停顿是可以通过后期技术处理掉的，但老罗立刻从头开始致词，摄影师甚至来不及停机。第二遍又卡住了，于是他又停了下来，从头说起。我们都知道，在即兴演讲中，三分钟左右的演讲词几乎很难做到一点都不停顿，更没有人去追求完全不停顿，因为听众也不会在意。但他一遍一遍地重复，一定要说出自己感到满意的版本。

后 记

他就这样说了不下二十遍,他的助手都默默地看着他演说,看得出早就习惯了这样的场景。直到他终于没有任何停顿地讲完,我以为录制要结束了,他却一挥手,说:"这个可以用,可我想再录一次。"大概他对于其中一两处的逻辑不满意。于是,我们又看着他精神饱满地重新开始。

再录一次可不真的只是一次,数不清多少次重录之后,他终于满意了。他兴奋地挥了挥手,说:"用这个!"

整个过程可能持续了一个小时,他在镜头前始终面带微笑、神气昂扬,辅以身体动作。录这一小段欢迎词,他就将完美主义的性格表现得淋漓尽致。

如果让我总结老罗的性格,那就是:坚持不懈、认真地去做事,当别人都以为可以了的时候,只有他仍不满足,一定要做到极致。同样令我感到惊讶的是,他工作如此繁忙,还花大量时间去阅读。

也许坚持、极致和善于利用时间,就是俞老师和老罗取得如今成就的原因。

他们给我的帮助,我铭记在心,我唯一能够报答的方式,就是争取保持自己的好奇心,多多观察和思考,不放弃独立思考的立场,多写几本书。

到现在为止,我的历史写作已经包括了探寻中国古代集权社会规律的"密码三部曲",从财政、军事和统治哲学三个方面考察中国历史的发展脉络。之后,又从微观角度出发,探讨唐宋时期的两个时间点,构成了"唐宋盛世双联剧",其中《汴京之围》从政治、外交和军事视角考察北宋灭亡时期的历史；而《盛世的崩塌》则从盛唐一直讲到"安史之乱"，抛开那些耳熟能详的缠绵故事，看历史事件背后的政治、经济和军事，以及个人的选择。

按照规划，接下来我想尝试一种新的写作方法，用"对书"的形式写历史，即一本非虚构作品和一本虚构作品搭配着写一个时代，让读者可以通过两本书对这个时代有着更强的认知。我准备用这种形式写两个题目，其中之一就是元朝，本书是"元朝对书"中非虚构的那一本。在写作过程中，我发现非虚构与虚构的写法是不同的，虽然我也曾经写过小说（《告别香巴拉》），但由于写了太久的非虚构作品，想要回到虚构要比想象中困难得多。关于元朝的小说至今依然停留在构思阶段，反而是另一个题目"明清对书"中的非虚构题材已经有了大半草稿。

在处理完这两个非虚构题材之后，我会全力去尝试这两个题目中的虚构作品，而对历史的非虚构写作也将暂时告一段落。

我对于元朝的兴趣开始于2002年前往新疆的旅程。那时，在新疆青河县的三道海子，人们刚刚发现一座超级石堆大墓，它也是世界上同类墓葬中最大的。这里距离蒙古贵由汗死去之地不远，因此被当作蒙古人的陵墓（事后证明是更早的游牧民族留下的）。那年的五一假期，我的旅行包里装着《蒙古帝国史》，乘红眼航班飞往乌鲁木齐，天不亮就马不停蹄地乘汽车前往青河。在路上，我甚至被周围人当作蒙古人。但那一次，由于封山，我在距离大墓几十千米外折返。

之后，我与蒙古历史的交集越来越多。2013年，我骑车从元大都经过中都前往上都，之后又前往蒙古国首都乌兰巴托，一路向西骑行，经

后 记

过哈剌和林，沿着古代蒙古人的西征之路直入新疆，一路上经过了沙漠、草原、高山、湖泊、雪山。进入新疆后，我终于成功地拜访了三道海子大墓。这段故事被我写入了《骑车去元朝》一书（2023年再版时改书名为《穿越去蒙古国》），这是我游记"亚洲三部曲"中的一部。

我还去中亚寻访过蒙古人的遗迹，写了尚未出版的《穿越劫后中亚》。而在其他地方，我也总是能够碰到蒙古人，在伊朗、印度、缅甸、越南、阿富汗，甚至在我居住的大理，也有不少与蒙古人有关的遗迹，因为蒙古人曾经在忽必烈的率领下对大理发动奇袭。

也是在旅行的过程中，我看到了曾经的蒙古帝国的广大，也意识到所谓元朝只是蒙古帝国的一个区域而已。但与普通的认知不同，我认为所谓蒙古帝国其实在元朝开始时就已经解体了，而元朝也只维持了短短一百多年，这到底是为什么呢？本书要回答的就是这个问题。

在本书中，我叙述了成吉思汗西征带来的影响。蒙古人也有机会像之前的游牧王朝（北魏、辽、金）那样建立一个汉化的帝国，可是由于成吉思汗不经意的西征，让他们接触到了另一种文化，在财政上首先采取了更多中亚地区的措施，从而断绝了纯粹的汉式财政，利用商业精神建立了更庞大的体系，也造就了中国古代历史上最重商的王朝。

但成吉思汗死后，王朝内部的制度是相互矛盾的。作为整体的蒙古王朝，其大汗拥有两大中央直辖区（中国古代北方和中亚），却只掌控很少的军队——大部分军队归了没有继承汗位的小儿子拖雷。这种制度的失衡造成了蒙古王朝的分崩离析。

忽必烈夺得中原。在最初，他利用中原制度抚慰汉人，也是在这时候，元朝开始有计划地构建基于农业的中原王朝。但不幸的是，忽必烈热衷于打仗，征服南宋只是他庞大计划的一部分，之后他又进行了更多的战争（对东南亚、对日本等），却没有太多收获。由于不断打仗，忽必烈后半生没有精力去构建更加完善的政治和财政制度，使得南方地区一直没有很好地被纳入元朝体制，造成元朝以税收制度为代表的财政制度一直存在隐患。为了解决财政收入不足的问题，忽必烈只能重用色目人，采取包税等临时性措施来筹集战争经费。而这进一步破坏了元朝的制度建设，为将来的弊端集中爆发打下了基础。

元朝的另一个问题在于南北失衡。北方由于被盘剥过重，已没有余力提供更多财富，而南方虽然没有很好地融入政权，却缴纳了国家大部分税收。北方的政治中心和南方的经济中心之间，只靠着有限的途径，也就是运河和海运沟通，一旦南方的漕粮无法运送到北方，仅仅靠北方自己是无法养活庞大的官僚和军队的。正是这个问题成了王朝的死穴。

在元朝中期，皇帝像走马灯一样轮换，但其中有一条主线贯穿：到底要继续汉化和制度建设，还是像祖先那样保留蒙古特征。在这两种倾向的撕扯下，元朝迎来了它的晚期。

元朝的灭亡如同一场蝴蝶效应。最初，皇帝的更迭引起部分宗王的抵制，而这又导致边疆地区的小规模骚乱。为了镇压这些小型的骚乱，中央政府不得不从其他地方抽调军队和物资。但对一个财政捉襟见肘的王朝来说，哪怕抽调一点资源都可能引起进一步的塌陷。边远地区的小冲突，加上治理黄河的社会成本无从消化，以及发行纸币引起的通货膨胀，最后演变成内地的大规模反叛。

这时候，元朝的死穴出现了：占领淮河流域的群雄阻塞了运河，而方国珍使得海运暂停,最后张士诚占据了产粮的主要区域江浙,这三者如同三个巨大的血栓,使得元朝的财政命脉突然中断。北方失去了南方的粮食,也就失去了组织军队的能力。皇帝由于没有足够的军粮,不得不允许北方的统帅们自己想办法,于是北方也军阀化了。

元朝就这样在南方的反抗和北方的军阀化之下走向解体。南方经过竞争出现了一个赢家,他扫荡了北方,将各路军阀消灭,也让元朝最后的皇帝退回草原。

我不仅把成吉思汗当作一个军事家,更看到了他的组织才能。在他的手中,蒙古的军队规模并没有随着战争的延长而出现缩减,反而因为军事掠夺制财政、达鲁花赤制度、投下制度等,变得越来越壮大,这样超凡的组织能力是决定蒙古帝国兴起的重要因素。到了元朝,随着军事掠夺制财政让位于俸禄制(这是不可避免的),其养军成本剧增,也决定了元朝军队的迅速退化。加上内部的权力和军事失衡,使得一代天骄创立的一切都归入沙尘。

元朝也是中国古代历史的转折时代,它是中国古代最开放的王朝,但同时,它的某些制度也为接下来的两个中国古代最封闭的王朝打下了基础。

对现代读者而言,这本书更像是一场头脑风暴,它不聚焦英雄豪杰的伟大,而是分析人物背后的物质和制度因素,让人们看到,再伟大的人也必须遵从物质和客观规律。我们只有这样看待中国历史,才能学会尊重经济规律,让社会自我发展。

最后,感谢我逝去的祖父母郭保成和李玉萍。感谢我的父母郭连生和张桂琴。感谢我的妻子梦舞君!

感谢我的朋友文学锋、谷重庆、秦旭东、周杭君。

感谢我的出版人董曦阳。

本书草稿完成于大理风吼居，本书终稿修改于大理跑狗场，时间是 2023 年 5 月 15 日。

参考资料

费琅. 阿拉伯波斯突厥人远东文献辑注［M］. 耿昇, 穆根来, 译. 北京: 中国藏学出版社, 2018.

郭筠. 阿拉伯地理典籍中的中国［M］. 北京: 商务印书馆, 2020.

贝凯, 韩百诗, 柔克义. 柏朗嘉宾蒙古行纪 鲁布鲁克东行纪［M］. 耿昇, 何高济, 译. 北京: 中华书局, 2013.

栾凡. 北元史［M］. 北京: 中国社会科学出版社, 2019.

格鲁塞. 草原帝国［M］. 蓝琪, 译. 北京: 商务印书馆, 1998.

约翰·曼. 成吉思汗与今日中国之形成［M］. 姚建根, 译. 重庆: 重庆出版社, 2018.

弗兰克·麦克林. 成吉思汗: 征战、帝国及其遗产［M］. 周杨, 译. 北京: 民主与建设出版社, 2021.

周思成. 大汗之怒: 元朝征伐日本小史［M］. 太原: 山西人民出版社, 2019.

巴克尔. 鞑靼千年史［M］. 向达, 黄静渊, 译. 太原: 山西人民出版社, 2015.

宇文懋昭. 大金国志校证 [M]. 北京：中华书局，1986.

沙畹，等. 大月氏都城考 [M]. 冯承钧，译. 北京：中国国际广播出版社，2013.

伊本·胡尔达兹比赫. 道里邦国志 [M]. 宋岘，译注. 北京：华文出版社，2017.

鲁大维. 帝国的暮光：蒙古帝国治下的东北亚 [M]. 李梅花，译. 北京：社会科学文献出版社，2019.

冯甦. 滇考 [M]. 昆明：云南人民出版社，2017.

袁嘉谷. 滇绎 [M]. 昆明：云南人民出版社，2017.

顾祖禹. 读史方舆纪要 [M]. 北京：中华书局，2005.

多桑. 多桑蒙古史（全二册）[M]. 冯承钧，译. 上海：上海古籍出版社，2014.

《二十五史补编》编委会. 二十五史补编 [M]. 北京：中华书局，1995.

周密. 癸辛杂识 [M]. 北京：中华书局，1997.

钱谦益. 国初群雄事略 [M]. 北京：中华书局，2021.

谈迁. 国榷 [M]. 北京：中华书局，1958.

鄂多立克，等. 海屯行纪　鄂多立克东游录　沙哈鲁遣使中国记 [M]. 何高济，译. 北京：中华书局，2019.

汉译蒙古黄金史纲 [M]. 朱风，贾敬颜，译. 北京：中国国际广播出版社，2016.

达仓宗巴·班觉桑布. 汉藏史集 [M]. 陈庆英，译. 西宁：青海人民出版社，2016.

参考资料

蔡巴·贡噶多吉. 红史［M］. 陈庆英，周润年，译. 北京：中国国际广播出版社，2016.

杉山正明. 忽必烈的挑战：蒙古帝国与世界历史的大转向［M］. 周俊宇，译. 北京：社会科学文献出版社，2017.

马苏第. 黄金草原［M］. 耿昇，译. 西宁：青海人民出版社，北京：人民出版社，2013.

陈建. 皇明通纪［M］. 北京：中华书局，2008.

和宁. 回疆通志［M］. 北京：中华书局，2018.

周思成. 隳三都：蒙古灭金围城史［M］. 太原：山西人民出版社，2021.

俞本. 纪事录笺证［M］. 北京：中华书局，2015.

脱脱，等. 金史［M］. 北京：中华书局，2000.

陈衍. 金诗纪事［M］. 上海：上海古籍出版社，2012.

李有棠. 金史纪事本末［M］. 北京：中华书局，2015.

张金吾. 金文最［M］. 北京：中华书局，2020.

顾宏义. 金元日记丛编［M］. 上海：上海书店出版社，2013.

鲍里斯·格列科夫，亚历山大·雅库博夫斯基. 金帐汗国兴衰史［M］. 余大钧，译. 北京：商务印书馆，2021.

赵世延，虞集，等. 经世大典辑校［M］. 北京：中华书局，2020.

罗·哥泽来滋·克拉维约. 克拉维约东使记［M］. 杨兆钧，译. 北京：商务印书馆，1957.

王叔武，李拂一. 泐史　白古通记　玄峰年运志［M］. 北京：中国国际广播出版社，2016.

黄淮，杨士奇. 历代名臣奏议［M］. 上海：上海古籍出版社，2012.

吴文治. 辽金元诗话全编（全四册）［M］. 南京：凤凰出版社，2006.

脱脱，等. 辽史［M］. 北京：中华书局，2016.

脱脱，等. 辽史补注［M］. 北京：中华书局，2018.

李有棠. 辽史纪事本末（全二册）［M］. 北京：中华书局，2015.

饭山知保. 另一种士人：金元时代的华北社会与科举制度［M］. 邹笛，译. 杭州：浙江大学出版社，2021.

沙海昂，马可·波罗. 马可波罗行纪［M］. 冯承钧，译. 北京：商务印书馆，2012.

伯希和，等. 蒙哥［M］. 冯承钧，译. 北京：中国国际广播出版社，2013.

杉山正明. 蒙古帝国的兴亡［M］. 孙越，译. 北京：社会科学文献出版社，2015.

雷纳·格鲁塞. 蒙古帝国史［M］. 龚钺，译. 北京：商务印书馆，1989.

G. D. 古拉提. 蒙古帝国中亚征服史［M］. 刘瑾玉，魏曙光，译. 北京：社会科学文献出版社，2017.

韩善澂. 蒙古纪事本末［M］. 上海：上海古籍出版社，2012.

伯希和. 蒙古与教廷［M］. 冯承钧，译. 北京：中华书局，2001.

萨囊彻辰. 蒙古源流：蒙古族史籍［M］. 道润梯步，译校. 北京：中国国际广播出版社，2016.

参考资料

谢和耐. 蒙元入侵前夜的中国日常生活 [M]. 刘东, 译. 北京: 北京大学出版社, 2008.

王崇武. 明本纪校注 [M]. 北京: 中华书局, 2017.

张廷玉, 等. 明史 [M]. 北京: 中华书局, 1974.

谷应泰. 明史纪事本末 [M]. 北京: 中华书局, 2015.

陆深. 明太祖平胡录 [M]. 北京: 北京古籍出版社, 2002.

夏燮. 明通鉴 [M]. 北京: 中华书局, 2013.

段玉明. 南诏大理文化史 [M]. 桂林: 广西师范大学出版社, 2018.

叶隆礼. 契丹国志 [M]. 北京: 中华书局, 2014.

周密. 齐东野语 [M]. 北京: 中华书局, 1983.

巴透尔德. 七河史 [M]. 赵俪生, 译. 北京: 中国国际广播出版社, 2013.

唐圭璋. 全金元词 [M]. 北京: 中华书局, 2018.

杨镰, 主编. 全元词 [M]. 北京: 中华书局, 2019.

隋树森. 全元散曲 [M]. 北京: 中华书局, 2018.

全真史传五种集校 [M]. 高丽杨, 集校. 北京: 中华书局, 2020.

阿旺贡嘎索南. 萨迦世系史: 藏族史籍 [M]. 陈庆英, 等译. 北京: 中国国际广播出版社, 2016.

圣武亲征录 (新校本) [M]. 贾敬颜, 校注. 北京: 中华书局. 2020.

拉施特. 史集 [M]. 余大钧, 周建奇, 译. 北京: 商务印书馆, 1983.

志费尼. 世界征服者史（全两册）[M]. 何高济, 译. 北京: 商务印书馆, 2004.

张澍, 等. 蜀典校注 [M]. 成都: 西南交通大学出版社, 2021.

欧文·拉铁摩尔, 埃莉诺·拉铁摩尔. 丝绸、香料与帝国: 亚洲的"发现"[M]. 方笑天, 袁剑, 译. 上海: 上海人民出版社, 2021.

佚名. 宋季三朝政要笺证 [M]. 王瑞来, 笺证. 北京: 中华书局, 2010.

脱脱, 等. 宋史 [M]. 北京: 中华书局, 1985.

陈邦瞻. 宋史纪事本末 [M]. 北京: 中华书局, 2015.

上海古籍出版社. 宋元笔记小说大观（全六册）[M]. 上海: 上海古籍出版社, 2007.

黄宗羲. 宋元学案 [M]. 北京: 中华书局, 1986.

王梓材, 冯云濠. 宋元学案补遗 [M]. 北京: 中华书局, 2011.

苏莱曼. 苏莱曼东游记 [M]. 刘半农, 刘小蕙, 译. 北京: 华文出版社, 2016.

布哇. 帖木儿帝国 [M]. 冯承钧, 译. 北京: 中国国际广播出版社, 2013.

方龄贵. 通制条格校注 [M]. 北京: 中华书局, 2001.

邹应龙, 修. 万历云南通志 [M]. 北京: 中国文联出版社, 2013.

支伟成, 任志远, 辑录. 吴王张士诚载记 [M]. 北京: 中华书局, 2013.

冯承钧. 冯承钧西北史地论集 [M]. 北京: 中国国际广播出版社, 2013.

刘迎胜. 西北民族史与察合台汗国史研究［M］. 北京：中国国际广播出版社，2012.

戈岱司，编. 希腊拉丁作家远东古文献辑录［M］. 耿昇，译. 北京：中国藏学出版社，2017.

布莱资须纳德. 西辽史［M］. 梁园东，译. 太原：山西人民出版社，2015.

张鉴. 西夏纪事本末［M］. 杭州：浙江古籍出版社，2018.

周春. 西夏书校补［M］. 胡玉冰，校补. 北京：中华书局，2014.

五世达赖喇嘛. 西藏王臣记：藏族史籍［M］. 北京：中国国际广播出版社，2016.

索南坚赞. 西藏王统记：藏族史籍［M］. 北京：中国国际广播出版社，2016.

柯劭忞. 新元史［M］. 上海：上海古籍出版社，2017.

毕沅. 续资治通鉴［M］. 长沙：岳麓书社，1992.

马端临. 文献通考［M］. 北京：中华书局，2011.

贾敬颜. 五代宋金元人边疆行记十三种疏证稿［M］. 北京：中华书局，2004.

伊本·白图泰. 伊本·白图泰游记［M］. 马金鹏，译. 北京：华文出版社，2015.

白佐良，马西尼. 意大利与中国［M］. 萧晓玲，白玉崑，译. 杭州：浙江人民出版社，2023.

王恽. 玉堂嘉话 山居新语［M］. 北京：中华书局，2006.

佚名. 元朝秘史：蒙古族史籍［M］. 北京：中国国际广播出版社，

2016.

苏天爵. 元朝名臣事略 [M]. 北京：中华书局，2019.

王培华. 元代北方灾荒与救济 [M]. 北京：北京师范大学出版社，2010.

陈高华. 元代经济史 [M]. 北京：中国社会科学出版社，2020.

箭内亘. 元代经略东北考 [M]. 陈捷，陈清泉，译. 太原：山西人民出版社，2015.

申万里. 元代科举新探 [M]. 北京：人民出版社，2018.

有高岩. 元代农民之生活 [M]. 黄现璠，译. 太原：山西人民出版社，2015.

史卫民. 元代社会生活史 [M]. 北京：中国社会科学出版社，1996.

张云. 元代吐蕃地方行政体制研究 [M]. 北京：商务印书馆，2017.

程千帆. 元代文学史 [M]. 武汉：武汉大学出版社，2013.

陈高华. 元代政治制度史 [M]. 北京：中国社会科学出版社，2020.

元典章 [M]. 陈高华，等点校. 北京：中华书局，天津：天津古籍出版社，2011.

王文才. 元曲纪事 [M]. 北京：中华书局，2019.

臧晋叔. 元曲选 [M]. 北京：中华书局，2021.

脱脱，等. 元史 [M]. 北京：中华书局，2000.

陈邦瞻. 元史纪事本末 [M]. 北京：中华书局，2015.

顾嗣立. 元诗选［M］. 北京：中华书局，2021.

苏天爵. 元文类［M］. 合肥：安徽大学出版社，2020.

王叔武. 云南古佚书钞合集［M］. 昆明：云南人民出版社，2016.

耶律楚材. 湛然居士文集［M］. 北京：中华书局，2021.

托马斯·爱尔森. 珍珠在蒙古帝国：草原、海洋与欧亚交流网络［M］. 马晓林，张斌，译. 上海：上海人民出版社，2023.

拉铁摩尔. 中国的亚洲内陆边疆［M］. 唐晓峰，译. 南京：江苏人民出版社，2005.

孙晨阳，张珂. 中国古代服饰辞典［M］. 北京：中华书局，2015.

张星烺. 中西交通史料汇编［M］. 北京：华文出版社，2018.

龚延明. 中国历代职官别名大辞典［M］. 北京：中华书局，2019.

蓝琪，苏立公，黄红. 中亚史（第一卷）［M］. 北京：商务印书馆，2018.

王治来，丁笃本. 中亚通史［M］. 乌鲁木齐：新疆人民出版社，2007.

丹尼，马松. 中亚文明史（修订版）［M］. 芮传明，徐文堪，马小鹤，译. 北京：中译出版社，2017.

元好问. 中州集校注［M］. 北京：中华书局，2018.